21世纪高职高专规划教材·财经管理系列

现代商务沟通
(修订本)

主　编　张岩松

副主编　凌云　王允　张言刚

清华大学出版社
北京交通大学出版社
·北京·

内 容 简 介

本书以商务沟通实践中的实际工作和职业能力作为圈定教材范围的标准，设计了认识商务沟通、语言沟通、非语言沟通、倾听、面谈、书面沟通、电话沟通、网络沟通、面试与应聘、商务应酬沟通、客户沟通、会议沟通、演讲、商务谈判等14项教学任务。每个任务下设导学案例、学习训练目标、商务沟通相关知识、课堂实训和课后练习等项内容，让学生做中学，学中做，学做结合，强化商务沟通各项技能，不断提高商务沟通能力。

本书可作为高职高专商科专业沟通课程的教材及高职高专各专业沟通公共基础课教材，还可作为商务人员提高商务沟通能力的自我训练手册，它也是各类企业进行相关岗位培训的创新型教材。

本书封面贴有清华大学出版社防伪标签，无标签者不得销售。
版权所有，侵权必究。侵权举报电话：010-62782989　13501256678　13801310933

图书在版编目（CIP）数据

现代商务沟通 / 张岩松主编． —北京：清华大学出版社；北京交通大学出版社，2012.5（2020.8重印）
（21世纪高职高专规划教材·财经管理系列）
ISBN 978-7-5121-1026-7

Ⅰ．①现…　Ⅱ．①张…　Ⅲ．①商业管理—公共关系学—高等职业教育—教材
Ⅳ．① F715

中国版本图书馆CIP数据核字（2012）第119231号

责任编辑：	郭东青
出版发行：	清 华 大 学 出 版 社　邮编：100084　电话：010-62776969
	北京交通大学出版社　邮编：100044　电话：010-51686414
印 刷 者：	北京时代华都印刷有限公司
经　　销：	全国新华书店
开　　本：	185mm×230mm　　印张：21.25　　字数：476千字
版　　次：	2012年6月第1次印刷　2019年7月第2次修订　2020年8月第9次印刷
书　　号：	ISBN 978-7-5121-1026-7/F·1021
印　　数：	18 001～20 500册　　定价：56.00元

本书如有质量问题，请向北京交通大学出版社质监组反映。对您的意见和批评，我们表示欢迎和感谢。
投诉电话：010-51686043，51686008；传真：010-62225406；E-mail：press@bjtu.edu.cn。

前　言

在商务活动中，商务沟通发挥着越来越重要的作用，因而备受人们的关注。据统计，从事商务活动的人员大约是将70%的工作时间用在商务沟通上，拜访、接待、开会、谈判、面谈、演讲、打电话、网上交流、撰写材料等是最常见的沟通交流形式。而商务活动中70%的问题是由于相关人员沟通不畅、不善沟通或不懂沟通造成的。鉴于商务沟通如此重要，国内外许多著名企业都将商务沟通能力作为衡量人才素质的一项重要指标。如美国劳工部曾就"21世纪的工作需要什么技能？"一题委派专业机构进行调查，最后得出的结论是：21世纪的人才应具有"五种工作能力和三种个人技能"。五种工作能力是：富有成效地使用资源、良好的人际交往技巧、掌握和处理信息、通晓各种系统和运用技术；"三种个人技能"是：听说读写等基本技能，学习、推理、创造性思维、决策和解决问题的思考能力，自律、合群、正直、有责任感的个人品质。不难发现，这些能力和技能无不与沟通有着密切的关系。如果我们培养的高职生具备了这些能力，那么什么样的企业不欢迎他们呢？他们什么岗位的工作不能胜任呢？

为了满足高职高专商科专业学生学习、掌握和运用商务沟通策略和技巧，提升商务沟通能力和水平的需要，我们不揣浅薄地编写了这本《现代商务沟通》。本书作为反映高职教育教学改革最新理念的新型实用教材，是任务驱动型的高职教材开发的一次有益尝试。

本书以商务沟通实践中的实际工作和职业能力作为圈定教材范围的标准，设计了认识商务沟通、语言沟通、非语言沟通、倾听、面谈、书面沟通、电话沟通、网络沟通、面试与应聘、商务应酬沟通、客户沟通、会议沟通、演讲、商务谈判等14项教学任务。每项任务首先引入"导学案例"，进而提出本任务的"学习训练目标"，在此基础上本着理论够用为度的原则，先总体阐述完成任务的基本过程和方法等"基本知识"，其间加入"沟通小故事"，以生动有趣的鲜活实例阐释理论，这样便于学生在教师的指导下掌握基本的商务沟通策略和技巧，为下一步操作训练做准备。此后附以"课堂实训"和"课后练习"等项内容，"课堂实训"是教师课堂教学的主要内容，通过教学情境设计、案例分析讨论、角色模拟扮演、沟通能力测试、沟通游戏开展等方式、方法，让学生做中学，学中做，学做结合，强化商务沟通各项技能，不断提高商务沟通能力；"课后练习"由案例分析、思考与训练两部分构成，题型丰富，方便实用，目的是让学生课后进一步强化商务沟通的各项技能。

本书可作为高职高专商科专业沟通课程的教材及高职高专各专业沟通公共基础课教材，还可作为商务人员提高商务沟通能力的自我训练手册，它也是各类企业进行相关岗位培训的创新型教材。

本书由大连职业技术学院张岩松任主编,凌云、王允、张言刚任副主编,具体分工如下:张岩松确定全书体系框架并编写任务7、任务10和任务14;凌云编写任务5、任务6和任务9;王允编写任务1、任务2和任务11;张言刚编写任务3、任务8和任务12;孟顺英编写任务13;董丽萍编写任务4。高琳、穆秀英、阚丽、郭沁荣、王芳、于威完成了资料检索收集工作。刘晓燕、蔡颖颖、董岩、张铭、祁玉红、潘丽、王艳洁、包红军、马蕾、付强、刘桂华、李健、于凯、王洪亮、李晓明、唐成人、王海鉴进行了文字录入工作。全书由王允统稿。

本书在编写过程中,参考了大量书籍、报刊文献和网络资料,吸收了国内学者最新的研究成果,在此向各位专家、学者表示衷心的感谢。

本书是尝试之作,对书中的疏漏之处,敬请读者不吝赐教。

作　者

2012 年 5 月

目 录

项目1 沟通基础篇 ··· 1

任务1 认识商务沟通 ··· 2
导学案例 ··· 2
学习训练目标 ··· 3
1.1 沟通 ··· 3
1.2 商务沟通 ··· 25
课堂实训 ·· 30
课后练习 ·· 35

任务2 语言沟通 ·· 39
导学案例 ·· 39
学习训练目标 ·· 40
2.1 有声语言：沟通的重要形式 ·· 40
2.2 语言沟通的基本原则 ··· 42
2.3 语言沟通的技巧 ··· 48
课堂实训 ·· 57
课后练习 ·· 60

任务3 非语言沟通 ·· 66
导学案例 ·· 66
学习训练目标 ·· 67
3.1 非语言沟通的含义 ·· 67
3.2 非语言沟通的作用 ·· 69
3.3 非语言沟通的表现形式 ·· 71
课堂实训 ·· 86
课后练习 ·· 90

项目2 沟通技能篇 ··· 95

任务4 倾听 ··· 96

导学案例 …… 96
　　　学习训练目标 …… 97
　　　4.1　倾听的作用 …… 97
　　　4.2　倾听的障碍 …… 99
　　　4.3　有效倾听的策略 …… 101
　　　课堂实训 …… 103
　　　课堂练习 …… 108

任务5　面谈 …… 111
　　　导学案例 …… 111
　　　学习训练目标 …… 112
　　　5.1　面谈概述 …… 112
　　　5.2　面谈计划的制订 …… 118
　　　5.3　面谈的实施 …… 121
　　　课后实训 …… 127
　　　课后练习 …… 128

任务6　书面沟通 …… 133
　　　导学案例 …… 133
　　　学习训练目标 …… 133
　　　6.1　书面沟通概述 …… 134
　　　6.2　常用文书写作 …… 137
　　　课堂实训 …… 152
　　　课后练习 …… 154

任务7　电话沟通 …… 157
　　　导学案例 …… 157
　　　学习训练目标 …… 158
　　　7.1　电话沟通的优劣 …… 158
　　　7.2　电话沟通的基本要求 …… 159
　　　7.3　电话沟通的技巧 …… 160
　　　课堂实训 …… 169
　　　课后练习 …… 170

任务8　网络沟通 …… 175
　　　导学案例 …… 175
　　　学习训练目标 …… 176

8.1 网络沟通概述 176
8.2 网络沟通的策略 181
8.3 网络沟通的礼仪规范 183
课堂实训 185
课后练习 187

项目3 沟通应用篇 191

任务9 面试与应聘 192
导学案例 192
学习训练目标 192
9.1 面试的组织 193
9.2 应聘的准备 199
9.3 应聘面试的沟通 204
课堂实训 210
课后练习 211

任务10 商务应酬沟通 214
导学案例 214
学习训练目标 214
10.1 商务接待 214
10.2 商务拜访 221
10.3 商务宴请 227
课堂实训 239
课后练习 241

任务11 客户沟通 245
导学案例 245
学习训练目标 245
11.1 客户的分类 246
11.2 客户沟通技巧 247
11.3 客户投诉处理 259
课堂实训 263
课后练习 265

任务12 会议沟通 270
导学案例 270

学习训练目标 ·· 270
　　12.1　组织商务会议 ·· 270
　　12.2　主持会议的技巧 ·· 274
　　12.3　参加会议的礼仪 ·· 277
　　课堂实训 ·· 279
　　课后练习 ·· 280

任务13　演讲 ·· 283
　　导学案例 ·· 283
　　学习训练目标 ·· 283
　　13.1　演讲概说 ·· 284
　　13.2　命题演讲 ·· 286
　　13.3　即兴演讲 ·· 296
　　课堂实训 ·· 301
　　课后练习 ·· 303

任务14　商务谈判 ·· 309
　　导学案例 ·· 309
　　学习训练目标 ·· 310
　　14.1　谈判的概述 ·· 310
　　14.2　商务谈判的技巧 ·· 317
　　课堂实训 ·· 324
　　课后练习 ·· 327

参考文献 ·· 330

沟通基础篇

任务1：认识商务沟通
任务2：语言沟通
任务3：非语言沟通

项目 1

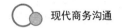

任务1 认识商务沟通

沟通是把一个组织中的成员联系在一起,以实现共同目标的手段。

——[美]巴纳德

导学案例

杨瑞该怎么办?

杨瑞是一个典型的北方姑娘,在她身上可以明显地感受到北方人的热情和直率,她喜欢坦诚,有什么说什么,总是愿意把自己的想法说出来和大家一起讨论。正是因为这个特点,她在上学期间很受老师和同学的欢迎。今年,杨瑞从西安某大学的人力资源管理专业毕业,她认为,经过四年的学习,自己不但掌握了扎实的人力资源管理专业知识,而且具备了较强的人际沟通技能,因此她对自己的未来期望很高。为了实现自己的梦想,她毅然只身去广州求职。

经过一个月的反复投简历和面试,在权衡了多种因素的情况下,杨瑞最终决定去东莞市的一家研究生产食品添加剂的公司。她之所以选择了这家公司,是因为该公司规模适中、发展速度很快,最重要的是该公司人力资源管理工作还处于尝试阶段。如果杨瑞加入,她将是人力资源部的第一个人,因此她认为自己施展能力的空间很大,但是到公司实习一个星期后,杨瑞就陷入了困境中。

原来该公司是一个典型的小型家族企业,企业中的关键职位基本上都由老板的亲属担任,其中充满了各种裙带关系。尤其是管理者给杨瑞安排了他的大儿子做杨瑞的临时上级,而这个人主要负责公司的研发工作,根本没有管理理念,更不用说人力资源管理理念,在他的眼里,只有技术最重要,公司只要能赚钱,其他的一切都无所谓。但是杨瑞认为越是这样就越有自己发挥能力的空间,因此在到该公司的第五天杨瑞拿着自己的建议书走向了直接上级的办公室。

"王经理,我到公司已经快一个星期了,我有一些想法想和您谈谈,您有时间吗?"杨瑞走到经理办公桌前说。

"来来来,小杨,本来早就应该和你谈谈了,只是最近一直扎在实验室里就把这件事忘了。"

"王经理,对于一个企业尤其是处于上升阶段的企业来说,要持续企业的发展必须在管理上狠下工夫。我来公司已经快一个星期了,据我目前的了解,我认为公司主要的问题在于职责界定不清;雇员的自主权力太小致使员工觉得公司对他们缺乏信任;员工薪酬结构和水平的制定随意性较强,缺乏科学合理的基础,因此薪酬的公平性和激励性都较低。"杨瑞按照自己事先所列的提纲开始逐条向王经理叙述。

王经理微微皱了一下眉头说："你说的这些问题我们公司也确实存在，但是你必须承认一个事实——我们公司在盈利，这就说明我们公司目前实行的体制有它的合理性。"

"可是，眼前的发展并不等于将来也可以发展，许多家族企业都是败在管理上。"

"好了，那你有具体的方案吗？"

"目前还没有，这些还只是我的一点想法而已，但是如果得到您的支持，我想方案只是时间的问题。"

"那你先回去做方案，把你的材料放这儿，我先看看然后给你答复。"说完王经理的注意力又回到了研究报告上。

杨瑞此时真切地感受到了不被认可的失落，她似乎已经预测到了自己第一次提建议的结局。

果然，杨瑞的建议书石沉大海，王经理好像完全不记得建议书的事。杨瑞陷入了困惑之中，她不知道自己是应该继续和上级沟通还是干脆放弃这份工作，另找一个发展空间。

（资料来源：http://zhidao.baidu.com/question/31053804.html）

问题：

（1）根据本案例信息，能够判断出杨瑞是带着何种目的和王经理进行沟通的吗？

（2）王经理可能是公司未来的"一把手"，你能够分析出王经理在本次沟通活动中的目的或者倾向吗？

（3）在沟通上，杨瑞和王经理各应作出哪些改进？

学习训练目标

- 了解沟通的内涵、种类及沟通的要素；
- 熟悉沟通的过程；
- 明确沟通障碍产生的原因并能予以克服；
- 把握商务沟通的内涵、原则和发展趋势。

1.1 沟通

1. 沟通的内涵

沟通是各种技能中最富有人性化的一种技能。社会就是由人互相沟通所形成的网络。沟通渗透于人们的一切活动之中，人们已经习惯于生活在沟通的汪洋大海中，很难设想，如果没有沟通，人们该怎样生活。美国相关机构曾经对25名优秀的管理人员进行调查，发现他们有76%的工作时间是用于非正式接触的。在现代信息社会，管理人员对信息的搜索、加工和处理能力已经成为决定其职场竞争力的关键因素。要成为一个优秀的管理人员，必须具备良好的沟通能力。

所谓沟通，就是发送者与接收者之间为了一定目的运用一定符号，所进行的信息传递与交流的过程。沟通过程涉及沟通主体（发送者和接收者）和沟通客体（信息）的关系及信息发送者为影响接收者而使用的语言或非语言的行为。在沟通过程中，信息以怎样的方式被传送，又如何传递给接收者，接收者如何解读信息，信息最终以怎样的方式被理解这都与沟通过程中主体的语言行为息息相关。具体来说，要正确理解沟通的含义，可以从下述几点来把握。

（1）有效的沟通既要传递事实，又要传递发送者的价值观及个人态度。

（2）有效的沟通，意味着信息不仅被传递，而且还要被理解。

（3）有效的沟通在于双方能准确理解彼此的意图。

（4）沟通是一个双向动态的反馈过程。这种反馈并非一定要通过语言表现出来，接收者也可以通过其表情或目光、身体姿势等形式将信息反馈给传递者，从而使发送者得知接收者是否接收与理解其所发出的信息，并了解接收者的感受。

2. 沟通的种类

（1）按照沟通的方法划分，沟通可划分为口头沟通、书面沟通、非语言沟通、电子媒介沟通等。各种沟通方式比较如表1-1所示。

表1-1 各种沟通方式比较表

沟通方式	举例	优点	缺点
口头	交谈、讲座、讨论会、电话	快速传递、快速反馈、信息量很大	传递中途经过层次越多信息失真越严重、核实越困难
书面	报告、备忘录、信件、文件、内部期刊、布告	持久、有形，可以核实	效率低、缺乏反馈
非语言	声、光信号、体态、语调	信息意义十分明确，内涵丰富，含义隐含灵活	传递距离有限，界限模糊，只能意会，不能言传
电子媒介	传真、闭路电视、计算机网络、电子邮件（E-mail）	快速传递、信息容量大、一份信息可同时传递给多人、廉价	单向传递，电子邮件可以交流，但看不见表情

（2）按照组织系统划分，沟通可分为正式沟通和非正式沟通。

① 正式沟通。正式沟通方式如图 1-1 所示。

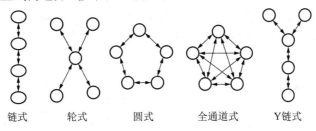

图 1-1　正式沟通方式图

● 链式沟通。在链式沟通中，其中居于两端的人只能与邻近的一个成员联系，居中的人则可分别与两人沟通信息。

● 轮式沟通。轮式沟通网络在组织中代表一个主管直接管理部属的权威系统。

● 圆式沟通。此形态可以看成是链式形态的一个封闭式控制结构，表示 5 个人之间依次联络和沟通。其中，每个人都可同时与两侧的人沟通信息。

● 全通道式沟通。这是一个开放式的网络系统，其中每个成员之间都有一定的联系，彼此可随时沟通情况。此方式集中化程度很低。

● Y 链式沟通。Y 链式沟通，其中只有一个成员位于沟通内的中心，成为沟通的媒介。在组织中，这一网络大体相当于组织领导、秘书班子再到下级主管人员或一般成员之间的纵向关系。

各种正式沟通方式比较如表 1-2 所示。

表 1-2　各种正式沟通方式比较

沟通特点	轮式	链式	圆式	全通道式	Y 链式
解决问题速度	快	稍快	慢	快	中
正确性	高	高	低	中	高
领导者的突出	非常显著	相当显著	不显著	无	中
士气	非常低	低	高	高	中

② 非正式沟通。

● 单线式。单线式的传递方式是通过一连串的人，把信息传播给最终的接收者。

● 集中式。集中式的传播方式是把信息有选择地告诉自己的朋友或有关的人，这是一种藤式的沟通传递。

● 偶然式。偶然式的传播方式是在偶然的机会传播信息，有些人未接收到信息，与个人的交际面有关。

● 流言式。流言式的传播方式是一个人主动将信息传播给所有与他接触交往的人。非正式沟通网络图如图1-2所示。

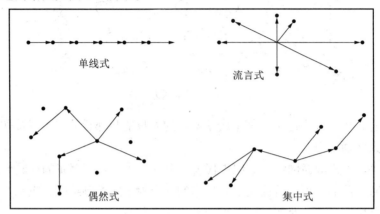

图1-2 非正式沟通网络图

（3）按照信息传递的方向划分，沟通可分为下行、上行、平行和斜向沟通。

（4）按照是否进行反馈划分，沟通可分为单向沟通和双向沟通。单向沟通和双向沟通的比较如表1-3所示。

表1-3 单向沟通和双向沟通的比较表

	速度	准确性	传递者	接收者	干扰	条理性	反馈
单向沟通	快	低	压力小	无信心	小	有条理	无
双向沟通	慢	高	压力大	有信心	大	无条理	有

3. 沟通的准备与过程

（1）沟通的准备。沟通双方需要交换信息，发送信息的时候要准备好发送的方式、发送的内容和发送地点。为了提高沟通的效率，需要做以下准备工作。

①明确沟通目的。"凡事预则立，不预则废。"在与别人沟通之前，心里一定要有一个明确的目的，如想得到客户的约见、想在客户心目中留下印象、想使客户对公司的产品感兴趣等。毫无目的的沟通只能算作闲聊天或侃大山。闲聊天或侃大山当然也是沟通，也有目的，比如休闲、娱乐等，但这不是有效的工作沟通方式。

②制订沟通计划。明确了沟通的目的就要有较为详细的计划，怎样与别人沟通，先说什么，后说什么。如果情况允许，最好列一个表格，把与沟通有关的诸如要达到的目的、

沟通的主题、方式、时间、地点、对象和一些注意事项等都列举出来。实践证明，计划制订得越充分，沟通的效果就越好。

③预测可能遇到的异议和争执。俗话说，世界上没有两片完全相同的树叶，自然也不可能存在两个观点、信念完全相同的人。心心相印的至亲好友之间都会产生大大小小的分歧，何况在工作中接触的都是同事甚至是陌生人。所以，对于可能出现的异议和争执，首先要有充分的心理准备，还要根据具体情况对其可能性进行尽可能准确的预测，可以根据所掌握的沟通的内容和沟通对象等具体情况自己作出预测，这也是对沟通的必要准备，有利于提升沟通的效果。著名的SWOT分析法从一定程度上明确了沟通所需确认的基本分析要素，这些要素包括：S—strength（优势），W—weakness（劣势），O—opportunity（机会），T—threat（威胁）。通过对这些要素的分析，最终较为准确地把握双方的优势、劣势，设定一个更合理的目标，或者说沟通各方都能够接受的目标。

沟通的主要目标归类情况如表1-4所示。

表1-4　沟通的主要目标归类

功能	取向	目标	理论及研究焦点
表达感情	感情	增加组织角色的接受程度	满足、冲突、紧张、角色
激励士气	影响	致力于组织目标的达成程度	权力、顺从、期望、行为改变、学习
信息传递	技术	供给决策所需资料的程度	决策、信息处理、决策理论
任务控制	结构	澄清任务及责任明确程度	组织设计

（2）沟通过程。它是指发送者将信息通过一定的渠道传递给接收者的过程。沟通过程如图1-3所示。沟通的具体步骤如下。

①发送者获得某些观点或事实（即信息），并且有传送出去的意向。

②发送者将其观点、事实以言辞来描述或以行动来表示（即编码），力求不使信息失真。

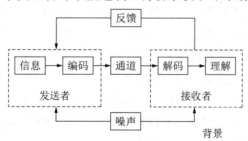

图1-3　沟通过程模式图

③信息通过某种通道传递。

④接收者由通道接收到信息符号。

⑤接收者将获得的信息解码，转化为其主观理解的意思。

⑥接收者根据他理解的意思加以判断，以采取不同的反应行为。

由此可见，一个看起来简单的沟通过程事实上包含着许多环节，这些环节都有可能产生沟通的障碍，从而影响沟通目的的实现。现在应该可以理解，为什么每天人们都有可能遇到一例因沟通而出现的误解、尴尬甚至是矛盾和冲突。

（3）沟通过程中的要素。要向取得沟通的最佳效果，必须首先把握沟通过程中的要素，这主要包括以下方面。

①发送者与接收者。沟通的主体是人，任何形式的信息交流都需要有两个或两个以上的人参加。由于人与人之间的信息交流是一种双向的互动过程，所以，把一个人定义为发送者而把另一人定义为接收者，这只是相对而言，这两种身份可能发生转换。在信息交流过程中，发送者的功能是产生、提供用于交流的信息，是沟通的初始者，处于主动地位；而接收者则被告知事实、观点或被迫改变自己的立场、行为等，所以处于被动地位。发送者和接收者这种地位对比的特点对于信息交流的过程有着重要影响。

②编码与解码。编码是发送者将信息转换成可以传输的信号的过程。解码就是接收者将获得的信号翻译、还原为原来的含义。编码和解码的两个过程是沟通成败的关键。最理想的沟通，应该是经过编码与解码两个过程后接收者形成的信息与发送者发送的信息完全吻合，也就是说，编码与解码完全"对称"。"对称"的前提条件是双方拥有类似的知识、经验、态度、情绪和感情等。如果双方对信息符号及信息内容缺乏共同经验，则容易缺乏共同的语言，那么就无法达到共鸣，从而使编码、解码过程不可避免地出现误差和障碍。

③信息。在沟通过程中，人们只有通过"符号—信息"的联系才能理解信息的真正含义，由于不同的人往往有着不同的"符号—信息"系统，因而接收者的理解有可能与发送者的意图存在偏差。

④通道。通道是指发送者把信息传递到接收者那里所借助的媒介物。口头交流的通道是声波，书面交流的通道是纸张，网上交流的通道是互联网，面对面交流的通道是口头语言与身体语言的共同表现。在各种通道中影响力最大的仍是面对面的原始沟通方式。因为它可以最直接地发出及感受到彼此对信息的态度与情感，因而，即使是在通信技术高度发达的美国，总统竞选时候选人也总是不辞劳苦地四处奔波去选民面前演讲。

⑤背景。背景是指沟通所面临的总体环境，任何形式的沟通都必然受到各种环境因素的影响。沟通的背景通常包括以下几个方面。

● 心理背景。即沟通双方的情绪和态度。它包括两方面内容。一是沟通者的心情和情绪。或兴奋、或激动、或悲伤、或焦虑，不同的心情和情绪会影响沟通的效果。二是沟通双方的态度。如果沟通双方彼此敌视或关系淡漠,则其沟通常常会由于偏见而出现误差,双方都较难准确理解对方的意思。

● 社会背景。即沟通双方的社会角色及其相互关系。不同的社会角色关系有着不同的沟通模式。上级可以拍拍你的肩头,告诉你要勤奋、敬业,但你绝不能拍拍他的肩头,告诉他要乐于奉献。因为对应于每一种社会角色关系,无论是上下级关系,还是朋友关系,人们都有一种特定的沟通方式,只有采取与社会角色关系相适应的沟通方式,才能得到人们的认可。

● 文化背景。即沟通者的价值取向、思维模式、心理结构的总和。通常人们体会不到文化背景对沟通的影响。实际上,文化背景影响着每一个人的沟通过程,影响着沟通的每一个环节。当不同文化发生碰撞、交融时,人们往往能较明显地发现这种影响。例如,由于文化背景的不同,东西方在沟通方式上存在着较大的差异:东方重礼仪,多委婉,西方重独立、多坦率;东方多自我交流、重心领神会,西方少自我交流、重言谈沟通;东方认为和谐重于说服,西方认为说服重于和谐。这种文化差异使得不同文化背景下的管理人员在沟通时遇到不少困难。

● 物理背景。即沟通发生的场所。特定的物理背景往往造成特定的沟通气氛。如在能容纳千人的大礼堂进行演讲与在自己的办公室高谈阔论,其气氛和沟通过程是大相径庭的。而在嘈杂的市场听到一则小道消息与接到一个电话特意告知你一则小道消息,给你的感受也是截然不同的,前者显示出的是随意性,而后者体现的却是神秘性。

⑥噪声。噪声就是妨碍信息沟通的任何因素,噪声存在于沟通过程的各个环节。典型的噪声包括以下几个方面的因素。

● 影响信息发送的噪声。表达能力不佳、词不达意;逻辑混乱、艰深晦涩;知识经验的不足,使解码造成局限;发送者不守信用,形象不佳等。

● 影响信息传递的噪声。信息遗失、外界噪声干扰、缺乏现代化的通信工具进行沟通、沟通媒介选择不合理等。

● 影像信息接收和理解的噪声。知觉的选择性,使人们习惯于对某一部分信息敏感,而对另一部分信息"麻木不仁"、"充耳不闻";接收者的选择性理解,他们往往根据自己的理解和需要对信息进行"过滤",造成信息传递的差异;信息量过于巨大,过犹不及,使接受者无法分清主次,对信息的解码处于抑制状态等。

⑦反馈。即将信息返回给发送者,并对信息是否被接受和理解进行核实,它是沟通过程的最后一个环节。通过反馈,信息交流变成一种双向的动态过程,双方才能真正把握沟通的有效性。如果反馈显示接收者接收到并理解了信息的内容,这种反馈称为正反馈,反之则称为负反馈。反馈可以检验信息传递的程度、速度和质量。获得反馈的方式有很多种,直接向接收者提问,或者观察接收者的面部表情,都可获得其对传递信息的反馈。但只借助观察

来获得反馈还不能确保沟通的效果,将观察接收者与直接提问法相结合能够获得更为可靠、完整的反馈信息。

4. 有效沟通的条件

(1)高情商是有效沟通的先决条件。长久以来,智商一直被视为事业和生活方面成功的先决条件,后来人们研究发现仅凭高智商是远远不够的,事业的发展和生活的幸福,情商在其中扮演更重要的角色。在美国,曾有人追踪过哈佛大学一些学生在中年的成就,从薪水、生产力、社会地位等诸多方面的考察来看,发现在校考试成绩高的不见得社会成就高。就一个40岁左右的中年人来说,智商与其当时的社会地位有一定的关系,但影响更大的是处理挫折、控制情绪、与人相处的能力。在社会中生存,每个人都必须面对各种纷繁复杂的关系网,情商高低决定了人一生的去向,与外界沟通的程度取决于人的情商。社会交际能力较差,不大"会来事"的人,常常感到活得很累,他们活没少干,力没少费,辛苦没少搭,却有时事与愿违,得不偿失。纵使他们获得了足够的成功机会,最后也可能因不会交际而错失机会,功败垂成。因此,沟通能力的优劣可以决定一个人的成功与否,情商又决定沟通能力的优劣。要提高沟通能力,首先要提高情商。

(2)良好的文化素养是有效沟通的前提。沟通的信息是包罗万象的。在沟通中,人们不仅传递信息,而且还在表达情感,提出意见。要想有效地与人沟通,就必须具备一定的文化素养。沟通手段的运用,社交礼仪的展现,言语表达的技巧,处理问题在"度"上的把握,都是一个人综合素质的体现。美国著名汉学家约翰·塞维斯在一篇刊登在《洛杉矶时报》的纪念文章中这样描写周恩来总理给人的印象:"凡是见过周恩来的人,没有谁会忘记他。他精神饱满,富于魅力,长相漂亮,这是原因之一。他给人的第一印象是他的眼睛。浓密的黑眉毛下边有一双炯炯有神的眼睛,在凝神看着你。你会感觉到他在全神贯注地看你,会记住你和他说过的话。这是一种使人立即感到亲切的罕见的天赋。1941年在重庆第一次会见他时,我的感觉就是这样。在重庆和延安的那些日子里,同他谈话,每次都是思想智慧的交锋,愉快得很。他文雅、和蔼、机警而不紧张,不会使人提心吊胆,幽默而不挖苦人或说话带刺,他能非常迅速地领会你的想法,但从来不在你表达遇到困难时表示不耐烦,他自己思维敏捷,不耍花招,他言行如行云流水而不夸夸其谈,他总是愿意开门见山地谈问题,而又总设法寻找共同的见解。他在设法使我们趋向赞同他对中国和世界事务的看法,他自己对这些看法是深信不疑的。但是他这样做,靠的是冷静的说理、清晰温和的措辞、广博的历史知识和对世界的了解及深入掌握的事实和细节。"文化素质修养决定着一个人的行为方式,决定着一个人的沟通能力的高低。

(3)语言表达能力是有效沟通的重要基础。人际沟通主要是通过语言,语言表达能力和技巧直接影响着人际沟通的效果。提高语言表达能力首先要培养自己的语感。语感是指人对语言的感知和反应能力,也叫语言的触发功夫。语感强的人具有很强的语言感知能力和语言感应能力,前者是指当一连串的线性结构的语流通过听觉或视觉传入自己大脑的时候,能否迅速而准确地领会其含义和情味;后者是指当某种事物或事变呈现在眼前,或某种意念产生于脑海时,能快捷地找到准确而生动的词语,并进行语言的编码,将其连贯有序地表达出来。清末的梁启超有一次到武昌讲学,拜访当时的湖广总督张之洞。张之洞自恃位厚爵显、才高学富,想难为他一番,便出了个上联,"四水江第一,四时夏第二,先生居江夏,谁是第一?谁是第二?"让他答,这个联很难对:江淮河汉四水,长江排第一;春夏秋冬四季,夏天为第二。你梁启超来到我坐镇江夏的张总督管辖的地盘里,谁居首位呢?梁启超自然听出了对方的倨傲之意,却又不好说自己居于对方之上。该怎么说呢?他稍加思索,便对出了下联:"三教儒在先,三才人在后,小子本儒人,何敢在前?何敢居后?"如今人们日常沟通交谈,很少是出题作诗对对联了,但这种对于语言的感知和反应如此之迅捷、精当和简练的智慧,确实是一个人十分重要而又广泛实用的本领。

提高语言表达能力还要注意语言表达的简洁精练,这是说话的基本功,它体现出说话人分析问题的快捷和深刻,是其认识能力和思维能力的高超表现。它能使听者在较短时间内获得较多的有用信息,有助于博得对方的好感,也是说话人果断性格的表现。要做到这一点,头脑里必须储存一定量的材料,并且临场交流时能选用恰当的词语表达思想,思路清晰,层次分明。

提高语言表达能力还要注意语言表达的生动形象。生动形象是语言魅力的基本因素,能增强语言的感染力,吸引听众的注意力。要善于运用各种修辞方法,把深刻的道理寓于具体事实中,使之通俗易懂。语言的幽默风趣能使你到处受欢迎,幽默也是一种智慧,是人的内在气质在语言运用中的外显。在人际沟通时能活跃气氛,化解尴尬。

此外,委婉含蓄这一语言技巧在交际中的作用是很大的,是人际交往的缓冲术。在自我表露时,可绕过一些难于直言的内容,在拒绝对方的要求、表达与对方不同的意见或批评对方时,可以维护对方的自尊,留以面子。

5. 沟通的基本原则

人们在社会生活中进行沟通和交往,不仅要有良好的、正当的动机,遵循普遍的社会道德规范,而且还需要采取正确的方法并遵循一定的原则。

(1) 尊重原则。人人都有自尊心,都有受人尊重的需要,都期望得到别人的认可、注意和欣赏。这种需要的满足会增强人的自信心和上进心;反之则会使人失去自信,产生自卑,甚至影响其人际交往。因此,在沟通中首先要遵循相互尊重的原则。尊重性原则要求沟通者讲究言行举止的礼貌,尊重对方的人格和自尊心,尊重对方的思想感情和言行方式。这里既包括要善于运用相应的礼貌用语,如称呼语、迎候语、致谢语、致歉语、告别语、介绍语等；也包括遣词造句的谦恭得体、恰如其分，如多用委婉征询的语气；还包括平易近人、亲切自然的态度。当然，对对方的尊重不仅仅表现在沟通形式上，更表现在沟通中所交流的信息和思想观念上，即要把对方放在平等的地位上，以诚相待，摒弃偏见，讲真话。

沟通小故事

  尊重是不分对象的，学会善待每一个人，有时你会得到意外的收获。福斯米德先生受命为公司新落成的办公楼采购320台空调机。他下决心要把这件事办好，一定要让领导满意。经过充分考虑，他决定在确定供货商之前，先进行一次充分的调查。除了考察价格和质量之外，他认为还应该考虑供货方的售后服务情况。因为售后服务在成交之前只能靠对方的承诺来判断，可是仅凭承诺不足以规避风险。他要寻找一家真正关心顾客利益的销售商。对于那些只做一锤子买卖、对顾客的利益漠不关心的销售商，坚决不与他们合作。

  福斯米德先生开始走访那些空调专卖店和综合电器商场。他隐瞒了自己的身份。绝口不提购买空调机的事情。他一家一家地推开那些商家的店门，当那些满脸笑容的店员问他是否要购买空调机的时候，他就立即告诉他们说："不，我只是想为家里那台空调机配一个空调罩。不知你们是否能够卖给我一个？"

  福斯米德先生发现在听完他的话之后，几乎所有的人都立即将脸上的笑容冷却下来，很显然，他们对这种小买卖没有丝毫的兴趣，福斯米德对他们的态度变化，早有心理准备。

  后来，福斯米德先生只好扩大自己的走访范围。他在一家规模稍小的空调商店受到了自始至终的欢迎。那家商店的上下并没有表现出不耐烦，他们很热情地向他推荐了各种款式的空调罩，供他选择。几天之后，福斯米德把一笔巨额订单交给了那家愿意卖给他空调罩的商店，并允许商店在两个月之内把320台空调机分三批送到他们公司。对于那家商店，他们仅仅是因为对一位只是想购买一只空调罩的顾客热情相待，而意外地获得了一笔巨额订单。

  尊重每一个来访的人，是这家商店赢得福斯米德先生信任的秘诀。这是一个再简单不过的秘诀，但是世界上90%的人，却忽视了其中的道理。

（资料来源：张韬，施春华，尹凤芝．沟通与演讲．北京：清华大学出版社，2005．）

  （2）简洁原则。宝洁公司对简洁原则作了具体规定，交给高级经理审阅的文件每份不得超过两页。良好的人际沟通是追求简洁的，主张用最少的文字传递大量的信息。无论对谁，沟通简洁都是一个基本点。每一个人的时间和精力都是有限的，没有人喜欢不必要的烦琐交谈、没完没了又毫无结果的会议。

  （3）理解原则。理解性原则就是要求沟通者要善于换位思考，要站在对方的处境上设身处地考虑，体会对方的心理状态与感受，这样才能产生与对方趋向一致的共同语言。同时还要耐心、仔细地倾听对方的意见，准确领会对方的观点、依据、意图和要求，这既可以表现出对对方的尊重和重视,也可更加深入地理解对方。

正如《圣经·箴言》中写道:"掌握理解的人是幸福的,善于理解的人,卖掉的是银子,得到的是比金子还珍贵的东西,理解比宝石还要宝贵,上帝用智慧构成了大地的基础、以理解奠定天柱。"沟通不仅是对信息的传递,更是对信息的理解和把握,准确地理解信息的意义才是良好的沟通。理解又是人际沟通的润滑剂,凡事一被理解就顺畅了。我们说"理解万岁",懂得理解的人,他的沟通能力一定很强,会受到普遍欢迎。

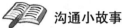 沟通小故事

一家电梯公司与某酒店订有维修合同。酒店经理不愿让电梯一次停2个小时以上,因为这样将会给客人造成不便,但这次维修起码需要8小时。电梯公司的代表给酒店总经理打了电话,不过他并没有在时间上讨价还价,而是说:"我知道你们酒店生意很好。不愿让电梯停太长时间,这样会给客人带来不便,我理解你的忧虑,我们一定尽力使你满意。可是我们检查后发现需要大修理,否则将会带来更大的损坏,那样电梯可能得停更长时间了。我想你更不愿给客人造成几天的不便吧。"最后经理同意停8个小时,这较停几天更可取一些。正因为对经理方便客人的立场表示理解,才能够说服经理接受他的主张,而且没有引起经理的不悦。

(资料来源:张韬,施春华,尹凤芝.沟通与演讲.北京:清华大学出版社,2005.)

(4)宽容原则。人际沟通的双方要心胸开阔、宽宏大量,把原则性和灵活性结合起来,只要不是原则性的重大问题,应力求以谦恭容忍、豁达超然的风度来对待各种分歧、误会和矛盾,以诙谐幽默、委婉劝导等与人为善的方式,来缓解紧张气氛、消除隔阂。事实证明,沟通中心胸开阔、态度宽容、谦让得体、诱导得法,会使沟通更加顺畅并赢得对方的配合与尊重。

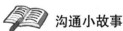 沟通小故事

贝聿铭是著名的华裔建筑设计师。在一次正式的宴会中,他遇到过这样一件事:当时的宴会嘉宾云集,在他邻桌坐着一位美国百万富翁。在宴会中这位百万富翁一直在喋喋不休地抱怨:"现在的建筑师不行,都是蒙钱的,他们老骗我,根本没有水准。我要建一个正方形的房子,很简单嘛,可是他们做不出来,他们不能满足我的要求,都是骗钱的。"贝聿铭听到后,他的风度非常好,没有直接地反驳这位百万富翁,他问:"那你提出的是什么要求呢?"百万富翁回答:"我要求这个房子是正方形的,房子的四面墙全朝南!"贝聿铭面带微笑地说:"我就是一个建筑设计师,你提出的这个要求我可以满足,但是我建出来这个房子你一定不敢住。"这个百万富翁说:"不可能,你只要能建出来,我肯定住。"贝聿铭说:"好,

那我告诉你我的建筑方案，是建在北极。在北极的极点上建这座房子，因为在极点上，所以各个方向都是朝南的。"

（资料来源：space.goiee.com/html/36/2436-77427.html）

（5）准确原则。良好的人际沟通是以准确为基础的。所谓准确，是指沟通所用的符号和传递方式能被接收者正确理解。在沟通中典型的不准确信息有：数据不足，资料解释错误，对关键因素无知，存在没有意识到的偏见，以及对信息的夸张等。如果传递的信息不准确、不真实，不仅会给沟通造成极大的障碍，而且还会失去对方的信任和理解。因此，为了保证沟通的准确性，在信息收集过程中应注意选择可靠的信息来源，用准确的语言或精确的数字客观地记录原始信息；在信息加工过程中，应采用科学的方法，尽可能地排除人为因素（如加工者的主观偏见、智力或技术水平的不足）对信息内容及其价值的客观性的干扰。

（6）及时原则。坚持沟通的及时性原则，就是要求在信息传递和交流过程中一定要注意信息的时效性，既要注重传递信息的主要内容，又要注意传递信息产生与发生作用的时间、范围及条件，做到信息及时传递及时反馈，这样才能使信息不因时间问题而失真。

（7）坦诚原则。坦诚就是以诚相待。"精诚所至，金石为开。""诚"的核心是为人处世讲究忠诚老实、光明磊落。力求做到说话办事要实事求是，胸怀要坦荡，不隐瞒自己的思想观点，有什么讲什么，是非分明，在与人相处中敢于坚持真理，伸张正义，主持公正，言而有信，遵守诺言，实现诺言，说到做到。

沟通小故事

日本企业之神、著名国际化电器企业松下电器公司的创始人松下幸之助有句名言："伟大的事业需要一颗真诚的心与人沟通。"松下幸之助正是凭借这种真诚的人际沟通艺术，驾轻就熟于各种职业、身份、地位的客户之中，赢得了他人的信赖、尊重和敬仰，使松下电器成为全球电器行业的巨人。

有人做过一个统计，从描述人品的词语中选出你认为最重要的几个，真诚被排在了第一位。崇尚真诚是时代的主旋律。真诚既然是人心所向，在沟通中我们就应该坚持它。沟通最基本的心理保证是安全感，没有安全感的沟通交往是难以发展的，只有抱着真诚的态度与人沟通，才会得到意想不到的效果，一个人尽管不善言辞，但有真诚就足够了，没有什么比真诚更能打动人。

记得在西方经济的萧条时期，有个女孩子好不容易找了份工作，在一家首饰店做销售员。一天早晨清扫时，她不小心打翻了首饰盒，六枚戒指只找回了五枚。这时她发现有位男青年匆匆向门口走去，女孩凭直觉断定准是被他捡走了，因为早晨商店里人很少。女孩子赶上去叫住了他，很真诚地说道："你知道现在工作很难找，这是我的第一份工作，家里还有母亲等我赡养。"男青年顿了一会儿,跟她握了一下手(戒指在手里),说:"祝你好运!"女孩子用真诚打动了他。

(资料来源:张韬,施春华,尹凤芝.沟通与演讲.北京:清华大学出版社,2005.)

(8)谦虚原则。谦虚是我国的传统美德,也是搞好人际关系的一条重要法则。在与人沟通交往时,切不可自以为是,认为自己比别人强,摆出一副高高在上、盛气凌人的面孔;否则,不仅得不到别人的好感,还很难与他人合作共事。

(9)灵活多变原则。人际关系是一个复杂的系统,沟通和交往的形式和方法也要以变应变,即对不同的人和事要采取不同的对待方法。为人处世无定法,不能信守教条,要具体问题具体分析,灵活多变,讲究策略。

(10)渐进原则。人际交往一般都有一个逐步发展的过程,即初交、常交和深交三个阶段。在三个不同的交往阶段里,应该把握不同的交往尺度。在初交阶段,常常有些拘谨、别扭等不自然的感觉,此时要注意消除不安、紧张和胆怯情绪,也要注意不能无休止地说个没完没了,防止初次交往就给人留下不好的印象。进入常交阶段后,随着交往的增多和友谊的增长,应注意观察和了解对方的情况,特别是性格、兴趣和爱好方面的情况,寻找和发现双方的共同点、共鸣点,加固友谊的基础。到了深交阶段,双方感情在长期接触中深化发展了,双方有了深厚的友谊。一旦有了这种友谊,应该备加珍惜。

(11)互动原则。沟通是互动的,不是一方的事,需要双方共同参与。有传递有反馈,有说有听,才有双方意见的交流,在来来回回互动中达成共识。那么,如何实现互动呢?共享说话权力是互动的前提。在与人交谈时口齿伶俐固然是件好事,但是用之过度,独自一人滔滔不绝地大发议论,可就不识趣了。谈话不该一个人唱独角戏,每个人都有表现的本能欲望。所以共同支配时间对沟通尤为重要。尽可能要长话短说,言简意赅。给别人时间,听听他人的高见,既是对对方的尊重,也会让你有所收获。克林顿也曾说过,他在倾听别人讲话时能学到很多东西。还有在交流时,别尽谈论你自己,更不可自我吹嘘,这种炫耀会影响你的形象,必要的神秘感反倒会增加你的魅力。

沟通从"你"开始。不要尽谈论自己,尤其在众人聚会的场合里,最糟的莫过于将所有话题集中在自己身上。只要场合及语法恰当,尽可能用"你(您)"做每个句子的开头。这样会立刻抓住听者的注意力,同时能得到他人正面的回应。

要想得到对方的反馈,需要有一定策略。罗斯福的方式很简单,就是在与人接触的前一个晚上,花点时间研究一下客人的背景。等到见面时,共同的话题就源源不断,谈话自然让对方兴趣盎然。在这种氛围中,沟通就能更顺畅。

将自己的愿望变成对方的,就能达到双赢。威森为一家画室推销草图,他经常去拜访一位著名的服装设计师,设计师从不拒绝接见他,但也从来不买他的东西。威森一次次失败后，改变了思路。他把未完成的草图，带到买主的办公室。"如果您愿意的话，希望您帮我一个小忙，"他说："这是一些尚未完成的草图，能否请您告诉我，我们应该如何把它们完成才能对您有所帮助？"

这位买主默默地看了那些草图一会儿，然后说："把这些草图留在我这儿几天，然后再回来见我。"三天以后威森又去了，获得了他的某些建议，取了草图回到画室，按照买主的意思把它们修饰完成。结果呢？全部被接受了。

6. 沟通的障碍

沟通的过程是人与人之间的信息沟通、思想感情交流和行为互动的过程。在现代社会中，沟通范围的不断扩大，沟通的频率不断增加，沟通的水准不断提高，因而沟通的障碍因素也比以往更复杂。分析和研究沟通的障碍因素，对于调节人们的沟通行为，搬掉沟通过程中的"绊脚石"，克服障碍，具有重要意义。

（1）心理障碍。人际沟通中有很多因素会成为人际沟通的障碍。在这些障碍中，表现最为突出的是人际间的心理障碍。人的兴趣、态度、情绪、思想、性格、价值等因人而异，这些差异使人们在沟通中很容易带上主观成分，自觉不觉地用自己的观点对信息加以"过滤"，从而有意无意地使信息发生歪曲，给人际沟通造成不同程度的危害。

①知觉障碍。人际沟通中，我们认知对象时，经常会出现不同的心理障碍，最常见的有，第一印象、晕轮效应和刻板印象。

● 第一印象。心理学家做过这样一个试验，让被试者看两种性格类型：

性格A：聪明——勤奋——易冲动——爱批评——顽固——嫉妒心强。

性格B：嫉妒心强——顽固——爱批评——易冲动——聪明——勤奋。

试验结果表明，人们对性格A有好印象。其实性格A和性格B的内容完全一样，只是顺序不同罢了。这表明：当不同信息结合在一起时，人们总是倾向于前面的信息，而忽视后面的信息；即使人们同样也注意后面的信息，但也会认为后面的信息是非"本质的"、"偶然的"。这就是第一印象作用。所谓第一印象，是指在人际沟通中，人们对第一次经历的事件，往往留下深刻的印象，成为一种心理定势而难以改变。

第一印象是有层次的。当人们在商店受到某个营业员的热情服务时，他所得到的不仅是对这个营业员的印象，还包括对整个商店的印象，当人们千挑万选地购回一台洗衣机，刚一使用就发现有毛病时，他对这台洗衣机，这一牌号，这一生产厂家的不良印象也许就再也无法磨灭了。第一印象有层次性、广泛性、拖延性。因此难免以偏赅全，妨碍人们准确地、全面地认识事物。当然，第一印象也不是不能改变的。随着人与人相互交往的加深，还可以修正第一印象，最后给予对方以客观的、公正的评价。

● 晕轮效应。所谓晕轮效应，是指从对象的某种特征推及对象的总体特征，从而产生美化或丑化对象的印象这样一种心理定势。称之为"晕轮效应",是因为它像月晕一样,会在真实的现象面前产生一个更大的假象:人们隔着云雾看月时,在月亮外面有时还能看到一个光环,这个光环是虚幻的,只是月亮的光通过云层中的冰晶所折射出的光现象,事实上并不存在这样一个物质的、真实的光环。晕轮效应也和第一印象一样普遍。人们走进礼品店,选购的往往是包装精美、价格偏高的礼品。因为精美的包装、偏高的价格往往使人产生晕轮效应,认为里面的东西会像精美的包装一样好,品质会和偏高的价格相一致。在公共关系人际关系中,名片越印越精致、花式品种越来越多,出现了所谓"名片效应",有些人甚至对它产生了迷信,这其实是晕轮效应的典型范例。

晕轮效应是一种以偏赅全的主观心理臆测,其错误在于:它容易抓住事物的个别特征,习惯以个别推及一般,就像盲人摸象一样,以一点代替全面,它把并无内在联系的一些个性或外貌特征,联系在一起,断言这种特征必然会有另一种特征;它说好就全面肯定,说坏就整体加以否定,这是一种受主观心理影响很大的认识障碍。

● 刻板印象。所谓刻板印象,是指在人际沟通中,人们对某个群体或事物形成的一种概括而固定的看法。生活在同一地域和同一文化背景中的人们,常常表现出许多的相似性,如同一个民族和国家的人有着大致相同的风俗习惯。职业、年龄、性别、党派一样的人,在思想、行为等方面也都较为接近。例如,商人大多是较为精明的;知识分子一般是文质彬彬的;山东人直爽、乐于助人,而上海人灵活、善于应酬等。以上这些相似的特点被概括地反映到人们的认识当中,并被固定化,便产生了刻板印象。

刻板印象一旦形成,具有非常高的稳定性,很难被改变。即使碰到与其相反的事实出现,人们也倾向于坚持它,而非否定或"修改"事实。刻板印象具有一定的消极作用,它使人们的认识僵化和停滞,阻碍人们接近新事物、开拓新视野。持有刻板印象的人在判断他人时把群体所具有的特征都附加到他身上,也常常导致过度概括的错误。显然知识分子未必都文质彬彬,上海人也不见得个个都善于应酬。

②心理品质障碍。这包括:自卑心理、害羞心理、嫉妒心理等。

● 自卑心理。自卑是指个人由于某些生理或心理缺陷及其他原因(如智力、记忆力、判断力、气质、性格、技能等欠佳)而产生的轻视自己,认为自己在某个方面或几个方面不如他人的心理。具有自卑心理的人往往缺乏自信,自己看轻自己,在交往活动中想象成功的经验少,想象失败的体验多。这种情绪与权威、长者、名人交往时,表现更为突出。自卑是一种消极的心理状态,它在人与人交往中起着严重的阻碍作用,往往使沟通双方难于形成一种平等的对话,进而影响彼此真情实感的交流。严重者,会失去交往的愿望,成为一个孤独者。

自卑心理一般表现为一种自我否定的心理定势,包括对自身的否定和对社会组织的否定,认为样样比不过别人,自暴自弃,不能正确地评估、判定自己所代表的社会组织,对人际沟通的期望值很低，把需要沟通的对象限定在狭小的范围里，以与熟悉的公众交往为满足，而不想去开辟新的交往渠道，建立新的交往空间，扩充新的交往对象。

自卑心理形成的原因是多方面的。从主观方面讲，有两个原因。一是自己的期望值不高，把自己的交往局限在小圈子里，行动上畏缩不前，当遇到新的交往情境时，总是害怕失败，担心遭到别人的耻笑和拒绝；二是某些生理上的短处容易导致自卑，如患有残疾、长相不佳等。从客观方面讲，也有两个原因：一是家庭背景因素，二是社会地位因素，这两方面情况较差也易导致自卑，四处碰壁，挫伤积极性，而产生自卑心理。

怎样克服自卑心理呢？一要正确认识、恰当评论自己和组织的优势，树立自己代表社会组织所特有的自豪感和自信心。要善于发现自己的长处，肯定自己的成绩，不要把别人看得十全十美，把自己看得一无是处，应认识到他人有不足；经常回忆那些经过努力做成功的事情，对一些做得不好的事情进行自我暗示，如"不要紧，别人也不见得就能做好，自己再努力一把也许会把事情做好"。另外，注意发现他人对自己好的评价。每个人总是以他人为镜子来认识自己的，不是所有的人都会对自己作出较低的评价。赏识、理解，了解你的人总是有的，关键是要自己去捕捉，将捕捉到的好的评价作为自我评价系数，以增强自信心，克服自卑。二要塑造自己坚强的性格。一个人被自卑心理所困扰，丧失进取心，通常与其性格怯懦、意志薄弱有关，而那些自信心强、勇于进取的人，往往性格比较开朗、大胆，意志坚强。对于已露出自卑苗头的人来说，要注意通过锻炼、自我教育等方法，培养自己坚强的性格，增强性格的独立性，摆脱人们尤其是权威人士对自己的成见，使自己在交往中日益成熟起来。三要积极诱发沟通对象给予必要的反馈信息，从反馈中体验成功。

● 害羞心理。害羞是常见的心理障碍之一。虽然未必人人都像古诗中说的那样，"千呼万唤始出来，犹抱琵琶半遮面"，但对初涉人际沟通领域的人来说，害羞是家常便饭。这种心理会使人腼腆，表现紧张不安，忸忸怩怩，丧失认识公众的良机。

为什么会害羞呢？从心理学角度分析，有三个方面的原因。一是认识性害羞。这是由于人们认识自己时过分注重"自我"，总是担心和怀疑自己的言行是否得到别人的承认，生怕自己的言行不对而被人耻笑。这种心理状态加上缺乏临场经验，就使得一些人在人际沟通中、特别是在自己不熟悉的环境中往往表现出害羞胆怯。二是挫折性害羞。有的人以前并不害羞，他们活泼、开朗、善于交际，但由于种种主客观原因，连遭挫折，结果变得害羞、胆怯、消极被动。三是气质性害羞。害羞还与个人的气质类型有关。一般来说，属于内向性格和抑郁气质的人，较多地出现害羞。

怎样克服害羞心理呢？一要多一些自信心。一个人一旦失去了自信，他便在沟通中显得手足无措。因此，要克服害羞心理，就要找回丢掉的自信心。在沟通中，即使遇到比自己强的人，也不要畏首畏尾，不敢将自己的能量释放出来。尺有所短，寸有所长，你的长处可能正是别人的短处。如果你能对自己有一个全面客观的评价，提高自信心，你就会在公众面前落落大方、潇洒自如。二要锻炼解决复杂问题的能力。怕沟通，主要是怕缺乏处理棘手问题的能力。因此，不妨主动地寻求外部刺激，鼓起勇气，向自己提出挑战，敢说第一句话，敢于迈出第一步，在沟通实践中发展自己的交往技能，把可交的沟通对象视为自己的重要工作对象。当迈出第一步后，你就会感到，这道障碍不过如此，很容易超越。三要注意成功的积累。要善于从小事做起，总结成功的经验。哪怕是小小的成功，对克服自卑心理是十分有益的。为此，要不断分析、总结以往沟通工作的经验教训，挖掘出富有积极意义的正面材料，激发交往成功的愉快体验，从而强化自身的沟通意识，增强沟通的勇气和信心。四要做好沟通前的充分准备。由于自卑心理的作用，人在沟通过程中，自己说什么、做什么等社交行为没有构成简明清晰的印象，导致焦虑、恐慌随之产生。克服的根本办法是：准备充分，不断收集社会组织与公众两方面的信息；在沟通过程开始之前，将如何开场、如何发问、发问的具体内容、解决的核心问题、可能出现的障碍、解决的办法等一系列问题，在心里预演一遍，直至滚瓜烂熟、如数家珍；另外，与陌生人接触以前，可以阅读有关材料，听介绍，看影片、录像等，这样"知己知彼"，与公众交谈时就会踏实、自然、轻松自如、情绪稳定、侃侃而谈了。

● 嫉妒心理。古人把嫉妒这一消极心理状态视若"灾星"。嫉妒古已有之，"既生瑜，何生亮"的故事就是突出的一则。三国时期，周瑜面对诸葛亮的足智多谋和超人的军事才能，没有把嫉妒之情化为自己奋起的雄心，而是将熊熊的嫉妒烈火喷射出来，伤害他人，屡屡失策，终于在"既生瑜，何生亮"的悲鸣中倒下，断送了自己的宏伟业绩。简单地说，嫉妒心理就是当个人的愿望得不到满足时对造成这种不满足的原因的一种怨恨行为。嫉妒心理是社交的大敌，它打击别人，贻误自己，腐蚀风气，以损人开始，以害己告终。由于嫉妒心理的作祟，一定范围内的人际关系可能因此而失去和谐，变得紧张起来。

在人际沟通过程中，嫉妒心理主要表现在三个方面：一是嫉妒他人利益上的满足；二是嫉妒他人各方面的进步；三是嫉妒他人的独创与改革。在嫉妒心理作用下，唯恐对方超过自己，因此，采用消极保守的方法对待对方，人为地阻止了相互间交往关系的发展。

怎样克服嫉妒心理呢？一要心胸开阔。加强个人道德品质的修养，驱除以自我为中心的团体主义和个人主义，努力使自己成为胸怀宽阔、心底无私的人，"大度能容天下难容之事"，显现出具有"大家风度"的社交风范，"以胸阔之海淹没嫉妒之舟"。二要端正认识。嫉妒心理的产生常常是因为一种错误的认识造成的，即你取得了成绩，便是说明我没有成绩；你成功了便是对我的威胁、对我利益的侵占。要摒弃这一不良认识。三要学会比较。善于从比较中学习别人的长处，从而克服自己的短处，而不是以己之长比人之短。四要自我反省。嫉妒时常在你不知不觉中产生，故时常反省一下，看看自己是否染上不良情绪，是大有好处的。如果你能够意识到自己在嫉妒，你就会控制或消除这种处于萌芽状态的情绪。

（2）文化障碍。文化障碍是人们由于言谈举止、风俗习惯等不同，在相互沟通时所生产的各种分歧和冲突。随着世界性市场的形成，人们在沟通中十分重视文化因素，正如美国的《公共关系手册》所指出的那样："对外关系的交恶，十有八九不是出于利益的冲突，而是语言文化、传统等方面的隔阂。"文化障碍包括如下方面。

①语言障碍。人与人之间的信息沟通主要是借助语言来进行的（包括口头语言和书面语言），而语言只是作为交流思想的工具，它并不是思想本身，它只是用以表达思想的符号系统。由于人们的语言修养不同、表达能力不同，对同一种思想观念或事物，有的表达得很清楚，有的表达得不清楚。同样，对同一组信息，有人听后马上理解了，有人听来听去不知其所以然；有人听后做这样的解释，有人听后又做那样的解释。用语言、特别是用各种不同的语言或者文字表达思想、表达事物，往往产生听不懂、曲解或断章取义的现象，形成语言障碍。例如，一位非洲国家的朋友来到中国民航的一家宾馆，用法语要求住一间单间客房，并说"我是部长"。我们的服务员只懂几句常用的法语，对"我是部长"这一关键的词语不熟悉，因而闹得很不愉快。可见，不同国度、不同民族之间的沟通会遇到语言上的障碍。实际上，在同一国度里的同一民族，因地区的不同造成语音、语义的不同，也往往使人备尝语音、语言不通之苦。侯宝林的相声中有过这样的描述：外地人到上海理发店理发，理发师说要"打打头"（理发的意思），把顾客弄得莫名其妙，从而闹出笑话。

 **沟通小故事**

第二次世界大战后期，日本的败局已定。1945年的7月26日《波茨坦公告》发表，日本当局一看盟方提出的投降条件比他们原先想象得要宽大得多，便高兴地决定把公告分发各报刊登载。7月28日铃木首相接见新闻界人士，在会上公开表示他将"mokusatsu"同盟国的最后通牒。可惜这个词选得太不好了。首相原意是说他的内阁准备对最后通牒"予以考虑"，可是这个词还有一个意思，就是"置之不理"。事也凑巧，日本的对外广播机构恰恰选中了这个词的第二个意思并译成对应的英语词语"take no notice of"。此条消息一经播出，全世界都听到了日本已拒绝考虑最后通牒，而不是正在考虑接受。消息播出后，美方认为日本拒绝公告要求，便决定予以惩罚。

8月6日，美军在广岛投下了威力巨大的原子弹。这真是一场灾难性差错——导致数万生灵涂炭！

要克服语言障碍，必须注意"三忌"。一忌夸夸其谈。不分对象、不分场合地夸夸其谈，极易造成语言障碍。二忌涉及敏感话题。对男士不问收入，对女士不问年龄。向公众提出敏感话题，极易造成对方的不快，甚至中止交谈。三忌一知半解。特别是外国语，日本前首相森喜朗的英语说得不好，结果在接见来访美国前总统克林顿时闹出了笑话。森喜朗与克林顿相见，他马上向克林顿问好："How are you？"（你好！），结果由于他蹩脚的发音说成了"Who are you?"（你是谁？）克林顿不禁一愣，以为这是森喜朗的幽默，就也幽他一默说："I'm Hilary's husband"（我是希拉里的丈夫），哪里知道森喜朗的英语听力也同样不行，他不假思索地回答道："Me too."（我也是），真是南辕北辙，令人大跌眼镜。对外语有的人不懂得词语的背景和使用场合，随便拿来就用，造成误解。例如，法国巴黎某服装店在门口用英文写道"Have a fit"（请进来大发脾气），其实，他不过是想请顾客进店试穿一下，但由于他不懂英语短语的特殊用法，生造了"Have a fit"这样的词句，就变成"大发脾气"了。

②观念障碍。观念属于思想范畴，由一定的经验和知识积累演化而成，是一定社会条件下人们接受、信奉并用以指导自己行动的理论和观点。不同年龄、不同阅历、不同社会背景的人，会有不同的观念，这种观念上的差异会成为他们之间沟通的障碍。例如，青年人认为老年人保守僵化，老年人认为青年人幼稚轻浮；售货员认为自己的职业是"伺候"顾客、低人三分，顾客认为拿钱买货理应被"伺候"。

怎样克服观念障碍呢？一要了解他人的思想观念，正视分歧，然后再设法加强沟通，改变公众的思想观念；二要从自身角度消除一些消极的跟不上时代潮流的旧的思想观念，如封闭观念、极端观念等；三要克服思想僵化、故步自封的毛病，善于接纳进步的新观念；四要多站在沟通对象的立场上考虑问题，如要消除组织公共关系人员在与公众沟通时，报喜不报忧，夸大成绩，缩小缺点，维护组织利益的褊狭观念，就可开展"假如我是一名顾客（公众）"的活动，通过角色互换来消除双方的交往障碍。

③习俗障碍。习俗即风俗习惯，是在一定文化历史背景下形成的具有固定特别的调整人际关系的社会因素，如礼节方式、审美传统等。习俗世代相传，是经过长期重复出现而约定俗成的习惯法，虽然不具有法律的强制力，但对人们的行为和思想有相当大的约束和影响作用，不可忽视。

忽视习俗因素往往会造成误解，导致沟通失败，甚至会使沟通对象大受伤害，再也不愿发生往来。曾有这样一件事：一天，六位外国海员来北京某饭店用餐。海员们好胃口，豪饮之际，那一盘盘端上来的菜肴如风卷残云，被一扫而空。唯有那条大黄鱼，只吃了上面的一半，下面的一半却没动。笑盈盈的服务员小姐见此情景，便热情地拿起公筷，把鱼翻了过来。想不到这几位海员勃然大怒，把筷子一摔，离席而去，这位服务员小姐的一片好心，为什么反而触怒了海员呢？原来，海员长年在海上工作，最担心的是翻船，而把鱼翻个身，"翻"这个动作是他们最忌讳的。"忌讳"也是风俗习惯的一个部分。

怎样克服习俗障碍呢？一要知俗。在与各类沟通对象，尤其是同外国人打交道、推销产品时要注意了解他们的社会文化环境，了解其民情风俗、生活习惯、兴趣爱好、忌讳、节日等，掌握沟通对象的这些信息，使自己成为适应不同风俗的行家里手。二要随俗。当与沟通对象，特别是外地、外国人交往时，要尊重服从其特有的风俗习惯，做到入乡随俗,切不可把自己的习俗作为通行标准,强加于人。入乡随俗是对沟通对象的尊重,一定会赢得其好感的。

④文化程度障碍。沟通双方的受教育程度、经验水平、文化素质和文明程度差距过大,信息接收者对信息的内涵不理解或不接受,也会造成沟通障碍。

 沟通小故事

有一个秀才去买柴,他对卖柴的人说:"荷薪者过来!"卖柴的人听不懂"荷薪者(担柴的人)"三个字,但是听得懂后两个字,于是把柴担到秀才面前。秀才问他:"其价如何?"卖柴的人听不大懂这句话,但是听得懂"价"这个字,于是告诉秀才价钱。秀才接着说:"外实而内虚,烟多而焰少,请损之。(你的木柴质量不好,燃烧起来会浓烟多而火焰小,请减些价钱吧。)"卖柴的人因为听不懂秀才的话,于是担着柴就走了。

(资料来源:莫林虎.商务交流.北京:中国人民大学出版社,2008.)

(3)社会障碍。社会系统方面的沟通障碍因素很多,这里主要探讨一下空间距离和组织结构,因为它们在诸多社会系统方面交往障碍因素中是最主要的。

①空间距离障碍。发送者与接收者空间距离过远、中间环节过多,就有可能使信息失真或被歪曲;传递工具不灵,通信设备落后,造成接收者不了解信息内容的思想观念;信息在传递过程中还会受到自然界各种物理噪声的干扰,更加重了沟通障碍。

怎样消除空间距离障碍呢?一要缩短距离。一方面从缩短物理距离入手,尽可能地与沟通对象面对面地沟通,从而减少空间距离障碍;另一方面从心理距离入手,运用各种媒介,表达情意,打动沟通对象,如有的企业公关人员每到新年到来或客户过生日时都寄贺卡,以示祝贺,这就缩短了双方的心理距离。二要改善信息交流工具,实现信息传递的现代化。随着社会的发展,人们会不断改善交流工具,开辟新的沟通渠道。如:对讲机、声像电话、录音邮件、各种信息机构的建立及航空、航海、铁路、公路交通事业的发展,为人们进行远距离交往提供了方便。

②组织结构障碍。组织结构障碍主要表现在以下几个方面。

● 传递层次过多造成信息失真。如果组织结构庞杂、内部层次过多,信息传递每经过一个层次,往往都会产生差异,使信息失真或流失,积累起来,便会对沟通效果带来很大影响。

 沟通小故事

据说历史上某部队一次命令传递的过程是这样的:

——少校对值班军官:今晚8点左右,哈雷彗星将可能在这个地区出现,这种彗星每隔76年才能看见一次。命令所有士兵穿野战服在操场上集合,我将向他们解释这一罕见的现

象。如果下雨就在礼堂集合，我会给他们放一部关于彗星的影片。

——值班军官对上尉：根据少校的命令，今晚8点，76年出现一次的哈雷彗星将在操场上空出现。如果下雨，就让士兵穿着野战服列队前往礼堂，这一罕见现象将在那里出现。

——上尉对中尉：根据少校的命令，今晚8点，非凡的哈雷彗星将身穿野战服在礼堂出现。如果操场上有雨，少校将下达另一个命令，这种命令每隔76年才出现一次。

——中尉对上士：今晚8点，少校将带着哈雷彗星在礼堂出现，这是每隔76年才有的事。如果下雨，少校将命令彗星穿上野战服到操场上去。

——上士对士兵：在今晚8点下雨的时候，著名的76岁的哈雷彗星将军将在少校的陪同下，身着野战服，开着他那辆"彗星"牌汽车，经过操场前往礼堂。

经过五次传递，少校的命令已经变得面目全非，信息失真率达到90%以上。

● 沟通渠道单一造成信息量不足。这种沟通中的组织障碍主要是指信息的传递基本上是单向的——上情下达。组织结构的安排不大便于从下往上提建议、商讨问题，因而送到决策层的信息量明显不足。

● 机构臃肿造成沟通缓慢。市场竞争要求组织迅速决策，迅速占领市场，而机构臃肿却造成组织与沟通对象沟通慢，极不适应市场经济的要求。

消除组织结构方面的沟通障碍，对于形成健康的社会舆论和风尚具有重要作用。我们应从自身做起，从每件小事做起，为消除组织结构方面的障碍做出脚踏实地的努力。

③ 社会角色障碍。这包括社会地位不同造成的障碍、社会角色不同造成的障碍、年龄差异造成的障碍和性别差异造成的障碍。

● 社会地位不同造成的障碍。居高位、掌实权的人物如果官僚主义作风严重，下属就会敬而远之，由此便阻塞了上下沟通的渠道。克服社会地位障碍的有效方法是发扬民主，干群广泛接触，经常对话，相互听取意见。

● 社会角色不同造成的障碍。在管理过程中，如果管理者不能以平等的态度对待下属和同事，总喜欢用教训人的口吻与下属和同事说话，那么他与下属和同事之间就会产生隔阂，导致管理沟通的障碍。解决的办法是管理者发扬民主作风，对下属和同事要尊重，有事一起商量，共同寻求解决问题的途径，这样才能达到有效沟通。

 沟通小故事

老板：这项工作到现在都还没有完成！

雇员：我一直都在想办法，只是……

老板：不要强调客观原因，耽误工作造成的损失，从你这月的薪水中扣除！

雇员：是，对不起，老板，我尽快吧。

这里老板借助他的社会地位优势在交流中貌似占据了有利地位，但实际上这次武断专横的交流，使得双方都失去了开诚布公地探讨工作中出现的问题障碍和寻求更佳解决方案的机会。老板最后以扣薪水作为威胁，从完工时效上可能会有一定的督导效果，但从人性化管理的角度看，却大大打击了雇员的积极性和忠诚度，很可能导致这项工作仓促敷衍了事，影响了工作的内在质量和实际效果。

（资料来源：莫林虎.商务交流.北京：中国人民大学出版社，2008.）

- 年龄差异造成的障碍。年龄是人的阅历的体现和反映，是时代的年轮和缩影。由于不同年龄的人所处的时代不同、环境不同，这就决定了每个年龄段的人无不带着所处时代的烙印，因此其思想观点、行为习惯甚至世界观也有所差别，这正是人们所说的"代沟"。可以说，在不同的年龄阶段，代沟是人际沟通的主要障碍。

- 性别差异造成的障碍。由于性别的差异，男性和女性有着不同的语言表达方式和习惯。有研究表明：男性通过交谈来强调自己的身份，而女性通过交谈来改善人际关系。也就是说，男性的说和听是一种表达独立意识的行为，而女性的说和听是一种表示亲密的行为。因此，对于许多男性而言，交谈主要是保持个体独立和维持社会等级秩序与身份；而对于许多女性来说，交谈则是为了亲近而进行的活动，女性通过交谈寻求认同和支持。例如，男性经常会抱怨女性一遍又一遍地谈论她们的困难，女性则批评男性没有耐心听她们说。实际情况是，当男性听女性谈到问题和困难时，他们总是希望通过提供解决方案来表现他们的独立和对问题的控制。相反，女性则将谈论困难看作是拉近彼此距离的一种方法。女性谈到困难是为了获得支持和理解，而不是想听取男性的建议。

7. 沟通障碍的克服

尽管在人际沟通中会遇到各种各样的障碍，但只要人们树立正确的沟通理念，采用科学的沟通及渠道和方法，就能克服沟通中的障碍，实现有效沟通。具体来说，克服人际沟通障碍的总体策略与技巧主要有以下几种。

（1）明确沟通目的。沟通双方在沟通之前必须弄清楚沟通的真正目的是什么，动机是什么，要对方理解什么。确定沟通目标，沟通内容就容易理解和规划了。

（2）保持积极的态度。态度对人的行为具有非常重要的影响。在人际沟通中要尽可能保持乐观、积极、向上的态度，避免消极、悲观的态度，在沟通中保持平和的心态，这样才能达到沟通的预期效果。

（3）尊重别人的观点和意见。在沟通中，无论自己是否同意对方的意见和观点，都要学会尊重对方，给予对方说出意见的权利，同时将自己的观点更有效地与对方进行交换。

（4）坚持实事求是，以理服人。在人际沟通过程中，不仅说话办事要实事求是，言论行为要符合社会规范，相处交往要体谅他人。与人交往发生矛盾时，最好的办法是避开对方最有力的攻击，寻找对方薄弱环节有理有力地进行反击，以理服人。如果与人交往中发现自己确实错了，切不可强词夺理，不妨主动认错，赔礼道歉，这样显得诚恳而又豁达，更易赢得别人的谅解、同情和赞许。

（5）以情动人。在人际沟通中要善于驾驭自己的感情，根据不同的人、事及环境、气氛，恰当地、情真意切地表达自己的喜怒哀乐，以打动对方。只有真正的感情才具有力量，才能够感染和打动人。

（6）正确地运用语言。在人际沟通过程，语言是必不可少的工具。正确地运用语言，选词造句准确恰当，中心鲜明突出，逻辑思维严密，语言流畅，语气语调依人依事合理选择，恰到好处，就能够保证人际沟通获得更大的成功。

（7）保持积极健康的心态，进行换位思考。在人际交往过程中，做到"己所不欲，勿施于人"经常进行心理换位。同时，还要保持良好的心态，积极主动地与他人进行沟通，做到不卑不亢、平等真诚，这样才能避免自卑和自负造成的沟通障碍，赢得他人的尊重。

（8）用非言语信息打动人。非言语信息往往比语言信息更能打动人。因此，如果你是发送者，你必须确保你发出的非语言信息能够强化语言的作用。如果你是接收者，你则要密切注意对方的非语言信息的提示，以便全面地理解对方的意思、情感。

（9）选择恰当的时间和地点进行沟通。一定要选择对方清醒的时间传递信息，并且传递信息时有张有弛，疏密得当，让接受信息的人感到轻松愉快；在地点上，要尽量减少干扰因素，使沟通双方感到轻松自然。

（10）针对沟通对象进行沟通。发送者要根据接收者的心理特征、知识背景等状况，调整自己的谈话方式和措辞，要避免以自己的职务、地位、身份为基础去进行沟通。

1.2　商务沟通

1. 商务活动与商务沟通

任何组织和个人，为了生存和发展，都必然参加社会活动，并中从中获取各种物质、能量和信息，直接或间接地通过交换为社会提供产品或服务。这些与市场相关的活动，通常称为商务活动或商业活动。那么，商务就是指参与市场活动的主体（厂商、政府、个人与家庭）围绕卖方以盈利为目的的出售和买方以生存和发展为目的商品购买的各种相关经济活动的集合。

商务的概念包含以下三个层次：①为保证生产活动正常运行所进行的采购、销售、储存、运输等活动，是商务组织最基本的商务活动；②为稳定商务组织主体与外部的经济联系及有效开展购销活动所进行的商情研究、商业机会选择、商务洽谈、合同签订与履行、商务纠纷（冲突）处理等活动，是为生产和购销服务的商务活动；③为保持自身的竞争优势和长期稳定发展所进行的塑造组织形象、制定和实施竞争战略、扩张经营资本、开拓新市场、防范经营风险等活动，是战略性的商务活动。上述三个层次相互联系、相互影响，构成了一个完整的商务体系。

商务沟通，是指商务组织为了顺利地经营并取得经营的成功，为求得长期的生存发展，营造良好的经营环境，通过组织大量的商务活动，凭借一定的渠道，将有关商务经营的各种信息发送给商务组织内外既定对象（接收者），并寻求反馈以求得商务组织内外的相互理解、支持与合作。可见它是指在商务活动中，沟通者之间运用一定的沟通方式相互传递信息，交流思想，表达情感的一个过程。沟通的方式多种多样，有面对面的有声语言的交谈，也有书面文字和肢体动作等无声语言的传递；有大型会议的演讲、报告，也有小组讨论的热烈争执。无论哪种沟通方式，作为企业组织管理中的基础性工作，商务沟通在现代经济生活和工作中有着非常重要的作用。

2. 商务沟通的功能

商务组织是由许多不同的部分和成员所构成的一个整体，这个整体有其特定的目的和任务。而这个整体的每个成员，并不是绝对理性的动物，而是一个充满了情绪变化、成见、自负甚至虚荣的人。如果没有良好的沟通环境，可以想象一下将会是一种什么情景。总经理任命小李当总经理助理，可是小李迟迟不来报到；财务部小吴刚向甲公司汇去10万元钱购买原料，而小王第二天又向甲公司汇去10万元；工人老黄根据工程师设计师的图纸生产的零件，下一道工序根本不使用；中国员工埋怨外国员工不了解中国国情，外国员工抱怨中国员工素质太低……这样下去，不要多久，这个商务组织非垮台不可。

沟通小故事

俄克拉荷马州的乔治·强斯顿是一家建筑公司的安全检察员，检查工地上的工人有没有戴安全帽，是强斯顿的职责之一。据他报告，每当发现有工人在工作时不戴安全帽，他便会用职位上的权威要求工人改正。其结果是，受指责的人常显得不悦，而且等他一离开，就又把帽子拿掉。

后来强斯顿决定改变沟通方式，当他再看见有的工人不戴安全帽时，或是帽子尺寸不合适；他便用愉快的声调告诉工人戴安全帽的重要性，然后用商量的口吻提醒他们在工作时最好戴上。这样的效果果然比以前好得多，也没有工人显得不高兴了。

（资料来源：郑慧杰. 换个角度戴安全帽. 中国人才，2004（10）.）

有效沟通是企业经营管理和我们个人在社会生活中经常需要遇到的基本问题。人与人之间要达成真正的沟通并不是一件易事，商务组织是须臾不可离开沟通的。概括地讲，商务组织沟通的作用主要体现在以下几方面。

（1）实现信息资源共享。商务沟通是企业提高效率和信息资源共享的重要途径之一。商务组织的信息沟通可以获得有关外部环境的各种信息与情报，如政治及经济政策、行业状况与发展趋势、消费市场的动态等。商务组织内的信息沟通可以了解职工的意见倾向和工作结果，把握他们的劳动积极性与需求，洞察各部门之间的关系与管理效率。在组织中只要有两个以上的人共同工作，就一定要分享信息，否则工作将无法进行。管理人员要把组织的目标、决策、操作指示传达给操作人员，操作人员要把对指示的理解、工作的结果反馈给管理人员。员工之间要分享的信息相当广泛，如科技的新发展、个人经验、对操作的评价、上级的指示等。因此，通过沟通，企业内部人员能够在合作与协调上达成一致，从而能够尽快地调整资源分配，提高工作效率。

（2）促进人际关系和谐。组织内部良好的沟通文化可以使所有员工真实地感受到沟通的快乐和绩效。加强内部的沟通管理，既可以使管理层工作更加轻松，也可以使普通员工大幅度提高工作绩效，同时还可以增强组织的凝聚力和竞争力。

良好的沟通，可以增强员工的认同感和忠诚度，使员工感受到自己是公司的一员，从而发挥员工的积极性和自主性。所以，沟通不仅仅是为了保证组织内部信息流动的畅通，也是为了体现对员工意见的重视和对员工的尊重。众所周知，无论在日常生活还是在实际工作中，人们相互沟通思想与交流感情是一种重要的心理需要，沟通可以解除人们内心的紧张与怨恨，使人们心情舒畅。而且在沟通中会产生共鸣和同情，促进彼此的了解，改善相互之间的关系。如果一个商务组织的信息沟通渠道堵塞，职工间的意见难以沟通，将使人们产生压抑、郁闷的心理。这不仅影响了职工心理健康，还会影响商务组织的正常生产。组织内部的良好沟通，可能是改进管理，改善组织内部人际关系，使内部职能有效地衔接，从而形成组织合力，较好地发挥企业整体力量。

（3）调动员工参与管理。通过沟通，组织内部人员能够在合作和协调上达成一致，从而能够尽快地调整资源分配，提高工作效率。这里以企业的重要工作——销售工作为例，从某种意义上来说，销售产品并不仅仅是销售人员的工作，公司内部的所有人也不可能与顾客建立起长久的关系，再好的销售经理也无法达成业绩目标。所以这个工作特性对销售经理的沟通能力提出了很高的要求。事实上，只有具备了卓越的对内沟通能力，销售经理才能胜任本岗位的管理工作，才有可能整合组织的资源来顺利达成既定的目标。因此，沟通既可以促进领导改进管理方式，又可以调动广大职工参与管理的积极性，使职工增强信心，积极主动地为商务组织献计献策，增强主人翁责任感，从而增强商务组织内部的凝聚力，使商务组织蓬勃发展。

（4）促进企业科学决策。管理者与员工通过不断地沟通讨论有关进展情况、潜在的障碍和问题、解决问题的办法措施及管理者如何帮助员工等问题。这种沟通贯穿于整个管理过程，不是仅仅在开始，也不是仅仅在结束，而是贯穿于管理的始终。其重要作用不仅在于能够前瞻性地发现问题并在问题出现之前予以解决，还在于它能把管理者与职工紧密联系在一起，经常性地就存在的问题进行讨论，共同解决问题，消除障碍，达到科学决策的目的。

（5）激发员工创新意识。随着我国管理民主化的不断加强，目前许多商务组织采取了各种各样的形式在本商务组织中展开全方位的沟通活动，如高层接待日、意见箱制度、恳谈餐会、网上建议等。通过这些渠道可以让员工进行跨部门的讨论、思考、探索，而这些过程往往潜藏着无限的创意。所以，一个成功的商务组织，其沟通渠道往往是畅通。另外，任何一个商务组织（部门或个人）的决策过程，都是把情报信息转变为行为的过程。准确、可靠、迅速地收集、处理、传递和使用情报信息是科学决策的基础。因此，科学决策的确定与商务组织沟通范围、方式、时间、渠道是密不可分的。

（6）有效传播企业文化。企业文化必须靠物化才能生根。所谓物化，就是组织（主要是企业）制造出优秀的产品，给客户提供优良的服务。企业文化作为意识形态，需要以物质作为支撑，反过来物质又推进意识形态的深化和升华。因此要塑造企业文化，不仅要从理念上形成认识与理解，更重要的是建立传播和执行企业文化的沟通渠道。没有这个渠道，企业文化就如同一纸空文，虚而不实，从而步入形而上学的误区。

企业应力求通过搭建良好而畅通的沟通渠道，使企业文化有效地进行传播，从而保证企业文化执行力的正确性、方向性、把握性，使企业文化犹如宗教信仰般潜移默化在员工心目中，成为企业员工的精神纲领，指导员工的言行举止，以此体现企业的形象与风范。

（7）塑造组织良好形象。商务组织的形象在公众心目中的形成除了商务组织有意识的传播外，大多数时候是在与公众的日常交往和大量的商务沟通中建立和形成的。例如，商务组织与消费者之间的关系，是在商务组织为消费者提供产品或服务时建立的，在与消费者之间形成使用与服务关系中发展的。如果你的产品和服务与消费者的需求之间存在距离，如果你能急消费者所急，想消费者所想，与消费者及时沟通，理解并掌握消费者的需求，并尽力予以满足，即使这之间还存在差距，但依然会在消费者心中留下良好形象。

（8）赢得公众大力支持。市场经济条件下，在法律允许的范围内，经济（商务）组织可以对部分资源进行资源优化配置。商务组织的竞争力与商务组织资源配置的优化程度成正比，而资源配置的优化程度又与商务组织对外沟通和协调能力成正比。在对外经营领域、资源配置领域和信息来源领域，任何商业组织都必须与公众充分进行沟通与协调。例如，与消费者的有效沟通，提高其对本企业及产品的满意度和忠诚度，促成大量的潜在购买者转变为现实购买者，有利于本企业产品销售额的直接增长速度；与政府、媒体保持良好的沟通渠道，有利于获得大量有用信息、政策支持和正面宣传；与投资者（或金融机构）进行有效沟通，有利于加强彼此间的了解和信任，创造良好的投资氛围，增强其对企业的信心，从而吸引新的投资者，增强本企业的融资能力；与供应商保持良好的沟通关系，可获得稳定

项目1 沟通基础篇

充足的货源和能源,保证本企业的生产经营活动和产品质量处于长期的稳定状态,并维持在一个较高的水平上,从而使企业拥有持久的竞争力;与竞争伙伴之间的沟通与协调,可以力争形成双赢的局面,表现出自己规范的竞争行为,可以赢得竞争伙伴的尊重,在行业中保持自己的信誉和形象,由此才能形成竞争中的合作关系。

(9)化解企业冲突危机。商务沟通的过程是理解、协助的过程,是商业活动中实现价值、创造价值的途径。在商业业态不断变革的今天,商务沟通必须通过外部说服、现代媒体、品牌信用及零售终端等各方面沟通渠道的建立,来与外部进行顺畅的沟通。

有效的商务沟通是双向的和互动的信息流动,商务组织在与政府、社区、媒体和消费者的沟通过程中,不仅及时了解外界对本组织的看法、期望、意见和建议,同时也将自身的经营理念、产品信息、改进措施和对社会公众的关爱传达出去。这种互通既可以极大地促进商务组织更新市场策略,及时把握市场动态,抓住商机,又可以及时帮助本组织对负面影响采取补救措施,重获公众信任,化解公关危机。

3. 商务沟通的发展趋势

随着商业竞争的日益加剧,现代全球经济一体化浪潮的掀起及技术的不断进步,商务活动和商务沟通都在不断发生着变化。这些变化主要表现如下[①]。

(1)对质量和客户需求的重视。向顾客提供高质量的产品和优质的服务是许多成功企业的生财之道。当今许多经营灵活、反应敏捷的公司是通过关注顾客的需求进行重新定位而成长起来。美国的一家家具公司的总裁曾经说:"别想着我们该卖什么。问问顾客需要什么,我们来组织生产,满足他们。"现在,这家公司销售的产品和提供的服务范围甚至扩大到通过计算机辅助设计,为顾客设计办公室装潢或办公室装修方案等。

注重质量和客户需求,核心仍在于沟通。集思广益和团结协作等工作方法通常能收到事半功倍的效果。好主意、好办法通过沟通可以在公司普遍传播;创意者也能为大家所认识。要想真正了解顾客的需要,管理者既要聆听他们有声的意见,也要关注他们那些无声的表示。

(2)现代信息技术被广泛用于商务活动中。技术领域的革命为商务活动提供了更多的可供选择的沟通手段和平台。传真、电子邮件、视频会议等新的科学技术手段已经被广泛运用于商务活动中。新技术的应用可以使企业的每位员工平等地获取信息,也可以帮助企业在节省资金的同时更好地为顾客服务。如美国运通公司在开通客户在个人终端上进行电子查询的业务以后,核查每件包裹投递状况的费用由以前的5美元锐减为5美分,仅此一项就能够每年节约近200万美元。新技术的使用要求每位管理者都应该跟上时代前进的步伐,更好地通过运用这些信息技术实现高效沟通。

---

① 黄漫宇. 商务沟通. 北京:机械工业出版社, 2006.

（3）商务沟通呈多元化发展趋势。正如你所看到的那样，商务活动已经变得十分国际化，跨国公司的不断涌现使越来越多的管理者必须面临跨越文化与国界的人际沟通问题。这对于管理者来说，是一个很大的挑战，因为来自不同文化背景条件下的人很容易因为文化上的差异而导致文化震撼（Cultureshock）的出现。这就要求管理者必须更多地掌握跨文化沟通的知识，在尊重对方的基础上，灵活、机智地与来自不同国家和文化的人沟通，并且帮助来自不同文化背景的员工做到互相理解。

（4）讲求团队精神。为了提高产品质量，同时降低生产消耗，越来越多的公司开始启用跨职能的项目小组。如在新西兰北岛海军航空站，由10位来自不同部门的中层管理人员组成的合作小组团结协作，改进了战斗机配件的加工工序。他们将加工、运送每个零件的时间减少了42%，从而为海军在一年半内节约了近170万美元。

结组或形成团队的优势在于能够互相学习，共同认识问题、解决问题，分散领导，互相协同而不是硬性分派任务，建设性地处理矛盾，鼓励人尽其才，恪尽职守。

课堂实训

1. 测试：你是一个善于沟通的人吗？

你是一个善于沟通的人吗？通过下面的测试你会对自己的沟通能力有所把握。

（1）你刚刚跳槽到一个新单位，面对陌生的环境，你会怎样做？
    A. 主动向新同事了解单位的情况，并很快与新同事熟悉起来
    B. 先观察一段时间，逐渐接近与自己性格合得来的同事
    C. 不在意是否被新同事接受，只在业务上下工夫

（2）你一个人随着旅游团去旅游，一路上你的表现是怎样的？
    A. 既不请人帮忙，也不和人搭话，自己照顾自己
    B. 游到兴致处才和别人交谈几句，但也只限于同性
    C. 和所有人说笑、谈论，也参与他们的游戏

（3）因为你在工作中的突出表现，领导想把你调到你从未接触过的岗位，而这个岗位你并不喜欢，你会怎样做？
    A. 表明自己的态度，然后听从领导的安排
    B. 认为自己做不好，拒绝
    C. 欣然接受，有挑战才更有意义

（4）你与一同学的性格爱好颇为不同，当产生矛盾的时候，你怎么做？
    A. 把问题暂且放在一边，寻找你们的共同点
    B. 妥协，假意服从此同学

C. 非弄明白谁是谁非不可

（5）假设你是一个部门的主管，你的下属中有两人因为关系不合而常到你面前互说坏话，你怎样处理？

　　A. 当着一个下属的面批评另一个下属

　　B. 列举他们各自的长处，称赞他们，并说明这正是对方说的

　　C. 表示你不想听他们说这些，让他们回去做事

（6）你认为对于青春期的子女的教育方式应该是怎样的？

　　A. 经常发出警告，请老师协助

　　B. 严加看管，限制交友，监听电话

　　C. 朋友式对待，把自己的过去讲给孩子听，让他自己判断，并找些书来给他看

（7）你有一个依赖性很强的朋友，经常打电话与你聊天，当你没有时间陪他的时候，你会怎样做？

　　A. 问他是否有重要事，如没有，告诉他你现在正忙，回头再打给他

　　B. 马上告诉他你很忙，不能与他聊天

　　C. 干脆不接电话

（8）因为一次小小的失误，在同事间产生了不好的影响，你怎么办？

　　A. 走人，不再看他们的脸色

　　B. 保持良好心态，寻找机会挽回影响

　　C. 自怨自艾，与同事疏远

（9）有人告诉你某某说过你坏话，你会怎样做？

　　A. 从此处处提防他，不与他来往

　　B. 找他理论，同时揭他的短

　　C. 有则改之，无则加勉，如果觉得他的能力比你强，则主动与他交往

（10）看到与你同龄的人都已小有成就，而你尚未有骄人业绩，你的心态如何？

　　A. 人的能力有限，我已做了最大努力，可以说问心无愧了

　　B. 我没有那样的机遇，否则……

　　C. 他们也没有什么真本领，不过是会溜须拍马

（11）你虽然只是公司的一名普通员工，但你的责任心很强，你如何把自己的意见传达给最高领导？

　　A. 写一封匿名信给他

　　B. 借送公文的机会，把你的建议写成报告一起送去

　　C. 在全体员工大会上提出

（12）在同学会上，你发现只有你还是个"白丁"，你的情绪会是怎样的？

A. 表面若无其事,实际心情不佳,兴趣全无

B. 并无改变,像来时一样兴致勃勃,甚至和同学谈起自己的宏观计划

C. 一落千丈,只顾自己喝闷酒

(13)在朋友的生日宴会上,你结识了朋友的同学,当你再次看见他时你会怎样做?

A. 匆匆打个招呼就过去了

B. 一张口就叫出他的名字,并热情地与之交谈

C. 聊了几句,并留下新的联系方式

(14)你刚被聘为某部门的主管,你知道还有几个人关注着这个职位,上班第一天,你会怎样做?

A. 把问题记在心上,但立即投入工作,并开始认识每一个人

B. 忽略这个问题,让它消失在时间中

C. 个别谈话,以确认关注这个职位的人

(15)你和小王一同被领导请去吃饭,回来后你会怎样做?

A. 比较隐晦地和小王交流几句

B. 同小王热烈谈论吃饭时的情景

C. 绝口不谈,埋头工作

评分标准:

.	(1)	(2)	(3)	(4)	(5)	(6)	(7)	(8)	(9)	(10)	(11)	(12)	(13)	(14)	(15)
A	2	0	1	2	0	1	2	0	1	2	0	1	0	2	1
B	1	1	0	1	2	0	1	2	0	1	2	2	2	1	0
C	0	2	2	0	1	2	0	1	2	0	1	0	1	0	2

结果分析:

0~10分:在与人沟通方面你还很欠缺,你基本上是个我行我素之人,即使在强调个性的今天,这也是不可取的。你性格太内向,这使你不能很好地与人沟通。在与人沟通的过程中,内向的性格是你的一大障碍,你应该在认识到自己的不足的同时尽量改变这种性格,跳出自己的小圈子,多与人接触,凡事看看别人的做法,这样,你就有希望成为一个受欢迎的人。

11~25分:你的沟通能力比上不足比下有余,再加把劲儿,就可以游刃有余地与人交流了。你的缺点是,做事求完美,总希望问题能解决得两全其美,而实际是不可能的。不管别人,你就想这样。提高你的沟通能力的法宝是主动出击,这会使你在人际交往中赢得主动权,这样,你的沟通力自然会迈上一个新的台阶了。

26~30分：你可以大声地对别人说：与人沟通，我行。因为你知道如何表达自己的情感和思想，能够理解和支持别人，所以，无论是同事还是朋友，上级还是下级，你都能和他们保持良好的关系。但值得注意的是，你不可炫耀自己的这种沟通能力，否则会被人认为你是故意讨好别人，是虚伪的。尤其在不善于与人沟通的人面前，要隐而不显，以真诚去打动别人，你的好人缘才会维持长久。

（资料来源：张文光.人际关系与沟通.北京：机械工业出版社，2009.）

2. 实训：问题解决与沟通

实训目的：体会沟通的方法有很多，当环境及条件受到限制时，你是怎样去改变自己的，用什么方法来解决问题。

实训形式：将全体学员分成14~16人一组。

实训类型：问题解决方法及沟通。

实训时间：30分钟。

实训材料：摄像机、眼罩及小贴纸。

实训场地：教室。

操作程序：

（1）让每位学员戴上眼罩；

（2）给他们每人一个号，但这个号只有本人知道；

（3）让小组根据每人的号数，按从小到大的顺序排列出一条直线；

（4）全过程不能说话，只要有人说话或摘下眼罩，游戏结束；

（5）全过程录像，并在点评之前方给学员看。

相关讨论：

（1）你是用什么方法来通知小组你的位置和号数的？

（2）沟通中都遇到了什么问题，你是怎么解决这些问题的？

（3）你觉得还有什么更好的方法？

（资料来源：惠亚爱.沟通技巧.北京：人民邮电出版社，2008.）

3. 沟通游戏：找到合适的距离

游戏目的：让游戏者知道沟通应该需要合适的距离；使双方通过沟通确定他们的最佳距离。

游戏人数：10人。

游戏场地：不限。

游戏时间：30分钟。

游戏用具：无。

游戏步骤：

（1）两人一组，让其面对面站着，间隔2米。让两个人一起向对方走去，直到其中有一方，如A，认为是比较合适的距离（即再往前走，他会觉得不舒服）再停下。

（2）让小组中的另一个，如B，继续往前走去，直到他认为不舒服为止。

（3）现在每个小组都至少有一个人觉得不舒服，而且事实上，也许两个人都不舒服，因为B觉得他侵入了A的舒适区，没有人愿意这样。

（4）现在请所有人回到座位上去，给大家讲解四级自信模式（见后面）。

（5）将所有的小组重新召集起来，让他们按照刚才的站法站好，然后告诉A（不舒服的那一位），现在他们进入自信模式的第一阶段，即很有礼貌地劝他的同伴离开他，例如，"请你稍微站远一点儿好吗？这样让我觉得很不舒服！"注意，要尽可能地礼貌，面带微笑。

（6）告诉B们，他们的任务就是对A们笑一笑，然后继续保持那个姿势，原地不动。

（7）A中现在有很多人已经对他的搭档感到恼火了，他们进入第二级，有礼貌地重申他的界限，例如，"很抱歉，但是我确实需要大一点的空间"。

（8）B仍然微笑不动。

（9）现在告诉A们，他们下面可以自由选择怎么做来达成目的，但是一定要依照四级自信模式。要有原则，但是要控制你的不满，尽量达成沟通和妥协。

（10）如果你们已经完成了劝服的过程，就回到座位上。

四级自信模式如下。

第一级：通过有礼貌地提出请求，设定你个人的界限。你可以使用下面的表述："你介意往后退一步吗？""我觉得我们距离有点儿近。"

第二级：有礼貌地再次重申你的界限或边界。你可以使用下面的表达："很抱歉，我真的需要远一点的距离。"

第三级：描述不尊重你的界限的后果。你可以使用下面的表述："这对我很重要，如果你不能往后退一点，我就不得不离开。"

第四级：实施结果。你可以使用下面的表述："我明白，你选择不接受，正如我刚刚所说的，这意味着我将不得不离开。"

问题讨论：

（1）当被人跨越到你的区域时，你是否会觉得很不舒服？如果别人不接受你的建议，你会有什么感觉？

（2）是不是每一组的B都退到了让A满意的地步，是不是有些是A和B妥协以后的结果？

（3）有多少人采用了全部的四级自信模式？有没有人只采用了一级，对方就让步了？

有没有人直接使用了第四级或直接转身离开？

培训师语录：

只要大家心平气和地沟通，总会找到双方的合适距离。

人与人之间要保持合适的沟通距离，距离太远，不利于及时沟通和深入沟通；距离太近，会让人产生紧张和压迫感，影响沟通效果。

（资料来源：邹晓春.沟通能力培训全案.北京：人民邮电出版社，2008.）

课后练习

1. 案例分析

（1）拿破仑·希尔亲身经历的故事。

拿破仑·希尔叙述过这样一个自己的亲身经历：有一天，有位老妇人来到我的办公室，送进来她的名片，并且传话，她一定要见到我本人。我的几位秘书虽然多方试探，却无法诱使她透露她访问的目的及性质。因此，我认为，她一定是位可怜的老妇人，想要向我推销一本书。同时，我想起了母亲，于是我决定到接待室去，买下她所推销的书；不管是什么书，我都决定买下来。

当我走出我的私人办公室，踏上步道时，这位老妇人——她站在通往会客室的栏杆外面——脸上开始露出了微笑。

我曾经见过许多人微笑，但从未见过有人笑得像这位老妇人这般甜蜜。

这是那种具有感染力的微笑，因为我受到她的精神影响，自己也开始微笑起来。

当我来到栏杆前时，这位老妇人伸出手来和我握手。一般来说，对于初次到我办公室访问的人，我一向不会对他太友善，因为如果我对他表现得太友善了，当他要求我从事我所不愿做的事情时，我将很难加以拒绝。

不过，这位亲切的老妇人看起来如此甜蜜、纯真而友善，因此，我也伸出手去。她开始握住我的手，到这时候，我才发现，她不仅有迷人笑容，而且，还有一种神奇的握手方式。她很用力地握住我的手，但握得并不太紧。

她的这种握手方式向我的大脑传达了这项信息：她能和我握手，令她觉得十分荣幸。在我的公共服务生涯中，我曾经和数千人握过手，但我不记得有任何人像这个老妇人这般深通握手的艺术。当她的手一碰到我的手时，我可以感觉到我自己"失败"了。我知道，不管她这一次是要什么，她一定会得到，而且我还会尽量帮助她达成这项目标。

换句话说，那个深入人心的微笑，以及那个温暖的握手，已经解除了我的武装，使我成为一个"心甘情愿的受害者"。

这位老妇人十分从容，好像她拥有了整个宇宙一般。（而我当时真的相信，她拥有这种能力）她说："我到这儿来，只是要告诉你（接着，就是一个在我看来十分漫长的停顿），我认为你所从事的，是今天世界上任何人都比不上的最美好的工作。"她在说出每一个字时，都会温柔但紧紧地握一握我的手，用以强调。她在说话时，会望着我的眼睛，仿佛看穿了我的内心。

在我清醒之后（当时的样子仿佛昏倒了，这已经成为我办公室助手之间的一大笑话），立即伸手打开房门的小弹簧锁，说道："请进来，亲爱的女士，请到我的私人办公室来。"我像古代骑士那般殷勤而有礼地向她一鞠躬，然后请她进去坐一会儿。

在此后的 45 分钟内，我静静聆听了我以前从未听到过的一次最聪明而又最迷人的谈话，而且，都是我的这位客人在说话。从一开始，她就占了先，而且一路领先，一直到她把话说完之前，我一直不想去打断她的话。

她一坐在那张大椅子上之后，立刻打开了她所携带的一个包裹，我以为是她准备向我推销一本书。事实上，确实是书，是我当时主编的一份杂志的合订本。她翻阅这些杂志，把她在书上做了记号的部分都一一念出来。同时，她又向我保证说，她一直相信，她所念的部分都有成功哲学作基础。

在她这次访问的最后 3 分钟内，在我处于一种完全被迷惑，而且能够彻底接受别人意见的状态下，她很巧妙地向我说明了她所推销的某些保险的优点。她并没有要求我购买，但是，她说明的方式，在我心理上造成了一种影响，驱使我自动想要购买。而且，虽然我并未向她购买这些保险，但她仍然卖出了一部分保险。因为我拿起了电话，把她介绍给了另一个人，结果她后来卖给这个人的保险金额，是她最初打算卖给我的保险金额的 5 倍。

（资料来源：http://tieba.baidu.com/f?kz=112800616.）

思考与讨论：
①拿破仑·希尔与老妇人的人际沟通成功吗？为什么？
②本案例对你有什么启示？

（2）午餐。

有一位叫培洛的美国人，曾是 IBM 排名第一的推销员，创造过用 17 天完成全年销售任务的奇迹。后来培洛决定自己创业，公司叫做 EDS。当公司发展到几万员工后，他把这个公司以 30 亿美金的价格，卖给了美国通用汽车公司。卖之前，美国通用汽车公司的总裁到了培洛的 EDS 总部，他看了之后很满意。这位总裁对培洛说："你的公司管理得不错，我们应该有很多合作的空间和机会。"到了午餐时间，他问培洛："贵公司主席用餐的餐厅在哪里？"培洛说："我们公司没有啊！"总裁问："那贵公司有没有高级主管用餐区？"培洛说："对不起，总裁，我们公司没有。"总裁问："那我们今天中午怎么吃饭啊？"培洛说："就排队跟员工一起吃自助餐好了。"美国通用汽车公司的总裁到了他即将收购的公司，连一个主管的餐厅都没有，还要排队吃自助餐？这位总裁觉得不可思议。排队取餐之后，他问培洛："我们坐在哪里？"培洛说："就跟员工一起坐呀！"于是那位总裁一边吃一边与员工聊天。吃到一半的时候，培洛说"我们换一张桌子吧。"这位通用汽车的总裁觉得更不可思议了。吃完之后，通用汽车的总裁说："培洛呀，虽然你这个公司没有什么高级主管餐厅，但你公司的菜是我吃过的自助餐里最好的。"原来培洛在企业里天天排队吃自助餐，是在监督厨房；而他每餐中间换一桌跟基层的员工聊天，是为了时刻了解公司的营业状况。

（资料来源：http://liyupei.usors.cn.）

思考与讨论：

①你同意培洛的做法吗？为什么？

②本案例对你有何启示？

（3）通天塔。

《圣经》上说：人类的祖先最初讲的是同一种语言。他们在底格里斯河和幼发拉底河之间，发现了一块异常肥沃的土地，于是就在那里定居下来，修起城池，建造起繁华的巴比伦城。后来，日子越过越好，他们决定在巴比伦修一座通天的高塔，来作为集合的标记，以免分散。因为大家语言相通，同心协力，通天塔修建得非常顺利。上帝耶和华得知此事，又惊又怒：因为上帝是不允许凡人达到与自己同样高的高度的。他看到人类这样统一强大，心想，人类讲同样的语言，就能建起这样的巨塔，日后还有什么办不成的事情呢？于是，上帝决定让人世间的语言发生混乱，使人们相互言语不通。人们各自操起不同的语言，感情无法交流，思想很难统一，就难免出现互相猜疑、各执己见、争吵斗殴，这就是人与人之间误解的开始。修造工程因语言纷争而停止，团队的力量消失了，通天塔也就半途而废了。

（资料来源：http://chinakidking.com.cn/v2/vip/ShowArticle.asp?ArticleID=2787.）

思考与讨论：

①请结合实际分析该寓言的含义。

②本案例对你有何启示？

（4）关心。

财务部陈经理结算了一下上个月部门的招待费，发现有一千多元没有用完。按照惯例，他会用这笔钱请手下员工吃一顿，于是他走到休息室叫员工小马通知其他人晚上一起吃饭。

快到休息室时，陈经理听到休息室里有人在交谈，他从门缝看过去，原来是小马和销售部员工小李两人在里面。

"呃"小李对小马说，"你们部陈经理对你们很关心嘛，我看见他经常用招待费请你们吃饭"。

"得了吧"小马不屑地说道，"他就这么点儿本事来笼络人心，碰到我们真正需要他关心、帮助的事情,他没一件办成的。就拿上次公司办培训班的事来说吧,谁都知道假如能上这个培训班,工作能力会得到很大提高,升职的机会也会大大增加。我们部几个人都很想去,但陈经理却一点儿都没察觉到,也没积极为我们争取,结果让别的部门抢了先。我真的怀疑他有没有真正关心过我们。"

"别不高兴了,"小李说,"走,吃饭去吧"。

陈经理只好满腹委屈地躲进自己的办公室。

（资料来源:http://www.15392.com/zhongyibaojian/xinli/33008.html.）

思考与讨论:

① 本案例中,陈经理与部下在沟通上存在什么问题?

② 假如你是陈经理,你会怎么做?

2. 思考与训练

（1）你用马路旁边的公用电话与你的朋友联系,或者你通过电子邮件与你国外的朋友联系,请说出在这两个沟通过程中,沟通的各个要素是什么。

（2）回顾你一天的学习、工作和生活,哪些是沟通活动?请一一列举,并简要描述其效果。

（3）通过媒体报道或其他途径,收集相关资料,列举近期某商务组织所进行的沟通活动,并简要评述其效果。

（4）你认为在跨国企业中,沟通最大的障碍来自于哪里?为什么?

（5）在沟通遇到障碍时,人们经常提到代沟,请问代沟主要体现在哪些方面?你与家长之间有代沟吗?代沟能不能消除?

（6）有人说沟通能力是决定商务组织管理人员职场竞争力的关键,你如何看待这个问题?

（7）随着现代信息技术的进步,人们的沟通方式正在发生哪些变化?

任务2　语言沟通

谈话，和作文一样，有主题，有腹稿，有层次，有头尾，不可语无伦次。

——梁实秋

导学案例

成功的推销

某单位原考虑买一辆某厂的4吨卡车，后来为了节省开支，又打消了主意，准备购买另一家工厂的2吨小卡车。厂家闻讯，立刻派出有经验的推销员专访该单位的主管，了解情况并争取说服该单位仍旧购买该厂的产品。这位推销员果然不负众望，获得了成功。他是怎样说服买方的呢？请看：

推销员："你们需要运输的货物平均重量是多少？"

买方："那很难说，2吨左右吧！"

推销员："有时多，有时少，对吗？"

买方："对！"

推销员："究竟需要哪种型号的卡车，一方面要根据货物数量、重量；另一方面也要看常在什么公路上、什么条件下行驶，您说对吗？"

买方："对。不过……"

推销员："假如您在丘陵地区行驶，而且在冬天，这时汽车的机器和本身所承受的压力是不是比平时的情况下要大一些？"

买方："是的。"

推销员："据我所知，您单位在冬天出车比夏天多，是吗？"

买方："是的。我们夏天的生意不太兴隆，而冬天则多得多。"

推销员："那么，您的意思就是这样，您单位的卡车一般情况下运输货物为2吨；冬天在丘陵地区行驶，汽车就会处于超负荷的状态。"

买方："是的。"

推销员："而这种情况也正是在您生意最忙的时候，对吗？"

买方："是的，正好在冬天。"

推销员："在您决定购买多大马力的汽车时，是否应该留有一定的余地比较好呢？"

买方："您的意思是……"

推销员："从长远的观点来说，是什么因素决定一辆车值得买还是不值得买呢？"

买方："那当然要看它能正常使用多长时间。"

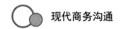

推销员:"你说得完全正确。现在让我们比较一下。有两辆卡车,一辆马力相当大,从不超载;另一辆总是满负载甚至经常超负荷。您认为哪辆卡车的寿命会长呢?"

买方:"当然是马力大的那辆车了!"

推销员:"您在决定购买什么样的卡车时,主要看卡车的使用寿命,对吗?"

买方:"对,使用寿命和价格都要加以考虑。"

推销员:"我这里有些关于这两种卡车的数据资料。通过这些数字您可以看出使用寿命和价格的比例关系。"

买方:"让我看看。"(埋头于资料中)

推销员:"哎,怎么样,您有什么想法?"

买方自己动手进行了核算。这场谈话是这样结尾的:

买方:"如果我多花5 000元,我就可以买到一辆多使用3年的汽车。"

推销员:"一部车每年赢利多少?"

买方:"少说也有5~6万元吧!"

推销员:"多花5 000元,3年赢利10来万元,还是值得的。您说是吗?"

买方:"是的。"

问题:

(1)根据本案例信息,谈谈推销员为什么能够成功地实现推销?

(2)在推销员与客户沟通的过程中,推销员运用了哪些语言沟通的方法和技巧?

(3)本案例对你有哪些启示?

学习训练目标

- 明确有声语言的特性和要求;
- 能够运用语言沟通的基本原则开展人际沟通;
- 熟练掌握并运用语言沟通的技巧;
- 能够以良好的音质进行人际沟通。

2.1 有声语言:沟通的重要形式

1. 有声语言的特性

有声语言是用语音表达或接受思想、感情,以说、听为形式的口头语言。从语言运用看,有声语言在传情达意的过程中最直接、最普遍、最常用。有声语言具有如下特性:

(1)有声性。有声语言是靠语音来表情达意的,其中各个语言单位均有声音。有声语言根据表达的需要对声音的高低、升降、快慢做语调变化。有声性是有声语言的本质属性。

（2）自然性。有声语言通俗、平易、自然。它保留了生活中许多语音、词汇和语法现象，如方言、俚语、俗语、儿话、相声、叠音等词汇以及省略、易位现象，表达时生动、自然。

（3）直接性。有声语言的传达和交流以面对面为主要形式，信息传递直接、快捷。有声语言还以丰富的态势语和类语言来支配使之更完美。

（4）即时性。有声语言突发性、现场性强，现想现说，语速可舒缓，可急迫，内容可重复，可更正，可补充。

（5）灵活性。有声语言的表达可根据所处的语言环境随时调整、变化。表达者在不同的地点、场合，面对不同的任务对象，对谈论的话题、选择的角度、切入的深度等都可以随机应变。

2. 有声语言的基本要求

有声语言表达的目的是实现人与人之间思想和感情的交流，表达者都希望对方能明白、理解和接受自己的意思。这就要求有声语言要符合口语表达的基本要求。

（1）准确流畅。说出的有声语言如果词不达意、前言不搭后语，很容易被人误解，达不到交际的目的。因此在表达思想感情时，应做到口音标准、吐字清晰，说出的语句应符合规范，避免使用似是而非的语言。应去掉过多的口头语，以免语句割断；语句停顿要准确，思路要清晰，谈话要缓急有度，从而使交流活动畅通无阻。语言准确流畅还表现在让人听懂，因此言谈时尽量不用书面语或专业术语，因为这样的谈吐让人感到太正规，受拘束或是理解困难。

（2）词汇丰富。要想把话说好说贴切，充分发挥有声语言的表意功能，还要有丰富的词汇储备，只有在这个基础上才能精心选择最确切、最恰当的词汇，正确地反映客观事物，真切地表达自己的思想感情。为此就要努力学习词汇，掌握丰富的词汇以及成语、格言、歇后语、惯用语、谚语等，并以它们为原料，根据不同场合的需要，精心加以选用，增强说话的艺术效果。试想一说起话来就没词，颠来倒去就是那几句话，没有一点生动活泼的语言，难免让人觉得枯燥无味，形同嚼蜡。

（3）清亮圆润。有声语言音色优美，如黄莺歌声般清亮、朝露般晶莹圆润，善于变化，富有磁性，富有艺术魅力，令人心情舒畅。这是针对有声语言运用提出的进一步要求，是使日常用语艺术化，从而达到最佳的表达效果。为此首先要注意声音的情感变化，说话内容庄重，应用严肃的声音；内容平和，应用舒缓的声音；情感悲切，应用沉郁的声音；情感亢奋，应用高亢的声音；情感急骤，应用短音；情感惬意时，则用长音。其次要自觉克服大喊大叫、漏气、带有喉音、鼻音太重和发音抖动等毛病，正确使用呼吸器官和共鸣腔，加强对声音的控制能力，使呼吸、声带闭合与咬字二者协调起来，从而达到声音和谐、适度、清亮、圆润的目的。

（4）热情自然。热情是对表达内容的兴奋之情或激情，使声音听起来富有感染力，表现力是热情的最大的信号，通过改变音高、音量、语速等使声音与语言内容、思想情感相吻合，使听众更加理解，哪怕是表达者语意上的细微差别。而完全缺乏热情则会造成声音单调，这会使交流的气氛沉闷压抑，使听众昏昏欲睡。热情的声音就好像是一盆火，听众即使是一块冰也会被烤溶化的。自然意味着当我们在讲话时对语言的内容和意图要有回应，使语言富有活力，真实。要想做到声音自然，对语言内容的熟悉非常重要，还有不要死记硬背语言内容，学会自然地表述语言内容，使它听起来好像讲话者在用心考虑语言内容和他的听众。"宁要自然的雅拙，也不要做作的乖巧。"卡耐基认为，讲话时声音自然，才能把意念表达得更为清楚，更为生动。否则，难以引起听众的共鸣。

2.2 语言沟通的基本原则

语言沟通际的基本原则是人际交往活动中运用语言表情达意、进行信息交流时所必须遵循的准则，它贯穿于交际语言运用的一切方面和每个过程的始终，是一种制约性的因素。在人际交往过程中，只有自觉遵守语言交际原则，才能有效地增加语言交际信息的传递量，融洽人与人之间的关系；反之，如果背离了这些原则，就会削弱甚至破坏交际语言传播的效果，难以达到人际交往的目的。归纳起来，语言沟通的基本原则主要有几个方面。

1. 礼貌待人

礼貌是对他人尊重的情感外露，是谈话双方心心相印的导线。人们对礼貌的感知十分敏锐。有时，即使是一个简单的"您"、"请"字，都可以让他人感到一种温暖和亲切。在人际交往中，可以从以下几个层次达到礼貌待人、沟通情感的目的。

（1）语言表达要满足交际对象对自尊的需求。其目的在于利用礼貌文明的语言艺术与技巧，达到快速消除隔阂、沟通感情、拉近距离的作用。在人际交往中，初次见面的恰当称呼，寒暄中的礼貌用语，交谈中的言语分寸，分别时的告别祝词，等等，都应当体现出尊重对方的主观意向。

在词语的选用方面，使用得体的敬辞和谦辞可以体现出对他人的尊重，也是一个人有教养的重要表现。比如，与客人初次见面时说"您好"，与客人久别重逢时说"久违了"。求人解答问题时说"请教"，请人协助时说"劳驾"，要帮助别人时说"我能为您做些什么"，看望别人时说"拜访"，等候别人时说"恭候"，陪伴别人时说"奉陪"，不能陪客人时说"失陪"，有事找人商量时说"打扰"，让人不要远送时说"请留步"，表示歉意时说"抱歉"，表示感谢时说"谢谢"。像"后会有期"、"祝你好运"、"一路顺风"、"万事如意"等告别用语也都体现出对他人的尊重。

（2）要根据具体环境选择使用富有亲和力的词语，拉近交往距离，沟通相互之间的情感，使与交际对象的合作成为可能。在人际交往中，渴望受到尊重是每个人的基本心理需求，你想要得到他人的尊重，自己先要善于主动接近对方，缩短人际距离，沟通相互情感。其实，做到尊重别人并不难，有时只需一个微笑、一句问候、一声敬称、一对善于倾听的耳朵，就会给别人的心情带来阳光和温暖，当然也会为您自己带来真挚的友谊与和谐的交际。

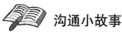
沟通小故事

美国有位著名的女企业家，想在24岁生日那天为自己购买一辆福特牌小轿车。当她向福特轿车经销店的售货员询问轿车情况时，售货员见她衣着普通，认定她无意购买，便随意应付几句，又借口用午餐而离去。女企业家只得出门溜达，准备等售货员用完午餐后再登门。在闲逛时，她发现在附近另有一家轿车经销店，就顺便入内询问。这家经销店的售货员十分热情，不仅认真解答她的询问，还和她聊天、拉家常。当得知她是为自己24岁生日购买轿车后，又非常客气地请她稍等片刻。出门不一会儿，这位售货员拿着一束玫瑰花回来，真诚地说："小姐，您在生日之际光临本店，是本店的荣誉，我代表本店赠您一束玫瑰花，祝您生日快乐！"这位女企业家十分感动，在进一步询问了该店经销的轿车的品种、性能后，用稍高的价格购买了一辆该经销店的轿车。不久，她周围的许多朋友也在她的推荐下购买了这家经销店的轿车。

（资料来源：http://limn.blog.hexun.com/12476653_d.html.）

（3）欣赏、赞美他人，说话人在语言交流过程中，能够肯定他人的优点，尊重他人的人格，尽量减少对别人的贬损，增加对别人的赞誉。希望得到别人的注意和肯定，这是人所共有的心理需求，而欣赏正是满足这种需求的一种交际方式。人际关系大师戴尔·卡耐基说："避免嫌弃人的方法，那就是发现对方的长处。"因此，在交际中，我们应抱着欣赏的心态来对待每一个人，时时留心身边的人和事，多发现别人的优点和长处。赞美是欣赏的直接表达。有道是"良言一句三冬暖"，真诚的赞美不仅能激发人们积极的心理情绪，得到心理上的满足，可以给别人也给自己带来好心情，还能使被欣赏赞美者产生一种交往的冲动。托尔斯泰说得好："就是在最好的、最友善的、最单纯的人际关系中，称赞和赞许也是必要的，正如润滑油对轮子是必要的，可以使轮子转得快。"利用心理上的相悦性，要想获得良好的人际关系，就要学会不失时机地赞美别人。

2. 坦诚真挚

在语言交际中，说话人的感情直接影响表达的效果，也影响着听话人的理解和接受。待人真诚，给人以充分的信任，可以激励他人的工作热情，提高工作效率。其实，感情本身就是一种教育力量，最有效的手段是以情感人，以理服人。唯有入情入理，坦诚真挚，充满信任的话语，才能够深入人心，引起别人的共鸣，受到他人注意。人际交往中要做到坦诚真挚，需要注意如下方面。

（1）说真话，以坦诚的心取信于人。"言必行，行必果。"这是交往沟通时收到良好谈话效果的重要前提。例如，深圳蛇口工业区负责人，在国外和一个财团谈判，由于对方自认为技术设备先进，漫天要价，使谈判陷入僵局。正在这时候，这个财团所在的商会请他去发表演说。他讲道："中国是个文明古国。我们的祖先早在1000多年以前，就将四大发明，指南针、造纸、印刷术和火药的生产技术，无条件贡献给人类。而他们的后代子孙，从来没有埋怨他们不要专利权是一种愚蠢的行为。相反，却称赞祖先为世界科学的进步，作出了杰出贡献。现在，中国在与各国的经济活动中，并不要求各国无条件让出专利，只要价格合理，我们一个钱也不少给……"这番发自蛇口工业区负责人内心的讲话，在外国人心目当中，引起了巨大的震动和强烈的反响，他们的先进技术许多正是从中国导入的。蛇口工业区负责人的讲话，引起了与会者的热烈掌声，而且使谈判对手终于愿意降低专利费，双方达成了近3亿美元的合作项目。"心诚能使石开花。"这段发自内心的讲话，借助历史事实，寓意深刻，语气直率，不仅没有因此影响到谈判合作项目的达成，反而让人们更深层地感受到了中国人的诚心与诚信，取得了谈判对手的理解与支持。

（2）感情真挚，态度诚恳。与人交流沟通中，诚恳而真挚的态度是语言交往目的得以实现的基础。"善大，莫过于诚"，热诚的赞许与诚恳的批评，都能使彼此间愿意了解；信任、倾诉、交心，正如《庄子·渔父》中所说："不精不诚，不能动人"、"真在内者，神动于外，是所以贵重也"。只要肯尊重对方的特殊能力，高度地给予信任和肯定，任何人都会乐于将其优点表现得淋漓尽致。如果你希望某人懂得自尊自爱，你就该率先表现出你对他的信任和尊重。

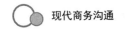

沟通小故事

新中国成立初期，陈毅任上海市长时，一天他来到一家纺织业经理家里，笑道："×老板，我冒昧来访，欢迎不？"这位老板还在为一件事发愁呢，他发起牢骚来，说："陈市长，今天工会又来要我废除'搜身制'。不当家不知柴米贵。工人下班有抄身婆搜身，还经常丢纱呢，如果取消搜身制度，纱厂还不被偷光！"陈毅品口茶道："×老板，我在法国当过工人，那个工厂大得很，老板也比你厉害得多。厂子四周筑起高墙，拉上电网，还雇了一帮带枪的警察。对每个下班的工人，从头搜到脚，那过细的劲头，身上硬是一根针也藏不住。

但结果呢?原料、零件还是大量丢失,为什么呢?老板把工人只当成会说话的工具。劳动很苦,工资很少,工人实在无法养家糊口。工厂赚了钱对工人毫无好处,他为什么不拿呢?现在中国不同喽,工人翻身当主人了,他们懂得工厂生产搞得好,新中国才能富强起来,工人才能改善待遇。你们虽然是私营企业,但也是新民主主义经济的一个组成部分,一样可以有利于国,有利于民。所以,依我之见,你应该在纺织业带个头,用我的办法试试看,废除搜身制,关心工人的利益,待工人如朋友,如兄弟,有困难多与他们商量着办,我相信眼前的困难会克服得顺利一点。"陈毅的这番语言,既替"老板"着想,又为工人撑腰,以情动人,以理感人,从外国说到中国,从旧社会说到新社会,分析入情入理、客观具体,并给予对方充分信任,收到了良好的谈话效果。

(资料来源:http://www.lantianyu.net/pdf51/ts076044_3.html。)

3. 平等友善

在人际交往中,我们不仅要尊重他人的人格、他人的个性习惯、他人的权力地位、他人的情感兴趣和隐私,还要尊重彼此存在的外显或内在的心理距离,要有人人平等、一视同仁的谈话态度,切忌给人留下居高临下、自以为是的印象。只有在人际交往中保持自尊而不盲目自大,受人尊敬而不傲慢骄横,才能得到对方对你个人、对你的组织、甚至对你的国家的尊重,才能谈得上真诚合作、平等合作。例如:"演员是人民给养活的,有艺无德可对不住观众啊。"被誉为"平民艺术家"的赵丽蓉,在她所追求的艺术事业中,始终把"观众第一"放在首位,对来自他人的关爱之情,也常以自己真挚独特的谐趣表达出来。一次大年初一,中央电视台开招待酒会,每个参加者都得一个大西瓜。赵丽蓉一眼瞥见旁边的记者没份儿,便将自己的那个西瓜放在记者座位底下,说:"你大老远赶到北京来采访,不待在家里过年,这西瓜你就带回家去孝敬父母吧。"这"土气儿"十足的言谈,比那些虚情假意的关怀之类,不知"引人入胜"了多少倍!在她身上,没有了那种司空见惯的矫情、虚饰与浮躁,而多了几分质朴、风趣与豁达。难怪乎,她那平等友善的态度和语言中的缕缕真情,至今仍令人难以忘怀。

在人际交往中,尽管人与人之间身份、地位等方面的情况可能不同,但是,交际双方在人格上是平等的,在心理上是对等的,平等是建立良好人际关系的前提。我们绝不能把自己高抬一寸,把别人低放一尺,有意与对方"横着一条沟,隔着一堵墙",给别人一种"拒人于千里之外"之感。

 沟通小故事

英国女王维多利亚与其丈夫阿尔伯特相亲相爱,感情和睦。阿尔伯特喜欢读书,且不大爱社交,也不太关心政治。有一天深夜,女王办完公事,回到卧室,见房门紧闭,便敲

起门来。"谁?"里面问道。女王回答:"我是英国女王。"门没有开。"我是维多利亚。"再敲,门还是未开,敲了几次之后,女王突然感觉到了什么,又敲了几下,用温和的语气说:"我是你的妻子,阿尔伯特。"这时,门开了。即使身为一国之君,但在家里,面对丈夫阿尔伯特,"女王"的生活角色也要发生改变,此时作为妻子的她更应保持夫妻双方平等相待的心态,才会为丈夫所接纳,因此,最后的一次敲门达到了目的。

(资料来源:http://tqyblog.blog.sohu.com/24788313.html.)

4. 区分对象

在人际交往中,对于交际主体来说,最重要的莫过于研究交际对象,根据交际对象的性别、年龄、生活背景、心理特征等因素的差异来选择恰当的语言,以求明晰地表达自己的思想,达到正常的语言交际的目的。也就是所谓"到什么山上唱什么歌"、"见什么人说什么话"。如果不考虑对方的实际情况,信息流通渠道就会因此而出现偏差,甚至"阻塞",交际也会随之而停止。例如,1954年,周恩来总理出席日内瓦国际会议,为了向外国人宣传中国,表明中国爱好和平的愿望,决定为外国嘉宾举行电影招待会,放映越剧艺术片《梁山伯与祝英台》。为此,工作人员准备了一份长达16页的说明书。周恩来看后笑道:"这样看电影岂不太累了?我看在请柬上写上一句话就行,即'请你欣赏一部彩色歌剧电影:中国的《罗密欧与朱丽叶》'。"果然,一句话奏效,外国嘉宾都知道这部电影要讲述的故事。

5. 换位思考

韩非子在《说难》中写道:"凡说之难,在知所说之心。"在现实社会,随着人们日常交往的日益频繁,摩擦、矛盾也会随之增多,很多人只强调他人对自己应该承认、理解、接受和尊重,却忽视对等地去理解和尊重他人;只注意自己目的实现,却无视他人的利益和要求。在这种倾向支配下,他们常常不顾场合和对方心情,一味由着自己的性子去交往,致使在交往中由于语言使用缺乏得体性而出现尴尬的局面。所以,在很多时候,注意交际场合的特点,多进行换位思考,灵活应变,将心比心,以诚换诚,才能达到心灵的沟通和情感的共鸣。

📖 沟通小故事

某局新任局长宴请退居二线的老局长。席间,端上一盘油炸田鸡。老局长用筷子点点说:"喂,老弟,田鸡不能吃,是益虫!"新局长不假思索,脱口而出:"不要紧,都是些老田鸡,退居第二线,不当回事了。"老局长闻听此言,顿时脸色大变,连问:"你说什么?你刚才说什么?"新局长本想开个玩笑,不料说漏了嘴,触犯了老局长的自尊,顿觉尴尬万分,席上的友好气氛顿时被破坏。此时,一旁的秘书连忙接口说:"老局长,他说您已经退居二线,吃点田鸡不当什么事。"老局长听此言觉得有道理,才又重提筷子,你敬我让,气氛开始回升。宴席上,新局长对那位退居二线的老局长的处境和心理未能予以充分的理解,缺乏换位思考的意识,使用了不当语言犯了忌讳,如果不是这位秘书灵活应变,差点酿成无法挽回的局面。

（资料来源：http://blog.sina.com.cn/s/blog_4154dbfd01008g7y.html.）

所以,在语言交际时,必须换位思考,无论是话题的选择、内容的安排,还是语言形式的采用,都应该根据特定场合的表达需要来决定取舍,做到灵活自如。

6. 切合情境

运用语言进行信息传递、情感交流,离不开一定的时间、地点和场合,要使这种传递活动获得好的效果,语言运用不仅要符合特定的时代背景和此时此地的具体情景,还要恰当地利用说话时机,把握时间因素,力求切情切境,入旨入理。

在杭州的"美食家"餐厅,一对新人在举行婚礼时,正赶上滂沱大雨下个不停。新人和客人们被大雨淋得很懊丧,婚礼气氛很不愉快。这时,餐厅经理来到100多位客人面前微笑着,高声说:"老天爷作美,赶来凑热闹。这是入春以来的第一场好雨。好雨兆丰年,这象征着今天这对新人的未来是十分幸福的。雨过天晴是艳阳天,象征着今天在座的所有客人都将迎来更加灿烂的明天。我提议:为了创造和迎接雨过天晴的明天,大家干杯!"话音刚落,整个餐厅的情绪和气氛发生了180度的转变,沉寂的婚礼场面,气氛一下子变得热烈起来。

7. 明确目的

交际语言是一种为了实现一定的交际目的而进行的双向交流的传播活动,无论是与他人拉家常、叙友情,或是进行学术报告、演讲、谈判、采访乃至解说、寒暄、拜访、提问,等等,都是为了实现信息传递,沟通情感,增进了解,阐明观点等特定的交际目的而进行的。当与他人说话时,需要针对交际对象的特点和语言环境做出必要的调整,也要根据语言交流的主题,选择和使用恰当的语言,做到有的放矢,取得缓解气氛,增进友情的作用。如,瑞士厄堡村有一块要求游客不要采花的通告牌。上面分别用英、德、法三国语言写着:"请勿摘花","严禁摘花","喜爱这些山峦景色的人们,请让山峦身旁的花朵永远陪伴着它们吧!"由此不难看出瑞士旅游业人士对不同游客的民族心理特点的充分考虑。英国人讲面子,崇尚绅士风度,因此,用"请"。德国人严守律令,故采用"严禁"。法国人浪漫且重感情,所以用了富有激情的语句。这样就与不同交际对象的民族心理特点相吻合了。又如,曾有一位营业员向外国顾客介绍商品时,因为不了解外国顾客的情况,而按照对中国顾客的方式来接待,结果就把顾客赶跑了。事情是这样的:有一位英国客人在商店里表现出对一件工艺品感兴趣,该营业员取出该工艺品,然后对客人说:"先生,这件不错,又比较便宜。"顾客听了她的话后,丢下商品,转身而去。为什么这些话会把这位顾客赶跑呢?原来是"便宜"二字。因为在英国人心目中,买便宜货有失身份,所以这桩买卖没有做成。

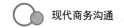
现代商务沟通

2.3 语言沟通的技巧

在沟通过程中，常常会遇到一些矛盾的、顾此失彼、难以两全的情况，使你处于两难的境地。例如，我们常会碰到下列情景：既想拒绝对方的某一要求，又不想损伤他的自尊心；既想吐露内心的真情，又不好意思表述的太直截了当；既不想说违心之言，又不想直接顶撞对方；既想和陌生的对方搭话，又不能把自己表现得太轻浮和鲁莽……凡此种种，难以一一列举。但概而言之，都是一种矛盾：行动和伤害对方的矛盾，自己利益和他人利益的矛盾，自己近期利益和长远利益的矛盾。

适应这些情况，产生了各种各样的语言表达艺术，它缓解了这些矛盾。这种表达的语言艺术从表面上看，似乎违背了有效口头表达的清晰、准确的要求，但实际上是对清晰、准确原则的一种必要的补充，是在更全面考虑了各种情况之后的清晰和准确，是在更高级阶段上的清晰和准确。

语言艺术的具体方法因人、因事、因时、因地而异，没有绝对的适用任何情况的方法。这里介绍一些沟通技巧，供参考。

1. 积极表达期望

心理学中的"皮格马利翁效应"启示我们：赞美、信任和期待具有一种能量，它能改变人的行为，当一个人获得另一个人的信任、赞美时，他便感觉获得了社会支持，从而增强了自我价值，变得自信、自尊，获得一种积极向上的动力，并尽力达到对方的期待，以避免对方失望，从而维持这种社会支持的连续性。语言沟通中，积极的语言反应表达出积极的心理期望。皮格马利翁效应也验证了积极的心理期望和暗示所产生的强大影响。要做到评议表达的积极，可从以下几个方面来把握。

（1）避免使用否定字眼或带有否定口吻的语气。如双重否定句不如用肯定句来代替，必须使用负面词汇时，则尽量使用否定意味最轻的词语。"我希望"、"我相信"这两种说法有时表明你没有把握，或者传递出有些盛气凌人的信息；而赞扬现在的行为可能暗示对过去的批评。

（2）强调对方可以做的而不是你不愿或不让他们做的事情，以对方的角度讲话。比如说"我们不允许刚刚参加工作就上班迟到"（消极表达）就不如说"刚刚参加工作的人保证按时上班很重要"（积极表达）。

（3）把负面信息与对方某个受益方面结合起来叙述。可以说"你可免费享用20元以内的早餐"（积极表达），而不是说"免费早餐仅限20元以内，超出部分请自付"（消极表达）。

（4）如果消极方面根本不重要的话，干脆省去。如对方决策时不需要这方面的信息，信息本身也无关紧要,或者以前已经提供了这方面的信息。

(5)低调处置消极面,压缩相关篇幅。篇幅大,表明在强调信息。既然不想强调消极信息,就尽量少用篇幅,出现一次即可,不必重复。

2. 注意推论与事实

通常在观察外界的时候,人们在获得所有的必要事实之前就开始进行推论,推论的形成相当快,以致很少有人仔细考虑它们是否真的代表事实。"他未完成工作,因为偷懒","如果您听了我的建议,您就了解我的意思了",这些语句表示的并非事实,而是推论。因此不良的沟通就产生了。徐丽君、明卫红主编的《秘书沟通技能训练》(科学出版社 2008 年版)中对此进行了分析。

有 6 种基本方法可以分辨事实陈述和推论陈述(见表 2-1)。

表 2-1 事实陈述和推论陈述

事 实 陈 述	推 论 陈 述
1. 根据第一手资料下断言	1. 在任何时间下断言——根据事前、事后、事情发生时的经验
2. 根据观察下断言	2. 根据任何一人的经验下断言
3. 必须根据所经历的经验	3. 超出自己所经历的经验之外
4. 根据经验的陈述	4. 无界限地根据经验推论陈述
5. 达到最大的可信度	5. 仅有很小程度的可信度
6. 得到具有相同经验的人士的认同	6. 有此经验的人士不认同

为了避免妄下推论,在与人沟通的过程中应当注意以下情况。

(1)学会区分哪些是事实,哪些是推断。

(2)当根据从别人那里得到的信息作出决策时,要评估推断的准确性,并获得更多信息。

(3)听取别人的汇报时,让其陈述事实而不是听取他人的评价。

(4)在说服别人时要使用具体的事实而非个人的价值判断。

(5)使用文字沟通时,要表明自己的推断以便别人了解自己的看法。

(6)意识到事情的复杂性,不要将其简单化。

(7)当只看到两种选择结果时,有意识地寻找第三种甚至更多种可能出现的情况。

(8)意识到自己所得的信息是经过过滤的,自己并没有得到所有的事实。

(9)尽量向别人提供背景信息,以便别人能够准确地解释自己的观点或看法。

(10)以具体的证据、事实和事例来支持笼统的陈述和评价,避免诸如"这个人的素质很不高"这样的论断。

（11）检查自己的反应，保证自己的决策建立在合理的证据之上。

3. 进行委婉表达

"委婉"一词人们并不陌生，它在修辞学中，又是修辞格的一种。但"委婉"并不仅仅指修辞的方法。在书面语中，它主要表现为一种语言的表达方式；在沟通中，它又是一种处理问题的态度和方法。恰当地运用委婉，能够鲜明地表明人们的立场、感情和态度。这样做，既使对方乐于接受，达到说话的目的，又可增强语言的形象性和生动性。

（1）直意曲达。语言总要表达某种意思，亦即说话者要达到表明自己态度和感情的目的。但这个意思是通过迂曲委婉的说法来表达的，这也是利用了人们思维的曲折性和复杂性来达到的。

传说汉武帝晚年时很希望自己长生不老。一天，他对侍臣说："相书上说，一个人鼻子下面的'人中'越长，命就越长；'人中'长一寸，能活一百岁。不知是真是假？"东方朔听了这话，知道皇上又在做不老的梦了。皇上见东方朔面有不悦之色，喝道："你怎么敢笑我？"东方朔脱下帽子，恭恭敬敬地回答："我怎么敢笑话皇上呢？我是在笑彭祖的脸太难看了。"汉武帝问："你为什么笑彭祖呢？"东方朔说："据说彭祖活了800岁，如果真像皇上刚才说的，'人中'就有8寸长，那么他的脸不是有丈把长吗？"汉武帝听了，也哈哈大笑起来。东方朔要劝谏皇上不要做长生梦了，但又不好直言去规劝，只能用旁敲侧击的方法，委婉地表达自己的意思。这种劝谏使汉武帝愉快地接受了。

要达到沟通的最佳效果，不一定都用直言不讳的说法，用委婉的说法可能会达到意想不到的效果。

（2）易于接受。人们总是希望对方能够接受自己所发出的信息，并作出相应的反应。这就首先要让对方能够接受你发出的信息。委婉的语言就可以帮助你达到这个目的。

例如，美国小说家马克·吐温到某地旅馆投宿，人家早告诉他此地蚊子特别厉害。他特别担心晚上是否能安稳睡觉，想要事先向服务员打招呼，又觉得这样做未必效果好，服务员不一定乐意接受。他在服务台登记房间时，一只蚊子正好飞过来。马克·吐温灵机一动，马上对服务员说："早听说贵地蚊子十分聪明，果然如此，它竟然会预先看我的房间号码，以便夜晚光临，饱餐一顿。"服务员听了不禁大笑起来，结果就记住了他的房间号码，并相应地采取了一系列防蚊子措施，使马克·吐温这一夜睡得很好。马克·吐温如果生硬地告诉服务员要怎样赶蚊子，就不一定能达到这种效果。马克·吐温的话很委婉，让服务员易于接受，当然也就乐意尽心服务了。

在日常生活中也常有这样的例子：当你要求别人做一件事，或者指责别人哪里有过失的时候，你要尽量选择让对方感到有回旋余地的，把主动权仿佛送给了对方。例如，某一员工衣帽不整有碍企业形象,你可以说:"这样还算挺好的,但如果能够再把这个颜色换一下,会更好些。"这样的话语会使员工乐于接受并心悦诚服地改正。

委婉的语言是曲折地表达自己的意思,使听话者感到你是为他着想,或者感到合情合理,这就容易达到自己的目的,也给人以教育和启迪。

(3)言简意赅。委婉的语言表现形式是婉转温和,这就形成了它隐约、含蓄的特点,也就使委婉的语言容量较大,语言虽然很简洁通俗,含义却是相当深刻的。

请看下面一段对话:

问:你有过感叹吗?

答:感叹是弱者的习气,行动是强者的性格。

问:扬州大明寺一进门有尊大肚佛,两侧有副对联。上联是"大肚能忍忍尽人间难忍之事",下联是"慈颜常笑笑尽天下可笑之人"。你能做到吗?

答:我如果能做到我就成佛了。

问:你有烦恼与痛苦吗?

答:越有追求的人,烦恼与痛苦越多。成功之后将是快乐。

答话者回答问题时,总是用迂曲的方式作答,语言浅显通俗,含义却值得咀嚼。

(4)手法新颖。委婉表达产生于人际沟通中出现了一些不能直言的情况。一是总会存在一些因为不便、不忍或不雅等原因而不能直说的事和物,只能用一些与之相关、相似的事物来烘托要说的本意。二是总会存在接受正确意见的情感障碍,只能用没有棱角的软化语言来推动正确意见被接受的过程。还有一些其他类似的情况。黄漫宇在其编著的《商务沟通》(机械工业出版社,2006年版)中列举了如下新颖的委婉手法,值得我们在人际沟通中一试。

①用相似相关的事务取代本意要说的事物。如恩格斯《在马克思墓前的讲话》中说"3月14日下午两点三刻,当代最伟大的思想家停止了思想……他在安乐椅上安静地睡着了——但已经是永远地睡着了。"恩格斯用"停止思想"、"睡着了"、"永远地睡着了"来取代"死"这个字眼。又如在餐厅中人们谈到上厕所,一般都用"洗手间"来取代"厕所"这一词汇。

②用相似相关事物的特征来取代本意实物的特征。在一次记者招待会上,一位美国记者问周总理:"请问中国人民银行有多少资金?"周总理说:"中国人民银行现有18元8角8分"——直接回答,涉及国家机密;拒绝回答损害招待会和谐气氛;不予回答,有损总理个人风度。借用人民币面值总额取代资金总额这一特征,真可谓三全其美,妙不可言。

③用于相似相关事物的关系类推与本意事物的关系。《人到中年》的作者谌容访美时,用"能与老共产党员的丈夫和睦生活了几十年"来间接回答关于她与共产党关系的提问。有人问:"听说你至今还不是中共党员,请问您对中国共产党的私人感情如何?"谌容回答:"你

的情报很准确，我确实还不是中国共产党党员。但是我的丈夫是个老党员。而我同他共同生活了几十年尚无离婚迹象，可见……"

④用某些语气词如："吗、吧、啊、嘛"等来软化语气。这样可以使对方不感到生硬，试比较下列三组句子：

别唱了！　　　　今天别去了！　　　你不要强调理由！
别唱了好吗？　　今天别去了吧！　　你不要强调理由嘛！

无疑每组中的第二句都显得比较客气婉转，会使对方易于接受，有更强的说服力。

⑤用个人的感受取代直接的否定。例如，把"我认为你这种说法不对"用"我不认为你这种说法是对的"，把"我觉得你这样不好"用"我不认为你这样好"来取代。

⑥以推托之词行拒绝之实。例如：别人求你办一件事，你回答说办不到会引起不快。你最好说："这件事目前恐怕难以办到，今后再说吧，我留意着。"——推脱给将来和困难。再如，别人请你去他家玩，你要说没空，来不了，会令人扫兴，你最好说："今天恐怕没有时间，下次一定来。"——推脱给将来和没空。又如，别人向你借钱，你手头也不宽裕，你可以说："这件事我将同我的内当家商量商量。"——推脱给将来和爱人。

⑦以另有选择行拒绝之实。例如，有人向你推销一件产品，你不想要，你可以说："产品还可以，不过我更喜欢另一种产品。"又如，有人要求下星期一进行下次洽谈，你不想在这天洽谈，你可以说："定在星期五怎样？"

⑧以转移话题行拒绝之实。例如，甲问："星期天去不去工厂参观？"乙答："我们还是先来商量一下，下次推销的安排怎样准备吧？"又如，甲问："我们明天去展销大厅再见面好吗？"乙答："好吧，不过我想时间定在展销前不如定在展销后。"

4. 使用模糊语言

我们在客观世界里所遇到的各种各样的客观事物，绝大多数都没有一个明确的界线。作为客观世界符号表现的语言也必然是模糊的。巧妙地利用语言的模糊性，使语言更能发挥它神奇的效用，是人际沟通追求的目标之一。

（1）化难为易。"化难为易"也称"化险为夷"。在人际沟通中，常会遇到难以应付的棘手场合，也会有非说不可却难以启齿的局面，怎么办？成功的沟通者往往会用模糊语言，使自己摆脱这种尴尬的情况。

例如，在某大商场，有一位顾客拿了几个西红柿，然后混杂在已经称好重量并交款的蔬菜中转身就走。这时，售货员发现了这一情况。如果她高喊"捉贼"，势必会影响商场的秩序，损伤商场的声誉，可能会大吵大闹一番。富有经验的售货员会两手一拍说："哎呀！请您慢走一步。我可能刚才不注意，把蔬菜的品种拿错了，您再回来查查看。"这位顾客无奈也只得回来，售货员把蔬菜重新称过，随手就将西红柿拣了下来。售货员此时说"可能"、

"查查看"都是模糊词语，收到了神奇的公关效果。

（2）缓和语气。在某些情况下，对方可能故意损害你，使你怒发冲冠、情绪激动，气氛顿时紧张起来。在这种情况下，注意使用模糊语言，易于控制自己的情绪，缓和气氛，使事态朝好的方向发展。

例如，在我国南方一个城市，正值下班时间，乘车的人特别多，车已爆满。乘客们把车堵得严严的，车内乘客不容易看到车已行驶到哪一站。尽管乘务员大声报告站名，但总有乘客错过站。有一位错过站的乘客慌慌张张地擂门大叫："售票员下车！"乘务员也非常生气，正要酝酿几句奚落挖苦的话，正巧这时有一位公关人员在车内，及时插话说："售票员不能下车。售票员下车了，谁来售票？"这时，不仅那位错过站的乘客情绪缓和下来，连乘务员也和颜悦色起来。这位公关人员就利用"售票员下车"一句话的模糊性来为乘务员解了围，剑拔弩张的气氛缓和了，一场争吵避免了。如果我们用模糊语言来淡化紧张气氛，就可以控制情绪。它能使我们与他人交往时不致紧张，在公关时能摆脱困境。即使在一触即发的关键时刻，它也可以使我们从容地脱身出来，化解不愉快的窘境或矛盾。

（3）点到为止。模糊语言要有分寸，要点到为止。不该说的不说，能把自己意思表达明白，却不伤害别人，不能直言不讳，要把自己的意思曲折地表达出来，并且要让对方明白。

例如，我国著名的一位播音员到精神病院采访，采访提纲中原先写的是："您什么时候得的精神病？"这位播音员感到这种话或刺激病人，就临时改口问道："您在医院待多久了？住院前感觉怎么不好呢？"委婉含蓄的提问，采取的是模糊语言，使对方易于接受，不致产生反感。在采访结束时，这位播音员说："您很快就要出院了，真为您高兴。""精神病"这个词对于精神病患者来说是十分忌讳的，播音员在采访时自始至终注意回避这个词。

模糊语言的运用要掌握分寸，过于模糊，对方不了解自己的意思，就失去了交际的作用。过于直露，又会伤害别人。只有既模糊又适度，在模糊语言中透露出自己真实的语意，才能达到公关的目的。

（4）增大容量。模糊语言的一个重要特征在于它能把难于表述的道理表达出来，大大地丰富了表达效果。模糊语言是"犹抱琵琶半遮面"，这样更能引起人们联想推断，包含着广博的内容。

例如，我国某城市一个广播电台的直播节目中，一位小姐误把听众点给别人的歌曲认为是点给自己的歌，在直播节目中向播音员询问。只是播音员明知不是点给这位小姐的，但又不好明白地指出来。如果说出来，不仅扫了这位小姐的兴，也使广大听众感到不愉快。播音员说："可能是点给您的吧？其实呀，人间是一个温暖的大家庭，人人相处都应该以友相处。只要以诚相待，以友善之心相待，我们的朋友遍天下，又何必非要去计较是哪一位朋友呢？"播音员随机应变，巧舌如簧，从小姐询问点播节目一事引申出一番处事人生哲学。

播音员使用了模糊语言，使节目的内容深化了。

（5）手法新颖。语言沟通的模糊法就是使输出的信息"模糊化"，以不确定的语言进行交往，以不精确的语言描述事物，以达到既不伤害或为难别人，又保护自身的目的。除了上述模糊方法外，以下方法值得我们借鉴（参见黄漫宇《商务沟通》，机械工业出版社，2006年版）。

①以大概念取代小概念。例如，前苏联驻加拿大商务贸易代表在加拿大进行间谍活动，加拿大政府发出通令，限令他们10日之内离开加拿大，因为他们进行了与其身份不符的活动。出于外交礼仪上的需要，用于其身份不符的活动来代替间谍活动这一概念。

②以弹性概念取代精神概念。例如，1978年黄文欢同志因不满黎笋集团的倒行逆施，辗转到中国，他要回避到中国有多久和还要住多久的问题。当一名英国记者问，他何时到达北京时，他回答说："我到北京的时间距今天不久。"用"不久"这一有伸缩性概念取代精确的时间长短描述，既回避了敏感的问题，也不能说失去了真实性。

③回避。例如，有人问你："你说广州产品好还是上海产品好？"你并没有这种经验，也不宜表现自己无知，可以答曰："各家多有自己的特点。"例如一个法国人问一个中国女孩："你喜欢中国人还是喜欢外国人？"因为是社交场合，女孩回答："谁喜欢我，我就喜欢谁。"避免了说喜欢外国人可能招致不爱国的指责以及回答喜欢中国人会招致的让外国友人扫兴的难堪。

④运用答非所问。电影《少林寺》中，觉远对法师不近色、不酗酒的要求都以"能"作答。法师："尽形寿，不杀生，汝今能持否？"觉远难以回答。法师高声再问："尽形寿，不杀生，汝今能持否？"觉远："知道了"。这样模糊的回答，既能在法师面前过关，又不违背自己要惩治世间恶人的决心和本意，真正做到了两全其美。

⑤以选择式代替指令式。1944年毛泽东同志致信丁玲、欧阳山："……除了谢谢你们的文章之外，我还想知道一点，如果可能的话，今天下午或傍晚拟请你们来我处，不知是否可以？""还想知道"、"可能"、"拟请"、"是否可以"等多个模糊词语，充分体现了毛主席谦和的作风。

使用模糊法时，一定要注意不同民族对模糊意义的理解各有不同，在跨民族、跨国界使用时要慎重。例如，在1972年9月，周总理为田中角荣首相举行的招待会上的一幕就是很典型的事例。田中角荣致答谢词："……过去的几十年间，日中关系经历了不幸的过程。期间我国给中国国民添了很大的麻烦，我对此再次表示深切的反省之感。"周恩来看到田中角荣不了解"麻烦"这一模糊用语在汉语中语气太轻了，不了解在中国人看来，这是对日本过去的侵犯罪行所采取的一种轻描淡写的态度，就问道："你对日本给中国造成的损失怎么理解？"田中角荣不得不再次表白："给您添麻烦这句话包含的内容并不那么简单。我们是诚心诚意地如是表达自己赔罪的心情，这是不加修饰的，很自然地发自日本人内心的声音……我认为,前来赔罪是理所当然的。"由这精彩的一幕,我们可以得出一个有益的教训:在社交中运用模糊法仍然需要准确地运用模糊语言。

5. 不妨幽默表达

幽默一词在古代汉语中已有,它的含义是寂静无声。现在人们早已不再原意上使用幽默一词,它倒成了一个外来词语,是英语 humor 的音译。

幽默这一手法显得比其他手法更为复杂。关于幽默很难下一个全面而准确的定义,事实上也没有出现一个这样统一的认识。运用幽默的具体技巧也难以像其他手法一样,予以大致的分类罗列。

应该特别指出的是,幽默手法的运用必须自然,切忌强求。①幽默只是手法,而非目的。②幽默是一种精神现象,不只是简单的笑话或滑稽所能描述;幽默是一种风格、行为特性,是智慧、教养、道德处于优势水平下的一种自然表现。

幽默可以化解难堪。20世纪50年代社会主义改造运动中,上海的一位老教授因基层干部作风粗暴而投河自杀,幸被人救起。陈毅市长知道后,采取多种行动挽回影响,一是狠狠地批评了那位基层干部,一是亲自去老教授家赔礼道歉,同时在一次高级知识分子大会上,用幽默的手法批评了老教授。"我说你呀,真是读书一世,糊涂一时。共产党搞思想改造,难道是为了把你们整死吗?我们不过想帮大家卸下包袱,和工农群众一道前进。你为何偏要和龙王爷打交道,不肯和我陈毅交朋友呢?你要投河也该先打个电话给我,咱们再商量商量嘛!"

幽默可以化解矛盾,缓和气氛。例如,一个小孩看到一个陌生人,长着很大的鼻子,马上大叫:"大鼻子。"小孩的父母感到很难为情,很对不起人。陌生人却幽默地说:"就叫我大鼻子叔叔吧!"大家都能由此一笑了之了。

一个人在车上不小心踩了别人一脚,忙连声道歉。被踩的这个人风趣地说:"不,是我的脚放错了地方。"这人大度地认为,事情发生了,已无可挽回,又不是故意的,也没有什么损失,何不一笑了之呢。

一个顾客在餐厅吃饭,米饭中沙子很多,服务员歉意地问:"仅是沙子吧?"顾客大度地回答:"不,其中也有米饭。"既批评了餐厅,也免除了尴尬局面。

幽默也可以用来含蓄地拒绝。例如,一位好友向罗斯福问及美国潜艇基地的情况。罗斯福问道:"你能保密吗?"好友回答:"能。"罗斯福笑着说:"你能我也能。"好友也就知趣地不再问事了。

幽默可以针砭时弊。例如,领导问:"你对我的报告有什么看法?"群众:"很精彩。"领导:"真的?精彩在哪里?"群众:"最后一句。"领导:"为什么?"群众:"当你说'我的报告完了',大家都转忧为喜,热烈鼓掌。"这段幽默讽刺了领导干部长篇大论,不着边际的作风。

使用幽默，可以在轻松的气氛下进行严厉的批评。例如，某商店经理在全体职工大会上说："要端正经营作风，加强劳动纪律，公私分明，特别是那'甜蜜的事业'——糖果柜台。"

幽默可使你获得有力的反击武器。例如，德国大文豪歌德一次在公园散步，遇到了一个恶意攻击他的批评家。那位批评家不肯让路，并傲慢地说："我从不给傻瓜让路。"歌德立刻回答："我却完全相反！"说完，立即转到一边去了。

幽默是人的思想、学识、智慧和灵感的结晶，幽默风趣的语言风格是人的内在气质语言动用中的外化，幽默风趣的语言风度固然有先天成分的影响，但更有后天的习得。应掌握一些构成幽默的方法，并在语言表达中注意加以运用。

（1）歪解。俗话说："理儿不歪，笑话不来。"说咸鸭蛋是盐水煮的不是幽默，说咸鸭蛋是咸鸭子生的才是幽默，前者是常规，后者是歪解。歪解就是歪曲、荒诞的解释，它以一种轻松、调侃的态度，随心所欲地对一个问题进行自由自在的解释，硬将两个毫不沾边的东西拉在一起，这样才能造成一种不和谐、不合情理、出人意料的效果。在这种因果关系的错位与情感和逻辑的矛盾之中，幽默也就产生了。如有人问鲁迅："先生，你为什么鼻子塌？"鲁迅笑答："碰壁碰的。"这个回答里面，既有对社会现实的不满，又有对自己生活坎坷经历的嘲讽，这样丰富的具有社会意义的内容与"塌鼻梁"这样一个具有丑的因素的自然生理特征结合在一起，便产生了无法言喻的幽默感。

（2）降用。故意使用某些"重大"、"庄严"的词语来说明一些细小、次要的事情的表达技巧，谓之"降用"。恰当地运用降用，可暗示自己的思想，启发对方思考，令语言风趣生动。毛泽东就是一位极喜欢运用降用的行家里手。毛泽东的卫士封耀松在与一个女文工团员"吹"后不久，在合肥跳舞时又"挑"上一个大他3岁且离过婚并带有一个小孩的女演员。毛泽东知道这些情况后，极不赞成此事，并通过当时的安徽省委书记曾希圣及其夫人"搅"散了这段"姻缘"。封耀松为此感到极为沮丧郁闷。毛泽东见状，笑着对封耀松说道："速胜论不行吧！也不要有失败主义，还是搞持久战好。""速胜论"、"失败主义"是抗日战争时期在对先进日寇入侵这一问题上所持的两种政治、军事观点，而"持久战"则是毛泽东为此而提出的著名论断。这里毛泽东新奇地用降用劝诫卫士在婚姻问题上不要急于求成，而应持相反的态度，以及"告吹"后不可有悲观失望情绪，于调侃、戏谑之中，委婉地批评了小封在对待婚姻问题上的轻率行为。

（3）仿似。故意模仿现成的词、语、句、调、篇及语句格式，临时创造新的词、语、句、调、篇及语句格式，谓之"仿似"。它是幽默诸多构成法中最常用的一种，往往借助于某种违背正常逻辑的想象和联想，把原来适用于某种语境、现象的词语用于另一种截然不同的新的环境和现象之中，而且模拟原来的语言形式、腔调、结构甚至现成篇章，造成一种前后不协调、不搭配的矛盾，给人以新鲜、奇异、生动的感受。毛泽东在一次报告中批评某些干部为评级而争吵、落泪时说："有一出戏，叫《林冲夜奔》，唱词里说：'男儿有泪不轻弹，只因未到伤心处。'我们现在有些同志，他们也是男儿，他们是'男儿有泪不轻弹，只因未到评级时'。"这里运用的就是局部改动名句的仿拟之法，显得俏皮成趣、批评有力。

（4）自嘲。自我嘲讽，是指运用嘲讽的语气来嘲笑自己的缺陷和毛病，以取得别人的共鸣，引起别人会心一笑的方法。笑的规律是优笑劣、智笑愚、美笑丑、成熟笑幼稚。因此，如果公关人员善于显示自己比别人劣、愚、丑或幼稚，就会引人发笑，赢得公众的好感。自嘲还可嘲讽自己做过的蠢事、自己的生活遭遇等。

（5）辨析。辨析就是对字形、数字、姓名或其他常用的词组作巧妙的拆卸、组合、分辨、解析。这种"辨析"是一般人预想不到的，极具机智巧妙的动力，听者先深感"出乎意外"，一经思考，又觉得在"情理之中"，在"豁然顿悟之中，幽默便油然而生。如在人际交往中，富有幽默感的人，自己介绍姓名或听人介绍时，往往都感到亲切自如，又找出了姓名中的特点，便于记忆。如薄一波初次见到毛泽东，当自己介绍姓名后，毛泽东紧握他的双手，嘴里连声说道："好啊，这个字很好！薄一波，薄一波，如履薄冰，如临深渊嘛！"说得周围的同志都笑了起来，毛泽东风趣的"析姓辨名"，使初次会面的客人顿消紧张情绪，感到他和蔼可亲。

课堂实训

1. 实训：口头语言沟通训练

实训目的：

（1）通过实训掌握书面语言及口头语言沟通中的各种技巧要领。

（2）提高运用相关知识解决实际问题的信心和能力。

（3）养成良好的沟通习惯和风格，形成得体的沟通综合能力。

实训情景：

职业情景1

你是公司办公室陈主任，公司曾向某家饭店租用大舞厅，每一季用20个晚上，举办员工培训的一系列讲座。可是就在即将开始的时候，公司突然接到通知，要求必须付高出以前近3倍的租金。当你得到这个通知的时候，所有的准备工作已经就绪，通知都已经发出去了。单位领导派你去说服对方不要违约，你怎么办？请模拟场景，扮演角色。

职业情景2

于雪的上司吴总是公司负责营销的副总，为人非常严厉。吴总是南方人，说话有浓重的南方口音，经常"黄"与"王"不分。他主管公司的市场部和销售部，市场部的经理姓"黄"，销售部经理又恰好姓"王"，由于"黄"和"王"经常听混淆，于雪非常苦恼，这天，于雪给吴总送邮件时，吴总让她"请黄经理过来一下！"是让王经理过来还是让黄经理过来？于

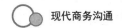

雪又一次没听清吴总要找的是谁。面对这种情况，于雪该怎样处理？

实训内容：

（1）根据职业情景1，模拟演示陈主任的沟通协调过程。

（2）根据职业情景2，为秘书于雪找出一个两全其美的办法，并演示沟通过程。

实训要求：

（1）本实训可在教室或情景实训室进行。

（2）先分组讨论，再进行角色模拟演示。

（3）分组进行，每组3~5人，一人扮演对方公司经理；一人扮演秘书于雪，一人扮演公司吴副总经理。分角色轮流演示，每组分别演示以上两个情景。

（4）要求编写演示角色的台词与情节，用语规范，表达到位。

实训提示：

（1）利用口语交流的技巧。

（2）注重沟通的目的与策略。

实训总结：

个人畅谈沟通体会，教师总评，评选出最佳口头语言沟通者。

（本训练选自：徐丽君，明卫红. 秘书沟通技能训练. 北京：科学出版社：71-72.）

2. 实训：答记者问演练

苹果公司公共关系部为配合新近推出的iPhone4S的推广拟举行一次新闻发布会。这款新产品iPhone4S具有以下特点。

1. 双核A5高性能处理器

正如大多数人之前所预料的那样，苹果iPhone4S毫无意外地采用了已经在iPad2上使用的最新一代双核A5处理器，这也使得手机的CPU速度相比之前提升了2倍，从而让iPhone4S在多任务处理等方面有更加喜人的表现，可以让你在操控iPhone4S明显感觉更见快速更加灵敏。

2. 双核心图形处理芯片

iPhone4S不仅采用了最新的双核A5处理器，在图形处理方面也有极大的改进。它采用双核心图形处理芯片，相比iPhone4在图形处理性能方面足足提升了7倍之多，这也让iPhone4S在运行一些对3D性能和画面要求较高的游戏时显得更加游刃有余，对于喜欢拿iPhone玩游戏的用户来说绝对是个好消息。

3. 全新改进的天线设计

相信很多人都对去年iPhone4刚刚上市不久就曝出的"信号门"事件记忆犹新，苹果前任 CEO 乔布斯甚至为此次事件单独召开新闻发布会并提供一系列解决方案。在吸取了之前的经验教训之后，这次发布的苹果 iPhone4S 自然是在手机的天线设计上下足了工夫，用户完全不用担心所谓的"死亡之握"会影响到手机的信号。

4. 全新一代的 800 像素摄像头

在其他厂商纷纷早已推出千万像素拍照手机的时候，苹果似乎一直都不为所动依旧按照自己的步骤前行，不过这次发布的 iPhone4S 终于在摄像头上有革命性的改变。手机搭载的这颗 800 万像素摄像头有可能是最出色的手机摄像头，它融合了苹果研发的全新光学技术，支持 f/2.4 的大光圈拍摄，最大可以拍摄 3 264×2 448 像素的图片。同时它还采用先进的背照式传感器，光线通透率提高了 73%，这样用户就可以用它拍出更加逼真的照片。

5. 支持 1080P 全高清视频摄录

全新亮相的 iPhone4S 不仅在拍照上表现出彩，视频摄录上也足够优秀。它已经可以让你拍摄 1080P 全高清视频，当然为了让你能够拍出更加动人逼真的画面，苹果还为 iPhone4S 提供了全新的防抖动技术和实时消噪功能，然后你还可以再配合苹果所独有的 iMoive 软件快速剪辑你所拍摄的视频与你的亲朋好友分享。

6. 支持 GSM+CDMA 双模网络

虽然 iPhone4S 并没有如此前所猜测的那样是一款支持 4G 网络的手机，但 GSM+CDMA 双制式的支持也足以让其成为一款真正意义上全球手机，无论你使用的是 GSM 还是 CDMA，你都可以在全球 200 多个国家的 GSM 网络里尽情漫游，那么这是否也意味着届时国内的三家运营商都能同时引进 iPhone4S 呢。值得一提的是，iPhone4S 在数据传输上最快下载速度可以达到 14.4Mbps，这相比 iPhone4 的 7.2Mbps 下载速度足足提升了一倍。

7. 革新的 Siri 语音控制功能

此次亮相在 iPhone4S 的 Siri 语音控制功能绝对是最值得期待的一项革新性升级，因为这是苹果在花 2 亿美金巨资收购 Siri 公司之后推出的一项全新功能。它与其他品牌手机拥有的语音输入和语音查找联系人等简单的语音控制不同，iPhone4S 上的 Siri 语音控制拥有更加智能更加人性化的人机交互模式。

8. 新技术让手机待机一如既往优秀

待机能力始终是一款智能手机特别是像 iPhone 这种无法自行更换电池的手机中最受用户关注的焦点问题之一，尽管 iPhone4S 搭载了更加强悍的双核处理器以及更加出色的图形处理芯片，不过用户不必过多担心手机的待机问题，因为苹果专门针对这方面进行了优化从而保证了整机的待机能力，在通话时间上相比前代产品反而稍有提升。

9. 新增加 64GB 超大版 iPhone 手机

除了前面我们所讲诉的那些升级之外，我们还发现 iPhone4S 相比前代产品推出了 64GB

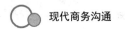

超大容量版,这样的举措无疑也是给用户更多的选择空间。

(资料来源:http://tech.163.com/mobile/11/1005/05/7FJ179JR0011179O.html,2011-10-05.)

假如你是苹果公司公共关系部的工作人员,请为苹果公司 iPhone4S 上市组织一次模拟新闻发布会。具体如下:

实训地点:模拟会议实训室。按新闻发布会要求进行现场布置。

实训步骤:

(1)全班同学分为 3 组,每组指定一个组长。由组长扮演苹果公司公共关系部的部长,其他同学扮演苹果公司公共关系部的成员。

(2)请各公共关系部分别制定新闻发布会的程序,并挑选主持人和发言人;拟写发言提纲。

(3)其他各组扮演受邀的各新闻单位,并挑选记者,准备提问。

(4)由其中一组担任苹果公司公共关系部,举行新闻发布会,其他各组的成员担任记者。进行现场演练。

(5)各组对本次活动进行总结,指导教师进行点评。

实训要求:

本项目也可选择在教室进行,但应对环境做适当的布置;每组进行演练的时间应控制在 20 分钟以内;条件允许的情况下可以将新闻发布会的过程制作成录像,在训练结束后进行讨论。

课后练习

1. 案例分析

(1)"我请诸君笑一笑"。

1956 年,当时的印尼总统苏加诺到清华大学操场演讲,在台下听的除清华的学生以外还有北大的学生,陪同的有戴着墨镜和白手套的外交部长陈毅。苏加诺是世界名人,步入清华时,学生队伍的秩序一度有些激动性的骚乱,在台上的陈毅显然不悦,气氛有点儿紧张。有经验的苏加诺总统当然看出来了。他在演讲一开头就说了两句题外的话:"我请诸君向前移动几步,我愿更靠近你们。"话一说完,学生队伍活跃了,很快往前移动了几步。接着苏加诺又说:"我请诸君笑一笑,因为我们面临着一个光辉的未来。"青年们轻松地笑了起来,气氛变得十分和谐,在以后的演讲中苏氏不断被热烈的掌声打断。

(资料来源:http://www.my-link.cn/plus/view.php?aid=7745.)

思考与讨论：
①如何运用语言沟通拉近与听众的心理距离？
②本案例对你有何启示？

（2）王景愚的自我介绍。

著名的哑剧大师、喜剧表演艺术家曾这样介绍自己："我就是王景愚，表演《吃鸡》的那个王景愚。人称我是多愁善感的喜剧家，实在是愧不敢当，其实不过是个'走火入魔的哑剧迷'罢了。你看我这40多公斤的瘦小身躯，却经常负荷许多忧虑与烦恼，而这些忧虑与烦恼，又多半是自找的；我不善于向自己所敬爱的人表达敬与爱，却又常常否定自己。否定自己既痛苦又快乐，我就生活在痛苦与快乐的交织网里，总也冲不出去；在事业上人家说我是敢于拼搏的强者，而在复杂的人际关系面前，我又是一个心无灵犀、半点不通的弱者，因此在生活中，我交替扮演着强者和弱者的角色。"

思考与讨论：
①王景愚的自我介绍体现了怎样的语言艺术？
②请挖掘你自身的特点做一次精彩的别具一格的自我介绍。

（3）李开复走上"未选之路"。

1995年年初，苹果公司的ATG研发集团的副总裁也离职了。因此，苹果将提升唐纳德·诺曼（DonaldNorman），一位著名的心理学家升任ATG的副总裁。而当时，我的大老板仍然是当初把我挖到苹果的戴夫·耐格尔。在唐纳德·诺曼的任命还没有宣布之前，大老板有一次叫我去办公室聊天，征询我对ATG发展的意见。我看到老板来找我，就开诚布公地将自己的意见表达出来。

"ATG队伍庞大，而且并没有严格的考核指标。因此，我认为，如果把ATG部门转换成产品部门，则可以让这个部门的激情被激发出来。现在，公司正在面临非常严峻的挑战，这种变化不失一个让苹果的精英们集中起来进行脑力激荡的好方法。让ATG的好技术帮公司渡过难关，同时可以大大减轻苹果公司的财务压力。"

戴夫·耐格尔对我的看法不置可否，他沉默了许久。

这一次，我的想法没有得到认可。这是因为，新任的ATG副总裁唐纳德·诺曼对这个方案不认可。他说，ATG成立之初，很多业内大师保证给他们做研发的空间，另外，在苹果公司，研究部门和产品部门完全分开，这是一个惯例和传统，不能打破。在苹果公司的市场份额越来越小的情况下，唐纳德·诺曼觉得，即使苹果要在这个时候缩减人员，也只能把ATG缩小，变得更像一个研究院。

戴夫·耐格尔虽然是把我挖到苹果公司的，而且对我很赏识，但是他和诺曼的思维方式更相像，而且两人都是加州大学理学系毕业的，从大学开始就相互认识。最后，一个奇怪的方案产生了，苹果最终选择了诺曼的方案，但是同时又想照顾我的想法，于是，我的大老板作出了一个新的决定。让诺曼出任 ATG 副总裁，让 ATG 继续做研发的工作，但是要分一些人给我做产品。这意味着，作为多媒体互动部门的总监，我可以把我的团队整体带到另一个副总裁手下，去做产品。

而诺曼听到这个方案以后，并不愿意我把 ATG 里的人员调走。他跑过来告诉我，"开复，你不能把任何一个团队带走。你应该让员工自己有选择的空间，选择你的跟你去做产品，选择和我做研发的就让我带走"。我听了这个决定，心中些许震惊。因为大家都知道，在研发部门工作，显然没有市场和考核的压力。"谁会愿意放弃舒坦的日子，而和我去做市场，去经历市场份额的严酷考验啊？"我心里这样想。

当我正绞尽脑汁想办法的时候，我听说诺曼先行一步，已经在 ATG 开起了员工大会。他一方面要求相关人员必须亲自表达意愿，才可以加入我的团队，另一方面又告诫大家，开复要研发的新产品有不小的风险，希望大家慎重选择。这样一来，我更被动了。我怎样才能说服大家跟我走呢？如果没有一个人愿意跟我走，我的处境将相当尴尬。

我没有放弃。在一个风和日丽的下午，我把我的团队拉到了一个酒店，在吃饭前，我打开自己熬了一个通宵写的 PPT，讲起了新产品的规划和设计。我描述了互联网与多媒体相结合的新技术和新应用，以及它将形成的巨大发展空间，还与他们分享了新产品部门的愿景。然后，我鼓励他们分成小组，讨论这个愿景的可行性，以及在这样的愿景下自己的潜力将怎样得到更充分的发挥。

我还请来了专家，让他们指导员工扮演动物，"如果你是一只动物，你会怎么拯救苹果公司？"而员工则作了各种各样精彩的表演。这个游戏让大家格外感动，也格外地团结。在苹果利润持续下滑的几年里，这样的气氛已经越来越少了。

最后，我诚恳地对并肩战斗了几年的员工说，"我并不是让大家今天就作出选择，而是作一次心灵的沟通。我把我的设想和前景跟大家分享，最后大家的选择，还是遵循内心的感受。毕竟，有的人适合做研发，有的人适合做产品。但是，在苹果最危急的时刻，我认为做产品是最迫切的。让我们的产品去战胜我们的对手，苹果才可能真正得救"。

我清了清嗓子。开始朗诵我精心准备的一首诗——美国诗人罗伯特·弗洛斯特 (Robert Frost) 的《未选之路》(*The Road Not Taken*)。

The Road Not Taken

Robert Frost

Two road diverged in a yellow wood,

And sorry I could not travel both

And be one traveller , long I stood

And looked down one as far as I could

To where it bent in the undergrowth,
Then took the other , as just as far,
And having perhaps the better claim ,
Because it was grassy and wanted wear ,
Though as for that , the passing there
Had worn them really about the same,
And both that morning equally lay
In leaves no step had trodden black .
Oh , I kept the first for another day !
Yet knowing how way leads on to way ,
I doubted if I should ever come back .
I shall be telling this   with a sigh
Somewhere ages and ages hence:
tow roads diverged in a wood , and I——
I took the one less traveled by,
And that has made all the difference !

未选之路

罗伯特·弗洛斯特

黄色的树林里分出两条道路，
可惜我不能同时去涉足，
我在那路口久久伫立，
我向着一条路极目望去，
直到它消失在丛林的深处。
但我却选择了另外一条路，
它荒草萋萋，十分幽寂，
显得更诱人、更美丽，
虽然在这两条小路上，
都很少留下旅人的足迹，
虽然那天清晨落叶满地，
两条路都未经脚印污染。
啊，留下一条等改日再见！

但我深知路径延绵无尽头,
恐我难以再回返。
也许多少年后在某个地方,
我将轻声叹息将往事回顾,
一片树林里分出两条路,
而我选了人迹更少的一条,
从此决定了我一生!

全诗的最后几句,深深打动了大家。"一片树林里分出两条路,而我选了人迹更少的一条,从此决定了我一生的道路。"我看着台下的员工,动情地说:"这条路没有人走过,但是我们恰恰应该为了这个理由踏上这条路,创立一个网络多媒体的美好未来。"

正是这次会议,让90%以上的员工作出了"冒险"的决定,离开相对稳定的研究部门,随我加入全新的互动多媒体部门。这个部门,正是后来QuickTime、iTunes等许多著名网络多媒体产品的诞生地。

(资料来源:李开复,范海涛. 世界因你而不同:李开复自传. 北京:中信出版社,2009.)

思考与讨论:
①李开复让90%以上的员工随其加入全新的互动多媒体部门,他运用了哪些说服技巧?
②本案例对你有何启示?

(4)两家卖粥的小店

两家卖粥的小店,产品、装修、服务没什么两样,但A店总是比B店多卖一倍的鸡蛋,原因在哪? B店客人进门,服务员会问一句:"要不要鸡蛋?"有一半要一半不要。而A店客人进门,听到的是:"要一个鸡蛋还是两个"客人有的要一个,有的要两个,不要的很少。这样,A店的鸡蛋就总是卖得多一点。

同样一句话,前后一对调或者做点不起眼的变化,就会出现不同的结局,其实质在于说话人掌握了对方思考的方向。

思考与讨论:
①A店成功的原因是什么?
②这则案例给我们什么启示?

2. 思考与训练

(1)运用语言沟通的知识和技巧,由3~4名同学自由组成小组,其中一人为讨论组织者,任选以下问题进行讨论,5~8分钟完成讨论,并派一人当众综述沟通结果。

①你们几位同学都是电影爱好者,打算成立一个校内影迷协会,作为发起者请讨论它的可行性方案。

②你们几个同学是超级数码影迷,一直想自导、自拍、自演一部DV,现在商量实施方案。

③如果你们班有一名同学因经济困难假期无钱回家,几个好朋友想帮助他,但他的自尊心很强,讨论一个最得体的办法。

④假设你们班得到优秀班集体的奖金1000元,你们几个是班干部,现在商议一下这笔奖金的处置方案。

(2)结合实际分析如何成为一个善于言辞的人?

任务3　非语言沟通

有许多隐藏在心中的秘密都是通过眼睛被泄露出来的,而不是通过嘴巴。

——[美]爱默生

导学案例

非语言行为暗示

星期五下午3:30.

宏达公司经理办公室。

经理助理李明正在起草公司上半年的营销业绩报告。这时公司销售部副经理王德全带着公司销售统计材料走进来。

"经理在不在?"王德全问。

"经理开会去了。"李明起身让座,"请坐"。

"这是经理要的材料,公司上半年的销售统计材料全在这里。"王德全边说边把手里的材料递给李明。

"谢谢,我正等着这份材料哩。"李明拿到材料后仔细地翻阅着。

"老李,最近忙吗?"王德全点燃一支烟,问道。

"忙,忙得团团转!现在正忙着起草这份报告,今晚大概又要开夜车了。"李明指着桌上的文稿回答道。

"老李,我说你啊应该学学打太极拳。"王德全从口中吐出一个烟圈说道,"人过四十,应该多多注意身体"。

李明闻到一股烟味,鼻翼微微翕动着,心里想:"老王大概要等抽完了这支烟才离开,可我还得赶紧写这篇报告。"

"最近,我从报上看到一篇短文,说无绳跳动能治颈椎病。像我们这些长期坐办公室的人,多数都患有颈椎病。你知道什么是'无绳跳动'吗?"王德全自问自答地往下说,"其实很简单……"

李明心里有些烦,可是碍于情面不便逐客,他瞥了一眼墙壁上的挂钟,已经4:00了,李明把座椅往身后挪了一下,站起来伸了个懒腰说:"累死我了。"李明开始动手整理桌上的文稿。

"'无绳跳动'与'有绳跳动'十分相似……"王德全抽着烟,继续着自己的话题……

(资料来源:王建民. 管理沟通理论与实务. 北京:中国人民大学出版社,2005.)

问题：
（1）王德全的行为是沟通还是聊天？为什么？
（2）李明用哪些非语言行为暗示了自己的繁忙或是不耐烦？
（3）如果你是王德全，遇到这种情况会怎么办？
（4）你认为李明该怎么做才能更明确地传递信息？

学习训练目标

- 明确语言沟通与非语言沟通的联系和区别；
- 了解非语言沟通的作用；
- 运用非语言沟通的表现形式做好非语言沟通。

3.1 非语言沟通的含义

据研究高达93%的沟通是非语言的，其中55%是通过面部表情、身体姿态和手势传递的，38%是通过声调传递的。

所谓非语言沟通是指不通过口头语言和书面语言，而是通过其他的非语言沟通技巧，如声调、眼神、手势、空间距离等进行沟通。因为非语言沟通大多通过身体语言体现出来，所以通常也叫身体语言沟通。在沟通过程中，非语言沟通与语言沟通关系密切，而且经常相伴而生。

1. 非语言沟通的作用

（1）通过非语言信息，语言信息得到补充与强化。如一位经理敲击桌子或者拍一下同事的肩，或通过语调来强调相关信息的重要性。当谈到某个方向，伴随着手指的指示，可以加深印象。在语言和非语言信息出现矛盾的时候，非语言信息往往更能让人信服。当某人在争吵中处于劣势时，嘴里却颤抖地说道："我怕他？笑话！"事实上，从说话者颤抖的嘴唇不难看出，他的确感到恐惧和害怕。

（2）非语言信息可以代替语言信息，有效地传递许多用语言都不能传递的信息，而且，作为一种特定的形象语言，它可以产生语言沟通所不能达到的交际效果。在日常工作中，我们也都在自觉或不自觉地使用非语言沟通。来进行信息的传递和交流，既省去不少口舌，又能达到"只可意会，不可言传"的效果。比如，当经理走进办公室，显出一副伤脑筋的样子，不用说，他与上司的见面很糟糕。

2. 语言沟通和非语言沟通的区别

语言沟通和非语言沟通也有很大的区别。惠亚爱主编的《沟通技巧》（人民邮电出版社，2008年版）一书中对此进行了专门论述。

（1）沟通环境。在非语言沟通中，我们只运用到眼睛，因此可以不必与人直接接触。比如，你可以通过一个人的着装、动作判断他的性格与喜好，可以通过他的收藏品判断他的业余爱好，也可以通过他的表情看出他对朋友的关系亲疏。通过约会的地方也可以看出他对约会的重视程度。非语言沟通可以不为被观察者所知。而语言沟通非得面对面进行。

（2）反馈方式。除了语言之外，对于他所给予的信息，我们给予大量的非语言反馈。我们的很多感情反应是通过面部表情和形体位置的变化表达的。通过微笑和点头来表示对别人说的内容感兴趣，通过坐立不安或频频看手表来表示缺乏兴趣。

（3）连续性。语言沟通从词语开始并以词语结束，而非语言沟通是连续的。无论对方在沉默还是在说话，只要他在我们的视线范围，他的所有动作、表情都传递着非语言信息。比如在一家商店里，一个妇女在面包柜台旁徘徊，拿起几样，又放下，还不时地问面包的情况，这表明她拿不定主意。一位客户在排队，他不停地把口袋里的硬币弄得叮当响，这清楚地表明他很着急。几个小孩试图确定自己的钱能买收款处附近糖果罐中的多少糖果，收款员皱着眉头叹了口气，可以看出她已经不耐烦了。商店中所有人都向我们传递非语言信息，并且是连续的，直到他们从我们的视线中消失。

（4）渠道。非语言沟通经常不止利用一条渠道。例如，想象在观看一场足球赛时你所发送的信息。任何人都会知道你喜欢哪个球队，一位你穿有该队代表色的衣服，或者举着牌子。当该队得分时，你跳起来大声喊叫。这样，在你非语言沟通中，你既使用了视觉渠道，又使用了声音渠道。又比如一次会议，地点在五星级饭店，配有最好的食物，高层领导出席，着装正式。这些都表明此次会议非常重要。

（5）可控程度。我们很难控制非语言沟通，其中控制程度最低的领域是情感反应。高兴时你会不由自主地跳起来，愤怒时会咬牙切齿。我们的绝大多数非语言信息是本能的、偶然的。这与语言沟通不同。在语言沟通时，我们可以选择词语。

（6）结构。因为非语言沟通是无意识中发生的，所以它的顺序是随机的，并不像语言沟通那样有确定的语言和结构。如果作者与人交谈，你会计划你要说的话，但不会计划什么时候跷腿、从椅子上站起来或看着对方，这些非语言动作对应着交谈期间所发生的情形。仅有的非语言沟通规则是一种行为在某种场合是否恰当或容许。例如，在一些正式场合，即使你遇到再不高兴的事，也不能跳起来，要喜怒不形于色。

（7）掌握。语言沟通的许多规则，如语法、格式，是在结构化、正式的环境中得以传授的，如学校。而很多非语言沟通没有被正式教授，主要是通过模仿学到的，小孩子模仿父母、兄弟姐妹和同伴，下属模仿上司。

3.2 非语言沟通的作用

非语言沟通作为沟通活动的一部分，在完成信息准确传递的过程中起着重要的作用。据研究，在沟通中，55%的信息是通过面部表情，形体姿态和手势传递的。非语言沟通在交际活动中的作用是丰富多彩的，它能使有声语言表达得更生动、更形象，也更真实地体现心理活动状态。

1. 代替语言

我们现在使用的大多数非语言沟通经过人类社会历史文化的积淀而不断地传递、演化，已经自成体系，具有一定的替代有声语言的功能。许多用有声语言所不能传递的信息，通过非语言沟通却可以有效地传递。另外，非语言沟通作为一种特定的形象语言，它可以产生有声语言所不能达到的交际效果。在日常工作中，我们也多在自觉或不自觉地使用各种非语言沟通来代替有声语言，进行信息的传递和交流。在传递交流信息的过程中，既省去过多的"颇费言辞"的解释和介绍，又能达到"只可意会，不可言传"的效果。

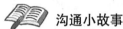

沟通小故事

方纪的《挥手之间》描述了在抗日战争时期，毛泽东去重庆谈判前与延安军民告别时的动作。"机场上人群静静地站立着，千百双眼睛随着主席高大的身影移动。""人们不知道怎样表达自己的心情，只是拼命挥着手。""这时，主席也举起手来，举起他那顶深灰色盔式帽，举得很慢，很慢，像是在举一件十分沉重的东西，一点一点的，一点一点的，等举过头顶，忽然用力一挥，便在空中一动不动了。""举得很慢很慢"，体现了毛泽东在革命重要关头时重大决策严肃认真的思考过程，同时，也反映了毛泽东和人民群众的密切关系和依依惜别之情。"忽然用力一挥"表现了毛泽东的英明果断和一往无前的英雄气概。毛泽东在这个欢送过程中一句话也没有讲，但他的手势和动作却胜过千言万语。

非语言沟通代替有声语言在舞台表演中的作用最为突出。在表演时，完全凭借手、脚、体形、姿势、表情等身体语言，就能够准确地传递特定的剧情信息。需要指出的是，在管理工作中所采用的非语言沟通与舞台表演时的身体语言应当有所区别。在商务沟通中运用非语言沟通，要尽量生活化、自然化，与当时的环境、心情、气氛相协调，如果运用非语言沟通时过分夸张或矫揉造作，只会给别人留下虚情假意的印象，影响沟通的质量，甚至会起到反作用。

2. 强化效果

非语言沟通不仅可以在特定的情况下替代有声语言，发挥信息载体的作用，而且在许多场合,还能强化有声语言信息的传递效果。如当领导在会上提出一个远大的计划或目标时,他必须用准确的非语言沟通来体现这个目标的重要性。他应该用沉着、冷静的目光扫视全体人员,用郑重有力的语调宣布,同时脸上表现出坚定的神情。在表达"我们一定要实现这个目标"时,要有力地挥动拳头。在表达"我们的明天会更好"时,要提高语调,同时,右手向前有力地伸展,等等。这些非语言沟通大大增强了说话的分量,体现出决策者的郑重和决心。

3. 体现真相

非语言沟通大多是人们的非自觉行为。他们所载荷的信息往往都在交际主体不知不觉中显现出来。它们一般是交际主体内心情感的自然流露,与经过人们的思维进行精心构织的有声语言相比,非语言沟通更具有显现性。非语言沟通在交际过程中可控性较小,他所传递的信息更具有真实性,正因为非语言沟通具有这个特点,因而非语言沟通所传递的信息常常可以印证有声语言所传递信息的真实与否。在现实交际中常出现"言行不一"的现象。正确判断一个人的真实思想和心理活动,要通过观察他的身体语言,而不是有声语言。因为有声语言往往会掩饰真实情况。日常工作中,同事之间的一个很小的助人动作,就能验证谁是你的真心朋友。在商务谈判中,可以通过观察对方的言行举止,判断出对方的合作诚意和所关心的目标,等等。

 沟通小故事

我国新闻界的前辈徐铸成先生有一次谈到他早年采访中的一段经历。1928年阎锡山和冯玉祥曾经酝酿联合推反蒋介石,可是当冯玉祥到达太原时,阎锡山却把他软禁起来,借此行动向蒋介石要钱要枪。后来冯玉祥的部下做了一番努力,才逐步扭转危局。那天徐铸成到冯玉祥驻太原的办事处采访,看到几个秘书正在打麻将,心里一动,估计冯玉祥已经脱身出走了,因为冯玉祥治军甚严,如果他在家的话部下是不敢打牌的。徐铸成赶紧跑到冯玉祥的总参议刘志洲家采访,见面就问:"冯玉祥离开太原了?"对方大吃一惊,神色紧张地反问:"啊?你怎么知道?"这个简短的对答,完全证实了徐铸成的判断。徐铸成就这样通过一桌麻将和采访对象的神色语气,获得了冯玉祥脱身出走的重要信息。以后他又经过深入的访谈,摸清了冯玉祥、阎锡山将再度联合的政治动向,在当时这是一条极其重要的政治新闻。

(资料来源:黄漫宇,商务沟通,机械工业出版社,2006.)

4. 表达情感

非语言行为主要起着表达感情和情绪的作用,例如,相互握手表示着良好人际关系的建立,父母摸摸小孩子的脑袋表示爱抚;夫妻、恋人、朋友间的拥抱表示着相互的爱恋和亲

密。在历史上,管宁通过"割席"这个无声行动拉开了同不专心学习的伙伴华歆的距离;汉文帝垂询贾谊时,"夜半虚前席"则缩小了君臣之间的距离。例如:吴敬梓的《儒林外史》第五回和第六回中写严监生病入膏肓,弥留之际已不能说话,但是还不咽气,把手从被单里拿出来,赵氏慌忙揩揩眼泪,走近上前道:"爷,别人都不相干,只有我晓得你的意思!你是为那灯盏里点的是两茎灯草不放心,恐费了油。我如今挑掉一茎就是了。"说罢,忙走去挑掉一茎。众人看严监生时,点一点头,把手垂下,顿时就没有了气。这段描写固然是夸张地刻画了严监生吝啬的性格特点,但更说明了人在不能说话的情况下能用体态语言来表情达意。

3.3 非语言沟通的表现形式

1. 副语言

　　副语言又称类语言,是有声音而没有固定语义的语言。有声是相对于无声而言的。从发声的角度讲,人类的交际活动主要分为有声语言交际和无声语言交际两类。无声类主要包括体态语言,如表情、眼神、动作等。有声类主要包括常规语言和副语言。常规语言是指我们平时交谈时运用的分音节语言。副语言与常规语言的区别在于:其一,常规语言是分音节的语言,而副语言的语音形式诸如重音、语调、笑声、咳嗽等都不是正常的分音节语言。其二,常规语言绝大多数有较为确定的语义,而副语言本身没有固定的语义,只有在具体的语境中才能表达特定的意义。正因为副语言的语义的不确定性,所以,在交际过程中适当地运用副语言能产生特殊的表达效果。

　　副语言主要包括两类:一是伴随有声语言而出现的声音特性,如停顿、重音、语速、语调等。二是功能性发声,如笑声、哭声、呻吟、叹息、咳嗽等。前者往往与常规语言同时发生,表现为常规语言的表达方式。后者可以单独使用,在具体的语境中有相对独立的语义。相比常规语言,副语言更加依赖语境。脱离语境,副语言只剩下了一些功能性的发声,是纯粹的语音形式而没有确切的语义。副语言在不同语境中的运用使其丰富的语义信息由此产生,副语言的交际功能就是由其丰富的语义信息决定的。概括起来,副语言主要有以下几个方面的交际功能:强调功能。副语言借助重音、停顿或语速、语调的变化等形式强调所要表达的内容。替代功能。在交际过程中,副语言有时能直接替代常规语言并产生特别的表达效果。比如,当甲问乙:"你家儿子考上大学没有?"乙一声"叹息",就等于回答了甲:"没有考上,别提了。"暗示功能。副语言的声音里有特定的含义,常充做一种"声音暗示"。例如,咳嗽声可以表示默契、暗中提醒;打哈欠声可以表示厌烦;打喷嚏声可以表示嗤之以鼻;笑声可以表示蔑视,等等。否定功能。同样的语句因说话者的语调、语气或重音运用的不同,可能会有截然不同的语意。比如,"你来得真早!"既可以是直接肯定对方早来的事实，也可以是对对方迟到的讽刺。这句话的否定意义就是通过加重"真"字的语音并放慢其语速而表达的。

（1）音质。音质也叫音色，是声音的特色，是一个声音与其他声音相互区别的根本标志。每个人都有独一无二的音质，我们可以根据声音判别其人。比如，隔壁房间有几个熟悉的人在大声说话，我们就可以根据各人的音质的不同来判断是张三还是李四在说话。或者即使是自己不认识的一群人在隔壁说话，也能大概知道是老人还是小孩，是男的还是女的在说话。作为声音的自然特性，音质虽然没有区分语意的功能，但它在语言交际中却能产生特别的表达效果。试想一下，如果我们拿起话筒，听到的是一个明亮、清脆、音调谐婉的女性声音，或者是一个带有磁性的浑厚的男中音时，都会感到特别悦耳、动听。相反，如果女的声音宽厚，男的声音尖细则让我们感到不舒服。

正因为音质是一个人的声音特征，是每个人特有的说话方式，所以音质有时能够透露出一个人的性格和个性。有学者研究得出：说话带呼吸声的男性年轻并且富有艺术感；女性则长相漂亮，有女人味，但较为浅薄。声音细弱的男性普普通通，没有什么特殊能力，无足轻重；声音细弱的女性则不够成熟。声音紧张的男性年龄较大，不易屈服；声音紧张的女性大多年龄较轻，容易动感情，智商稍低。声音清晰、有活力的男性身心健康，富有热情，女性则富有朝气，态度随和，人缘好。声调富于变化的男性充满活力，富有同情心和爱美之心；女性声调富有变化则显得充满活力，能体贴人，善于与人沟通，等等。

音质有时会发生"性别错位"和"年龄错位"。成熟的男性如果说话声音尖细，就是"娘娘腔"；女性发音厚重，则被认为没女人味，这是"性别错位"。如果年少而声音苍老，或者年长而声音稚嫩，则属于音质的"年龄错位"。音质错位会给交际带来消极影响，因此，我们要注意自己的音质，并改善自己的发声。虽然音质是由一个人发声器官的生理特征决定的，但如果注意自己的发音方法和习惯，有意改变自己的自身发音弱点，音质是可以得到一定的改善的。

（2）音调。音调是指语句的语调。语调是指说话者为了表达意思和感情而表现出来的抑扬顿挫的语句调子。在普通话里，最常见的语调有升调和降调两种。升调是句尾升起的调子，一般疑问句用升调。降调是句尾降低的调子。陈述句、祈使句、感叹句一般用降调。同样的句子，因语调不同，其语意大不相同。如"你们能赢"这句话，如果是用来鼓励对方，或相信对方一定能赢，则用降调表达肯定的语气。反过来，对方已经赢了，但说话者对此表示怀疑，说"你们能赢?"用的是升调，则令对方不愉快。

语调的升降同句意的表达有密切的关系，如果把特定的语意和说话者的感情变化包括在内，句子升降的类型实际上并不止两种。比如：你好啊。（平直调，说话者平常地问候对方）；你好啊。（升调，说话者关切地询问对方的身体或其他情况的变化）；你好啊。（高升调，说话者夸赞对方做出了令人惊讶的事情）；你好啊。（曲折调，说话者厌恶或讽刺对方）。同样的语句因语调的不同而有多种不同的语意,这一特点说明,在语言交际中,要重视语调的作用,善于运用不同的语调来表达确切的语意和情感。

(3)语速。语速是指说话的快慢。每个人说话都有一个比较恒定的语速。有人说话语速较快,有人说话语速较慢,这与说话者的个性相关。一般来说,性子比较急的人说话速度偏快,慢性子的人说话速度也慢。语速在交际中的作用在于说话者可以利用语速来调整感情,更好地表情达意。一般来说,人在激动、兴奋、喜悦、愤怒时语速较快,在悲伤、沉郁、忧郁、疑虑时语速较慢。在演讲或说话时,为了强调某些特定信息,讲话者有意放慢语速,并加重语气。对于不太重要的信息,则快速带过。比如,我们常在电影或书本中看到革命者面对敌人的拷问,一字一句地回答:"不—知—道!"或者自豪地说:"我是共—产—党—员!"

同样的句子因不同的语速而表达不同的语言信息。如召唤某人时,他回答:"来啦!"这两个字如果拉长语气即放慢语速说的话,则表示高兴、欢快的情绪;如果是快速的语气,则表示他不情愿、不耐烦。演讲和说话时,讲话者可通过调整语速,调节和控制现场气氛,以达到更好的表达效果。例如,林肯"他会以很快的速度说出几个字,当他希望强调的那个单字或句子时,他会让他的声音拖长,并一字一句,说得很重,然后就像闪电一般,迅速把句子说完……他会把他说出他所要强调的单字或句子的时间尽量拖长,几乎和他在说其余五六句不重要句子的时间一样长"。相反,如果讲话者一直以没有变化的语速和平直的语调发言,听者会感到乏味,气氛也会沉闷,那么,这时则可以加快或放慢语速,并结合语调的变化,来引起听者的注意。

(4)停顿。停顿是语流中声音的暂时中断,这是副语言中特殊的一种类型。因为副语言是一种有声的语言,对通过声音传达信息,人们早已认识;停顿虽然没有声音(这里我们可以理解停顿是一种音量值为零的语言),但在语言交际中,适当地运用停顿,也可传达信息,并产生较好的表达效果,所谓"此时无声胜有声"。我们这里所讲的停顿是副语言范畴中的停顿。停顿分为常规停顿和超常规停顿。常规停顿是指语法停顿和逻辑停顿,这种停顿并没有产生特殊的语意;副语言中的停顿是一种违反常规的停顿,停顿能传达特殊的信息,并产生特别的表达效果。进行口语交际时,适当地运用停顿可调节言语的节奏,并能控制语速,这样有利于讲话者迅速地调整思维,对自己的言语进行编码,也便于对方的接受,使谈话达到最佳效果。比如,提出问题以后的停顿,不管是让人回答还是自问自答,都可以给对方提供思考的时间;在句群和段落之间,适当的停顿可提示对方谈话层次的转换。

停顿作为一种辅助性的交际手段,它的作用主要表现为对语言信息的强调。马克·吐温说:"停顿经常产生非凡的效果,这是语言本身难以达到的。"例如,英国政治家赖白斯有一次在伦敦发表一个关于劳工问题的演讲,他讲到中间,突然停顿了27秒之久,正当听众疑惑不解时,赖白斯突然大声说:"诸位适才所感觉到的局促不安的27秒的时间,就是普通工人垒起一块砖所用的时间。"赖白斯的停顿使得听众对停顿之后所说的话引起了特别的注意。

停顿在演讲时开场白之前运用能"压场";而演讲即将结束时较长时间的停顿,往往会产生铿锵有力的效果。

(5)重音。重音是指说话和朗读时把句子里的某些词语念得比较重的语言现象。语言学中的重音有语法重音和逻辑重音两种。根据语法结构的特点而把句子的某些部分重读的,叫语法重音。一般短句中的谓语部分以及句子中的修饰、限制成分如定语、状语、补语部分常常要重读。例如,春天到了("到"是谓语,读重音)。她是个很漂亮的姑娘("很漂亮"是定语,读重音)。月亮慢慢地升起来了("慢慢"是状语,读重音)。屋里打扫得很干净("很干净"是补语,读重音)。根据表情达意的需要,对句子中需要突出和强调的词语重读,叫逻辑重音。例如:我知道你会唱歌("我"读重音,表示别人不知道你会唱歌)。我知道你会唱歌("知道"读重音,表示你不要瞒着我了)。我知道你会唱歌("你"读重音,表示别人会不会我不知道)。我知道你会唱歌("会"读重音,表示你怎么说不会呢)。我知道你会唱歌("唱歌"读重音,表示会不会唱戏我不知道)。重音主要通过增加声音的强度来体现。语法重音是一种常规性的重读,其语音强度并不很强;逻辑重音具有突出强调的作用,其强度比语法重音要强。

此外,在谈话或演讲时,讲话者对所讲的内容充满特殊的感情,用重音来表达。有人称之为感情重音。比如,京剧《智取威虎山》一段,当杨子荣问小常宝的父亲在深山老林里住了多久时,小常宝父亲满腔悲愤,重重地吐出六个字"八年了,别提它。"再如,《生的伟大,死的光荣》一文中刘胡兰面对敌人铡刀的威胁,铁骨铮铮地回答道:"怕死不当共产党员!"这句话用饱含强烈感情的重音,表现了刘胡兰对党的无限忠诚和大无畏的英雄气概。

(6)笑声。笑声是一种功能性发声。因为笑声是有声音的传出,且声音本身有一定的含义。功能性发声大多都有相应的文字符号,如哈哈大笑、咯咯地笑等。笑声既是一种生理现象,也是一种心理现象,是人们内心情感的外部显示。同时它还是传递信息的手段。人类的笑多种多样,文字中对笑的形容也丰富多彩。诸如开怀大笑、哈哈大笑、放声大笑、捧腹大笑、笑弯了腰、笑出了眼泪、笑得肚子痛、笑得发抖、狂笑、欢笑、嬉笑、傻笑、耻笑、憨笑、奸笑、干笑、冷笑、阴笑、苦笑、哭笑、嘲笑、皮笑肉不笑、怪笑、媚笑、浪笑、假笑,等等。每一种笑声里都有特定的信息,并且通过面部表情表现出来,当然,笑容是一种表情,属体态语言。

笑声在交际中的作用是显而易见的。首先,无论是爽朗的笑声还是清脆的笑声都能给人带来愉快的情绪,活跃交际的气氛。其次,人们从各种不同的笑声中能解读出不同的语意,体察笑者真实的情感,比如,面对敌人的威逼利诱,革命者哈哈大笑,那是对敌人极大的蔑视,表明了革命者坚定的信念和开阔的襟怀,同时笑声里传达出革命者讽刺和愤怒的情绪。再次,由于笑声是一种生理和心理复合的现象,即笑声可以是一种条件反射,情不自禁的情绪反应,也可以是一种自觉意识的表现,亦即人们可以故意地发出笑声并通过笑声来传情达意。比如，在听了别人一个并不可笑的笑话故事后，人们用笑声来鼓励和安慰讲故事者。此外，诸如假笑、干笑、冷笑、阴笑以及嘲笑等都是有意为之的笑，能传达出特殊的信息。

（7）咳嗽声。咳嗽本来只是一种生理现象，嗓子发痒或因呼吸系统病变就会引起咳嗽。但它有时候也是一种功能性发声，人们有意发出咳嗽声并借此传达特定的信息。如，在发言之前，讲话人习惯咳嗽一两声，一为镇定自己的情绪，二为提示别人安静下来。咳嗽声还可以用来填补语空，如果在说话时出现因一时的思维障碍而可能导致讲话突然中断，说话人习惯用咳嗽声来填补语言间隙，从而使说话显得连贯。

（8）叹息声。叹息首先是一种生理性的反应，当人们伤感、郁闷时，常不由自主地发出叹息，借以排解内心苦闷的情绪。同时又是一种功能性的发声，它可以作为信息传递的一种方式，在具体的语境中，有其较明确的含义。比如，当别人向你诉说令人悲伤的事情时，你适时地叹息一声，这叹息是表示同情予以安慰的意思。当你在生活或工作中遇到不如意的时候，别人恰巧问及了你，你的一声叹息也等于回答了别人，无须多说。一个经常性地长吁短叹的人，似乎总是在向别人诉苦，时间久了，别人的同情也会转成厌烦。正因为叹息是负面情绪的外化形式，所以，在交际中要注意其使用。当别人高兴时，你的叹息会引起别人的不快；而当别人悲伤之时，你无动于衷，不作一声，悖于常情，也会令人不满。

（9）嘘声。嘘声表示语意的功能是非常明显的，而且情绪化色彩很强，在公众场合用得较为普遍。嘘声常常表现为观众的一种否定、对抗甚至是反抗的激烈情绪。比如，演员和球员在台上场上不令人满意时，观众常发出一片嘘声，促其下台或下场。在交际过程中，嘘声作为交际主体单方面发出的声音信号，虽然传达了特定的语意和情绪，但对交际客体来说是一种伤害，是交际客体主观上不愿意接受的。这样，嘘声就违背了交际中合作、礼貌和协调的基本原则。从这个意义上来讲，它不应该参与到交际过程中来。严格地说，嘘声表现的是一种不文明的行为。

2. 沉默

沉默即言辞、话语间的短暂停顿。沉默常常出现在高信息内容或低概率词项之间，是超越语言力量的一种高超的传播方式。因此，恰到好处的沉默也是一种艺术。比如：有一次，周总理主持记者招待会，有外国记者问："中国有没有妓女？"回答："有！"然后停下来。此时全场哗然。几秒钟后，他接下来说："在中国的台湾。"少顷，掌声大作。这一恰到好处的停顿——默语，使后续的话语产生了惊人的效果。

所谓"沉默是金"是深刻的至理名言。例如，在舌战中适当沉默一会儿，是自信和有力的表现，是迫使对方说话的有效方法。只有缺乏自信、忐忑不安的人才会用喋喋不休来掩饰，只有愚人才不给对方以改变的机会。例如，青年男女之间倾心相爱，双眸含情，无言而对，这种沉默所传递的信息量要比言语大上几十倍，这绝对可以称得上"此时无声胜有声"。

沉默所表达的意义是丰富多彩的，它以言语形式上的最小值换来了最大意义上的交流，显示了精彩的艺术美。它可以是无言的赞许，也可以是无声的抗议；它可以是欣然的默认，也可以是保留己见；它可以是威严的震撼，也可以是心虚的无言；它可以是毫无主见，附和众议的表示，也可以是决心已定，无须多言的标志。

在一定的语境中，沉默是相对明确的，就像乐曲中的休止符一样，它不仅是声音上的空白，更是内容的延伸与升华。沉默确实是沟通中很厉害的武器，但是必须有效使用。否则，无论是在平时的日常生活还是商务沟通中，很容易使另外一个沟通者无法判定行为者的真实意图而产生惧怕心理，从而不能达到有效的沟通。

3. 时间[1]

时间作为非语言表现形式，主要是因为我们可以根据沟通者对待时间的态度来判定沟通者的性格、观念和做事的方式，从而达到有效的沟通，准确地了解沟通者，作出符合自己利益的决策。

（1）不同民族、社会、文化对时间感受不同。我们往往容易做出人人都以同样的方式感受不同时间的假定。毕竟一小时就是一小时，不是吗？然而不同的民族、不同的社会和不同的文化对时间的感受是不同的。

在西方人们信奉基督教，故而将复活节、感恩节、圣诞节这样一些宗教节日视为民族大节，非常重视并开展大量庆典活动。而在我国，老百姓比较喜欢按照阴历计算日子和节日，因此诸如中秋节、春节等才是中国老百姓喜欢过的传统节日。

（2）即使在某种文化之内，不同社会团体将时间分为不同时段。工商界关注从周一到周五的工作日，而零售店的经营者则更多关心周末的工作日；像宾馆、酒店等从事第三产业的经营者会把黄金销售期订在两个黄金周和双休日，而农村可能不怎么关心工作日和周末，他们会根据农业活动和季节（如耕作季节、播种季节和翻晒季节）安排时间。

（3）人们对时间有不同估价。由于监管并不总是明确的，所以更重要的或许是每个人都有不同的时间划分。根据他们的地位和所处的环境，人们对时间有不同的估价。如一个大公司的总经理和退休老夫妻对于时间的态度会有很大区别。

对人际沟通产生明显的影响也包括使用时间的方式。如果你在上午10点安排一个约会，却在上午10点半露面，那么你可能在传递着某些信息：你对约会的态度、对那个人的态度或对自己的态度和时间对你的重要性。如果你提前出席一个讲座，可能说明你的兴趣和热情。你可能再利用时间表达你的热心。

---

[1] 黄漫宇. 商务沟通. 北京：机械工业出版社：2006：107.

（4）人们在时间的使用上有不同文化。在中国，很多人并没有时间观念；在北美国家，"时间就是金钱"，他们会记录约会日程并按日程计划和时间表生活。因此准时和及时对于北美国家是很重要的；在欧洲一些国家的时间观念会比北美国家差一点，但是准时也是他们的特征。在德国，公共交通工具从来都是按照时刻表准确运行的，一旦因为晚点而给乘客造成损失，相关部门会给予适当的赔偿；在南美洲的国家中，人们在参加宴会或者谈判时迟到是很普遍的现象。因此和不同文化背景的沟通者进行沟通要了解和尊重对方的文化。

4. 着装打扮

在现代生活中，人们的着装打扮已远远超越了最基本的遮羞避寒的功能，其更重要的功能是能向别人传递属于个人风格的信息。服装、饰物及化妆都作为沟通手段发挥着重要作用。

（1）服装。服装对非语言沟通极为重要。衣服的颜色、款式和风格等能够传递许多信息，其不仅可以表示一个人的社会地位、身份和职业性质，而且能够反映人的心理特点和性格。服装能够透露人的感情信息，常常是你如何感觉的就会如何穿着，而穿着如何又会影响着你的感觉。

（2）饰物。饰物在人的整体装饰中至关重要，一件用得适当的饰物好似画龙点睛，能使你气质出众。佩戴饰物有四点要求。

①在选择饰物的种类及选择佩戴方法时，首先要做到恰到好处，然后再考虑锦上添花，绝不可画蛇添足。例如，在黑色羊毛衫上面佩戴一枚闪光的彩色胸花，是很别致的。但如果再配上一条项链的话，就显得烦琐。

②饰物的佩戴要与自身的体形、发型、脸形、肤色及所穿服装的款式、面料、颜色保持协调一致。例如，夏天，穿一身飘逸的连衣裙，背一个精巧的浅色双肩小包的女孩看上去就很协调，如果挎一个黑色皮包就不搭调。

③由于现代饰物品种繁多，各种质地的饰品琳琅满目，在选择时首先要考虑自身所处的环境及身份，绝不可乱戴。例如，上班时，闪闪发光的手链、奇形怪状的戒指与身处的工作环境会很不相配。有一定身份的人，绝不可只图好看而选戴劣质饰品。

④饰物的色彩、款式要与季节相配，这一点多用在皮包、眼镜、领带的选择上。例如，夏季和春季，女士应选择色彩亮、体积小的皮包。男士应选戴以浅色为主的领带；冬季，着装比较厚，皮包相应要大一点儿才能与穿着协调。

（3）化妆。化妆跟衣服一样，是皮肤的延伸。常见的化妆品有眉笔、胭脂、粉、唇膏等。化妆的目的在于重整面部焦点的特征，例如，单眼皮变双眼皮，细小的眼睛变大的眼睛、扁平的鼻子显得高耸、青白的面色变得红润等。化妆是一种身体语言，一位女士精心打扮，除了令自己更好看，还"告诉"人们三点：一是我肯花时间在化妆上，而时间就是金钱，所以我的社会地位不低;二是我的化妆品是贵重的,这反映了我的财富;三是我与其他同样精心化妆的人是特别的一群,与你们不同。

5. 环境布置[①]

环境布置不仅影响人的工作效率和效果,而且也反映出许多信息。在管理过程中,环境布置的重点主要集中在办公室设计、房间颜色搭配及办公室陈设等方面。

(1)办公室设计。办公室设计主要有两种模式,即传统式与开放式。传统式办公室设计的特点是:四周设有若干办公室,中间有大厅。周边的大办公室供老板使用;有两扇窗户的办公室属于资深主管;而转角办公室——两面墙上带有窗户的房间,通常是高级主管或合伙人的办公室;建筑物内侧的办公室是资历较浅的主管的,那里没有窗户,但有一扇门,因此这里还是一个可以称为自己小天地的地方;中间大厅是属于低层职员和临时工的地方,在这里你的桌子就好像放在走道里,没有隐私可言,要在这里咒骂或抱怨实在困难,因为你被置于众目睽睽之下。近年来,开放式办公室的概念已获得大部分公司的青睐。20世纪90年代半数以上的美国公司都采用开放式、大部分空间为员工而非经理所用的办公室。开放式办公室的拥护者声称,开放式办公室有助于建立民主的气氛,以及添加同事之间的沟通,甚至有研究认为,开放式的办公环境提高了员工的工作积极性。

(2)房间颜色搭配。研究显示,办公环境的颜色影响着员工和顾客的心理和感情。颜色能被看见,也能被感受到。红色、橙色、黄色会产生侵略性刺激,人们所处房间的地板、墙壁、天花板和家具如果是鲜艳的色彩,会使人血压增高,心跳加快,并增加脑部活动。清凉的色彩使人的生理器官正常活动,如蓝色具有镇静的效果,而淡绿色则让人觉得安详平和。

(3)办公室陈设。办公室陈设的摆放能够影响人们在此停留的时间。另外,办公桌的大小、外形也影响来访者对主人的印象,而且能决定这个办公室开放性沟通的程度如何。

6. 态势语言

人们说话时,态势语言又称为"行为语言"、"人体语言"、"动作语言",是一种伴随着自然有声语言而实现交际功能的辅助性无声语言。当然,要完成交际任务,应以自然有声语言为主,态势语言只起强调、修饰、渲染的作用,但在某种特殊情况下,态势语言不但可以单独使用,甚至还可表达出有声语言难以表达的思想感情,直接替代自然有声语言。成功的语言交际者就在于能将有声语言和态势语言配合得非常默契,将它们有机地协调起来。反之,如果在日常交际中,忽略了态势语言的选择和运用,不仅会直接影响有声语言的表达效果,而且还会给别人留下不良印象,有损本身和代表组织的形象。

---

① 王建民. 管理沟通理论与实务. 北京:中国人民大学出版社,2005,239页。

（1）面部表情语言。在人体语言中，面部表情是最丰富、最具有感染力的。"体语学"创立者雷·伯德惠斯特尔指出："光人的脸，就能作出大约25000种不同的表情。"美国著名记者根宝在《回忆罗斯福》中写道：在20分钟里，罗斯福的面部表情呈现出诧异、好奇、焦虑、同情、坚定、幽默、尊严和无可抵挡的魅力等不同的变化，而在这一段时间里他几乎没有说一句话。人类的面部表情还具有一致性。1957年，美国心理学家艾斯曼做了一个心理学实验。在这个试验中，他从美国、日本、巴西、阿根廷、智利五个国家选择了受试者，让这些受试者辨认分别表现喜悦、厌恶、惊奇、悲哀、愤怒和恐惧六种情绪的照片。结果，绝大多数的辨认趋向一致。实验结果证明，人类的面部表情有较为一致的表达方式，面部表情可以说是一种"世界语"。下面我们从眼神和眉、嘴与微笑两个方面来分析。

①眼神。它在人类的面部表情中，眼神无疑是最具交流能量的了。有研究证明，在信息交流中，人们用大约30%~60%的时间与他人眉目传情。因此，在语言中有"眼睛是心灵的窗口"、"目成心许"、"一见钟情"等说法。

王建民教授在其《管理沟通理论与实务》（中国人民大学出版社，2005年）中对眼神的功能有如下归纳：一是专注功能：反映一个人的注意程度和感兴趣程度。因此进行商务交流时，要特别注意交流对象的眼神的变化，当我们在向交流对象介绍某项业务或产品时，对方眼神无光，可能说明对方对我们的业务、产品没兴趣，或者对我们的介绍方式不感兴趣。此时就要做及时的调整，重新激发对方的兴趣。二是说服功能：在劝说过程中，为了使被劝说者感到真诚可信，必须与对方保持较亲密的视线接触。三是亲和功能：与尽可能多的人保持友善的视线接触，是一个人建立良好人际关系的必要前提。我们很多人际关系的建立，正是从眼神交流开始的。屈原《九歌·少司命》中有："满堂兮美人，忽独与余兮目成。"说的就是眼神交流所达到的亲和功能。四是暗示功能：眼神交流的暗示功能最典型的例子，就是《国语·召公谏厉王弭谤》中的"道路以目"。暴虐的厉王严禁百姓议论朝政，违者处斩。于是"国人莫敢言，道路以目"。老百姓在路上不敢再用语言交流了，而是用眼神来暗示内心的不满。除了在这种特殊时期外，我们在一些特殊场合也会用到这种功能，如谈判、重要会议等。五是表达情感功能：人的眼神中可以很准确地表现出喜悦、厌恶、愤怒、悲伤、嫉妒等感情。在进行商务交流时，我们一定要高度关注交流对象眼神中的情感表现，并及时调整自己的交流内容和方式。同时，再用语言传递信息时，我们的眼神所表现出的感情内涵一定要与之密切配合。六是表示地位与能力功能：人的眼神可以表现出它的社会地位、在工作单位的地位，以及其领导能力。地位高的人、自信的人往往目光坚定有力，反之则往往目光暗淡、散乱。街头卜卦算命者之所以常常能令接受服务的人信服，就是因为他们通过对对方眼神的探究进行推测而实现的。

眼神交流的方式主要有视线交流的长度、方向和瞳孔的变化三部分组成。视线交流的长度是指说话时视线接触的时间长短。一般来说，除了关系特别密切的以外，视线交流的时间为1~2秒。视线交流的方向表示着不同的含义;视线向下(俯视),表示"爱抚、宽容",也可以表示"轻视";视线平行接触(正视),表示"平等",也可以表示"欣赏";视线向上(仰视),表示"景仰、期待";视线侧面接触(斜视),表示"厌恶、轻视"等。要想对视线交流方向做系统的感觉和体会,我们不妨仔细观看电影中镜头的拍摄角度,在平拍、俯拍、仰拍等镜头中,都会或隐或现地表现出拍摄者的隐含之意。在古汉语中,有"青眼"、"青睐"、"白眼"等说法,其实说的就是视线交流的方向,"青眼"、"青睐"就是正眼相看的意思,"白眼"当然就是斜视之意。瞳孔的变化是指视线接触时瞳孔的放大和缩小。交流者在产生共鸣时会兴奋、愉悦,此时瞳孔就会放大,眼睛就会有神采,"神采奕奕"、"炯炯有神"说的就是这样的眼神。而当痛苦、厌恶时,瞳孔就会缩小,眼神就会黯然无光。

在沟通过程中,与朋友会面或被介绍认识时,可凝视对方稍久一些,这既表示自信,也表示对对方的尊重。双方交谈时,应注视对方的眼鼻之间,表示重视对方及对其发言感兴趣。当双方缄默不语时,就不要再看着对方,以免加剧因无话题本来就显得冷漠、不安的尴尬局面。当别人说了错话或显得拘谨时,务请马上转移视线,以免对方把自己的眼光误认为是对其的嘲笑和讽刺。如果你希望在争辩中获胜,那就千万不要移开目光,直到对方眼神转移为止。送客时,要等客人走出一段路,不再回头张望时,才能转移目送客人的视线,以示尊重。

在谈判中也很讲究眼神的运用。一方让眼镜滑落到鼻尖上,眼睛从眼镜上面的缝隙中窥探,就是对对方鄙视和不敬的情感表露。一方在不停地转眼珠,就要提防其在打什么新主意。双目生辉,炯炯有神,是心情愉快、充满信心的反应,在谈判中持这种眼神有助于取得对方的信任和合作。相反,双眉紧锁、目光无神或不敢正视对方,都会被对方认为是无能、不自信的表现,可能导致对自己的不利结果。

眼神还可传递其他信息,已被人注视而将视线移开的人,大多怀着相形见绌之感,有很强的自卑感。无法将视线集中在对方身上或很快收回视线的人,多半属于内向型性格。仰视对方,表示怀有尊敬、信任之意;俯视对方表示有意保持自己的尊严。频繁而急速的转眼,是一种反常的举动,常被用做掩饰的一种手段,或内疚、或恐惧、或撒谎,需据情作出判断。视线活动多且有规则,表明其在用心思考。听别人讲话,一面点头,一面却不将视线集中在谈话人身上,表明其对此话题不感兴趣。说话时对方将视线集中在你身上的人,表明他渴望得到你的理解和支持。游离不定的目光传递出来的信息是心神不宁或心不在焉。

眼神表达出异常丰富的信息,但微妙的眼神有时是只可意会,难以言传,只能靠我们在社会实践中用心体察、积累经验、努力把握,方能在沟通中灵活运用眼神。

②微笑。意大利著名画家达·芬奇的代表作《蒙娜丽莎》是文艺复兴时期最出色的肖像作品之一。画中女士的微笑给人以美的享受,使人们充满对真善美的渴望,至今让人回味无穷。

微笑，是一种特殊的语言——"情绪语言"。它可以和有声语言及行动相配合，起"互补"作用，沟通人们的心灵，架起友谊的桥梁，给人以美好的享受。工作、生活中离不开微笑，商务交往中更需要微笑。微笑是世界通用的体态语，它超越了各种民族和文化的差异。微笑是人人都喜爱的体态语，正因为如此，无论是个人和组织，都应充分重视微笑及其作用。美国有一个城市被称为微笑之都，它就是爱达荷州的波卡特洛市，该市通过一项法令，该法令规定全体市民不得愁眉苦脸或拉长面孔，否则违者将被送到"欢容遣送站"去学习微笑，直到学会微笑为止。波卡特洛市每年都举办一次"微笑节"，可以想象，"微笑之都"的市民的微笑绝不比"蒙娜丽莎"逊色。近年来，日本许多公司员工都在业余时间参加"笑"的培训，他们认为这样可以增强企业内部凝聚力，改善对外服务，提高企业效益。根据日本传统，无论男人和女人，遇到高兴、悲伤或愤怒时，都必须学会控制情绪，以保持集体和睦。因为日本人认为藏而不露是一种美德。但自从日本经济进入衰退期后，生意越来越难做，商家竞争日趋激烈。为招揽顾客，于是乎，日本商家，特别是零售业和服务业，新招迭出。其中之一就是让员工笑脸迎客。在今日的日本，数以百计的"微笑学校"应运而生。日本一些公司的员工一般在下班后去学校接受培训，时间为90分钟，连续受训一个星期。据称，经过微笑培训，日本不少公司的销售额"直线上升"。日本许多公司招工时，都把会不会"自然地微笑"作为一个重要条件。

微笑是有规范的，一般要注意四个结合：一是口眼结合。要口到、眼到、神色到，笑眼传神，微笑才能扣人心弦；二是笑与神、情、气质相结合。这里讲的"神"，就是要笑得有情入神，笑出自己的神情、神色、神态，做到情绪饱满，神采奕奕；"情"，就是要笑出感情，笑得亲切、甜美，反映美好的心灵；"气质"就是要笑出谦逊、稳重、大方、得体的良好气质；三是笑与语言相结合。语言和微笑都是传播信息的重要符号，只有注意微笑与美好语言相结合，声情并茂，相得益彰，微笑方能发挥出它应有的特殊功能；四是笑与仪表、举止相结合。以笑助姿、以笑促姿，形成完整、统一、和谐的美。尽管微笑有其独特的魅力和作用，但若不是发自内心的真诚的微笑，那将是对微笑语的亵渎。有礼貌的微笑应是自然的坦诚，内心真实情感的表露。否则强颜欢笑，假意奉承，那样的"微笑"则可能演变为"皮笑肉不笑"、"苦笑"。比如，拉起嘴角一端微笑，使人感到虚伪；吸着鼻子冷笑，使人感到阴沉；捂着嘴笑，给人以不自然之感。这些都是失礼之举。

③眉与嘴。眉毛也可以表现出情绪、情感的变化。人们在表示疑问、兴奋、惊恐、愤怒时，眉毛会出现不同的变化。嘴的动作也能反映人的内心世界。嘴部的表情是通过嘴形变化呈现的。

（2）肢体语言。肢体语言是指躯干和四肢语言。在沟通中比较重要的有头部语言、手部语言、腿部语言等，莫文虎先生在其《商务交流》（中国人民大学出版社，2008年）中对此进行了专门的阐述。

①头部语言。法国舞蹈教师萨尔特说:"作为表现媒介的人体可以分为三个区域:头部和颈部为精神区域,躯干为精神——情感区域,臀部和腹部为物质区域……"这个说法很有见地。头部处于人际交流是最上端的位置,也是交流时对方比较关注的部位,头部语言是否得体,也对交流的成功与否起着重要作用。头部微微抬起,表示自信、自豪。但抬得太高,则容易让人产生骄傲自负的感觉。头部低垂,往往表示情绪低落、沮丧。头部正对着交流者,表示对对方的关注;在谈话中,忽然将正对对方的头部转向其他方向,可能表示对对方话题的回避。《孟子·梁惠王下》中"王顾左右而言他"说的就是这种情况。点头,既可表示同意,也可表示理解,还可表示礼貌、问候,依据场合不同而各有变化。摇头则多表示拒绝、否定之意。头部作为精神性区域,它比较容易受到理智的控制。我们在沟通中要考虑交流场合、目的,设计合宜的头部语言。

②手部语言。手部是人类肢体中最灵活的部位,手和手臂相互配合,可以产生许多姿态和动作,形成丰富多样的手部语言。

手部语言很重要的表现形式是手势语,不同文化的手势语其种类、含义都有较大差别。美国人面对开过来的车辆,右手竖起大拇指向右肩晃动,表示要求搭便车。在其他时候,竖起大拇指,可表示友好、赞赏。但这一手势在澳大利亚和新西兰,则被认为是淫荡之意。前任美国总统布什由于不了解这一文化差异,结束了对澳大利亚的访问,在机场与澳大利亚欢送者告别时,竖起大拇指,就引起了澳大利亚人的误会。此外不同民族的手势的使用频率也不一样,美国人、北欧人对手势的使用比较节制,而中东、南欧和南美人使用得比较多。西欧有一句谚语:"意大利人的双臂如果被截去,他们宁可不说话",说的就是这种情况。美国心理学家麦克·阿尔基对各国手势语的使用进行了调查,结果发现,在1个小时的说话中,意大利人做手势80次,法国人120次,墨西哥人180次,而芬兰人只有1次。

手部语言种类繁多,在人际沟通中使用最频繁的是握手。握手是现代社会常见的见面礼仪,根据握手的力量、姿势和时间的长短,可以传递出不同的信息。一般来说,主人、身份高者、女性、年长者先伸手,客人、身份低者、男性、年少者后伸手。在握手时,用力过大、软弱无力、用指尖和手背握手、戴着手套握手都是不礼貌的。手势语言在各国有不同的类型和各自的含义,我们在进行跨文化交流时,要特别注意了解我们与之交流的国家的手势语知识,以避免误会。1959年,赫鲁晓夫访问美国时,把双手举过头鼓掌。这个手势在俄罗斯表示友谊,可是在美国,通常是在战胜对手后表示骄傲的意思。苏、美在20世纪五六十年代本来就是冷战的对手,赫鲁晓夫这一举动使许多美国人感到十分不快。

③腿部语言。腿部语言也能表现出情绪、情感。站立时双腿交叉,给人以自我保护或封闭防御的感觉。相反,说话时双腿和双臂张开,脚尖指向谈话对象,则是友好交谈的姿势。架腿而坐,表示拒绝对方并保护自己的势力范围。不断变换架腿的姿势,或者无意识地抖动小腿、脚后跟,是情绪不稳定、焦躁的表现。

在人际沟通中，我们首先要控制好自己的身体语言，使我们的身体语言的表现与交流目的相一致。同时要注意观察对方的身体语言的表现，"观其言察其行"，由身体语言的表现，探究其内心情绪、性格等，为确定合适的交流策略提供信息基础。

7."空间"语言

空间语言也叫界域语。从生物学的角度看，每一个生命都有自己的领空，人们叫它"生物圈"。一旦异物侵入这个范围，就会使其感到不安并处于防备状态。美国心理学家罗伯特·索默经过观察与实验认为，人人都具有一个把自己圈住的心理上的个体空间，它像生物的"安全圈"一样，是属于个人的空间。一般情况下每个人都不想侵犯他人空间，但也不愿意他人侵犯自己的空间。双方关系越亲密，人际距离就越短。

美国人类学家和心理学家霍尔将人类的交往空间划分为四种区域，这就是所谓社交中的空间语。它包括四个方面：一是亲密距离（0cm~45cm），又称亲密空间。其语意为"亲切、热烈"，只有关系亲密的人才可能进入这一空间。如：夫妻、父母、子女、恋人、亲友等。亲密距离又可分为两个区间，其中（0cm~15cm）亲密状态距离，常用于爱情关系、亲友、父母、子女之间的关系；16cm~45cm 为亲密疏远状态，身体虽不相接触，但可以用手相互触摸。二是个人距离（46cm~120cm），其语义为"亲切、友好"，其语言特点是语气和语调亲切、温和，谈话内容常为无拘束的、坦诚的。比如个人私事，在社交场合往往适合于简要会晤、促膝谈心或握手。这是个人在远距离接触所保持的距离，不能直接进行身体接触。个人距离的接近状态为 46cm~75cm，可与亲友亲切握手，友好交谈；个人距离的疏远状态为 76cm~120cm，在交际场所任何朋友、熟人都可自由进入这一区间。三是社交空间（120cm~360cm），其语义为"严肃、庄重"。这个距离已超出了亲友和熟人的范畴，是一种理解性的社交关系距离。社交距离的接近状态为 120cm~210cm，其语言特点为声音高低一般、措辞温和，它适合于社交活动和办公环境中处理业务等；社交距离的疏远状态为 210cm~360cm，其语言特点为声音较高、措辞客气。它使用于比较正式、庄重、严肃的社交活动，如谈判、会见客人等。四是公共距离（360cm 以上），这是人们在较大的公共场所保持的距离，其语义为"自由、开放"。它实用于大型报告会、演讲会、迎接旅客等场合。其语言特点为声音洪亮，措辞规范，讲究风格。在人际沟通中要讲究如下界域规范。

（1）保持距离。距离产生美感，在与人交谈的时候，要注重远近适当，太远了使人感到傲慢，架子大；太近了，又显得不够重视。在行进中不但要保持距离，而且要适当的变换，比如不要以2米左右的距离尾随在陌生人的后面，以免引起误会，骑自行车或开车时，不要离前面的车太近，不要强行超车。看到别人围成一个圈形成封闭式的交谈，就要绕开行走，不要从中穿越。公园的长椅上，如果已经有人坐上，就不要再去挤座位。

（2）变换体位。体位是指身体所处的位置，根据交际的目的和场合，我们还要经常改变自己身体所处的位置。如，从前往后，从左到右，由坐而站；等等。

①移动位置。这是我们向对方表示诚意的界域行为。如，我国对外国国家元首的迎送仪式中就有这方面的规定："国宾抵达北京首都机场（车站）时，陪同团团长等赴机场（车站）迎接并陪同来访国宾乘车前往宾馆下榻。国宾离京回国，我方出面接待的领导人到宾馆话别，由陪同团团长前往机场（车站）送行。"对一般的来访者也是如此："对应邀前来访问的来访者，无论是官方人士、专业代表团、民间团体、知名人士，在他们抵离时，均安排相应身份的人前往机场（车站、码头）迎送。"

美国学者莫里斯把这种移动称为"不便的展示"。他说："客人前来和主人去接的距离也是一种不便。不便越大，表示诚意越高。国家元首去机场迎接重要客人，兄弟驾车去机场迎接外国来的姊妹。这种移位的举动，是主人所能表现的最大的不便。由于各种不同层次相对缩减，要看主人的距离而定，因此，有的去当地车站，有的候在门前，有的等门铃响了再去。有的干脆就在他自己的房内等候，让仆人或小孩去开门……分别时，不便的展示再度重演。"

移位可以表示尊重，也可表示妥协或服从。比如当你开汽车或骑自行车违章被交通警察拦住时，就应马上下车，赶快主动撤到指定地点。然后在警察接近车子之前走近警察，因为警察离他的岗位越远，不信任和敌意就会强烈。总之，主动迅速地向警察靠近，表示出对他的服从态度，可以避免相应的处罚。

②改变高度。这是变换体位的另一种方式。比如降低身高，表示对对方的尊重，能获得好感。朱利叶斯·法斯特介绍说，我认识一个青年，他足有六英尺高，在做买卖时，他极其走运，原因是他有感化合伙人的本事。观察了一些他成功做买卖的动作后，我发现，他随时随地只要可能就偏向弯腰。或者半坐下来，以便让合伙人得到统治权，感到优越。

降低身高要看场合，有的时候降低了，反而不尊敬了。比如晚辈在一起聊天，长辈到场，晚辈需站起来，如果仍旧保持低位，或坐、或躺，那么就说明他对来者的蔑视。莫里斯是这样分析原因的："弯身表示服从动作，主要作用是要使行礼的人感到不便和不舒服，让居高位的人舒舒服服地坐着，不会因为降低高度就丧失他的威严。"从历史的发展变化来看，古代的皇位设于高处，君主坐在那里当然要比站在下面的臣子还要高。现在不设高位了，大家在一张桌子旁议事，地位低者站立的习惯却仍旧保留下来，或用于高位者到场的一种礼节性动作。

总之，无论是横向的移动，还是纵向的升降，我们都应根据不同的交际目的，以及当时的情景，随时变换我们的界域行为。一个人坐下后，就不知起来的人，会给人留下傲慢至少是懒惰的印象，进而影响交际的顺利进行。

（3）尊重他人的领域权。首先，不乱动他人物品。主人不在场时，不要私自动用其领域内的物品。未经许可，一般不要翻动亲友，甚至是子女的抽屉、书包、信件等，因为这种窥探别人隐私的行为会伤害对方的自尊。

其次，不随意进入他人私有空间。在进入他人私有空间之前，一定要征得同意，经过允许，比如，到朋友家做客，进门先按铃或敲门，经主人允许后方可进入。不经主人邀请，或没有获得主人同意，不得要求参观主人卧室。即使是较熟悉的朋友，也不要去触动他的个人物品和室内陈设，对家庭成员也应尊重。在公众场合，要尽量避免侵犯他人的空间。有一些人往往不注重自己的界域行为。在无意之中，伤害了他人，也损害了自己的形象。比如在公共汽车上，横着站，两手抓两边的把手，使别人无法通过。坐着时跷起二郎腿，让路过的人给他擦皮鞋。在剧场里，或趴在前面的背椅上，或把腿蹬在前排的座椅上。

目光侵入也属于侵犯空间。孔子曰："非礼勿视"。我们现在有的地方却无视这个问题，有这样的旅馆，每个客房门上都开着一个玻璃窗口，窗帘安在外边，管理人员可以随时监控，真让客人们哭笑不得。还有些人喜欢在地铁里面看旁边人的报纸。主人看正面，他看反面，主人翻报纸时，他甚至干涉说先别翻，我还没看完呢。这种跨界域行为中国人还可以容忍，西方是不可以接受的。

再次不污染他人的界域。一是空气污染，比如当众抽烟，冲着人打喷嚏，张着嘴出气，在餐桌上端起碗来用嘴吹等。国家之间比如核电站泄漏事件，都属于污染别人的界域，因为别人的身体虽然没有侵入，但是空气被污染了；二是噪声污染，如音乐会时，手机、呼机此起彼伏，在北京国际音乐节上，把指挥大师都气坏了。停下来，以示抗议，如在楼道里大声喧哗，影响邻居们休息，记得侯宝林大师有这样一个段子：有一小伙子，下了夜班，上楼的脚步特别重，吵得楼下的老先生神经衰弱，每天夜里都要等小伙子噔噔噔噔上楼，开门，脱下皮鞋噔——噔两声一摔之后，才能心跳渐趋正常，再慢慢入睡。有一天，老先生给小伙子提了个建议，小伙子满口答应，下班后，他已经忘记了这事，又噔噔噔噔上楼。进门之后，脱了一只鞋扔地上一摔之后，突然想起来，于是第二只鞋就轻轻地放在了地上，第二天，他问老人："昨天睡得好点吗？" 老人说："我昨天一夜都没有睡！""怎么了？"，"我等你那第二只鞋呢！心一直悬着！"

可见，讲究界域礼貌，不污染他人的界域是非常重要的。

此外，在空间距离的处理上还应注意交往对象生熟、性别、性格等方面的差异。俗话说"疏则远，亲则近"，空间距离与交际对象陌生还是熟悉是有一定区别的。交往的双方，互相认识，又是亲朋好友，可以近些，以至拍肩碰肘、抚摸、拥抱、依偎等都没有什么不好，有时反而能促进关系的密切。相反，交往双方是初次见面，要做上述举动，会引起对方的不快和反感。

交往对象的性别不同，交往时空间距离也是有明显区别的。心理学家做实验发现：男子挤在一间小屋子里，容易引起相互的怀疑，甚至发生斗争；女子在这种环境中，更友善，更亲密，更容易找到共鸣。如果给一个女子换一个大些的房间，她们会感到不大理想。正由于男女间的这种心理差别，男子与男子交谈的距离不宜太近，近则会有不和谐之感，女子

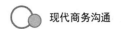

与女子交谈的距离不宜太远，远则会有不投机之嫌。

在交往中对不同性格的人，在空间距离上应有不同的区别。与内向型的人交往，空间距离可稍远些，因为距离太近，性格内向的人会感到不自在；与性格外向的人交往，距离可近些。若与性格外向的人相聚，可老远打招呼，以表示热情；与内向型的人相遇，若老远打招呼，不一定会得到回应，往往是用微笑或点头来代替回答。

课堂实训

1. 沟通游戏：非语言沟通

游戏目的：证明沟通有时完全可以通过肢体动作完成，而且同样行之有效；证明通过手势和其他非语言的方法完全能够实现人与人之间的沟通。

游戏形式：全体学员，2人一组。

游戏时间：10分钟

游戏要求：

（1）向对方介绍自己。一方先通过非语言的方式介绍自己，3分钟后双方互换。

（2）在向对方进行自我介绍时，双方都不准说话，整个介绍必须全用动作完成，大家可以通过图片、标识、手势、目光、表情等非语言手段进行沟通。

（3）请大家通过口头沟通的方式，说明刚才通过肢体语言所表达的意思，与对方的理解进行对照。

相关讨论：

（1）你用肢体语言介绍自己时，表达是否准确？

（2）你读懂了多少对方用肢体语言表达的内容？

（3）对方给了你哪些很好的线索使你了解他？

（4）我们在运用非语言沟通时存在哪些障碍？

（5）我们怎样才能消除或削弱这些障碍？

（选自王建民．管理沟通理论与实务．北京：中国人民大学出版社，2005．）

2. 课堂讨论：辩论会观摩

1993年的第一届国际（中文）大专辩论会，复旦大学硕士生蒋昌健被评为此届辩论会"最佳辩论员"。当日辩题"人性本善／恶"，复旦大学队以"反方"应对中国台湾大学队。精彩的自由辩论结束后，复旦队四辩蒋昌健以高屋建瓴之势慷慨陈词，结尾一句"黑夜给了我黑色的眼睛，我却要用它去寻找光明"，被评论为"犹如云层激发出雷电，把整场辩论升华到极高的价值观念境界，可谓气势磅礴"。

①请仔细观摩在本届大专辩论会上蒋昌健"人性本恶／善"的总结陈词的视频资料（视

频：http://v.youku.com ），完成下面的讨论题：蒋昌健使用了哪几种类型的手势？最具表现力和美感的是哪几个手势？

②蒋昌健的手势、身姿、面部表情、语调、语气配合得如何？有何特色？

③试着模仿蒋昌健的态势，讲述其中几句话。（任选几句）

〔资料〕蒋昌健的总结陈词

谢谢各位，一个严肃的辩论场需要一个严肃的概念。对方多次问我们人性怎么样？人性怎么样？始终没有问我们人性本怎么样？我想请问对方，人性是什么和人性本是什么是同样的一个概念吗？你们如果连这个概念都没有建立基础的话，那你们的立论从何而来呢？我们多次问对方的善花里面如何结出恶果，对方说要浇水，要施肥呀。那我就不懂了，大家都承蒙这个阳光雨露的话，为何有那么多罪行横遍这个世界呢？难道这个水，那个肥还情有独钟吗？为何要跟恶的人作一个潇洒的"吻别"呢？（笑声、掌声）

今天我们本着对真理的追求来同对方一起探讨这个千年探讨不完的话题。无论是从性善论的孟子也好还是性恶论的荀子也好，又有哪一家哪一派不要我们抑恶扬善呢？抑恶扬善是我方今天确立立场的一个根本出发点。下面我再一次总结我方的观点。

第一，只有认识人性本恶，才能正视历史和现实。回顾历史的时候，我的内心总感到痛苦而颤抖。从希波战争到十字军东征，从希特勒的奥斯维辛集中营到日寇在华北的细菌试验场，真可谓"色情与贪婪齐飞，野心共暴力一色"。以往的人类历史，可以说是交织着满足人类无限贪欲而展开的狼烟与铁血啊！可见，本恶的人性如果不加以控制的话，将会给这个世界带来什么呢？

第二，只有认识人性本恶，才能重视道德、法律教化的作用，才能重视人类文明引导的结果，培养健全而又向上的人格。在历史的坎坷当中，人类并没有自取灭亡。尤其是在面对彬彬有礼、亲切友善的新加坡朋友面前，我们更有理由相信，人类明天会更好，这其中我们要感谢新加坡孜孜不倦地建立起他们优良的社会教化系统。人类文明是在人类智慧之光照耀下不断茁壮成长的。饮水思源，借此我们要感谢那些在人类教化路途中洒进他们含辛茹苦汗水的这些中西先哲们。正因为从他们的理论智慧当中，从他们的身体力行当中，人们才有可能从外在的强制走上理性的自制，制约人的本性的恶，从而培养一个健全而又向善的人格。可见，人性本恶，并不意味着人终生为恶，只要通过社会的教化系统就可以弃恶扬善。

第三，只有认识人性本恶，才能调动一切社会教化的手段来扬善避恶。光阴荏苒，逝者如斯，在物质和科学技术突飞猛进的同时，而人类的精神家园可谓是花果飘零。在这个时候，我们要警惕，人性本恶这个基本的命题。可喜的是，在东方的大地上，我们说传统文化的发扬光大，已经从一阳来复开始走向了新的春天。我们也相信，通过传统文化的精华，必将使人类从无节制的欲望中合理地扼制并加以引导，从他律走向自律，从执法走向

立法。人类才可能挽狂澜于即倒，扶大厦于将倾。"黑夜给了我黑色的眼睛，而我却要用它来寻找光明！"谢谢各位！（掌声）

3. 测试：你了解身体语言吗？

你了解身体语言吗？

（1）当一个人试图撒谎时，他会尽力避免与你的视线接触。（对／错）

（2）眉毛是一个传达感情状态的关键线索之一。（对／错）

（3）所有的运动和身体行为都有其特定含义。（对／错）

（4）大多数身体语言交流是无意识行动的结果，因而是个人心理活动的最真实流露。（对／错）

（5）在下面哪种情况下，一个人最可能采用身体语言交流方式？

　　A. 面向 15～30 个人发表演讲

　　B. 与另外一个人进行面谈

（6）当一位母亲严厉斥责她的孩子，而又面带微笑时，孩子将会：

　　A. 相信语言信息

　　B. 相信身体语言信息

　　C. 同时相信两种信息

　　D. 两种信息都不相信

　　E. 变得迷惑不解

（7）如果你坐在下列位置 1 的时候，另外一个坐在哪个位置能够最充分显示出合作的姿态，并最有利于非言语交流？

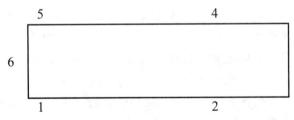

（8）如果你想表示要离开，那你将采用什么样的动作？请写下来。

（9）别人对你的反应取决于你通过交流留给他们的印象。（对／错）

（10）下面哪些举动能使你给人留下更好的印象？

　　A. 谈话中不使用手势

　　B. 避免较长的视线接触

　　C. 仅偶然地露出微笑

　　D. 上述所有动作

　　E. 不包括上述任何动作

（11）身体语言交流相对于口头交流或局面交流有许多优势，你能列举出一些吗？

参考答案

题号	答案	说　　　明
（1）	错	因为人们已变得更加难以预料。"撒谎者不敢看他人的眼睛"已成为一般常识，所以狡猾的撒谎者常常能够在双目直视你的情况下撒谎，要识别谎言，我们需要捕捉其他更能说明问题的信号
（2）	对	我们的眼睛是最能表达内心活动的面部因素之一，另一个则是嘴唇
（3）	对	我们可能并没有每一个姿势中都有意地去传达某种信息，但这些动作和姿势却不可避免地落在对方眼里并产生一定的感想
（4）	对	通过身体语言，可以发现别人的心理活动，这一点取得了专家共识
（5）	A	当面对 15～30 个人讲话时，你需要对 15～30 双眼睛和嘴唇作出反应。这将比只与一个人面谈更能刺激你使用身体语言交流
（6）	E	尽管身体语言信号（微笑）比语言信号（责骂的语句）有更强的作用，但两者的混合导致的结果将是迷惑不解
（7）	6	位置 1 和 6 之间有桌角相隔，两个人可以随时调整自己与桌角的距离，从而改变两个人之间的距离。因此，在谈判中，坐在位置 1 和 6 的两个会较少地受空间环境的影响，更易于非语言交流
（8）		最好的信号是有意无意地用眼睛扫一下你的手表、站起身来、在慢慢站起来时拍拍大腿、慢慢地挪向门附近或是靠在门框上等
（9）	对	因为我们总是根据别人给我们的整体印象作出反应，其他人对我们的反应也是同样的
（10）	E	当你自然地使用手势、目光接触、微笑等身体语言时，会给别人留下好的印象
（11）		身体语言给你的印象更深刻，它们有助于传达真诚、信任等语言交流所达不到的效果；它们能够传达更微妙的言下之意；身体语言信息有助于我们洞察他人的真情实感。当然，身体语言信息也存在一些严重的缺陷；它们可能会泄露我们的秘密；它们很容易被误解；它们的含义因不同的文化背景而不同；它们可能需要长时间地重复进行才能被人理解

（资料来源：张喜春，刘康声，盛暑寒. 人际交流艺术. 北京：北京交通大学出版社，2009.）

> 课后练习

1. 案例分析

（1）一个微小举动。

某城市电台的一位主持人经过一个地下通道时，时常见到一个男孩坐在通道的一角弹着吉他唱歌。男孩总是戴着一副墨镜，显然是个盲人。他的歌唱得很好，并且唱的大多是一些人们喜欢的歌曲。主持人为了听他唱歌，常常走得很慢，等他一曲唱完，便走到他跟前放下一点零钱再离开。

有一天下雨了，男孩唱的是主持人很喜欢的《光辉岁月》。她就站在那里倾听，男孩唱得很投入，她也被他的投入打动了。他唱完的时候，她像往常一样，在他的琴袋里放下零钱。这时，男孩突然抬起头说："谢谢你，谢谢你多次给我的帮助。我还要谢谢你，你每一次经过的时候，都是蹲下来往我的琴袋里放钱。我在这里唱了3年的歌，你是唯一一个蹲下来放钱的人。我听得出你走路的声音，你总是轻轻地蹲下来，轻轻地离去，虽然我的眼睛看不到你。"她很吃惊。他摘下墨镜，一双很大的眼睛，眼神却没有光泽。他又说："我就要离开这座城市了，今天我在这里就是为了等你来。我想在我临走之前唱一首歌给你听。"

男孩子调了一下琴弦，轻轻地唱起了《我的眼神》。歌曲很优美，令人感动。

一点点小事，一个微小举动，孤立地看起来微不足道，不算什么，但在人际沟通中所带来的刺激和影响并不小。

（资料来源：张喜春，刘康声，盛暑寒. 人际交流艺术. 北京交通大学出版社，2009年版.）

思考与讨论：

①非语言沟通在沟通中发挥着怎样的作用？

②本案例对你有什么启示？

（2）审讯。

以下是对第二次世界大战期间著名反间谍专家奥莱斯特·平托上校审讯一个纳粹间谍的描述。

当时盟军部队已经进入比利时，德军仓皇溃退。一天，两名士兵在驻地附近逮捕了一个叫艾米里约·布朗格尔的人。平托上校感觉到：这个人的穿着和谈吐虽然是典型的北方农民，口音也是地道的瓦隆地区（比利时某地区）的土音，但他粗壮的颈部和魁梧的运动员体形，与当地常见的惰性十足的人截然不同，于是决定对他进行审讯。

第一次审讯：

问：你是农民吗？

答：过去是，现在不是。德国鬼子抢走了我的牲畜，杀死了我的家人。

问：会数数吗？

答：数数？

问：对，把桌上这盘豆子数一数吧。

答：一、二、三……（慢慢地用法语数）

在第一次审讯中，上校未发现任何破绽，但他没有气馁，决定进行第二次审讯。这次审讯换用了特殊的方式：他派人在布朗格尔的住处放了几捆草，一个士兵点着了后，烟从门的下面进到了屋里，值勤的士兵用德语大喊："着火了！"布朗格尔惊醒，动了动，又睡了。接着平托上校用法语大声喊道："着火了！"布朗格尔一下子跳了起来，绝望地敲打着门。这一次，上校仍未发现破绽。

第三次审讯，上校又用了新的方案。在布朗格尔被带来时，上校拿起一支从他身上搜出的铅笔。

问：你带这个干什么？

答：不就是支铅笔吗？

问：用他来写情报？

答：（流露出不屑回答的样子）

"可怜的家伙"上校用德语向身边的军官说，军官也用德语反问："为什么？"上校说："他还不知道明天上午就要被绞死，已经21点了。他肯定是个间谍，不会有别的下场。"

平托上校一边说一边用眼睛斜视布朗格尔，特别注意他的眼睛和喉头。但布朗格尔没有任何表示，他以神态证明自己不懂德语。很明显，第三次审讯没有结果，到此为止，上校几乎绝望了，开始怀疑自己以前的判断。但直觉让他进行最后一次审讯——第四次审讯。如果再没有突破，就决定立即释放了。

最后一次审讯是这样进行的：当布朗格尔像平时一样走进平托上校的办公室时，上校装作正在看一份文件，看完后拿起铅笔在上面签了字，然后抬起眼睛突然用德语对布朗格尔说："好啦，我满意了，你自由了，现在就可以走了。"布朗格尔长长地出了一口气，动了动肩膀，像是卸了一个沉重的包袱，他仰起脸，眼睛放着光，愉快地呼吸着自由空气。当他发现平托上校嘲笑的眼光时，一切都已经晚了，身后的士兵已紧紧地抓住了他。

（资料来源：http://meigui37.blog.163.com/blog/static/27432374200861910463517/，2008-07-19.）

思考讨论题：

（1）此案例反映了非语言沟通的哪些特点？

（2）本案例对你有哪些启发？

2. 思考与训练

（1）请根据语句的内容给出相应的手势语和表情语。

①请大家安静，安静！

②什么是爱？爱，不是索取，而是奉献！

③他转身朝着黑板，拿起一支粉笔，使出全身的力量，写了五个大字："法兰西万岁！"然后他待在那儿，头靠着墙壁。话也不说，只向我们做了一个手势："散学了——你们先走吧！"

④在过去的一年中，在座的各位将我们的销售额不可思议地提高了17.17%！这在公司的整个历史上还从来没有过，从来没有！由此我们的利润不只是提高了5%或10%，而是13%，整整13%！

⑤大家不要慌，请大家跟我来！

⑥我现在要明确地告诉对方辩友，你们犯了一个严重的逻辑错误！

⑦现在，请让我们大家在此，心平气和地交换一下对这个问题的看法。

⑧现在，摆在我们面前的有两条道路：一是勇往直前奋战下去，有成功的可能，但也有失败的风险；二是原地踏步，坐以待毙。

⑨这几天，大家晓得，在昆明出现了历史上最卑劣最无耻的事情！李先生究竟犯了什么罪，竟遭此毒手？他只不过用笔写写文章，用嘴说说话，而他所写的，所说的，都无非是一个没有失掉良心的中国人的话！大家都有一支笔，有一张嘴，有什么理由拿出来讲啊！有事实拿出来说啊！

⑩我要感谢我的竞选伙伴。他发自内心地投入竞选，他的声音代表了那些在他成长的斯克兰顿街生活的人们的声音，代表那些和他一道乘火车上下班的特拉华州人民的声音。现在，他将是美国的副总统，他就是乔·拜登！

（2）态势语设计。

①熟读下面一段独白，设计相应得体的态势语。

当我老了

佚名

当我老了，不再是原来的我。请理解我，对我有一点儿耐心。

当我把菜汤洒在自己的衣服上时，当我忘记怎样系鞋带时，想一想当初我是如何手把手地教你。

当我一遍又一遍地重复你早已听腻的话语时，请耐心地听我说，不要打断我。你小的时候，我不得不重复那个讲过千百遍的故事，直到你进入梦乡。

当我需要你帮我洗澡时，请不要责备我，还记得小时候我千方百计哄你洗澡的情形吗？当我对新科技新事物不知所措时，请不要嘲笑我。想一想当初我怎样耐心地回答你的每一个"为什么"。

当我由于衰老而无法行走时，请伸出你年轻有力的手搀扶我。就像你小时候学习走路时，我扶你那样。当我忽然忘记我们的谈话主题时,请给我一些时间让我回想。其实对我来说,谈论什么并不重要,只要你能在一旁听我说,我就很满足。当你看着老去的我,孩子,你不要悲伤。理解我,支持我,就像你刚开始学习如何生活时我对你那样。当初我引导你走上人生之路,如今请陪伴我走完最后的路程。给我你的爱心和耐心,我会报以感激的微笑,这微笑中凝结着我对你无限的爱。

②学生自己选择感兴趣的内容,用5分钟时间做准备,做一次简短的讲话,要求用上得体的态势语。通过录像回放,首先要训练者进行自评,然后教师与学生再给予评价。

(3)观摩演讲或观摩电影。

有目的的观察别人的手势、表情、仔细研究、博采众长,并经常对镜练习、矫正。多积累,烂熟于心,形成自己动作。

(4)请阅读下面的古文,然后回答问题。

魏武将见匈奴使,自以为形陋不足雄远国,使崔季珪代,帝自捉刀立床头。既毕,令间谍问曰:"魏王何如?"匈奴使答曰:"魏王雅望非常。然床头捉刀人,此乃英雄也。"([南朝·宋]刘义庆:《世说新语·容止》)。

思考问题:

(1)匈奴使者为什么能看出假扮后的曹操非同寻常?

(2)本案例对你有何启发?

沟通技能篇

任务4：倾听
任务5：面谈
任务6：书面沟通
任务7：电话沟通
任务8：网络沟通

项目 2

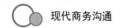

任务4 倾听

世界上有60亿人口,如果我们都找到两大武器:倾听和微笑,人与人就会更加接近。

——[美]乔·吉拉德

导学案例

乔·吉拉德的教训

有一次,一个客人到乔·吉拉德那里去买车,乔·吉拉德向他推荐了一个新型车,一切都进行得非常顺利,眼看就要成交了,突然间这个顾客说:"我不要了。"明明这个顾客很中意这部车,为何突然间变卦?乔·吉拉德对此一直懊恼不已,百思不得其解。

当天晚上11点,他实在忍不住拨通了这位顾客的电话:

"您好,今天我向您推销的那一款车,眼看就要签字了,不晓得您为什么突然间走了?很抱歉,我知道现在已经11点了,但我检讨了一整天,实在想不出错在哪里,因此我特地打电话来向您请教。"

"真的吗?"

"真的。"

"是肺腑之言吗?"

"是肺腑之言。"

"很好,你用心在听我说话吗?"

乔·吉拉德回答:"是的,我用心在听您说话。"

于是这个顾客说:"可是今天下午你并没有用心在听我说话呀,就在签字之前我提到我的儿子即将进某个大学就读,我还提到我儿子的运动成绩以及他将来的抱负,我以他为荣,但是我发现你没有任何反应。"

乔·吉拉德记得这个顾客的确是说过这件事,但当时他根本就没有注意听,也没有在乎。

"你根本就不在乎我说什么,我看得出来,你正在听另外一个推销员讲笑话,这就是你失败的原因。"

从此,乔·吉拉德明白了销售人员永远要学会倾听,去倾听对方的谈话内容,尊重对方的心绪,这样就成功了一半。他最终成为世界级推销大师。

(资料来源:吕玉梅. 管理沟通技能. 大连:东北财经大学出版社,2008.)

问题：

（1）结合本案例谈谈与人沟通时为什么要注意倾听？倾听有什么作用？

（2）在商务沟通中，怎样才能做到有效的倾听？

（3）本案例对你有哪些启示？

学习训练目标

- 认识倾听的重要性；
- 明确阻碍倾听的因素并克服；
- 运用倾听的技巧实现有效的倾听。

4.1 倾听的作用

有人曾向日本的"经营之神"松下幸之助请教经营的诀窍，他说："首先要细心倾听他人的意见。"松下幸之助留给拜访者的深刻印象之一就是他很善于倾听。一位曾经拜访过他的人这样记叙道："拜见松下幸之助是一件轻松愉快的事，根本没有感到他就是日本首屈一指的经营大师，反而觉得像是在同中小企业经营主谈话一样随便。他一点儿也不傲慢，对我提出的问题听得十分仔细，还不时亲切地附和道'啊，是嘛'，毫无不屑一顾的神情。见到他如此的和蔼可亲，我不由得想探询：松下先生的经营智慧到底蕴藏在哪里呢？调查之后，我终于得出结论：善于倾听。"

倾听，貌似简单，其实不易。"听"的繁体字为"聽"，它由"耳"、"王"、"十"、"目"、"一"、"心"六个字组成，代表着"听"首先是用耳朵接受他人的声音，但仅此却远远不够，还需"十目一心"地仔细观察对方说话的神态、用心揣摩对方话中之话。只有这样，才能真正感受到对方所要传递的信息。倾听是一种本能，也是一门技术，更是一门艺术，它源自本能，修自后天。

听是人类最基本的能力之一，是用耳朵接收声音，除了少数人听不到声音之外，我们大多都享有这种与生俱来的天赋功能。如今，国际倾听协会这样对"倾听"定义：倾听是接受口头及非语言信息、确定其含义和对此作出反应的过程。口语交际中，听的重要性并不被多数人认同。很多人认为听是一种被动的行为。他们很可能会感到烦闷，如果他们不参与谈话还可能会感到无精打采。这种认识显然存在着很大的误区。

古今中外很多谚语和传说表明听的重要性，诸如："听君一席话，胜读十年书"、"会说的不如会听的"、"沉默是金，说话是银"等。传说上帝在造人时之所以给人一张嘴巴、两只耳朵，就是因为他认为听比说更重要。可见人们如何看重听了。

对大多数人来说，倾听是从我们听到别人讲话声音开始的，但倾听与听有什么区别呢？一般学者认为："听"是人体感觉器官接收到的声音；或者换句话说，"听"是人的感觉器官对声音的生理反应。只要耳朵听到谈话，我们就在听别人。想想你在听到电影中的外语对话时，你就会明白，听到并不意味着理解。"听而不闻"说的就是这种情况。

倾听虽然以听到声音为前提，但更重要的是我们对声音必须有所反应，必须是主动参与的过程，在这个过程中，人必须思考、接收、理解，并作出必要的反馈。同时，倾听的对象不仅仅局限于声音，还包含理解别人的语言、手势和面部表情等。在此过程中，我们绝不能闭上眼睛只听别人说话的声音，而且还要注意别人的眼神及感情表达方式。

 沟通小故事

"听"来的钢盔

第二次世界大战期间，一位叫亚德里安的美国将军利用战斗的间隙到战地医院探望伤员。他毫不张扬地走进病房，静静地坐在病床边，倾听每一位伤病员讲述自己"死里逃生"的经历。其中一位炊事员说，他听到炮弹呼啸而来，就不假思索地把一口锅扣在自己的头上，虽然弹片横飞，战友倒下了一大片，他却幸免一死。听到这里，亚德里安将军略有所悟地点了点头，走到这位炊事员床前同他握手，脸上露出赞赏的微笑。

后来他发布一道命令：让每个战士都戴上一口"铁锅"。

于是，在人类战争史上，"钢盔"这个重要发明，因为一位将军有耐心和雅量倾听一个炊事员的"唠叨"而诞生了。据统计，这个别出心裁的"发明"，使七万余名美军在第二次世界大战中免于战死。

将军诚意的倾听，表达的是对战士生命安全的关注和高尚的人品，他满足对方的倾诉并获得尊重的愿望，而自己也在获得尊重的同时，获得了创造的灵感，而作出重大决定。

（引自：李元授. 口才训练. 武汉：华中科技大学出版社，2005.）

倾听的作用概括起来，主要包括如下方面。

1. 倾听是获取信息开阔视野的重要途径

"听君一席话，胜读十年书"，这句俗语从倾听的角度说明了倾听是获取信息、开阔视野的重要途径。有数据显示：在我们获取信息的途径听、说、读、写所占的时间中，听占到了53%。虽然现在是网络化时代，面对面沟通被有些人所忽视，由此产生的"宅男"、"宅女"现象越来越引起人们的担忧。这从另一个角度说明倾听的缺失对现代人造成的不良影响。与其将自己封闭在一个狭小的空间里，还不如走出家门倾听来自各界的声音，那样对你的未来才更有帮助。

2. 倾听是对别人的尊重和鼓励的特殊方式

根据人性特点，我们都知道，人往往对自己的事更感兴趣，对自己的问题更关注，更喜欢自我表现。一旦有人专心倾听我们的话时，就会感到自己被重视。我们真诚投入地倾听他人的倾诉，恰到好处的反应，是对他人尊重和鼓励的最好方式。

3. 倾听是为自己争取主动的关键

在时机未到时选择倾听并保持沉默是一种"大智若愚"的艺术。在商业活动中多听、少说甚至不说，这样做的目的是为了获得最大的利益。少开口不做无谓的争论，对方就无法了解你的真实想法；反之，你可以探测对方动机，逐步掌握主动权。因此"雄辩是银，倾听是金"。

4. 倾听可增进彼此的理解与信赖

表露内心的事，可以消除两人之间的误会、隔阂、不信任与敌对，使两人之间关系更为密切。因此，倾听可谓是彼此沟通的桥梁，误解与愤恨都会随着有效的倾听而化为乌有，感情也会伴着彼此的倾听更进一步。

5. 倾听可改善周围环境的气氛，有利于获得身心健康与成功

心理学家们指出，善于倾听的人容易克制冲动，控制愤怒，拥有一个较为平和的人际环境，这对于成功与健康是有百益而无一害的。

4.2 倾听的障碍

一般来讲，倾听有五个层次。一是听而不闻。如同耳边风，"左耳进右耳出"，完全没有听进去。二是敷衍了事。"嗯……"、"喔……"、"哎……"、"好好好……"，略有反映其实是心不在焉。三是有选择的听。只听合自己心意的，与自己意思相左的一概自动过滤掉。四是专注地听。有些沟通技巧的训练会强调"主动式"、"回应式"的聆听，以复述对方的话表示确实听到，即使每句话或许都进入大脑，但是否都能听出说话者的本意、真意，仍是值得怀疑。五是同理心的倾听。一般人聆听的目的是为了作出最贴切的反应，根本不是想了解对方。所以同理心的倾听的出发点是为了"了解"而非为了"反应"，也就是透过交流去了解别人的观念、感受。在商务沟通中应重视倾听，尽可能做到高层次的倾听，避免低层次的倾听。但事实上并不是所有的倾听都能达到理想的效果，因为倾听存在着各种各样的障碍，它们会直接或者间接地影响倾听的效果。

1. 来自环境的倾听障碍

环境干扰是影响倾听最常见的因素之一，交谈时的环境各种各样，时常转移人的注意力，从而影响专心倾听。有学者做过试验，一个人在同时听到两个信息时，他会选择其中的一个，放弃另一个。这样的话，就很容易忽略另外一个人的信息。具体来说，环境障碍主要从两方面施加对倾听效果的影响。

（1）干扰信息传递过程，消减、歪曲信号。如在嘈杂的课堂上，老师的声音几乎被学生的吵闹声湮没了，坐在后排的同学根本就听不到老师在说什么，这跟一个安静的课室所能达到的效果是迥然不同的。

（2）影响沟通者的心境。也就是说，环境不仅从客观上，还从主观上影响倾听的效果，这正是为何人们很注重挑选谈话环境的原因。比如领导在会议厅里向下属征询建议，大家会十分认真地发言，要是换作在餐桌上，下属可能就会更随心所欲地谈谈想法，有些自认为不成熟的念头也在此得以表达。反之亦然，在咖啡厅里上司随口问问你西装的样式，你会轻松地聊上几句，但若上司特地走到你的办公桌前发问，你多半会惊恐地想这套衣服是否有违公司仪容规范。这是由于不同场合人们的心理压力、氛围和情绪都大有不同的缘故。

2. 倾听者自身的倾听障碍

倾听者本人在整个交流过程中具有举足轻重的作用，倾听者理解信息的能力和态度都直接影响倾听的效果。但由于每个人都有自己的思想和经验，难免在倾听时加上自己的感情色彩，在无形中树立了障碍，无法准确理解别人传递的信息，从而影响了沟通。来自倾听者自身障碍表现在以下方面。

（1）注意力不集中。倾听者受到内部或外部因素的干扰而无法集中注意力，这是最常见的阻碍倾听的因素。当你疲倦时，胡思乱想时，或是对说话者所传递的信息不感兴趣时，都很难集中注意力。

（2）打断说话者。倾听者打断说话者也是阻碍倾听的因素之一。在回应说话者之前，应该先让他把话说完。对说话者缺乏耐心甚至粗鲁地打断他们，这是对说话者本人及其信息不尊重的表现。

（3）缺乏自信。倾听者缺乏自信也是阻碍倾听的因素之一，这是因为缺乏自信会令倾听者产生紧张的情绪，而这种情绪一旦占据了他的思维，就会使他无从把握说话者所传递的信息。也正是为了掩饰这种紧张情绪，许多倾听者总是在应当倾听时擅自发言，打断说话者。

（4）过于关注细节。阻碍倾听的另外一个因素是倾听者过于关注细节。如果倾听者尝试记住所有的人名、事件和时间，那么就会觉得倾听"太辛苦"了。这种紧紧抓住信息中的细节而不抓要点的做法非常不可取，这样做就可能完全不能明白说话者的观点。

（5）排斥异议。有些人喜欢听和自己意见一致的人讲话，偏心于和自己观点相同的人。

这种拒绝倾听不同意见的人，不仅拒绝了许多通过交流获得信息的机会，而且在倾听的过程中注意力就不可能集中在讲逆耳之言的人身上，也不可能和任何人都交谈得愉快。

（6）心存偏见。倾听者心存偏见会在很大程度上阻碍倾听。偏见让倾听者无法对说话者所传递的信息保持开放和接纳的心态。这是因为，偏见使人在倾听之前就已经对说话者或他所传递的信息作出了判断。

（7）太注重说话方式与个人外表。人们倾向于根据一个人的长相或讲话的方式来判断一个人，因此听不到他真正说了些什么。有些人常被说话者的口音和个人外表及行为习惯扰乱心绪，从而影响了倾听效果。

（8）厌倦。由于大脑思考的速度比说话的速度快很多，前者至少是后者的3~5倍(据统计，人们每分钟可说出125个词，理解400~600个词)，很容易在听话时感到厌倦。因为人们可以接纳一个人说的话，但同时还有很多空余的"大脑时间"，人们很想中断倾听过程，去思考别的一些事情。"寻找"一些事做，占据大脑空闲的空间，这是一种不良的倾听习惯。

4.3 有效倾听的策略

1. 创造良好的倾听环境

（1）选择合适的场所。场所合适与否直接关系到沟通双方的心理感受和外在噪声的干扰。在公众场合下，应避免在噪声比较大的地方交谈，如施工场所、十字路口。应尽量寻找安静、舒适、典雅、有格调的咖啡厅、茶室等，同时力求避免电话、手机和他人的干扰。如果是在家中聚会，有必要将电视机音量调小，保证室内空气清馨、舒适，假如邻近街道，可以将门、窗关紧，同时注意室内家具的摆放、颜色的搭配等细节问题。

（2）选择恰当的时间。公众场所都有自己的高峰期，像公园、商场、节假日风景区，人比较多，咖啡厅晚上人流不息，而餐馆则在中午、下午6点以后客人较多。选择场所时还应考虑时间的不同对谈话双方的效果也将不同。

（3）保持一定的距离。说话者跟听话者感情好，私下交谈时则相互挨得紧，恋人更是如此。但如果在正式场合，不论亲疏，都应保持一定的距离。过远，则不容易听清；过近，容易使说话者感到紧张。

2. 良好的心理准备

倾听，要求倾听者要有良好的精神状态，集中精力，随时提醒自己交谈到底要解决什么问题，听话时应保持与谈话者的眼神接触，但在时间的长短上应适当把握好，如果没有语言上的呼应，只是长时间盯着对方，会使双方都感到局促不安。另外，要努力维持大脑的警觉，保持身体警觉则有助于使大脑处于兴奋状态。

倾听时，应该保持开放的心态，这是提升倾听技巧的指导方针之一。这样做不但使你能考虑到事情的各个方面，还能减少你与说话者之间的防御意识，而这种意识会极大阻碍你们之间的良好沟通。回应说话者时，即使你不同意他的观点，也应对其信息保持积极的态度。

3. 正确的态势语言

人的身体姿势会暗示出他对谈话的态度，自然开放性的姿态，代表着接受、兴趣与信任。根据达尔文的观察，交叉双臂是日常生活中最普遍的姿势之一，一般表现出优雅富于感染力，让人看上去自信心十足。但这常常自然地转变为防卫姿势，当倾听意见的人采取这种姿势时，大多是持保留的态度。向前倾的姿势是集中注意力、愿意听倾诉的表现。所以说二者是相容的。倾听时交叉双臂跷起二郎腿也许是很舒服，但往往让人感觉这是种封闭性的姿势，容易让人误以为不耐烦或高傲。

4. 提升倾听的技巧

（1）对主题或说话者产生兴趣。这样做有助于倾听者以积极的态度进行倾听。倾听时，你的目标应当是从每个说话者那里获取知识，但如果你对他们不感兴趣，就很难集中注意力。因此，应当消除自己对主题或是说话者的偏见，使自己对其产生兴趣。倾听时，应该关注说话者提供的信息，而不是他们的外表、性格或是说话方式，不要因为这些因素而对他们加以定论，应该根据他们提供的论据来判断信息的价值。另外，也不要仅仅因为说话者的出色表达就立即对他们作出肯定的判断。出色的表达并不意味着说话者传递的信息有价值。因此，应该等到说话者完整地传递了信息之后，再作出判断。

（2）积极关注自己不熟悉的信息。要提升自己的倾听技巧，还应该学会积极关注自己不熟悉的信息。如果在倾听时遇到此类信息，就更需要高度集中注意力。因为如果不这样做，就有可能抓不住信息中的重点。当对方传递的是自己不熟悉的信息时，可以采取下列方法来改变自己：

不要因为信息复杂而气馁；

使自己对学习产生兴趣；

提问以确认说话者的观点。

（3）专注于说话者的主要观点。倾听时，一定要专注于说话者的主要观点，为了全面理解讲话者的言辞中包含的内容和情感，倾听者要集中精力努力捕捉信息的精髓。这样做能避免强烈情感让你感到混乱和沉闷，并且能集中精神理解讲话者所述观点中的重点。

（4）不要过早下结论。要提升自己的倾听技巧，倾听者在倾听时就不要过早下结论。当你不同意说话者的看法时,最自然的反应就是立即不再理会他所传递的信息。尽管你不需要同意说话者的所有观点,但是在下结论之前,还是应该听完他的话。只要听完了全部的信息,就可以彻底地检验并公正地评估说话者的观点、论据和论证过程。

(5)复述说话者所传递的信息。通过复述,倾听者可以确定你是否完全理解该信息。复述时,倾听者可以用自己的话向说话者概括信息的主要内容,这样能减少对信息的误解和错误的推测。

(6)不到必要时,不打断他人的谈话。善于听别人说话的人不会因为自己想强调一些细枝末节、想修正对方话中一些无关紧要的部分、想突然转变话题,或者想说完一句刚刚没说完的话,就随便打断对方。经常打断别人说话就表示我们不善于倾听、个性激进、礼貌不周,很难和人沟通,所以除了是在不得不说的情况下,否则是不应打断对方谈话的。接受说话者的观点。每个人都有自己的观点,要鼓励别人说出自己的看法,而不能因为自己的主观意愿,否定自己不同意的观点,如果无法接受说话者的观点,那可能会错过很多学习的机会,而且无法和对方建立起融洽的关系。换位思考。站在对方的角度去考虑他所说的话,以客观的心态去面对说话者,用心去感受说话者的心情,感受他的喜悦或悲伤,这也是做到最高层次倾听的体现。这样做可以避免因心理定式和偏见等产生的障碍。

(7)倾听者不应该过于拘谨。倾听者在倾听时过于拘谨使倾听变成了一种被动行为,此时,倾听者绝不会表达自己的观点,他们根本不参与交流,常常只是以"很好"和"我明白你的意思"之类的话来回应说话者。倾听者在倾听时过于拘谨可能是因为害羞,也可能仅仅出于不想给说话者带来麻烦,无论是什么原因,他们的行为都会阻碍有效的沟通。要避免在倾听时过于拘谨,应当遵循以下原则:

乐于表达自己的想法;

通过提问参与对话;

回答问题要干脆;

与说话者进行眼神交流。

5. 善于运用其他形式沟通

毕竟只是用耳朵倾听的话,所记住的信息有限,这时候就需要借助一些其他的方式来帮助自己更好地记忆。比如做笔记,这样能更有效地记住对方所说的话。同时,通过做笔记也能有选择地记下自己认为更重要的信息,从而避免因为什么都要记下而费时费力。

课堂实训

1. 实训:倾听技能训练

形式:集体参与。

时间:10分钟。

场地:教室。

材料:任何一则包含一些数字或确切事件的新闻。

程序:

(1)事先从报纸或文摘上选取一则200~300字的故事,注意最好是有简单情节的故事,而不是评论性文章。在课上很不经心地向学员提起,告诉他们你要为他们念一段很有意思的故事。

(2)大声朗读这则故事。

(3)结束后,你会发现学员们对这个故事毫无兴趣,露出厌倦和疲乏的表情。

(4)这时拿出一个精致的礼品,说:"故事念完了,现在我会就这个故事的内容提几个问题,谁能答对,我就把这个礼物送他。"

(5)然后问5~7个问题,都是一些关于故事的时间、地点、名字和简单情节的问题。

(6)尽管问题简单,你会发现还是几乎没有一个人能全部答对。

分享:

①既然大家都是具有一定素质的人,既然都听了这个故事,为什么却没有人能记得非常清楚?

②我们不去认真听的原因是什么呢?我们该怎样改进倾听技巧?

③如果事先把奖品拿出来,学员们的倾听效果会不会不一样?这是为什么?在没有物质刺激的情况下,我们应怎样提高自己的倾听效果?

(资料来源:谢玉华. 管理沟通. 大连:东北财经大学出版社,2010.)

2. 倾听实验:商店打烊时

规则与程序:教师用平均语速讲述"商店打烊时"的故事,之后让学生对以下信息作出判断。可以重复讲述两次,学生做两次判断;也可以第一次由讲师讲述故事,之后由学生判断,第二次教师将故事放在幻灯片上,让学生读完故事再做第二次判断(以判断耳朵听到的信息与眼睛看到的信息,对各自的接受度进行比较)。故事及答案见资料1和资料2。

习题(做两次)

请不要耽搁时间	正确	错误	不知道
(1)店主将店堂内的灯关掉后,一男子到达。	T	F	?
(2)抢劫者是一男子。	T	F	?
(3)来的那个男子没有索要钱款。	T	F	?
(4)打开收银机的那个男子是店主。	T	F	?
(5)店主倒出收银机中的东西后逃离。	T	F	?

（6）故事中提到了收银机，但没说里面具体有多少钱。　　T　　F　　?
（7）抢劫者向店主索要钱款。　　T　　F　　?
（8）索要钱款的男子倒出收银机中的东西后，急忙离开。　　T　　F　　?
（9）抢劫者打开了收银机。　　T　　F　　?
（10）店堂灯关掉后，一个男子来了。　　T　　F　　?
（11）抢劫者没有把钱随身带走。　　T　　F　　?
（12）故事涉及三个人物：店主，一个索要钱款的以及一个警察。　T　F　?

①教师将故事（资料1）向学生念一遍，请学生在5分钟内完成答题纸上的选择题（见上面的"习题"）；请学生统计"对"、"错"、"?"（不确定）的书目。

②教师将故事发给学生后，将正确的答案告知学生，并说明判断的理由（资料2）。

资料1：故事

某商人刚关上店里的灯，一男子来到店堂并索要钱款，店主打开收银机，收银机内的东西被倒了出来，而那个男子逃走了，一位警察很快接到报案。

资料2：答案说明

（1）店主将店堂内的灯关掉后，一男子到达。不确定。（商人可能是店主，可能不是。）
（2）抢劫者是一男子。不确定。（"一男子"不一定是抢劫者，可能是乞丐。）
（3）来的那个男子没有索要钱款。错。（"到店堂并索要钱款"。）
（4）打开收银机的那个男子是店主。不确定。（店主的性别不确定。）
（5）店主倒出收银机中的东西后逃离。不确定。（不知道是谁倒出来的。）
（6）故事中提到了收银机，但没说里面具体有多少钱。对。
（7）抢劫者向店主索要钱款。不确定。（可能是"乞丐"索要钱款。）
（8）索要钱款的男子倒出收银机中的东西后，急忙离开。不确定。（东西被倒了出来，但不知是谁倒的。）
（9）抢劫者打开了收银机。错。（是店主打开了收银机。）
（10）店堂灯关掉后，一个男子来了。对。
（11）抢劫者没有把钱随身带走。不确定。（不一定是抢劫。）
（12）故事涉及三个人物：店主，一个索要钱款的男子，以及一个警察。不确定。（也可能是四个人：一个商人、一个索要钱款的男子、店主、警察。）

总结：

也许你看了答案后，会觉得很奇怪，本来那么多可以确定的事情，为什么答案大多都是不确定的？这是因为，我们在日常生活中大多是靠知觉来判断世界的，而知觉本身都是带有一定的认知偏差的，它会结合我们的经验、惯例，对外界事物进行想当然的判断，但

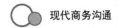

是这种判断并不完全符合事实,需要我们用心去倾听和分析,发现其中潜在的逻辑关系和事实真相。

(资料来源:武洪明.职业沟通教程.北京:人民出版社,2011.)

3. 测试:倾听能力自测

你是一个善于倾听的人吗?

(1)你喜欢听别人说话吗?

　　a. 喜欢,我从别人的谈话中可以得到许多信息

　　b. 我不会花太多的时间听人说话,现在很多人说话都是口是心非

　　c. 我不大关心别人说什么

(2)为了要完整地弄清事情,你是否会广泛地听取各方意见?

　　a. 我可没那么好的耐心

　　b. 我会尽量多地听取意见

　　c. 方便的话,会这样

(3)有人在跟你说话时,你会注视着对方吗?

　　a. 会的,我会一直给对方以应有的尊重

　　b. 如果对话题不感兴趣,我会东张西望地不耐烦的

　　c. 我根本就不知道讲话时该看着对方

(4)当别人希望通过谈话来缓解压力时,你会

　　a. 尽量鼓励他说下去

　　b. 忍不住地要抢话题

　　c. 不耐烦地打断他的话

(5)无论说话者是不是你喜欢的人,你都会认真地看着对方

　　a. 会的,我觉得这是对人的基本尊重

　　b. 对不喜欢、不欣赏的人不会这样,我不会有那么好的涵养

　　c. 只能保持一会儿这样的状态

(6)当别人的谈话不入你的耳,你会

　　a. 由他去,不理他

　　b. 听他讲完后再回敬他

　　c. 不耐烦地打断他

(7)当你觉得对方说话比较幼稚时,你会

　　a. 毫不客气地打断他

　　b. 不答理他

c. 告诉他比较成熟的观点

（8）当你和比你矮许多的人说话时，你会

    a. 尽量地蹲下来，和对方平视

    b. 仍站着和他居高临下地说话

    c. 不理睬他，直视前方

（9）当对方说讨你喜欢的话时，你会

    a. 理所当然地高兴

    b. 冷静地思考一下此话的真实性

    c. 觉得他真会哄人

（10）你对说话者不论中不中听，都会分析一下吗？

    a. 能理解就理解，不能理解就算

    b. 会的，因为人们经常会说一些言不由衷的话

    c. 不用，他说他的，我做我的，否则多累

（11）别人正在跟你说话时，你突然想起要打一个电话，于是你

    a. 告诉对方，你忽然有一个很急的电话要打，请他等会儿再说

    b. 把对方晾在一边，只顾自己打电话

    c. 打断对方，也不解释什么，拿起电话就打

（12）当对方的谈话中有一些是你听不懂的话时，你会

    a. 能懂就懂，不懂就算

    b. 仔细地询问一下，直到弄明白

    c. 觉得重要的就问，不重要的就算

（13）当对方说话有些犹豫时，你会

    a. 鼓励他别急，耐心地等待他说完

    b. 不耐烦地打断他

    c. 尽量忍耐

（14）当你有听不明白的话时，你是否会重复说话者说过的话，弄明白了再问问题

    a. 干脆什么也不问

    b. 没弄明白就问问题

    c. 会的，这样不会造成误会

（15）当你不是很明白对方的意思时，你是不是会把你理解的意思说出来，让他证实

    a. 多想想就是了

    b. 按自己的理解方式办事就行

    c. 一般我会跟对方证实一下

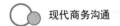

记分规则:

题号	(1)	(2)	(3)	(4)	(5)	(6)	(7)	(8)	(9)	(10)	(11)	(12)	(13)	(14)	(15)	总分
A	3	1	3	3	3	2	1	3	1	2	3	1	2	1	2	
B	2	3	2	2	1	3	2	2	3	3	2	3	3	2	1	
C	1	2	1	1	2	1	3	1	2	1	2	2	1	3	3	
得分																

● 15~25 分 粗糙型:

你是一个不善于倾听的人,这样的你只会活在自我中,却难以从别人那儿学到新的知识,得到新的信息。

● 26~35 分 马虎型:

你是一个很马虎的听众,或者说是一个不怎么合格的听众。你不会完整地听完别人的叙述,也不会思考别人的谈话,你活在很浅的层次,难以进步。试试看,尽量把别人的话听完,看看你会有什么意外的收获。

● 36~45 分 倾听型:

你是一个优秀的听者,这会帮助你成为一个很了不起的人,一个优秀的听者随时都有学习自己、修炼自己的机会,试想,不要付学费就能学到很多东西,这种好处哪里还会有。

(资料来源:张喜春. 人际交流. 北京:清华大学出版社,北京交通大学出版社,2009.)

课堂练习

1. 案例分析

"我还要回来!"

美国知名主持人林克莱特一天访问一名小朋友,问他说:"你长大后想要当什么呀?"小朋友天真地回答:"嗯……我要当飞机的驾驶员!"林克莱特接着问:"如果有一天,你的飞机飞到太平洋上空,所有引擎都熄火了,你会怎么办?"小朋友想了想:"我会先告诉坐在飞机上的人都绑好安全带,然后我挂上降落伞跳出去。"

当现场观众笑得东倒西歪时,林克莱特继续注视着这孩子,想看他是不是个自作聪明的家伙。没想到,接着孩子的两行热泪夺眶而出,这才使得林克莱特发觉这孩子的悲悯之情远非笔墨所能形容。于是林克莱特问他说:"为什么要这么做?"小孩的答案透露出一个孩子真挚的想法:"我要去拿燃料,我还要回来!我还要回来!"

(资料来源:http://jldhshb.blog.163.com/blog/static/5567089020086289442 3253/,2008-07-28.)

思考与讨论：

①那些笑得东倒西歪的观众犯了怎样的错误？为什么？

②本案例对你有什么启示？

用心倾听的邱次雪

蝉联10年台湾地区奔驰车销售前3名的超级业务员邱次雪就是因为懂得听，10年卖出500辆奔驰车。"每个顾客都像一本书，你要用心听才能读得懂。"她说。

20年前，她是个蹩脚的业务员。客人上门，3句话后她就不离"车"，业绩总是挂零。直到有一次，一位顾客要她先闭嘴，这无疑对她是当头棒喝。"后来，我都要求自己先不要说话。"她说，让客人先说话，才听得到他的需求与考量点，而不是先径自推销。

不久前，一位阔太太下巴抬得高高地走进店里看车。同事亲切地上前问候："您要看车吗？"女客人不悦地回答道："来这里不看车，还能看什么？"这时，只见邱次雪静静地端上一杯水，不发一语。女客人开口："你们业务员服务态度很差，卖的车又贵。"邱次雪虚心请教："那我们应该如何改善呢？"她挽着对方的手到贵宾室坐下，门一关，30分钟后，一笔60万元的订单就到手了。

"在这个过程里我一直都没说什么，只是听她抱怨了20分钟。"原来，这位顾客早就锁定了一款车型，但逛了几家车行都没有碰到满意的业务员。邱次雪一边用心地听她抱怨，一边响应，同时也在整理自己的思绪。等客户气消后，她开始与对方聊起家庭生活的经验。不过30分钟，交易就完成了。

（资料来源：莫林虎．商务交流．北京：中国人民大学出版社，2008．）

思考与讨论：

①谈谈你对邱次雪"每个顾客都像一本书，你要用心听才能读得懂"这句话的理解。

②邱次雪为什么能够取得成功？本案例对你有什么启示？

2. 思考与训练

（1）请总结一下你倾听时存在哪些不良习惯？

（2）为什么沟通过程中倾听占有十分重要的位置？请谈谈你的体会。

（3）两个同学为一组，每个同学准备一篇有一定信息量的约800字的文章，一位同学将文章读给另一位同学听，倾听者要注意运用以上技巧使自己保持专注。文章宣读完毕，由倾听者陈述自己获得的信息，宣读者检查对方信息是否准确无误。然后，角色互换，再进行一轮。最后双方谈谈自己倾听中的感受。

（4）"听"的能力训练。尽管"听"是我们与生俱来的能力，但是它并不是一件容易的事情。以下练习就是最好的说明。

练习1：教师对学生说："请拿出一支铅笔，一张纸。在纸上画一条约10厘米长的垂直线。

把你姓氏的第一和最后一个字母写在直线的上方和下方。"注意不要强调最后一个句子中的两个"和"字。教师会发现大多数人会把第一个字母写在线上方而最后一个字母写在线下方。

练习2：教师让学生迅速回答下列问题：

"有的月份31天，有的月份30天。那么有多少个月份有28天？"

不少学生会回答："一个。"而事实上所有的月份都有28天。

（资料来源：史振洪，朱贵喜. 秘书人际沟通实训. 北京：人民大学出版社，2008.）

问题：

①以上两个小练习分别说明了倾听中的什么问题？

②从以上练习中我们应该汲取哪些倾听经验？

（5）到养老院做义工，陪老人聊聊天，注意运用有效倾听的技巧，看看效果到底如何？

任务5 面谈

太阳能比风更快地脱下你的大衣;仁厚、友善的方式比任何暴力更容易改变别人的心意。

——[美]戴尔·卡耐基

导学案例

如此面谈

2007年年底的一个周三下午,安徽合肥高新区某IT公司销售部员工张三被其主管销售部赵经理请到了二楼会议室。张三进门时,看见赵经理正站在窗户边打手机,脸色不大好。约五分钟后,赵经理匆匆挂了电话说:

"刚接到公司一个客户的电话……前天人力资源部长找我谈了谈,希望我们销售部能带头实施面谈。我本打算提前通知你,好让你有个思想准备。不过我这几天事情比较多,而且我们平时也常沟通,所以就临时决定今天下午和你聊聊。"

等张三坐下后,赵经理接着说:"其实刚才是蚌埠的李总打来电话,说我们的设备出问题了。他给你打过电话,是吧?"张三一听,顿时紧张起来:"经理,我接到电话后认为他们自己能够解决这个问题的,就没放在心上。"张三心想:这李总肯定向赵经理说我的坏话了!于是变得越加紧张,脸色也变得很难看。

"不解决客户的问题怎么行呢?现在市场竞争这么激烈,你可不能犯这种低级错误呀!这件事等明天你把它处理好,现在先不谈了。"说着赵经理拿出一张纸,上面有几行手写的字,张三坐在对面没看清楚。赵经理接着说:"这次的绩效考评结果我想你也早就猜到了,根据你的销售业绩,你今年业绩最差。小张呀,做市场是需要头脑的,不是每天都出去跑就能跑到业务的。你看和你一起进公司的小李,那小伙子多能干,你要向他多学着点儿!"张三从赵经理的目光中先是看到了批评与冷漠,接着又看到了他对小李的欣赏,张三心里感到了刺痛。

"经理,我今年的业绩不佳,那是有客观原因的。蚌埠、淮南等城市经济落后,产品市场还不成熟,跟江浙地区不能比。为了开拓市场,我可费了很多心血才有这些成绩的。再说了,小李业绩好那是因为……"张三似乎有满肚子委屈,他还想往下讲却被赵经理打断了。

"小张,你说的客观原因我也能理解,可是我也无能为力,帮不了你啊!再说,你来得比他们晚,他们在江浙那边已经打下了一片市场,有了良好的基础,我总不能把别人做的市场平白无故地交给你啊。你说呢?"赵经理无奈地看着张三说。

"经理,这么说我今年的奖金倒数了?"张三变得沮丧起来。

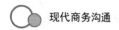

正在这时销售部的小吴匆匆跑进来，让赵经理去办公室接一个电话。赵经理匆匆离去，让张三稍等片刻。于是，张三坐在会议室里，心里忐忑不安地回味着经理刚才讲过的话。大约过了三分钟，赵经理匆匆回到了会议室坐下来。

"我们刚才谈到哪儿了？"赵经理显然把话头丢了。张三只得提醒他说到自己今年的奖金了。

"小张，眼光要放长远，不能只盯着一时的利益得失。今年业绩不好，以后会好起来的。你还年轻，很有潜力，好好干会干出成绩来的。"赵经理试图鼓励张三。

"我该怎样做才能把销售业绩做得更好呢？希望经理你能多帮帮我呀！"张三流露出恳切的眼神。

"做销售要对自己有信心，还要有耐心，慢慢来。想当年我开辟南京市场时，也是花了近一年的时间才有了些成效。那个时候公司规模小，总经理整天带着我们跑市场。现在我们已经有了一定的市场占有率了，公司知名度也有所提高，应该讲现在比我们那时候打市场要容易些了。"

张三本正打算就几个具体的问题请教赵经理时，赵经理的手机突然响了，他看了一眼号码，匆忙对张三说："我要下班接儿子去了，今天的面谈就到这里吧，以后好好干！"说罢匆匆地离开了会议室，身后留下了一脸困惑的张三……

（资料来源：徐天坤.一次绩效反馈面谈诊断.人力资源管理，2008（12）.）

问题：
（1）为什么销售部赵经理与其下属张三的绩效反馈面谈让张三一脸的困惑呢？
（2）如果你是赵经理，为了让这次面谈更有效，你将怎么做？

学习训练目标

- 了解面谈的含义、特性、作用以及优势和劣势；
- 熟悉三种类型的面谈；
- 能够制订面谈计划；
- 能够顺利有效地实施面谈。

5.1 面谈概述

1. 面谈的含义

面谈属于面对面的口头沟通，但不能把任何一种面对面的口头沟通都称为面谈，面对面的口头交流可以分为面谈和闲聊两种不同的形式。闲聊指交流对象之间没有明确目的的一种口头交流活动,轻松、愉快、随意、漫无方向是闲聊的主要特征。闲聊本身也并不是没有目的,人们之间闲聊的目的通常是打发时间、娱乐、联络感情。由于不具有说服的性质,闲聊过程中通常不会产生大的分歧和矛盾。由于没有明确的说服目标,在闲聊之后,大部分人都无法准确说出闲聊的内容。

面谈则是指组织中与工作有明确关系的、有目的的和受控制的两个人或多个人参与的面对面的沟通方式,是一种有组织、有计划的交换信息的活动。由于面谈是面对面的及时沟通,所以它需要比书面沟通更快的反应,在信息的组织和表达上也更灵活,对面谈者谈话内容、表情、动作等及时分析的技能也要求较高。

2. 面谈的特性

面谈的特性有以下三点。

(1)目的性。面谈与普通的聊天、谈话是不一样的。一个简单的例子,当你逛街的时候碰到一个朋友,你们可能就在碰面的那个地方闲聊几句,这种聊天显然不是面谈,因为它是没有任何目的性的见面打招呼。

(2)计划性。当选择与某个人进行面谈前,一般情况下人们都会事先会做好准备。例如,了解对方的谈话方式、个性特点,从而选择适当的谈话策略与沟通策略。制订出一套面谈计划,既可以使自己在面谈中游刃有余,同时也能避免面谈中出现无话可说的尴尬局面。

(3)技巧性。面谈是一项极具技巧性的沟通方式。当进行面谈时,人们说话及思考语句的速度十分快,很多时候既要注意接受理解对方的谈话内容,同时也要在适当时候发表自己的意见与看法,这在很大程度上靠的是在谈话中的技巧性:快速的反应、灵活的信息组织技巧和及时的分析技能。

3. 面谈的作用

面谈的作用主要可以分为以下四个方面。

(1)信息的传播。探寻或传播特定信息是面谈最常见的目的之一。例如,教师向学生教授知识、新闻报刊记者的采访、产品介绍会等就属于这种情况。

(2)寻求信念或行为的改变。说服也是面谈常见的目标之一。例如,推销员与潜在顾客之间的面谈、领导对下属的指导、家长对子女的劝告、申诉等。大部分的商务面谈都具有说服的性质。

(3)进行评估和决策。进行评估和决策类型的面谈,以了解事实的真相、作出决定为特征,一般表现为招聘面试、绩效评估、看病等。

(4)探求与发现新信息。探求与发现新信息的面谈是指采用某种统计方法获得有关某

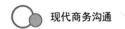

一问题的信息,如某种学术团体和社会团体所做的调查工作、市场调查、民意测验等。

4. 面谈的优势和劣势[①]

与双方互不见面的电话交流相比,面谈具有一些明显的优势和劣势。

(1)面谈的优势。面谈的优势主要表现在以下几个方面。

在面谈过程中,除了利用语言信息外,还可以利用各种非语言信息。可以说,在面谈过程中双方可以采取任何一种沟通形式。这一点也决定了面谈适合于处理复杂的事情,特别是双方对讨论的问题知之甚少或者分歧比较严重的情况。

面谈有利于双方作出反馈,特别是非语言反馈。

在面谈过程中,可以综合运用各种沟通方式,如口头语言、书面语言、图画、示意图、手势。大家可以想象,要在电话里说明一幅图画会是多么困难的事情。

在面谈过程中,可以利用各种视觉辅助手段,如白板、投影仪、音像资料、模型等,这可以大大提高沟通的效率和趣味性。

面对面的沟通会给人以亲切自然、双方比较重视的感觉,会提高沟通成功的可能性。

(2)面谈的劣势。在具有上述优势的同时,面谈也有一些劣势,主要表现在以下几个方面。

面谈通常需要比较多的时间。面谈双方要为见面和面谈过程做准备而花费大量的时间,包括必要的寒暄、可有可无的评论、反复的讨价还价等。这也许是因为面谈方式通常不涉及电话那样的计时费用的缘故,或者是觉得见一面不容易等原因。

面谈对于时间和地点的要求比较高。首先,通常双方必须同时拥有一段比较长的时间才可能进行面谈;其次,面谈过程通常需要专门的场所,如谈判室、饭店房间、茶馆、酒吧等。

面谈过程中不利于掩饰。面谈过程中双方可以通过大量的非语言线索来判断对方所说的话的真伪,不利于掩饰一些事情。因此,婉拒一类的事情不适合采用面谈的方式。

面谈过程中不容易控制情绪。面谈过程中非语言信号比较多、肢体接触也比较容易,在双方意见分歧和冲突比较大的情况下不容易控制各自的情绪,往往会导致过激反应,甚至闹得不可收拾。

面谈过程容易形成不良印象。面谈过程中各种非语言比较多,可能对对方进行全面的考查。另外,一般人对面对面沟通中的判断结果比电话等形式的沟通判断结果更加自信。

5. 面谈的类型

(1)招聘面谈。采取招聘面谈的方式来选取适合岗位的人才,这是如今很多企业单位采取的方法。招聘面谈的过程,是企业与求职人员双向选择的过程,企业必须在招聘面谈过

[①] 王浩白. 商务沟通. 杭州:杭州大学出版社,2011.

程中取得最高的效率。求职人员在进行工作的挑选时，除了薪酬和工作地点外，还要考虑公司的前景和自己的受重视程度。由于薪酬和工作地点可选择的变化很少，因此招聘人员要帮助公司在面谈阶段获得人心，首先必须本着对公司与求职人员负责的态度来工作。由于求职人员对公司的接触不多，也许是第一次接触，因此更多的是依靠自己在应征过程中的感受来辨别，所以，从一开始招聘人员就必须本着对公司与应征人员负责的态度来工作。在招聘过程中，不论何种情况，均必须热情、诚恳和耐心，千万不可采取高高在上的态度，切记求职人员就是你的顾客。例如，不少企业在参加现场招聘会时，由于环境嘈杂导致心烦意乱，对询问的人员敷衍了事，甚至还有的随意遗弃求职者的个人简历，这样便给别人留下一个很坏的印象。

在经过初次甄选和二次面谈后，对有希望的人选可开诚布公地介绍更多的情况，包括公司的期望、个人在公司可能的职业发展机会及今后工作中可能遇到的困难等，还可以安排简单的公司参观。让求职人员更详细地了解公司，免除了进入公司之后由于期望和现实的反差，造成新进人员快速离职，浪费双方的时间和精力。在招聘面谈时，不论心情如何恶劣，只要进行招聘面谈就要保持微笑，尽量使气氛宽松，将恶劣的心情抛到九霄云外。如果面谈气氛紧张，将难于让应征者进行自然的表露，造成衡量偏差。在招聘面谈的最后时刻，可以问问求职人员是否还有其他的问题，这样不仅可以加深互相了解，还可以避免一些疏忽，同时给应征者留下公司非常诚恳的印象。如果条件许可，还可以为求职人员到公司面谈的来回路途提供一些便利。总而言之，负责招聘的人员一定要记住：求职者就是你的顾客。

以下是企业招聘面谈问话提纲（见表 5-1），供参考。

表 5-1　面谈问话提纲

面谈项目	评价要点	提问要点
仪表与风度	体格外貌，穿着举止 礼节风度，精神状态	
工作动机与愿望	对现在职员的更换与求职原因，对未来的追求与目标，本公司所提供的岗位或工作条件能否满足其工作的需要和期望	（1）谈谈你现在的工作情况，包括待遇、工作性质、工作满意程度 （2）你为什么要选择本公司 （3）你在工作中追求什么？个人有什么打算 （4）你想怎样实现你的期望和目标

续表

面谈项目	评价要点	提问要点
工作经验	从事所聘职位的工作经验丰富程度，职位的升迁状况和变化情况，从其所述工作经历中判断其工作责任心、组织领导能力、创新意识	（1）毕业后的第一个职业是什么？ （2）在这家企业里，你担任什么职位？ （3）你在这家企业你作出了哪些值得你骄傲的成绩？ （4）你在主管部门中，遇到过什么困难？你是如何处理的？ （5）请你谈谈职务的升迁和工资变化情况
经营意识	判断应聘者是否具有商业意识、竞争意识及是否具备基本的商业知识	（1）应聘者是否具有应聘岗位所需要的专业知识和专业技能，或者相关的工作经验。 （2）通过经营小案例来判断其是否有这方面的观念和意识。 （3）询问一些营销术语和有关专业的问题
精力 活力 兴趣 爱好	应聘者是否精力充沛、充满活力，兴趣和爱好是否符合应聘岗位的要求	（1）喜欢什么样的运动？ （2）你怎样安排你的休息日和节假日？ （3）你经常参加什么样的交际活动？
思维力 分析力 语言表达能力	对主考人员所提问题能否说理透彻、分析全面、条理清晰、是否能合理地说出自己的意见和观点，用流利的言语表达出来	（1）你如何面对成功和失败？ （2）如果让你筹建一个新的部门，你将从何入手？ （3）提出一些小的案例，他是如何解决的？
工作态度	工作态度如何，谈吐是否自然流畅，是否诚实，是否热爱工作、奋发向上	（1）你曾经工作的公司要求严格吗？在工作中看到别人违反制度和规定，你是怎么做的？ （2）你处理各类问题时经常向领导汇报吗？ （3）你在领导与被领导之间喜欢哪种关系？

续表

面谈项目	评价要点	提问要点
其他	应聘者是否能发现自己的优缺点，同时在遇到批评、挫折及工作中的压力时，能否克服，理智对待	（1）你认为你的优势在哪里？ （2）你准备如何改正自己的缺点？ （3）为何要到本公司来？ （4）你适合哪些工作？ （5）你与同事间相处的如何？ （6）你喜欢和哪些人交往？

（资料来源：赵云龙．电话营销学．北京：中国经济出版社，2003．）

（2）绩效面谈。绩效面谈是指在绩效管理过程中由管理者与其下属通过面谈的方式就下属绩效表现进行回顾，帮助下属总结经验，找出不足，商讨解决的办法，并就员工发展以及下一考核周期目标设置等方面进行正式沟通。

面谈是最直接的沟通方式，沟通程度较深，可以对某些不便公开的事情进行交流，使员工容易接受，管理者可以及时对员工提出的问题进行回答和解释，减少沟通障碍，利于员工绩效与组织绩效有效结合。因此，绩效面谈不仅可以提高员工工作效率，而且也增进了员工和主管之间的沟通。

以下是绩效面谈的一般流程。

①绩效面谈前的准备。面谈前的准备工作主要有以下几点。第一，明确面谈的目的。双方就被考核者的表现，达成一致的看法；指出被考核者优点之所在；辨明被考核者的不足与努力方向；共同对被考核者制订相应的改进计划。第二，安排合理的面谈时间。让进行面谈的员工有充分的时间做好准备，让他们能够对自己的工作进行审视、分析，以便在之后的面谈中有时间让他们提出自己的意见和看法。同时，面谈时间应该尽量安排被考核者方便的时候。第三，安排合理的面谈地点。面谈地点的选择是十分重要的，一场轻松愉悦的面谈能够使双方都能将自己的真实想法表现出来，使面谈效果更为显著。面谈场所最好选择相对封闭，方便双方进行沟通、安静且不易被打扰的环境。

②绩效面谈的进行。绩效面谈是一门艺术，也是一项技术性很强的工作，它没有专门的固定模式，随着交谈对象的不同而呈现出不同的特点，因此，绩效面谈进行时需要掌握以下几个要点：一是谈话内容要具体；二是讲话要直接明了；三是让员工多开口；四是给员工制订工作计划。

（3）收集信息面谈。收集信息面谈是想要获取某一方面的信息资料或想要获得某种帮助时进行的面谈。若想了解某一方面的信息，就可以去该领域找相关人员进行面谈，为了准确有效地获取想要的信息，可以提前做好准备计划，包括目的、人员分析、安排时间、

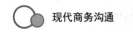

地点、准备预期问题等。在收集信息的面谈过程中应请注意以下问题。

①面谈内容应结构化。在面谈前应确定收集信息的内容并制定详细的提问单,把握住所提问题与目的间的关系,并注意挑选参加面谈的人员。

②面谈过程中应保持友好、亲善的态度。

③进行收集信息面谈的发起者应和有着较多经验或对该领域较为熟悉的人员进行面谈,从而使所获面谈资料更为准备可信。

收集信息面谈很像闲聊,有些时候在进行收集信息面谈时,谈话的对方可能没有意识到你正在收集信息,因此,很多时候谈话的内容、主题会背离你的初衷。所以,作为面谈的发起人必须要灵活有技巧地进行谈话,循序渐进,引导对方向主题靠拢。

5.2 面谈计划的制订

为了提高面谈效率,在举行面谈前应该对面谈过程进行认真的计划。即使拥有高超面谈技巧的人也并不是天生具有这种能力,它是后天训练出来的。面谈者如果事先对各方面进行过细致的分析,再经过长期的训练,他们表面上会显示一派自然、轻松的姿态,好像所有的一切都是自然流露。

尽管不同性质和目的的面谈过程千差万别,但其准备工作却大同小异,都要对沟通的基本方面进行全方位的分析。

1. 面谈目的分析

目的决定手段和策略,在进行面谈之前首先要分析自己和对方的目的是什么,具体来说,要搞清楚以下几个方面的问题。

(1)面谈的目的是传递信息还是寻求对方信念或态度的改变?

(2)解决问题的性质是什么?

(3)面谈的主要类型是什么?

(4)面谈中的主要信息类型是什么?

(5)面谈中的最高目标是什么?面谈时的最低目标是什么?

(6)如果面谈失败,会产生什么样的后果?如何进行补救?

2. 面谈的对象分析

这里所讲的"面谈的对象",不仅仅是指对方的名字是什么,更重要的是了解对方的背景和他们对所面谈的问题的可能看法。具体来说,主要包括以下几个方面。

(1)面谈对象的年龄、教育、职业、民族、国籍等基本背景资料。

(2)面谈对象的主要性格特点。

（3）面谈对象的主要兴趣点和禁忌。
（4）面谈对象对相关问题的看法。

3. 面谈时间和地点的确定

面谈的时间和地点也就是面谈的场合问题，要通过询问下列问题加以明确。
（1）面谈适合在什么时间进行？办公时间还是业余时间？
（2）地点安排在哪里比较好？
（3）如何保持环境的安静？
（4）面谈时间多长为好？
（5）如何避免可能出现的干扰，包括人、电话铃声等？

4. 面谈主题的确立

面谈的主题也就是话题，或者说面谈的切入点，主要包括以下几个方面。
（1）如何描述此次面谈的主要议题？
（2）如何描述此次面谈对双方的好处？

5. 面谈方式的选择

面谈的方式是面谈计划的核心，涉及前面讲到的各个方面，例如：
（1）以什么样的方式开始面谈？
（2）如何切入主题？
（3）如何回应对方的质疑？
（4）是声东击西还是直奔主题？
（5）采取轰炸战术（不停地说），还是给予对方充分的时间思考？
（6）是从一般性问题谈起还是从具体问题谈起？
（7）如何促使对方表态？

表5-2是一份面谈计划清单，可以帮助梳理要做的各项工作。

表5-2 面谈计划清单

计划要素	相关问题
Why	（1）面谈的主要类型是什么？ （2）面谈希望达到的目的是什么？ （3）你寻求和传递信息吗？如果是，是什么类型的信息？ （4）会寻求信念和行为改变吗？ （5）要解决问题的性质是什么？

续表

计划要素	相关问题
Who	（1）他们可能的反应和弱点是什么？ （2）他们有能力进行你所需要的讨论吗？
When/Where	（1）面谈在一天的什么时候进行？ （2）面谈可能会被打断吗？ （3）面谈在何地进行？ （4）面谈前可能会发生什么？ （5）你在这件事情中处于什么地位？ （6）需要了解事情的全貌，还是只需要提示一下迄今为止的最新情况？
How	（1）如何实现你的目标？ （2）你应该如何表现？ （3）以友好的方式和直接切入主题，哪一种更好？ （4）你必须小心处理、多听少说吗？ （5）先一般性问题再具体问题，还是先具体问题再一般性问题？ （6）你如何准备桌椅？ （7）如何避免被打扰？
What	（1）确定包括的主题和提问 （2）被问问题的类型

（资料来源：丁宁.管理沟通.北京：北京交通大学出版社，2011.）

6. 面谈的问题设计

问题是面谈中获取信息的基本手段，在面谈中极为重要。面谈的问题设计要坚持两个原则。一是坚持依据面谈目的设计问题的原则。问题来源于目的，有什么样的目的就会有什么样的问题，问题的设计是为达到面谈目的服务的。二是坚持依据被面谈者的特点组织语言，使对方能听懂，加强相互之间的有效沟通的原则。面谈的问题设计所应考虑的具体方面如下。

（1）综合运用开放式问题和封闭式问题，获取各具特点的信息。问题来源于你的目的，它是在面谈中获取信息的基本手段。任何访谈者都会提问，只有精心准备的访谈者才能提出有效的问题，从而获取他们所需的信息。在准备问题时，很重要的一点是根据被访问者的特点组织语言，要用对方能懂的语言，加强相互之间的有效沟通，准确传达你的信息。在具体问题设计上，可采用两种类型的问题：开放式问题和封闭式问题。这些不同类型的问题可以达到不同的效果，获取各具特点的信息。

①开放式问题，如"你的工作干得怎样"或"新的规章对部门士气影响怎样"，一方面可能是引出一般性的信息，而且可能让被访者感到谈话过程无拘无束，因为开放式问题允许被访者自由谈论他们有何感受，他们优先考虑的是哪些问题，以及他们对某一问题了解多少。另一方面，开放式问题有利于发展沟通双方相互之间的关系。但必须记住，开放式问题的回答往往比较困难，特别是在被访者滔滔不绝时，话题可能会不着边际。开放式问题也很耗时，频繁使用会使访谈者很难控制面谈进程。

②封闭式问题，如"你最后一次在哪里就职"或"你是愿意在项目A还是项目Z中工作"，这样的问题有助于引出你需要的特定信息。封闭式问题限定了被访者可能给出回答。它们适用于当你时间有限或你想要弄清开放式问题的某一点信息的时候。

（2）确定问题的结构或问题的顺序。最常见的顺序有三种。一种从一般到特殊，从大方面问起逐步缩小范围，称为漏斗型。一种从特殊到一般，从小方面问起逐步扩大范围称为倒漏斗型。

①漏斗型。从一般到特殊。如"有关在大楼内吸烟的规章，你认为怎么样？这规章公平吗？这些规章是否限制了员工的吸烟自由，实施状况如何？"

②倒漏斗型。从特殊到一般。如"这些规章怎样限制了员工的吸烟自由？这些规章公平吗？对于有关在大楼内吸烟的规章，你认为究竟怎么样？"

这两种顺序是对一系列相关问题进行深入的了解。第三种是各个不相关问题的平行组合，称为隧道型。它适用于只要求获得对各种问题的最初答案，而不要求作进一步了解的情况。

5.3 面谈的实施

1. 开始面谈

（1）建立融洽氛围。一个有着融洽氛围的开头是所有成功面谈的基础，面谈对象、主题及目的的不同需要不同的面谈开始方式。面谈开始方式有很多种。但是它们围绕的原则只有两个：一个是开诚布公；另一个是融洽氛围的营造。有资料显示，面谈开始时至少有5%的时间是要用来建立融洽氛围的。简短的题外话有助于迅速拉近彼此间的距离，可以融洽气氛、增进感情。题外话通常叫闲聊，也就是沟通。闲聊很关键，可以化解下属见上司的紧张情绪。说题外话的时间一分钟最佳，也可以开一句玩笑。如果能把第一句话说好，那么这个头基本上就开得很好了。

（2）开始面谈的方式。不管面谈的目的如何，精心安排面谈的开始是最重要的，因为每一次面谈的开始阶段，给予对方的初步印象和建立起来的面谈的"潜规则"对于其后面谈的发展方向具有决定性影响。一般来说,开始面谈的方法有以下几种。

①开门见山法。这种方法就是开门见山讲问题,适用于对对方所讨论问题都有一定了解或具有良好沟通基础的情况。企业内部的大部分业务沟通都属于这种情况,企业与一些老客户的沟通可以采用这种方式。这种方式的优点是直奔主题,沟通效率高;缺点是不适合双方存在一定分歧或矛盾的情况。因为,如果双方存在一定分歧,而发起沟通一方对此一无所知,那么很容易导致沟通失败。

②循序渐进法。通过介绍发现问题的过程,双发可以循序渐进地共同"发现"存在的问题。这种方法在形式上比较客观、公正,适用于双方立场、利益不同的部分之间的沟通,可以减少可能出现的意见分歧。

③深入挖掘法。这是一种程度非常深的沟通方式。面谈开始时不谈问题本身,而只谈背景、原因和起因。这种方式适用于两种情况:一是问题比较复杂,只有追根溯源才能够准确提出问题、界定性质并提出解决办法;二是双方存在比较大的分歧或对立情绪,拒绝直接讨论问题的情况。

④换位思考法。它是指向被面谈者举出采用你的建议解决问题的好处,这种方法从表面上看就是"换位思考"。为了避免对方的怀疑心理,这种方法最好用在双方关系比较密切或者对讨论的问题比较了解的情况下。

⑤虚心求教法。这是就特别问题征求意见或寻求帮助的面谈开始方式。由于大多数人都愿意处于强者的地位,采用这种方法比较容易被对方接受。但是这种方法要注意两个问题:一是所寻求的意见或者帮助对方不应该是很困难或者很麻烦的;二是态度一定要真诚,切不可给人留下因有求于人才甜言蜜语的感觉。

⑥引人注目法。这是以耸人听闻或引人注目的事件、观点开始面谈的方法。这种方法最大的好处是可以迅速引起对方的注意。由于这种方法有时容易引起对方的反感,因此,在使用过程中一是注意技巧,巧妙过渡到正题。二是要迅速切换主题。

⑦ 强调观点法。这是指在面谈开始时就提及被面谈者对特别问题已提出过的看法。它是一种比较高级的方法,任何人都喜欢自己的观点、看法得到别人的重视、认同,采用这种方法可以使本来很陌生或存在歧义的双方迅速拉近心理距离。不足之处是,这种方法实施起来难度较大。其原因有二:一是基本素材很难获得;二是不恰当的叙述和评论会引起对方的反感。

2. 展开面谈

(1)面谈过程的控制。面谈是否成功一方面取决于是否经过了周密的计划,另一方面取决于对面谈过程的控制。不同类型的面谈所需要的控制程度不一样。按照面谈者对面谈过程的控制程度的高低,可以把面谈分为非结构化的面谈、一般结构化的面谈、高度结构化的面谈和标准化的面谈四种①。

①非结构化的面谈。非结构化的面谈是指面谈过程预先没有准备具体的计划，只是对可能涉及的主题、目的进行简单的考虑的面谈。非结构化的面谈也可以成为开放式面谈，在这种面谈中双方都可以根据自己的兴趣、目的对面谈的主题进行调整。非结构化的面谈主要用于对具体事件有一般了解的情况。例如，商务伙伴初次接触，他们对于可能的合作都缺乏具体的认识，希望通过面谈建立初步的了解。之所以采用非结构化的面谈，主要是因为对面谈主题缺乏足够的了解。

②一般结构化的面谈。一般结构化的面谈是指对面谈目的、主题事先只进行了策略的计划，详细的内容需要在面谈过程中加以确定的面谈。例如，对于应聘对象的初试、与销售对象的初步接触等。一般结构化的面谈主要适用于事先无法确定面谈对象具体情况的情形。

③高度结构化的面谈。高度结构化的面谈指对面谈目的、主题、问题等内容事先都进行了详细计划的面谈，如考试面谈，特定对象的销售面谈、咨询面谈等一般都采用高度结构化的面谈形式。

④标准化的面谈。标准化的面谈是指事先不仅对面谈的问题进行了详细的计划，并且预先给出了可能的答案，被面试者只能从限定的答案中选择和决定的面谈，如很多调查数据的采集都采取标准化的面谈形式。

（2）进行提问。进行提问是面谈的主体阶段，在这一阶段中应做到提出和回答问题、寻求问题的答案、努力说服被面谈者接受你的观点或产品。不同问题类型其作用是不一样的，因此在提问时运用的技巧也是不一样的。

①直接提问法。提问者从正面直接提问，开诚布公、干脆利落、直截了当地讲明询问目的，开门见山地提出问题。在运用正面提问法时要注意情感的铺垫，使对方心理上会舒缓一些，也能合作一些，同时防止提问过于直白，以免显得过分生硬，容易造成询问对象的心理排斥，难以获得有价值的信息和材料，而且还会给人一种笨嘴拙舌的感觉。

②限定提问法。人们有一种共同的心理，认为说"是"比说"不"更容易也更安全。所以，在一般的沟通过程中，提问者向回答者提问时，应尽量设法不让对方说出"不"字来。提问者在问题中给出两个或多个可供选择的答案，此时可采用限定提问法，既两个或多个的答案都是肯定的。

③迂回提问法。迂回提问是指从侧面入手，采用攀谈的形式，然后逐步将问答引入正题。这种提问方式一般时间性不太强，谈话也不受特定场合的限制。当沟通对象感到紧张拘束，或者思想有所顾虑不大愿意交谈，或者虽然愿意谈，却又一时不知该怎么谈的情况

---

① 王浩白. 商务沟通. 杭州：杭州大学出版社，2011.

下，提问者可以采取侧面迂回的提问方式，逐渐将谈话引入正题。应当明确的是，旁敲侧击只是一种手段而不是目的。因此，攀谈的内容应当是有目的、有选择的，表面上似乎和面谈的主题无关，实质上应该是有关联的。

④诱导提问法。当遇到询问对象了解许多信息，却因谦虚不大愿意说，或者由于性格内向不会说，或者要谈的事情需要一番回忆，或者对方想说又不便自己主动说等情况时，都可以采取诱导提问方法。采用启发诱导的方式，可以引导对方的思路，进一步引导对方明确沟通的范围和内容，渐渐打开对方的"话匣子"，也可以激活对方的思路，引起对方的联想，从而有针对性地把沟通对象掌握的信息引导出来。

⑤追踪提问法。所谓"追踪提问法"，是指提问者把握事物的矛盾法则，抓住重点，循着某种思路、某种逻辑，进行连珠炮式的提问。这种提问既要按照事物的内在联系，把基本情况和事实真相了解清楚，又要抓住重点，深入挖掘，达到应有的深度。一般来说，提问者对于触及事物本质的关键性材料，以及对方谈话中的疑点，或者从对方谈话中发现的有价值的新情况、新线索，往往会抓住不放，打破沙锅问到底，直至水落石出。但是追问，既要问得对方开动脑筋，又要让对方越谈越有兴趣，在态度、语气上要与谈话的气氛协调一致，不要把追问搞成逼问，更不要变成变相"审问"。

⑥假设提问法。假设提问法是指提问者通过假设的方式提出的一些问题，是一种"试探而进"的提问方法。这种提问方法采用"如果"、"假如"一类的设问方式，不但可以了解面谈对象的观点、看法和见解，而且还能深入了解对方的内心世界。假设提问法往往用来启发沟通对象的思路，引导对方谈出对某个问题、某种事情的真实想法，或者设身处地地为对方着想，积极帮助对方回忆某种情景，或者用来调节对方的情绪，促使对方谈出一些不大想说、不大好说的事情或想法，或者由提问者对人物或事物进行合乎规律的推断、预测，促使对方产生联想和想象，或者提问者已经有了一定的认识，再提出一些假设性问题，同沟通对象开展讨论，促使自己认识的深化。

⑦协商提问法。协商提问法以征求对方意见的形式提问，诱导对方进行合作性的回答。在协商型提问的时候，一般已经是针对某个既定的事实进行确认，但是不使用强硬的语气，对于回答者会比较容易接受。在协商型提问中，即使有不同意见，也能使沟通双方保持融洽关系，双方仍可进一步洽谈下去。

⑧错问提问法。错问提问法，是指"以误求正法"，即指提问者故意提出错误的问题，以考查、试探、激发采访对象，以便了解真实的材料，探求事实真相。需要注意的是，运用错问提问法，可能会造成面谈对象的某些误解。因此，在沟通结束时，提问者应当说明原因，消除误解，以免留下后遗症。

⑨插入提问法。插入提问法就是在沟通过程中，做必要而适当的插入。比如重复、强调面谈对象说的某个重要问题或某句关键性的话；纠正对方的口误；对方没有讲全，需要

及时补充的内容；对方没有谈到，需要及时提醒的内容；尚未听清、听懂的话，等等。在沟通过程中，插入提问法可以使沟通双方有效地抓住有价值的材料。

（3）准确核实。沟通对象在谈话过程中会透露出一定的信息，这些信息有些是无关紧要的，而有些则对整个沟通过程起着至关重要的作用。对于这些重要信息，沟通者应该在倾听的过程中进行准确核实。这样，一方面，可以避免漏洞或误解客户意见，及时有效地找到解决问题的最佳方法；另一方面，客户也会因为找到了热心的听众而增加谈话的兴趣。值得注意的是，准确核实并不是简单的重复，它需要讲究一定的技巧，否则就难以达到鼓励客户谈话的目的。核实的方法有以下几种。

①重述。重述指的是复述刚刚所听到的话，这是一种很重要的沟通技巧。你的反应可以让对方知道你一直在听他说话，而且也听懂了他所说的话。

②听取关键词。所谓的关键词，指的是在谈话时描述具体事实的重要词语，这些词语透露出某些信息，同时也显示出对方的兴趣和情绪。透过关键词，可以看出对方喜欢的话题，以及说话者对他人的信任程度。另外，找出对方话中的关键词，也可以帮助你决定如何回应对方。

③梳理各种暗示。很多人都不敢直接说出自己真正的想法和感觉，他们往往会运用一些叙述或疑问，百般暗示，来表达自己内心的看法和感受。但是这种暗示性的说法有碍沟通，因为如果遇到不良的听众，他们话中的用意和内容往往会被人误解，最后就可能会导致双方的失言或引发言语上的冲突。所以一旦遇到暗示性强烈的话，就应该鼓励说话的人再把话说得清楚一点儿。

（4）注意的问题。在面谈过程中要注意避免一些影响有效沟通的问题发生，具体如下。

①面谈的时间过长。人们的注意力都是有限的，过长的面谈会使人感到疲劳，给人精神折磨的感觉。

②把讨论重点放在了枝节问题上。面谈的重点要放在核心问题上。事实上，很多时候枝节问题比核心问题更复杂、更难以确定。

③整个面谈过程成为一言堂。谈话中一方说得过多，而不让另一方插嘴，会给人一种强加于人的感觉。

④面谈未取得预期结果时大发雷霆，表达不满。谈话是一个交流的过程，一次谈话不能说服对方接受自己的意见和想法是很正常的，以后可以反复说服。如果在未取得预期结果时立即表达不满，会引起对方的抵触情绪，使得以后的说服变得更加困难。

⑤努力隐瞒面谈目的，让对方摸不着头脑。这种做法会使对方怀疑你有不可告人的目的，拒绝进行有效的沟通。

⑥使面谈陷入一场争论甚至变成攻击。沟通的目的就是求同存异，要从相同的地方入手，寻求共同点。

3. 结束面谈

（1）掌握结束面谈的恰当时机。当时间已到，当已得到所需信息，当已设法说服被面谈者接受你的建议或购买你的产品，当问题已经解决，或者当由于需要更多的信息或还要与其他人面谈，该面谈再进行下去显然无益时，就应该结束面谈。

（2）简要总结面谈结果。长时间的谈话会使双方头昏脑涨，甚至双方分别作出了哪些让步、取得了哪些共识都记不清楚了。因此，为了有效保证面谈的成果，在面谈结束时应总结面谈的成果或者重复自己的看法。

（3）感谢被面谈者参与。无论结果如何，面谈双方都付出了时间与努力，对这一点要充分理解。因此，在面谈结束时向对方表示感谢，有助于双方在今后建立更加紧密的关系。

（4）商定下一步行动。一次面谈不一定能够解决全部问题，有必要在面谈结束时商定下一次的会面时间和地点。即使面谈有了一定结果，也要考虑实施和评估的问题，这都需要在面谈结束时约定。

4. 面谈的跟踪

面谈有很多种类，有些面谈，如绩效考评面谈，往往需要进行事后的跟踪。面谈后的跟踪往往是对面谈的继续，以及对面谈中商议的事项的落实。一般情况下，人们采取的跟踪方式主要有以下几种[1]。

（1）核对面谈后的结果是否符合自己的计划目标。尽管有些时候很好地计划了这次面谈，并将事前准备好的问题、疑问都提出来了，并且对方也回答了提问，但是，由于谈话中信息量的庞大，以至于有些时候，忘记对方是怎么回答的了。这种时候，最好是麻烦对方做一次确认，以保证所获信息的准确性。

（2）确保面谈中达成承诺的兑现和落实。在很多情况下，面谈双方的谈话很愉快，签署协议也很迅速，但是当真正到要做时往往需要很长时间才能得到落实。这种时候，进行跟踪是十分有必要的，可以进一步确保面谈的成功。

（3）对面谈后的结果及时作出反馈。面谈中提出的假设，在面谈后采取实质的进展，具体进展如何往往需要反馈，及时有效的反馈有利于双方信息的对称，进一步保证了双方面谈的成果。

（4）查看是否还有新的疑问产生。面谈按照事前准备好的计划和步骤进行，也按照事前准备的问题进行研究，但是往往在面谈进行中会发现更多的问题，这些问题是临时的，也是必须解决的。

---

[1] 丁宁. 管理沟通. 北京：北京交通大学出版社，2011.

(5）对于谈话者提出的难题进行解答和帮助。在很多情况下，发起面谈的面谈者只考虑到了自己的情况，而忽略了对方的情况。在达成协议时，对方也可能有难处，这时，也要尽可能地为对方排忧解难，因为这不但是为对方解决问题，更是为大家的共同利益着想。

课后实训

1. 实训：怎样与老赵面谈

实训目的：掌握面谈的过程和技巧，有效地开展面谈。

实训学时：2 课时。

实训地点：教室。

实训背景：

YY 公司在年末审计中发现，销售代表老赵在这一年中未经允许私自打了 8000 元的私人电话。老赵是公司的一位老员工，因为他能力突出、人缘极好，在销售人员中威信很高，公司副总老方很器重他，近期还向公司推荐老赵担任公司负责销售的副总监。在任职的 6 年中，老赵在职员、顾客、社区居民中都交了许多重要的有影响的朋友，许多客户对他评价极好，表示只跟他做生意，更重要的是，他拥有公司最多的客户。

有员工认为以老赵的表现和贡献，这一点点话费算不了什么；也有人认为，不管贡献大小都应该公私分明；也有人不相信，认为老赵不是那种爱占便宜的人，也可能审计搞错了。

老赵听到消息后，情绪波动很大，工作明显受到影响，在下达下半年的销售计划时他表现出明显的抵触情绪。

公司董事长要求副总老方用最快和最佳的方式解决老赵电话费的问题，并且要求他尽快和老赵进行一次面谈，既要申明公司的纪律，又不能影响他个人工作热情和工作效益，方副总立即查找了公司所有规定，公司过去只有一些原则性的文件规定，对于个人利用公司电话打长途的界定也不清晰，对此类事件的具体条款也不清楚，他感到压力很大，不知道如何开展这次面谈。

实训方法：

（1）2 名同学一组，分别扮演老赵和老方进行这次面谈情景演练。

（2）选择有代表性的一组在全班公开表演，师生共同点评。

2. 测试：你善于与人交谈吗?

你善于与人交谈吗

（1）你是否时常觉得"跟他多讲几句话也无意思"？

    A. 强烈肯定   B. 有时   C. 绝对否定

（2）你是否觉得那些太过于表现自己感受的人是肤浅和不诚恳的？

    A. 强烈肯定   B. 有时   C. 绝对否定

（3）你与一大群人或朋友在一起时,是否时常觉得孤寂或失落?

  A. 强烈肯定　　　　B. 有时　　　C. 绝对否定

（4）你是否觉得需要有时间一个人静静地才能清醒一下和整理好思绪?

  A. 强烈肯定　　　　B. 有时　　　C. 绝对否定

（5）你是否只会对一些经过千挑百选的朋友才吐露心思?

  A. 强烈肯定　　　　B. 有时　　　C. 绝对否定

（6）在与一群人交谈时,你是否时常发觉自己在东想西想一些与交谈话题无关的事情?

  A. 强烈肯定　　　　B. 有时　　　C. 绝对否定

（7）你是否时常避免表达自己的感受,因为你认为别人不会理解?

  A. 强烈肯定　　　　B. 有时　　　C. 绝对否定

（8）当有人与你交谈或对你讲解一些事情时,你是否时常觉得很难聚精会神地听下去?

  A. 强烈肯定　　　　B. 有时　　　C. 绝对否定

（9）当一些你不太熟悉的人对你倾诉他生平遭遇以求同情时,你是否觉得不自在?

  A. 强烈肯定　　　　B. 有时　　　C. 绝对否定

评分规则：

每道题选 A 作答案可得 3 分,答 B 得 2 分,答 C 得 1 分。

如果你得分 22~27 分,这表示你只有在极需要的情况下才同别人交谈,除非对方愿意主动频频跟你接触,否则你便总处于孤独的个人世界里。

如果你得分 15~21 分,你大概比较热衷跟别人做朋友。如果你与对方不太熟识,开始会不大愿意跟对方交谈。但时间久了,你便乐意搭话,彼此谈得来。

如果你得分 9~14 分,这表示与别人交谈不成问题。你非常懂得交际,较易产生一种热烈气氛,鼓励人家多开口,同你谈得拢,彼此十分投机。

（资料来源：东文. http://www.gmw.cn/01shsb/2001-02/02/GB/02^1583^0^SH10-215.htm, 2001-02-02.）

课后练习

1. 案例分析

（1）部门主管与职员的一次面谈。

主管：小柳,我一直想找时间与你谈谈关于你在某些工作方面的事。也许我的话并不都是你喜欢听的。

小柳：你是我的领导,既然你找我谈谈,我也没有太多选择。请说吧。

主管：我不是什么法官,也不可能给你什么判决,我只想要你认真对待这次谈话。

小柳：可是……,是你安排了这次会谈。继续发你的牢骚吧。我还记得一次我们吃午餐时你告诉我你喜欢我那身褐色套服和蓝色衬衫的打扮。我觉得那有些无聊。"

主管：我很高兴你提到仪表。我想你给客户造成了一个不合规范的印象。一个技术服务人员看上去应当是精明的。你给人的印象好像是你不想买好衣服，你的裤子松松的，你的领带也不合时宜，并经常沾满油渍。

小柳：公司可以向顾客要高价，但我的报酬不允许我购买昂贵的衣服。我对把自己装扮得使客户感到炫目这一点几乎没有兴趣。而且，我从来没有听说过来自他们的抱怨。

主管：然而，我想你的仪表应当更加稳重一点儿。好，让我们再谈谈另一件事。在对你的例行审计中发现一件事，我认为你做得不对。你连续三周星期三请一个客户吃晚饭，但你填写的出车单表明你每天都是在下午三点回家。那种行为是不符合职业要求的，对于这三次离奇的晚餐费用报销你怎么解释。

小柳：出车单可以说是下午三点，但我出去后可以去约见客户，既然约见客户就得请他们吃饭，公司不是有规定如果工作需要可以在500元范围内自己做主请客户吃饭吗？

主管：但你是怎样在下午三点在饭店吃晚饭的呢？

小柳：我认为所有在下午1点以后吃的饭都是晚饭。

（资料来源：黄漫宇. 商务沟通. 北京：机械工业出版社，2006.）

思考与讨论：
①本案例中，主管与部下小柳的沟通是一次成功的沟通，还是失败的沟通，为什么？
②假如你是主管，你会怎么去与小柳沟通？

（2）小陈的离职面谈。

小陈是一家公司的文员，最近向人力资源部经理老王提出离职申请。于是老王找到了小陈，与其作离职面谈，小陈说出了三个理由：

①做事经常出错，受到公司领导的批评；
②公司生活太单调，下班后就不知道做什么；
③公司领导太多，不知道听谁的，每天的事很杂，没有一个专门的职责，能力得不到提高。

老王听后，这样解释："小陈，你的心情可以理解。目前公司确实存在许多问题，也存在着你说的职责并不很明确的问题，再加上文员工作本身就有许多比较杂的事情，这个是公司的问题，我们会逐步规范我们的工作。但是作为一名刚毕业的大学生来说，你才走入社会，不熟悉公司环境，公司领导讲话时没有多积极正面地鼓励你，但是每个领导的做事风格不同，有些领导喜欢多鼓励，有的领导喜欢多反映你的不足。也许你听领导毫无保留地说出你的不足不顺耳，也打击了你的信心，但假如你换一个角度考虑的话，你可能会接受并心存感激。公司领导指出你的不足，其实是对你好，是对你的一种爱护，是想让你提高。你面对领导的批评要多反思为什么会出现差错,下次怎样做不会出现类似问题,你不能够就此认为自己不行。谁在工作中不会让领导说几句,老员工都会出错嘛,何况你一个刚走入社会的职场新人,当然发生错误的频率会高些。你才进入社会,你要训练出你的核心能力,比如说我反复强调你打字速度要达到80个字/分钟,而你一直没达到。有时候成功就等于简单的事情反复做,做到一定程度会产生质的变化。所以你要多练习,也许你觉得没用,但是这可以提高你的办事效率,可以改变别人对你的看法。越是难受的时候越要能忍,现在就业压力大,机会来之不易,希望你珍惜,同时公司也会注重对你的培养,注重方式和方法,真心希望你能留下来。

(资料来源:武洪明. 职业沟通教程. 北京:人民出版社,2011.)

思考与讨论:
①本案例中,老王针对小陈的三个问题是怎样与之沟通的?
②本案例对你有何启示?
(3)怎样面谈更好。

凯茜是一个项目团队的设计领导,该团队为一个有迫切需求的客户设计一项庞大而技术难度高的项目。乔是一个分派到她的设计团队里的工程师。

一天上午9时左右,乔走进凯茜的办公室,凯茜正在埋头工作。

"嘿,凯茜,"乔说,"今晚去观看联赛比赛吗?你知道,我今年志愿参加"。

"噢,乔,我实在太忙了。"

接着,乔便在凯茜的办公室里坐下来,说道:"我听说你儿子是个非常出色的球员。"

凯茜将一些文件移动了一下,试图集中精力工作。她答道:"啊?我猜是这样的,我工作太忙了。"

乔说:"是的,我也一样。我必须抛开工作,休息一会儿。"

凯茜说:"既然你在这儿,我想你可以比较一下,数据输入是用条码呢,还是用可识别技术?可能是……"

乔打断她的话,说:"外边乌云密集,我希望今晚的比赛不会被雨浇散了。"

凯茜接着说:"这些技术的一些好处……"她接着说了几分钟,又问:"那么,你怎样认为?"

乔回答道:"噢,不,它们不适用。相信我,除了客户是一个水平较低的家伙外,这还将增加项目的成本。"

凯茜坚持道:"但是,如果我们能向客户展示这种技术能使他省钱并能减少输入错误,他可能会支付实施这些技术所需的额外成本。"

乔惊叫起来:"省钱!怎样省钱?通过解雇工人吗?我们这个国家已经大幅度裁员了。

而且政府和政治家们对此没有任何反应。你选举谁都没关系，他们都是一路货色。"

"顺便说一下，我仍需要你提供编写进展报告的资料，"凯茜提醒他，"明天我要把它寄给客户。你知道，我大约需要8页到10页。我们需要一份很厚的报告向客户说明我们有多忙"。

"什么？没人告诉我。"乔说。

"几个星期以前，我给项目团队发了一份电子邮件，告诉大家在下个星期五以前我需要每个人的数据资料。而且，你可能要用到这些为明天下午的项目情况评审会议准备的材料。"凯茜说。

"我明天必须演讲吗？这对我来说还是个新闻。"乔告诉她。

"这在上周分发的日程表上有。"凯茜说。

"我没有时间与篮球队的所有成员保持联系，"乔自言自语道。"好吧，我不得不看一眼这些东西了。我用我6个月以前用过的幻灯片，没有人知道它们的区别。那些会议只是一种浪费时间的方式，没有人关心它们，人人都认为这只不过是每周浪费2个小时。"

"不管怎样，你能把你的进展报告的资料在今天下班以前以电子邮件的方式发给我吗？"凯茜问。

"为了这场比赛，我不得不早一点儿离开。"

"什么比赛？"

"难道你没有听到我说的话吗？联赛。"

"或许你现在该开始做这件事情了。"凯茜建议道。

"我必须先去告诉吉姆有关今晚的这场比赛，"乔说。"然后我再详细写。难道你不能在我明天讲述时做记录吗？那将给你提供你作报告所需的一切。"

"不能等到那时，报告必须明天发出，我今晚要很晚才能把它搞出来。"

"那么，你不去观看这场比赛了？"

"一定把你的资料通过电子邮件发给我。"

"我不是被雇来当打字员的，"乔声明道。"我手写更快一些，你可以让别人打印。而且你可能想对它进行编辑，上次给客户的报告好像与我提供的资料数据完全不同，看起来是你又重写了一遍。"

凯茜重新回到办公桌并打算继续工作。

（资料来源：谢玉华．管理沟通．大连：东北财经大学出版社．2010.）

思考与讨论：

①上述交流中的问题有哪些？

②凯西应该怎么做？

③你认为乔要做什么?

④凯西和乔怎样处理这种情况会更好?

2. 思考与训练

(1)面谈的含义和特性是什么?

(2)系统阐述一下面谈的过程。

(3)在工作中、生活中、小说中、影视中有不少成功面谈或失败面谈的范例。结合本任务有关内容分析这些范例,并且与其他同学一起交流体会。

(4)2名同学一组,每组同学相互谈谈自己在与他人交谈时,有过哪些沟通的不良体验?造成了什么后果?对自己有什么启发?

(5)与你的同伴就如下情景练习面谈。

①你的老板突然对你变得很冷淡,却又没有任何解释,你想问问发生了什么事。

②你用了很长时间完成的一份报告却被领导贬得一无是处,你想当面解释。

③新学期开始,班上一位同学因为家境贫寒,生活拮据,产生自卑感,不愿和大家交往,性格有点孤僻。一次,班级组织大家春游,大家都踊跃报名,只有他一声不吭地待在寝室里。班主任让你找他谈谈,动员他参加这次集体活动。你面对他打算从哪里谈起?

任务6　书面沟通

烽火连三月,家书抵万金。

——(唐)杜甫

导学案例

小李的不足

最近,某公司人力资源部的张经理非常苦恼。由于年龄关系,去年该部门的老王退休了。为了解决编制的问题,人力资源部从一家比较有名的高校招聘了一位专门学习人力资源管理的毕业生小李接替老王的工作。招聘之时,张经理对小李给予期望,认为她年轻、有思想,懂得现代人力资源管理的理念,同时沟通能力也很好。可是,张经理渐渐发现,小李的写作能力非常差,不要说对人力资源报告的书写方法一窍不通,就连一般书信和便笺也写得很差。张经理几次提醒小李要好好学习一下与书面沟通相关的知识,但是效果并不明显,小李好像对于这些东西并不感兴趣,张经理对此非常苦恼。客观地说,小李在其他方面的能力还是很好的,口头讲解自己观点的时候思路也很清楚,就是写出来的东西大家看不懂,或者是不像是一份商业报告。因为这一项不足就辞退小李确实有些可惜,可张经理认为她确实没有做好自己目前的工作。

(资源来源:孙健敏,徐世勇. 管理沟通. 北京:清华大学出版社,2006.)

问题:

(1)结合案例谈谈小李应该掌握哪些书面沟通的知识?

(2)小李应该如何提高自己的写作能力?

学习训练目标

- 认识书面沟通的优点和缺点;
- 明确书面沟通的原则和过程;
- 往来信函、公关谏帖撰写和使用符合规范;
- 能够撰写调查报告和工作总结;
- 能够撰写实习报告。

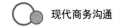 现代商务沟通

6.1 书面沟通概述

书面沟通是一种传统的沟通方式,一直作为可靠的沟通方式为大家所采用,每一个管理者在工作中都不可避免地要运用文字来沟通信息,"口说无凭,落笔为准"就充分地说明了书面沟通在现实生活中的重要作用。所谓书面沟通,就是利用书面文字作为主要的表达方式,在人们之间进行信息传递与思想交流,如企业在处理日常事务时经常使用的信函、计划书、各类报告等都是重要的书面沟通媒介。

1. 书面沟通的优点和缺点

书面沟通在人们的生活和企业管理过程中扮演着重要的角色,具有其他沟通形式所不可替代的作用。概括起来,书面沟通的优点和缺点如表6-1所示。

表6-1 书面沟通优点和缺点列举

书面沟通的优点	书面沟通的缺点
可供阅读,可长期保存,并可作为法律凭证,失真性相对较少	耗费时间较长,在同等的时间内进行交流,口头比书面所传达的信息要多得多
可使下属直抒胸臆,放开思想,避免由于言辞激烈与上级发生正面冲突	发送者无法确保接受者对信息的理解是否符合其本意,容易产生沟通障碍
内容易于复制,有利于大规模的传播	缺乏内在的反馈机制,不能及时地提供信息反馈,信息反馈速度慢
讲究逻辑性和严密性,说理性更强,信息能够被充分、完整地表达出来,减少了情绪和个人观点等因素对信息传达的影响	无法运用情境和非语言要素,对于有些"只可意会,不可言传"的内容,运用书面沟通很难解释清楚
可以反复推敲、修改,直到满意为止	

2. 书面沟通的原则

书面沟通通常遵循"7C"原则:完整(complete)、准确(correctness)、清楚(clearness)、简洁(concreteness)、具体(concreteness)、礼貌(courtesy)、体谅(consideration)。

完整是指书面沟通应完整表达所要表达的内容和意思,何人、何时、何地、何事、何种原因、何种方式等都应交代清楚。

正确是指主题正确,观点正确,运用的理论和方法正确,语言表达准确,数据准确,结论正确。

清楚是指思路清楚、层次清楚等。特别是选用的所有语句都应能够非常清晰明确地表现真实的意图，避免双重意义的表示或者模棱两可。

简洁是指在无损于礼貌的前提下，用尽可能少的文字清楚表达真实的意思，让人一目了然，易于理解。清楚和简洁经常相辅相成，摒弃行文中的陈词滥调和俗套，可以使交流变得更加容易和方便。

具体是指内容要具体而且明确，不能丢三落四。

礼貌是指文字表达的语气上应表现出一个人的职业修养，客气而且得体。最重要的礼貌是及时回复对方，最感人的礼貌是从不怀疑甚至计较对方的坦诚。相互交往中肯定会发生意见分歧，但礼貌和沟通可能化解分歧而不影响双方的良好关系。

体谅是指在书面沟通时，始终应该以对方的观点来看问题，根据对方的思维方式来表达自己的意思，只有这样，与对方的沟通才会有成效。

3. 书面沟通的一般过程

书面沟通的过程实际上就是写作的过程，通常有效的写作过程一般要经过五个步骤，① 如图6-1所示。

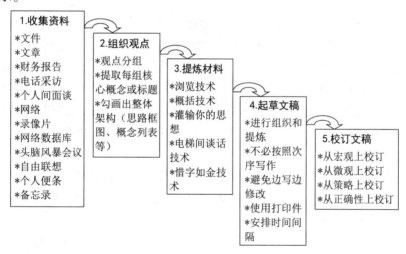

图6-1 有效写作过程

（1）收集资料。互联网和计算机技术的飞速发展，为收集信息提供了便利条件，尤其是网络搜索、大型检索数据库的日益增多，使得信息资料的收集快捷而容易。

收集资料的途径很多，主要有文件、文章、书籍、统计数据、电话访谈、互联网检索、

---

① Munterm. Guide to Managerial Communication: Effective Bussiness Writing and Speaking. Fifth Edition. Prentic Hall,1999.

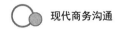

数据库检索、头脑风暴会议、实地调研等。

目前最为快捷的收集资料的方法是运用谷歌、百度等进行搜索；其次是到国家、地方和大学、企业的图书馆进行查阅，或通过其购买的数据库进行检索；再次是直接进入政府部门统计网站、企事业单位网站进行检索。

（2）组织观点。这一步是将收集的大量零散资料按照其重要程度、逻辑关系、时间或历史的发展过程、核心概念等进行分类或分组，分组之后再进行筛选，归纳出每组内容的关键问题及标题，最后有策略地进行编排，理清层次结构和逻辑顺序。

组织观点最重要的是提炼出核心观点，也就是中心思想，然后确定标题或主题，再确定子观点、论据、结论等。

（3）提炼材料。提炼材料是把已有信息资料根据确定的子观点进行取舍。取舍的方法有以下几种。①是根据每个子观点的需要进行提炼。②是根据现有资料去提炼新的观点。③是有选择地根据沟通对象的需要进行提取。④是利用多种方法进行提取。比如，设想读者只是浏览，因此材料必须高度概括与提炼，立即能够引起读者的关注与兴趣；或是概括你的观点，或是灌输你的观点，或是利用"电梯间谈话"技术即化繁为简，或是采用"惜字如金"技术。

（4）起草文稿。起草文稿，首先要审视标题、结构、中心思想、论点和论据等是否清晰、合理，有无需要调整之处，然后再根据自己对主题的理解，参考已有资料进行写作。起草文稿注意不要在乎写作顺序，哪个地方思考成熟了，就可以动笔；不要边写边改，写完一部分或全文后再进行修改，这样可以避免过早删去可能有用的内容；最好使用打印件，以随时保存，修改比较方便；起草后如果时间允许，不要马上送交有关部门，而是要暂时放一放，安排一定的时间间隔。过一段时间后再重新审视文章时，可能会发现有些内容需要修改、完善或删除等。

（5）校订文稿。校订文稿是管理写作的必要环节，因为在管理写作过程中可能会有观点、结构、逻辑、内容、格式、符号、图表等多方面的问题。因此，校订文稿时确保文章观点准确是首要条件。

校订实际上就是对写作内容进行编辑、修改，具体方法既可以从策略上、宏观上、微观上、正确性上进行修改，也可以就写作内容的正确性与有关部门或领导进行协商后修改，最后定稿。

6.2 常用文书写作

1. 往来信函

（1）信函的一般礼仪要求。信函通常指信件。它一般包括社交信函、商务信函、公务信函等。信函的格式和要求，各个国家有不同的标准。这里先介绍一下中国的信函及其礼貌用语。

信：是一种按照习惯的格式把要说的话用文字等符号写下来，给指定对象阅读的一种文书。信又称书信、信件等，是人们在社交活动中经常采用的一种交际工具。

书信可分为社交书信和公务书信两种。社交书信一般指私人间来往的信件；公务书信指用在公务活动中的各种信件，如介绍信、证明信、保证书、申请书等。

函：原意是指信的封套，后转义将别人来的信件尊称为"函"。函目前是我国行政机关确定的公文的一种，是用于平行机关或不相隶属机关之间商洽工作，询问和答复问题时的一种公文。

上级机关对下级机关有所询问或答复询问时也可以用函。函可分为公函、便函两种。公函是指按照正规公文手续处理较重要问题时所使用的函件，它有完备的公文格式。便函则是指处理一般性事务时所使用的函件，它行文较自由，格式要求不太严格。

信函的格式通常包括称呼、正文、署名与日期和信封等几部分。

①称呼。称呼表明发信函者与收信函者之间的关系，要求在第一行顶格写，称谓要使用礼貌用语，并加上冒号，表示下面有话要说。

②正文。正文是信函的主要内容。正文通常包括问候语、起始语、正文主体、结束语、祝颂语三部分。

● 问候语。正文通常以问候语开头。问候对方是书信中的一种礼节礼貌，它体现出发信函者对收信函者的一种关切。书面问候语与口头问候语有所不同，书面问候语一般比较简洁文雅，常用的书面问候语是"您好"、"近好"、"新年好"等，问候语一般在称呼之下另起一行空两格书写，并自成一段。

● 起始语。起始语是在正文开始之前的引子。通常是表达双方之间互通信息情况、情感、思念、钦佩、关切、问安、祝贺、致谢、致哀等。试举几例如下。

表情感：惠书敬悉，甚以为慰；久不通函，甚是为念；数封手书，热情诚挚之情溢于言表。

表思念：见信如面，分手多日，别来无恙；鸿雁传书，千里咫尺，海天在望，不尽依依。

表钦佩：奉读大示，向往尤深；新作拜读，敬佩之至。

表时令问候：春光明媚，想必合家安康；气候多变，起居何似？

表问安：闻君贵体欠安，甚念。

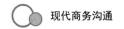

表自述：贱体初安，可请勿念。
表贺喜：喜闻足下新婚燕尔，特申祝贺。
表致谢：承赐忠喜，心感至极。
表致歉：久未通信，甚以为歉。
表致哀：惊悉×老不幸逝世，不胜哀悼。

● 正文的主体。这是发信函者要书写的中心内容。无论中心内容是什么，在书写时都要注意语言的表述，一要真诚，这是书写信函的关键；二要得体，即符合双方的关系及实际；三要简洁，即语言精练、简洁，字迹工整、清楚，切不可字迹潦草；四是表述要准确。信函的内容一旦跃然纸上，发给对方，便是"君子一言，驷马难追"，故对表述内容要仔细考虑，三思而后写，切不可草率下笔，自寻烦恼。

● 结束语。结束语通常是总结全篇，表达书写者的情感和意图等。俗话说"编筐编篓，全在收口"，有礼貌的结束语会令人回味。结束语的内容常用于请托、承诺、婉辞、请教、商讨、馈赠礼物、邀约、催办、附言、代言及其他客套用语等。试举几例如下。

表请托：拜托之处，乞费神代办，不胜感激。
表承诺：托付之事，不敢忘怀，敬请放心。
表婉辞：所托之事，能力所限，无法奉命，尚希鉴谅。
表请教：拙作幼稚，恳请大加斧正。
表商讨：相见以诚，请恕不谦。
表赠物：千里鹅毛，聊表寸心。
表邀约：祈望一会，共叙友情。
表催办：如蒙速复，不胜感激。
表情感：言不尽思，再祈珍重。

● 祝颂语。祝颂语是对对方的一种祝福、祈愿。祝颂语可分为两部分：第一部分是一般祝颂语，常紧接正文之后写或另起一行空两格书写；第二部分是特殊祝颂语（专门祝颂语），一般要根据具体情况来选择使用，常另起一行顶格书写。祝颂语是一种礼貌用语，常见的祝颂语参见表6-2。

表6-2　常见祝颂语

一般祝颂语	专门祝颂语	针对对象、环境等
此致、此祝 此询、此贺 此问、祝好	敬礼、礼、日安、近安、近祺、刻安、日绥、近绥、时绥、顺意、万事如意、万事皆佳	一般性问候
	大安、金安、崇安、荣寿	长辈、尊者

续表

一般祝颂语	专门祝颂语	针对对象、环境等
敬祝、敬贺 敬询、敬候 恭祝、恭请 恭问、恭贺 恭候 顺祝、顺贺 顺询、顺问 顺颂 肃颂、肃请 谨祝、谨贺 谨问、谨请 即颂、即请	春安、夏安(暑安)、秋安、冬安、春祺、夏祺、秋祺、冬祺	四季
	新喜、春喜、新年好	新年、新春
	撰安、撰祺、著安、著福、文安、文祺、教安、教祺、编安、编祺	作家、学者、教师、编辑等知识分子
	学安、学祺、进步	学生
	勋祺、勋祉、戎绥、戎安	军人
	痊安、愈安、健康、早愈	病人
	旅安、客安、行安、游安	出门远行者
	俪安、俪祉	夫妇
	合家欢乐、合府康福、合家安好	全家人

③署名与日期。署名和日期一般都写在祝颂语下一行末端处。署名占一行，日期另起一行，在末端处紧接上一行署名下书写。

署名也有谦称，敬称等。如果是给朋友、同学的信函，可直接署上自己的名字或用习惯的自称，如：王刚、小王、刚等。如果是写给父母长辈的信函，通常在署名前加上相应的自称，如：小儿（小女）、儿子（女儿）等。如果是长辈写给晚辈的信函，一般只署自称，如：爸爸、妈妈或者说"父"字、"母"字等。如果是夫妻间的书信，则可随意，或署名，或自称，或爱称皆可。如果是普通的私交信函，则应郑重起见，以示尊重。如若是学生给老师的信函，则可署您的学生×××，后面还要写上敬上、谨上等，以示尊敬。如是公务信函，则可在署名前加上单位或内部科室名称，然后再署全名，有的也可在名称前署上自己的职务、职称等。

日期一项则可书写当日时间或确切时刻，也可在日期一栏加上写作地点，如2011年4月30日于半壁斋。

④信封。中国的信封由国家统一标准、统一格式。信封上的内容包括收信人的邮政编码、收信人的详细地址、收信人姓名、寄信人详细地址、寄信人姓名及寄信人邮政编码。中国的标准信封长220毫米，宽110毫米，下面左上角为邮政编码和收信人详细地址，右上角为贴邮票处，中间为收信人的姓名和收信人详细地址，下面为寄信人详细地址、寄信人姓名、右下角为寄信人邮政编码。

信封上的邮政编码和地址、人名一定要写准确，地址须写省、市、单位或区（县）街道的全称，不能写简称，字迹要工整、清楚，不能潦草，以便于邮政人员辨识及微机检索。

（2）商务信函的写作。在现代商务活动中，商务信函依然是商务通信的基础和重要内容之一。传真件、E-mail等通信文件的书写依然要遵循和借鉴书信礼仪规范，书面商务信函仍然是普遍承认的具有法律效力的经济交往工具。因此，商务信函的地位仍然很重要。商务信函的写作规则包括如下方面。

①格式正确。商务信函应使用印有公司抬头的专用纸，质量应尽可能优良。这种纸张一般只能用于公司业务，不书写私人信件，以免收信人在阅读全文之前分不清来函的性质。所有信函的结构，大体分为三部分，即开头、正文与结尾。开头是收信者和主题；正文用于说明和讨论问题的细节；结尾则说明发信人将采取何种行动或希望对方采取何种行动以及落款和日期。信函格式应美观大方。不可密密麻麻一大片，令人看而生厌，要留足页边。段落要有长有短，句型要参差有致。重点地方不妨加框，采用列表形式，或使用黑体字、斜体字，给人以美感。

②称谓得体。称谓也叫称呼语，信函的称呼语要准确，符合寄信人与收信人的特定关系，要正确表现收信人的身份、性别等。称呼语使用不当，可能会得罪人，也可能使收件人没兴趣往下看信件的具体内容。

要正确使用对方的姓名与头衔，这是一个重要的礼节问题。一般平时对对方称呼什么就写什么。在格式上，称呼语在信的第一行起首的位置单独成行，以示尊重。如果是自己尊敬的领导和长辈要写成"尊敬的某某"，写给非亲属的长辈、业务伙伴一般在姓氏、名字或姓名后加职务、学衔或职称，如张经理、卫国书记、赵志坚博士、王工程师等。中国人习惯称职务，欧美人一般愿意被称呼学衔，如果不知道对方的姓名和头衔，在发函前最好先打电话询问收信人的姓名与头衔。

一般称女性为"小姐"是可接受的称呼，公函上常用。如果对方喜欢被称作"夫人"，那就称呼"夫人"，如果弄不清称呼"夫人"还是"小姐"时，不妨统称"女士"，不是万不得已不写"亲爱的先生/小姐"和"致有关人士"的称呼，这等于告诉对方，你连他是谁，是男是女都尚不清楚。如打听不到收信人的姓名，可以用职务等中性名称代替，比如称对方为经理、代表之类，并在前面加上其公司或部门的名称。如果从姓名上判断不出对方的性别，可称其全名，在前面加上"尊敬的"而略去"先生"、"小姐"等字样。

③内容得当。正文是商务书信的主体，即写信人要说的话，要交代的事情。正文一般从信的第二行前面空两格开始。书信尽管内容写法各不相同，但是都要表情达意，以具体准确为原则，要字迹工整、言之有物、语句通顺，还要措辞得体，根据收信人的特点和写信人与收信人的关系来进行措辞。应避免写错字或打字错误，这不仅不礼貌，还会给人粗心的印象。恰当驾驭语言文字能产生影响力，即使是书面联系也能对他人的感受和行动产生久

远的影响,并能通过语言文字的魅力给对方留下好感。有时即使对方不同意你的意见或建议,也会对你流利的书法、通畅的文字和彬彬有礼的态度留下深刻的印象。

写信的目的是为了让人看懂,因此写信时应做到清晰易懂、开门见山、直截了当,以便收信人看过一遍就能完全领会你的意思。信写完后应仔细检查并阅读一遍,如果读起来感觉欠佳,那对方收到后阅读的效果也不会好,应重新进行修改。通信不像打电话或面对面交谈,你的文字和语句没有声调,对方看不见你的表情,听不见你的声音,弄不好就会产生误解。一些无伤大雅的幽默可以使信函更活泼、更亲切,但切记慎用,以防误用而无意中伤害他人,使人产生误解和不快。一般来说,信件还是以简明为宜,不要啰唆,尽可能不浪费他人的时间。

内容要丰富,但应尽量简练,避免重复,重复表述相同的意思容易引起混乱。用词也应尽可能简练。例如,"未解决的问题"可以写成"问题";"预先提出警告"可以简单地写成"警告"等。为了少用词语,有时可列出所有要点,并在每行之前标以序号,既清楚又醒目。要多用常用词。词汇越丰富,用词就越准确。但不可使用只有在大辞典中才能找到的生僻、晦涩的词,这样,对方会认为你在故弄玄虚,卖弄学问;也要避免使用对方不懂的行话。各行各业都有其独特的行话,非本行业的人极难明白其中真正含义;同样,一些文绉绉的老式用语,也以不用为宜,免得被人视为"老古董"。如"于兹附上"可写成"内附","望予俯允"可写成"请求","前举"可写成"上述","惠予通告"可写成"请告知",等等。

④语言规范。含有性别歧视或易产生歧义的词语不宜使用。要从收信人的角度突出说明:"他为什么要关心此事?""这事与他有什么关系?"以及"这对他有什么好处?"让读信人一开始就进入角色。要开门见山,把最重要的内容写在最前面,对收信人可能提出的问题应尽量先做回答。这样,即使收信人看了一半时中断阅读,也会了解书信的基本内容。书信中使用反面或否定的语言显得粗鲁,极易使人产生受责备的感觉,因此,要尽量使用正面、肯定的词语。用正面而有礼的表达方式可以增加亲切感,使人更容易接受。如:有利、得益、慷慨、成功、务请、为您骄傲等都是正面词语,而失误、遗憾、软弱、疏忽、马虎、无能、错误等都是反面词语。比如,要求对方及时送来报告,写成"请按时将报表寄来",比"这份报表不可延误"来得婉转。还要正确使用过渡词语如:"因此"、"所以"、"此外"、"例如"、"仍然"、"然而"、"其结果是"、"更有甚者"等,可使文字显得流畅,但不宜滥用,以免啰唆。注意使用正确的语法、拼写和标点,在这些方面出差错会给人以不好的印象,虽然这些都是小节,不能据此对一个人作出判断,但让人找出错误说明写稿人工作马虎,也显得对对方不够尊重。自己拿不准的地方不妨查查书本,市场上此类参考书很多。

此外,商务信函的语气要亲切、直接、自然,像面对面说话一样。

⑤结尾讲究。商务信函的结尾部分一般要有结束语、致敬语、署名或签名,以及日期。结束语如:"特此函告"、"专此说明"等,致敬语如:"此致敬礼"、"顺致发财"等。署名、签

名可并用，也可签名单独用，函件一般还需要加盖公章。人们很重视亲笔签名，有人接到信后要仔细辨认是亲笔签名还是签章。

⑥仔细审校。使用电脑写信时最好打印出一份草稿以便审校，因为有些错误从荧屏上看不出来。如能有人代为审校，那就效果会更好。另外，审校时最好能大声念读，要是听起来不顺耳，则接信人阅读时肯定也不会满意。为避免出错，商务信函写好后最好先核查一遍再寄出。信件在寄出之前，在可能的情况下，最好"凉"上一两个钟头，或等到第二天上班或午饭以后再投递，以便能在冷静下来时再看一遍，看看还有没有不妥之处。比如用词是否得体？表达是否清楚？要设身处地地替接信人考虑。

（3）涉外信函礼仪。在涉外交往过程中，信函的使用频率较高。涉外信函一般可分为三种类型：公函、商务信函、社交信函。在国际交往中，尤其是"官方外交"中，公函通常称为礼仪文书。常见的有贺函、贺电、感谢信、感谢电、感谢公告、邀请函、邀请电、复函、慰问函、慰问电、唁函、唁电、国书、照会、备忘录、全权证书、授权证书、委任书等。商务信函通常是工商企业与贸易合作伙伴间的往来文书。常见的有意向书、询问信函、订购信函、信用调查信函、索赔信函、理赔信函、申诉信函、催款信函、推销信函、货物保险信函等。社交信函是在社会交往中的私人信件、感谢信、求职信、贺信、贺电、唁电、唁函等。

①国际标准化信函的规定。国外的信函与国内的信函有所不同，其具体规定如下：

● 信封规格尺寸。信封的最小尺寸：长140mm，宽90mm，最大尺寸：长235mm，宽120mm，信函的最大厚度：5mm。一封信函的最高重量是20克。

● 收信人姓名、地址，应写在信封正面（与信封长度平行的长方形位置内），至少距信封左边40mm，距右边15mm，距底边15mm。收信人名址书写顺序为：收信人姓名、门牌号码和路名、邮政编码、城市（地区）名、国名。名址均应用英文、法文或寄达国通晓文字书写，国名用大写字母。

● 寄信人姓名、地址，应写在信封的左上角，或写在信封背面的上半部。其书写顺序与收信人名址相同。名址除国外必须用英文、法文或寄达国通晓文字书写外，其他可用中文书写，也可用外文书写。

● 收信人和寄信人的名址，必须用蓝色笔或黑色笔书写，不得用红色笔书写。

● "透明窗信封"。即在信封的寄件人名址位置（信封右下方位置，至少距信封上边40mm，右侧边、下边各15mm位置），开一天窗，上面贴有薄纸，透过天窗可以看到信封内的收信人姓名和地址。如图6-2所示。

```
LiMing
28—3—2 Zhongshan Road                （邮票）
Dalian 116022
           CHN                  Mr. smith
                                18   Little Hay Road
              航空               Oxford OX43IG
By AIRMAIL                      UK
```

图中左上角为寄信人名址，左下角为特种邮寄说明，右上角为贴邮票处，右下角为收信人地址。

图 6-2　国际信封

②中英信函上的差异。国外的信函在格式、用语、文字、用印等方面标准不一。不过各个国家都在逐步地与国际准确化信函的要求接轨。

英文的信函格式具有一定的代表性。通常，英文的信函由信头、日期、收信人姓名及地址、称谓及客套语、正文、信尾结束礼语、署名等组成。下面仅介绍英美国家在信函格式、礼仪上与我国较为明显的几点不同之处。

● 信头。信头是国外一些国家（如英、美等国家）在书信中的习惯用法。信头包括发信人单位姓名、地址、电话、电报挂号。商务信函的信头一般在第一页信笺右上方位置。信头的格式是先写发信人的单位名称或姓名，再写地址、电话、电报挂号。地址先写住所名称、门牌号码、街道名称，然后写住所所在地区或城镇名称、邮政编码，接着写州、郡或省名、国家名称。

● 日期。商务信函的日期通常放在信头下面。社交信函、官方外交公函的日期通常放在信函的末尾处（发信人签名下面）。日期通常采用世界通行的公历表示。日期写法有英式、美式、国际标准化规定三种。英式日期按日、月、年顺序书写，如 1（st）March，2011。美式日期按日、月、年顺序书写，如 March 1(st)，2011。国际标准化组织规定的简写方法为年、月、日，一位数的月、日前加"0"如，2011.03.01。

● 信内地址。它包括收信人的姓名和地址，写在信笺的左上角。其书写格式通常为第一行为姓名，第二行为职位、头衔，第三行为收信人的单位名称，第四行以下为门牌、街道、地名、州（省）名、邮政编码及国名。门牌、街道之间不用标点符号，地名与国名间用"逗号"。如无特定收信人，则在以人名为公司名称的前面，冠以 Messre 一词，例如 Messre·Smith&Co。非人名公司及有限公司则不可冠用 Messre。而要加冠词"The"，如 The National Transport Company。

● 称谓。指的是写信人对收信人的称呼。一般写在信内地址下面空 2 行至 4 行并另起一行与收信人姓名齐头处。英文书信的称谓要视对方的身份、性别、人数及其亲疏程度等来确定，其正式程度层次排列，如表 6-3 所示。

表 6-3　涉外信函的称谓

程度 \ 性别	男　性	女　性
最正式	Sir	Madam
正　式	Dear Sir; Gentlemen; Dear Mr. Jones;	Dear Madam; Dear Mrs.Rich;
亲　密	Dear Johnson; Dear Dan;	

● 签名。签名一般位于结束礼语的下方。签名在社交信函中通常只是一种礼仪形式，但在正式公函和商务信函中，它还具有法律效力。签名一般用钢笔签，注意保持稳定签名风格，以免他人以假乱真。若亲笔签名字迹太潦草，不易识别，通常还需在下面打字注明拼法。

（4）便条的礼仪。

便条是日常交际的轻便通信工具，包括便笺和留言条。与一般书信相仿，便条的使用范围很广泛，几乎不受限制。

①便笺，便笺即便函，俗称便条，其书写要求和格式与一般书信大致相同。特点是文字简短，内容单一。便笺的内容，如果是告知对方某一日常生活事宜的，虽三言两语却情味隽永；如果是就某一问题发表意见的，应有真知灼见，写得言简意赅；如果拜托对方帮忙办某一具体事情的，宜礼貌周全、简洁明确。

②留言条礼仪。留言条，是一种临时性的书面留言，通常是在访问未遇或在日常交往中未见对方而有事要告知对方时所书写的一种便条。

访谒不遇，是留言条用得较多的场合。在这种情形下，留言条一般应写明来访目的、未遇心情，以及希望、要求等。如果以前与对方没有交往，还需作自我介绍。临时想到一件事要告诉对方，或者临时有一活动希望对方参加，而对方恰恰暂时离开，这时也常常采用留言条通知的方式。

应该说，留言条上的内容，一般都比较简单，写起来也是开门见山。可以把要说的事情写在纸条上，也可以只对进一步联系的时间、地点、方法提出要求或建议，而不写具体事项。

如果是给从未见过面的人留条，应该比较郑重，可按一般书信的要求和格式书写。如果给比较熟悉友好的朋友留条，那么，留言条的写法就有较大的自由性，可以活泼，可以简单，可以语言幽默些，唯以对方能够完全理解为原则。尤其关系密切的双方，往往有某种默契，更无须对留言条的写法及遣词用语做严格的规范要求。

（5）特种信函礼仪。

①公开信。公开信是组织或个人在节日或特殊日子和背景里，将某事、某意见、某想法公布于众的专用书信形式。公开信的公开形式，有的是在电台播放，有的是在报刊上发表，有的张贴，有的宣读。公开信有的是以集体或个人名义通过传播媒介向广大受众发表；有的是机关、团体和个人针对某一问题给有关对象发出；有的是以领导者、领导机关、群众团体的名义，在传统节日、重大事件、重要活动里给有关单位、集体和个人发出的。

②感谢信。感谢信是因得到了某人或某单位的关心、帮助、支持而写给对方的致以感谢之意的专用书信。感谢信要陈述对方给予了自己什么关心、帮助和支持，交代清楚有关人物、事件、时间、地点、原因、结果等，重点放在所产生的效果上。还要用简练的文字，激情洋溢地赞扬对方的先进事迹和良好品质、作风，表达自己的谢意，并表示自己向对方学习的态度和决心。

③慰问信。慰问信是组织或个人向有关人员表示关怀、慰藉、问候、鼓励的专用书信。慰问信体现的是组织的关怀、集体的温暖、同志间的友爱。常见的慰问信，或写给作出突出贡献的集体或个人，或写给舍己救人、一心为公的英雄，或写给默默奉献的边防战士、一线职工、人民教师，或写给蒙受病痛、灾害与不幸的个人和组织等。通过慰问信，使他人得到精神慰藉，受到鼓舞，产生战胜困难的勇气和力量。慰问信要写得诚恳、亲切、真挚，有针对性。

④介绍信。介绍信主要用于社会组织在派出人员去其他单位和部门联系工作、商办事务、参加会议和参观学习时证明该派出人员身份，并说明所接洽的事务。在程序上，这样显得比较正式和规范。需要指出的是：目前不少社会组织中经常使用一种印刷体介绍信，即事先按一定格式将介绍信印制好，需要用时填上相关内容并加盖公章即可。这种格式化的介绍信，如用于一些简单事务的联系，有时倒也不失方便。但从工作的特殊要求来说，在许多情况下，最好还是采用专门撰写并用社会组织专用信笺打印的介绍信，既表示对对方的尊重，又显得较为郑重其事。

介绍信的撰写，一般掌握以下要点即可：题头注明"介绍信"字样；顶格书写派出人员前往单位的全称；写明所派出人员的姓名、职务、性别。在某些特定情况下，还需注明所派出人员的年龄和政治面貌。另外，如果派出人员不止一人，应注明派出人数；写明派出人员所要联系的事宜，并表明希望或要求，但文字必须非常简要，不必另加说明性词语；介绍信的结尾，一般亦写上"此致、敬礼"之类的礼貌用语，并署上签发介绍信的社会组织的全称和发函时间（有时还需要注明该介绍信的有效日期），加盖公章。

⑤邀请信。邀请信是以组织(单位或团体)或个人的名义就会议、聚会及其他活动向某组织或个人发出邀请的专用书信。邀请信比起请柬容量更大,更注意与被邀请者感情成分的输入。尽管邀请信与请柬一样,带有务实性,即为某事,邀请对方在某时某地出席某个活动,但请柬内容却显得干巴无味,而邀请信则可以通过字里行间去播撒情谊,在更大的空间范围倾注热情。因此,邀请信往往虚实相间,相得益彰。使被邀请者通过这种专用书信,感受到亲切和热情,从而对被邀请一事采取更为积极、郑重的态度。邀请书信在格式上与普通书信几乎没有什么不同,如问候语、结语等。只是内容围绕邀请一事阐述背景、原因,交代时间、地点、人物,表示态度。

⑥贺信。对合作伙伴的重大活动,如庆典、升迁、乔迁等表示祝贺,或对其取得重大成就表示庆祝而撰写、发送的信函称为贺信。贺信是逢喜庆之时交流感情、密切双方关系的重要文字形式,有的贺信还可以在报刊、电台、电视等媒体上发表和播放。贺信在得知对方的喜讯之后,立即发送,不要拖延,以显示诚意,否则热烈的气氛会随着时间的流逝而黯然失色。

2. 公关柬帖

(1) 请柬。请柬是一种礼貌性的书面通知,人们举行宴会、酒会、茶话会、招待会、舞会、婚礼,以及各种专题性的活动,如博览会、订货会、展销会、联欢会、新闻发布会等,都用柬帖邀请各界宾朋。当然,邀请宾朋的方式很多,如打电话、写信等,但是柬帖这种方式比较正式、礼貌,显示了对所邀宾朋的重视和尊重,是一种比较流行且很受欢迎的社交方式。

请柬的形状、大小可根据各自喜好自行确定,没有统一标准。请柬最好自己设计、制作,极具纪念意义。其基本格式包括以下几个部分。①封面。颜色、图案可自行设计,封面上写明"请柬"二字。②称谓。与信函称谓基本相同。③正文内容。主要包括活动性质、规格、活动时间、地点及其他有关事项。④祝颂语。与信函的祝颂语基本相同,但较之于信函要简单些。最常用的祝颂语是"敬请光临"。⑤署名和日期,与信函相同。

请柬是一种比较正规、隆重的文书,是一种具有特殊意义的书信,常为应邀者当做纪念品收藏,因此,发请柬者一定要注意请柬的设计、制作,因为它代表着你对所邀者的真诚、重视,也体现着你自身的形象。请柬上的文字最好由发柬者自己书写。请柬一般应提前4~10天寄出或亲自送达,以便受邀请者及早作出应邀与否的决定或准备。

(2) 聘书。聘书是一个组织邀请有关人员担任某项职务,承担某项工作时所使用的柬帖。聘书结构上包括:名称、正文、结尾、署名、日期几个要素。名称为"聘书"或"聘请书",字体较大,印在封面及内页正文上方。在封面的名称占整面的居中位置,文字一般竖排;在内页正文上方的名称,字号大于正文文字即可。正文语言简洁,应写上被聘人姓名、为何聘请,聘请什么职务。有时也写上聘请期限或时间。除以书信形式出现的聘书外，一般不在开头写被聘者的姓名、称呼。被聘者的姓名和称呼往往在正文中写明。聘书的结尾，习惯写上"此聘"两字，有时不写。书信体的聘书结尾也可以写表敬意和祝愿的话。署名是在正文的右下方署上聘请单位的名称并加盖公章。最后在正文的右下方签发聘书的日期。

现在许多聘书，封面上的标题都是烫金字，以示隆重。封面有缎面、布纹面、塑料面几种，颜色以红色为多，也有墨绿色的。

填发担负任务、担任某职务的聘书，事先应让被聘人知晓，也可以主动、友好地与被聘请人商量，使之有思想准备，达成一致意见。如果贸然行事，有时会使被聘人感到对他不尊重。

（3）贺卡。贺卡已经发展成为一个专门的通信门类，它被广泛运用于现代公关礼仪中，它使用方便而且外观精美。近年来，加上其使用风行南北，尤其是新年、圣诞节前，售卖、选买及寄发贺卡成为人们文化生活中交流感情的重要内容。

①贺卡的形式和名称。贺卡多是双面折叠式的，印制精美，多为32开的，也有较小的贺卡，但较大幅的贺卡也越来越常见。贺卡越做越大，其实是受了"礼大情深"的观念影响，贺卡大了，不仅显得更精美、华贵、气派，也显得送卡人情真意切。

贺卡有横式和竖式之分，但常见的贺卡多是竖式的，且文字大都横排，除非是设计的需要才竖排。封面是贺卡的门面，设计精美，且文字多用烫金等手段修饰。但贺卡不像请柬，一般不印"贺卡"、"圣诞卡"、"情人卡"等名称，而是写上"新年快乐"、"圣诞快乐"等字样来表示种类，以之来喻示贺卡的名称。相对封面来说，里面比较素雅，一般很少有大红大紫。里面一般也有文字，通常是因不同种类而选择的祝贺文字、情言心语，并留有一定的空白，供寄卡人写上自己的亲笔祝词。封底常有两种形式，一种是与封面相连，一种是素色。

不同情形下所使用的贺卡，色调上有明显的区别，制作上也略有不同。比如配有电子音乐的生日贺卡；适合于孩子或青年人的贺卡，还有做成镂空立体的；一些贺卡还带有淡淡的清香。

②贺卡使用。绝大部分贺卡都和时间有密切关系，当采用贺卡时，记住准确的日期很有必要，新年、圣诞如此，生日、周年纪念日等更要十分在意。你可以在台历、年历手册中把重要的日期和人名都填写好，并经常翻看，及时把贺卡寄出。

生日贺卡是祝福生日用的贺卡。每当亲朋好友过生日，寄上一张生日贺卡，往往可以维系亲情，增进友谊。音乐贺卡中，以生日贺卡居多，这种生日音乐卡在打开时播放出优美的生日祝福音乐，有的还有与整个图案相谐调的彩灯，可谓是形色辉映、声情并茂。

周年纪念贺卡也能表现出多方面的礼仪。这里说的周年，有订婚、结婚的周年，毕业、获得学位的周年及其他值得纪念的日子。其中最突出的是结婚纪念日，这对于夫妻及其家庭都是个重要的日子，尤其是逢整数的日子。

新年贺卡和圣诞贺卡是最多见的贺卡。新年贺卡几乎是全世界都使用的贺卡。每逢新年来到，一张贺卡寄上人们对新的一年的祝福，会使人感到特别温馨，新年贺卡中镌印的文字不尽相同，这些文字往往是为适应不同的人而设置的。除新年之外，春节也是寄贺卡表达情意的一个好时机。对于那些新年忘记或来不及寄贺卡的，春节时补上一张，既不失礼，也显得自然。圣诞卡原本也是新年贺卡的一种，在西方很流行，这些年在我国也时兴起来。它虽然与新年卡基本相同，但是祝福内容不同。

西方情人节有情人卡，这些年也逐渐在我国都市流行起来，比起其他的卡来说，这种卡无论封面封底，都显得温情脉脉。由于这种卡的对象特殊，所以追求华丽、贵重。

③贺卡的选定。人们使用贺卡时，除了要记住寄卡日期，适时寄出外，还要精心挑选贺卡亲自题词。贺卡虽小，却满含情意，要依据不同的对象选择不同的贺卡。比如给朋友的贺年卡，要温馨一些，给长辈或老师的要古朴一些。从贺卡的外观到印在上面的文字，都要精心挑选，否则会适得其反。另外，无论印制得多么精美、华贵的贺卡也不能完全表达情意。这时，应该在贺卡适当的地方写上几句祝福或心语，哪怕只是几个字，都会顿时提高其情感的含量。

3. 调查报告

调查报告是指针对某一事件、某个问题或某种情况，通过科学深入地调查研究，对客观存在的现实状况进行描述与分析并形成文字的一种书面报告。调查报告的撰写要注意如下方面[①]。

（1）前提。撰写调查报告是整个调查活动的最后一环，因此要获得一份高水平的调查报告，首先要明确以下几个前提。①明确调查目的，即调查是谋求发现何种情况，解决什么问题。只有目的明确，才能制定出相应的调查方向、调查对象及实施调查的具体方法和内容，否则调查将会是盲目的和无意义的。②选择恰当的调查方法。调查方法的选用原则要求能够最大限度地实现调查目的。当前普遍采用的调查方法有普查、抽样调查、典型调查、间接调查等，具体实施的调查方式有实验调查法、文献调查法、询问法等，其中询问法又包括问卷调查、网络调查等多种广为大众熟知和接受的方法。调查方法得当，整个调查活动将事半功倍；反之，获得的材料将一无用处。在实际操作中，调查者可以根据情况综合使用多种方法，以获得最有效的调查材料。③科学有效地分析调查结果。任何缺乏科学分析的材料，都不会引申出令人信服的观点，而缺少鲜明观点的调查报告是毫无参考价值的。切实把握好以上三个环节后，就可以进入调查报告的写作阶段。

（2）结构。在文体结构上，调查报告一般包括标题与正文两大部分。标题主要用来提示内容，表明主题。调查报告的标题形式有三种，一种为公文式，由调查主体、调查事由及

---

① 许静涛. 调查报告的写作技巧. 新闻与写作，2008（5）.

文种名称三部分组成，提示调查的对象、内容、范围等；一种为文章式，标题能表明主题即可；还有一种为双标题，即有正副两个标题，正标题为文章式，副标题为公文式，这种标题对调查报告的主题、调查的内容与范围提示得较为全面，适用于一些内容复杂的大型重要报告。

（3）正文。调查报告的核心部分是正文，由前言、主体、结语三部分组成。前言是对调查情况的简要说明，一般要交代调查的对象、时间、地点、范围、目的、调查的大致过程等背景信息。正文的中间部分是主体，也是整个调查报告的核心之核心。由于内容图表繁多，主体部分需要选择恰当的结构形式来突出相应的内容与观点。横式结构是目前运用得最为广泛的一种主体结构形式，它根据对调查结果的熟悉与分析，将主体内容分为若干个方面，每个方面都涉及一个主要问题，并用一个小标题加以提示，同时这些方面在关系上是并列的。这种结构层次清楚，方便阅读，较适用于内容庞杂的大型调查报告。纵式结构则是按照事情发展的前后顺序或事物间的因果关系，层层递进地来介绍内容，它的特点是思路明晰，逻辑关系严密，因此较适用于事项单一的调查报告。综合式结构是将前两种结构综合交错使用，横中有纵或纵中有横，有利于全面、立体、多方位地反映主体内容。结语作为正文的结束，其写法灵活多样。可以提炼出关于事件的典型意义，也可以形成简要明确的结论，或者提出相应的对策与建议，或进一步强调全文的观点等。当然，假如主体部分的表述已经很详尽，结语部分也可以省略。需要说明的是，所有的调查报告都必须署名，其位置可以在标题后，也可以在文末。

（4）特色。一份高质量的调查报告还应该突出以下三个特色。①材料与观点的和谐统一。大量堆砌材料，没有适当的分析与评价；或者只有观点，而缺少相应的材料支撑，都是调查报告写作的大忌。只有在材料的梳理中提炼观点，用充分的材料去证实观点，让观点统领材料，才能够使调查报告有理有据，令人信服。②在语言表达上，叙述与议论相辅相成。其中叙述直白，议论精干。③针对性与时效性的有机结合。调查报告必须围绕主题展开内容，有针对性地提出问题、揭示问题。很多调查报告有一定的期限，一旦滞后于现实情况，就失去了存在的意义，因此必须重视调查报告的时效性。只有具备了以上三个特点，调查报告才能够真正服务于社会。

4. 工作总结

总结是对以往一段时间内某项工作、学习或活动，进行系统全面的回顾、检查、分析、研究，从中提炼出带有规律性的东西，以便指导日后工作的一种使用频率颇高的应用文体。

（1）作用。总结的作用是多方面的。①有助于形成带有规律性的认识。总结的目的不在于陈述具体的工作过程，而在于总结带有指导性的、参考作用的经验性的认识；②有助于吸取经验教训，指导实践；③总结具有汇报工作、树立典型的作用；④总结具有积累历史资料的作用。

（2）结构形式。从内容上看，工作总结有专题性和综合性两大类型。从结构形式上看，包括以下五种。

①"三大块"式。综合性工作总结最常见的形态，通常由三大部分组成，即"基本情况概述""主要做法"（"主要做法和经验""经验体会与教训"等）"问题及今后打算"。在结构安排上"两头小，中间大"，即"凤头，猪肚，豹尾"。

②"因果倒置"式。这是专题性工作总结常见的形态。它将经验、体会置于文章的重心部位，通常开篇先讲取得的成绩，即"果"；接着表述成果取得的原因，即经验、体会，这是"因"。先"果"后"因"，"因果倒置"。工作中存在的问题，常置于结尾，三言两语，一带而过。

③"条款并列"式。即把情况、效果、做法、经验、体会、问题、今后意见等融合在一起，归纳成若干条，逐一加以叙述，不采取大问题套小问题的方法，而是每个问题都有相对的独立性。

④"正反对比"式。把情况特别是经验与教训糅合在一起，归纳成几大问题，逐一从事实与道理、正面与反面、经验与教训的对比上进行叙述。

⑤"层层递进"式。这是专题性工作总结常用的结构形态。通常先写一个简明的开头，说明开展某一工作或活动的原委、背景，然后在主体部分，按照这一工作进行的过程，从初期到后期，从远处到近处，从低级到高级，分作几个层次逐一加以说明，层层递进。

（3）基本结构。工作总结的基本结构一般有：标题、主送机关、正文、结尾、署名。

标题，一般有单、双标题两种。前言，其目的在于让读者对总结的全貌有个概括的了解，为阅读、理解全篇打下基础。正文，包括做法和体会、成绩和缺点、经验和教训。结尾，在总结经验教训的基础上，明确下一步的任务，今后努力的方向或打算。落款，即署名和日期。日期一般置于落款单位之后，如标题已标单位，落款亦可省去。

（4）写作要求。总结写作的一般要求与要领如下[①]。

①把握共性，追求个性。公文写作最忌千篇一律，千文一调。因此，必须深入调查、全面了解，大量占有第一手资料，然后分析研究，选取最典型、最新颖、最有特色的材料，通过归纳、分析，总结出典型的经验，挖掘出深刻新颖的观点，在把握文体共性的基础上，写出特色和个性。

②找出规律，突出重点。总结的目的，在于指导实践。为此，必须找出工作中带有规律性的东西，具有指导性的经验，因此，总结切忌记"流水账"，即不分主次，不讲轻重，事无巨细，面面俱到，"胡子眉毛一把抓"。而应突出重点及核心，抓住事物的主要矛盾和矛盾的主要方面。把工作中的基本经验、主要做法，贯彻方针政策的成功之处，指导工作开

---

① 祝兴平. 工作总结的写作方法与要领. 新闻与写作，2008（12）.

展的得力措施,推动事业顺利进行的关键所在等,都总结提炼出来。

③语言准确、简明、生动。语言要做到判断明确,用词准确,含混的词语,如"比较""一般""大体上"等尽量少用。叙述事例真实、准确,评断不含糊。简明则要求阐述观点时,概括与具体相结合,要言不烦,不笼统累赘,文字朴实,简洁明了。生动则要求表述活泼,不古板。

④适当运用写作技巧。一要巧用数据和图表。通过当前数据与以往数据的对比,辅之以图示化工具,可更好地说明工作的完成情况和取得的成绩,这比文字叙述更有说服力、更直观。二要掌握材料一题多用的技巧。材料具有多面性,在不同场合均可发掘使用。三要综合、提炼材料。通过归纳、分析,把有用的东西"抽"出来,使其上升到系统、理性的高度,然后列个提纲,作出书面"设计",再下笔写作。"七分想,三分写"也是快速成文的一条捷径。

5. 实习报告

对于学习过程、结果及体会书面文字写出来的材料就是实习报告。实习报告写作要把握如下要求。

(1) 实习报告的资料收集。从开始实习的那天起,就要注意广泛收集资料,并以各种形式记录下来(如写工作日记等)。丰富的资料就是写好实习报告的基础。主要收集这样一些资料:比如单位组织学习,内容是什么,什么学习方式、学习后的效果如何,对自己的思想有否提高;专业知识在工作中如何灵活运用;观察周围同事如何处理问题、解决矛盾。实习是观察体验社会生活,将学习到的理论转化为实践技能的过程,所以既要体验又要观察。从同事、前辈的言行中去学习,观察别人的成绩和缺点,以此作为自己行为的参照。

(2) 实习报告的写作。第一部分是以实习时间、地点、任务作为引子,或把实习过程的感受、结果用高度概括的语言概括出来以引出报告的内容。第二部分是写实习过程(实习内容、环节、做法)。既要写出将学校里学到的理论、方式方法变成实践的行为,又要观察、体验在学校没有接触的东西,它们是以什么样的面目、方式方法,以怎样的形态或面貌出现的,将这些东西写出来。第三部分写实习体会、经验教训、今后努力的方向等。也可以以实习体会、经验为条目来构架全文。例如,在实践中发现自己的优势:团队协作意识强;善于根据自己的知识、能力挑战新工作;事后善于总结等。从实践中看到自己的缺陷:专业知识欠扎实;动手能力差等。用这些体会把自己实践的过程和内容串起来。

(3) 实习报告写作要求。报告必须写自己的实习经历,可参考别人的资料,但不能抄袭。如有引用或从别处摘录的内容,要标明出处。实习报告开头要有内容摘要和关键词;语言要求简练,符合公务文书的要求。字数要在 3000 字以上。

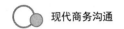
现代商务沟通

> **课堂实训**

1. 实训：信函的写作

实训目标：掌握信函的撰写礼仪。

实训学时：1学时。

实训地点：教室。

实训背景：奥新公司拟赞助红星小学30名农民工子弟（贫困生），款额为每人每学年1000元，并对贫困生的学习成绩和道德品质有相应的要求。

实训方法：请代该公司就此事给红星小学拟写一封函。要求如下：

（1）每位学生独立完成函的写作，完成后相互交流、讨论；

（2）函要求格式规范，内容正确，字迹清楚，表达准确；

（3）有条件的学校，可以要求学生利用计算机完成函的写作任务；

（4）教师结合学生撰写函的情况，在全班总结讲评。全班评出最佳表现者。

2. 课堂讨论：5封回复

背景资料：

你的苗圃不仅在店里销售植物，也提供邮购业务。今天收到王玉的一封投诉信，声称邮购的鲜花运抵时很不令人满意（价值500元人民币）。信中写道："全都枯萎了。有一株在我从盒子里拿出时，竟然断了。请立即重新发货。"

（1）第一种回复。

亲爱的顾客：

我核查了运输鲜花受损的原因。排除了运输中的失误，发现你订购的鲜花是由一位新工人包装的，该工人不懂得鲜花起运之前要彻底浇透水。我们已经开除了该工人，所以你可以放心这种事下次不会发生了。

虽然我公司会为此花费几百元，但我们仍然会重新给你寄上一份鲜花作为补偿。

新花抵达后，请通知我方运抵时的状况。我们相信你不会再投诉了。

（2）第二种回复。

亲爱的王玉：

我们搞错了的你的订单。全国范围内发送花卉这种货物的风险性是很大的。有的植物无法承受路途的辗转（有时连我自己都受不了这份辛苦）。下周我们会另外发送给你一份新的鲜花，但是会在你的账上记500元。

（3）第三种回复。

亲爱的王先生：

你不满意收到的鲜花，我感到很遗憾，但的确不是我们的错。包装盒上明确写着：打开后，及时浇水。如果你照办了，鲜花一定不会有事的。另外，所有买花的人应该知道鲜花需要呵护。你抓着叶子当然根会被拔出来的。由于你不会照顾花卉，特为你寄上小册子一本：怎样养殖花卉。请认真阅读，以免将来发生类似的不快。

盼望你再来订购。

（4）第四种回复。

亲爱的王女士：

你5日的来信已经引起了我们的注意。

信中称，第47420号订货收到时情况很糟糕。在此要指明的是，我方政策规定：对货物的任何调整必须按照订货单背面的条件和说明处理。请仔细阅读，上面规定：客户若欲就该订单投诉，应提交书面投诉信和货物发票给承运商，并在收货后30天内，向本公司详细汇报损坏情况。

你5日的信中没有涉及损坏的具体情景。另外，送货单上没有任何特别注明。如果你有索赔的打算，请参照我公司相关的条例。请将相关必要文件于本月20日下班前送达公司办公室。

（5）第五种回复。

亲爱的王玉：

你将于下周收到索赔的常青植物。

这次，花卉起运前彻底浇透了水，而且采用了特殊包装箱。但是如果天气过热或货车晚点，小的根球也会干涸。可能上次的花卉就是这样受损。但是小根球植物很容易移植，所以到了你家的花卉应该没有任何问题。

你订购的仙人掌等属四季常青植物，它们会四季常青，越来越漂亮。

针对上述五封回复顾客投诉的信函，就以下问题在全班展开讨论：

（1）在满足读者和企业的要求等方面做得怎样？

（2）信件是否清晰、完整、准确？

（3）能否节省读者的时间？

（4）是否有助于树立良好的企业信誉？

（5）如果是你，该如何回复？

（资料来源：黄漫宇. 商务沟通. 北京：机械工业出版社，2006.）

3. 测试：你的书面表达能力如何？

你是否善于运用书面形式表达自己的观点？请根据自己的实际情形回答以下问题。

（1）在与他人沟通时，你经常采用书面表达方式吗？
　　A. 从来没有　　B. 很少　　C. 有时　　D. 大多是　　E. 经常是

（2）你是否认为书面表达比其他方式要更容易？
　　A. 从来没有　　B. 很少　　C. 有时　　D. 大多是　　E. 经常是

（3）当你与你的高中同学联系时，经常采用书面表达方式吗？
　　A. 从来没有　　B. 很少　　C. 有时　　D. 大多是　　E. 经常是

（4）你是否因为麻烦，拒绝使用书面表达形式与人沟通？
　　A. 经常是　　B. 大多是　　C. 有时　　D. 很少　　E. 从来没有

（5）在书面表达观点时你是否非常注意措辞？
　　A. 从来没有　　B. 很少　　C. 有时　　D. 大多是　　E. 经常是

（6）你在使用书面表达时，是否很少注意表达的格式与规范？
　　A. 从来没有　　B. 很少　　C. 有时　　D. 大多是　　E. 经常是

（7）你是否能够熟练地运用各种书面表达方式进行沟通？
　　A. 从来没有　　B. 很少　　C. 有时　　D. 大多是　　E. 经常是

（8）你是否认为你能够准确地使用书面表达方式达到沟通的目的？
　　A. 从来没有　　B. 很少　　C. 有时　　D. 大多是　　E. 经常是

计分方式：选 A 计 1 分，选 B 计 2 分，选 C 计 3 分，选 D 计 4 分，选 E 计 5 分。

解析：

1. 总分为 8~16 分：你的自我表达欲望和书面表达能力还很不够，需要大力加强。

2. 总分为 17~32 分：你具有一定的自我表达欲望和书面表达能力，同时又能自我控制。

3. 总分为 33~40 分：你的自我表达欲望和书面能力很强，甚至有时过于表现自己，这既是你的优点，又可能成为你不受别人欢迎的原因。

课后练习

1. 案例分析

（1）是欠条还是还款证明？

2000 年 4 月，黄先生承建北京某农业发展有限公司养猪舍七栋，承包工程款总计 8.4 万元。双方约定工程开工时，农业公司应首付黄先生总工程款的 70% 即 58800 元，但农业公司却只给付黄先生 30000 元，其余款额一直未付。2002 年 4 月 7 日，农业公司由其会计乔女士签名为黄先生出具一张写有"还欠黄某工程款 28800 元"的证明，并盖有公司财务专用章。黄先生依此欠据将农业公司告上法庭，要求立即给付工程款 28800 元。

然而在法庭上，被告农业公司在承认欠黄先生工程款28800元的同时，提出此欠款已由当时经手人会计乔女士偿还了，并为黄先生出具了还款证明，"还欠黄某工程款28800元"中的还字应读为huán，故不同意黄先生的诉讼请求。

顺义法院认为：原告为被告承建养猪舍工程，被告应按约定给付工程款。被告为原告出具的证明，应视为欠款证明，法院对原告的请求应予支持；被告辩称此证明为还款证明，未提供相关证据证实，法院不予采信。最终判决被告北京某农业公司给付原告黄先生工程款28800元；案件受理费1162元由被告负担。

（资料来源：李馨，王斌. 北京晚报，2004-03-18.）

思考与讨论：
①结合本案例谈谈书面沟通的重要性。
②本案例对你还有什么启示？

（2）一封回信。

感谢你给我们发来应聘管理顾问职位的求职信，正如你所了解的那样，我们的管理咨询部是几家主要会计师事务所中最大、最好的部门之一。正因为如此，所以我们总是会仔细审查应聘者的教育背景、工作经验和其他方面的条件。

由于管理咨询部门有着良好的信誉和完善的培训计划，在本国占据着重要的地位，所以很多人都在极力应聘这一职位，其中已获得MBA学位的人占了很大比例。应聘者的数量和素质都使我们难以选择。最终，我们决定以工作经验为标准确定参加面试的人选，因而没能满足你应聘的请求，请予谅解。

随着管理咨询部的不断发展，我们还会招聘新员工。而你的经验也会随着时间的推移而不断丰富，希望有一天你能来我们部门工作。再一次向你说明，在这个问题上，我们与你一样感到遗憾。

（资料来源：张喜春，刘康声，盛暑寒. 人际交流艺术. 清华大学出版社，2009.）

思考与讨论：
①这封回信的开头和结尾分别存在什么问题？
②请你重新写一封回信？

2. 思考与训练

（1）你认为书面沟通中最重要的原则是什么？
（2）如何保证写作简洁？
（3）信函写作的一般要求是什么？
（4）商务信函的写作规则有哪些？
（5）请代海全公司写一份邀请宏达公司总经理参加本公司十周年庆典的请柬。要求格式规范，文字简洁明了，写清楚活动的时间、地点、内容。

（6）星光公司经过三年的改革，终于扭亏为盈，企业进入良性发展阶段，为日后的可持续发展打下了良好的基础。在岁末年初之际，海辰公司拟向星光公司的领导和员工发一封贺信，请你代为拟写此贺信。要求：格式正确，内容完整，文字标点规范。

（7）新年即将到来，请为某公司设计两款风格鲜明的节日贺卡寄给广大客户，表示公司对其真挚的节日祝贺并同时进行企业形象的宣传及巧妙的业务联络。要求：格式正确，内容新颖，设计精美，文字标点规范。

（8）请撰写一份年度个人学习总结或工作总结。字数1000字左右。总结要有标题、正文和落款。正文要有取得的成绩、存在的问题及今后的打算等。

（9）利用假期时间去打工，回来后写一份实习报告。字数不少于3000字。

项目2 沟通技能篇

任务7 电话沟通

电话是一种无形的交际工具,要想获得客户的好感与信任,就要在电话中塑造出专业而具有亲和力的销售形象,继而赢得成交机会。

——北京未来之舟

导学案例

堪称经典的电话销售

销售员:"您好,请问,李峰先生在吗?"

李峰:"我就是,您是哪位?"

销售员:"我是××公司打印机客户服务部章程,就是公司章程的章程,我这里有您的资料记录,你们公司去年购买了××公司打印机,对吗?"

李峰:"哦,是,对呀!"

章程:"保修期已经过去了7个月,不知道现在打印机使用的情况如何?"

李峰:"好像你们来维修过一次,后来就没有问题了。"

章程:"太好了。我给您打电话的目的是,这个型号的机器已经不再生产了,以后的配件也比较昂贵,提醒您在使用时要尽量按照操作规程,您在使用时阅读过使用手册吗?"

李峰:"没有呀,不会这样复杂吧?还要阅读使用手册?"

章程:"其实,还是有必要的,实在不阅读也是可以的,但寿命就会降低。"

李峰:"我们也没有指望用一辈子,不过,最近业务还是比较多,如果坏了怎么办呢?"

章程:"没有关系,我们还是会上门维修的,虽然收取一定的费用,但比购买一台全新的还是便宜的。"

李峰:"对了,现在再买一台全新的打印机什么价格?"

章程:"要看您想要什么型号的,您好像现在使用的是××3330型号,后续的升级产品是4100,不过完全要看一个月大约打印多少正常的A4纸张。"

李峰:"最近的量开始大起来了,有的时候超过10000张了。"

章程:"要是这样,我还真要建议您考虑4100了,4100的建议使用量是15000张一个月的A4正常纸张,而3330的建议月纸是10000张,如果超过了会严重影响打印机的寿命。"

李峰:"你能否给我留一个电话号码,年底我可能考虑再买一台,也许就是后续产品。"

章程:"我的电话号码是888×××转999。我查看一下,对了,您是老客户,年底还有一些特殊的照顾,不知道你何时可以确定要购买,也许我可以将一些好的政策给你保留一下。"

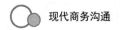
现代商务沟通

李峰:"什么照顾?"

章程:"4100 型号的,渠道销售价格是 12150,如果作为 3330 的使用者购买的话,可以按照 8 折来处理或者赠送一些您需要的外设,主要看您的具体需要。这样吧,您考虑一下,然后再联系我。"

李峰:"等一下,这样我要计算一下,我在另外一个地方的办公室添加一台打印机会方便营销部的人,这样吧,基本上就确定了,是你送货还是我们来取?"

章程:"都可以,如果您不方便,还是我们过去吧,以前也去过,容易找的。看送到哪里,什么时间好?"

后面的对话就是具体落实交货的地点时间等事宜了,这个销售人员用了大约30分钟完成一台 CN 公司 4100 打印机的销售,对于章程表现出来的电话销售的 4C 来说,他的业绩应该非常正常。

(资料来源:http://www.nz86.com/article/192159/p2/,2011-08-29.)

问题:
(1)销售员章程为什么能够取得电话销售的成功?章程运用了哪些沟通技巧?
(2)电话沟通应注意哪些方面?

学习训练目标

- 了解电话沟通的优势和弊端;
- 把握电话沟通的基本要求;
- 掌握接电话和打电话的技巧;
- 对特殊电话能够妥善处理。

7.1 电话沟通的优劣

电话是人们开展社交活动不可缺少的工具,在日常生活和工作交往中,都要利用电话与别人取得联系和交谈。据美国《电话综述》(*Telephone Review*)中介绍说,一个人一生平均有 8760 小时在打电话。在录像电话还没普及之前,人们通过电话给人的印象完全靠声音和使用电话时的习惯,要想有"带着微笑的声音"或者通过电话赢得信任,就必须掌握电话的沟通技巧。

1. 电话沟通的优势

(1)在电话里,更容易接近一个你愿意和他谈话的人。
(2)电话沟通方便而且快捷。电话就摆在你的桌上,不需要提前预约,你就可以联系到一个你要找的人,得到你需要的信息,并在最短时间里得出结论。

(3)电话沟通的时间通常要比面对面交谈短,所以你能在同样的给定的时间里取得更多的信息。

(4)电话沟通通常限制在你和另外一个人之间,所以更容易自由控制交谈。

(5)电话沟通更加平等,因此对年轻人来说,在电话中听取一些命令要更加容易。

2. 电话沟通的弊端

(1)由于电话沟通时缺乏身体语言,所以交谈双方很难建立起密切的联系。在面对面的交谈中,身体语言是一个很重要的因素。

(2)你也许会无意中打扰别人的休息,尤其是拨打对方手机时。

(3)与面对面沟通的方式相比,电话沟通更容易让沟通双方得出错误的观点。

(4)在电话沟通时,你很容易走神。

(5)在电话里很难准确地表达一些复杂的思想和信息。

7.2 电话沟通的基本要求

目前大部分电话能传输的信号是声音,但这一信号载体却包含着许多信息。说话人想做什么,要做什么,是高兴还是悲伤,还有对另一方的信任感,尊重感,彼此都可以清晰地得知。这些都取决于电话的语言与声调。因此,电话语言要求礼貌、简洁和明了,以便准确地传递信息。

1. 态度礼貌友善

当人们使用电话交谈时,不能简单地将对方视做一个"声音",而应看做是面对一个正在交谈的人。尤其是对办公人员来说,你面对的是一名公众,如果你们是初次交往,那么,这样一次电话接触便是你给公众的第一次"亮相",应十分慎重。因此,在使用电话时,多用肯定语,少用否定语,酌情使用模糊用语;多用些致歉语和请托语,少用些傲慢语、生硬语。礼貌的语言、柔和的声音,往往会给对方留下亲切之感。正如日本一位研究传播的权威所说:"不管是在公司还是在家庭里,凭这个人在电话里的讲话方式,就可以基本判断出其'教养'的水准。"

2. 传递信息要简洁

电话用语要言简意赅,将自己所要讲的事用最简洁、明了的语言表达出来。因为通话的一方尽管有诸如紧张、失望而表情异常的体态语言,但通话的另一方并不知道,他所能得到的判断只能是来自他听到的声音。在通话时最忌讳发话人吞吞吐吐,含糊不清,东拉西扯,正确的做法是:问候完毕对方,即开宗明义,直言主题,少讲空话,不说废话。

3. 控制语速语调

通话时语调温和,语气、语速适中,这种有魅力的声音容易使对方产生愉悦感。如果说话过程语速太快,则对方会听不清楚,显得应付了事;太慢,则对方会不耐烦,显得懒散拖沓;语调太高,则对方听得刺耳,感到刚而不柔;太低,则对方会听得不清楚,感到有气无力。一般说话的语速、语调和平常的一样就行了,即使是长途电话,也无须大喊大叫,把受话器放在离嘴两寸的地方,正对着它讲就行了。另外通电话时,周围有种种异样的声音,会使对方觉得自己未受尊重而变得恼怒,这时应向对方解释,以保证双方心情舒畅地传递信息。

7.3　电话沟通的技巧

1. 接电话

(1)迅速、礼貌地接听电话。接电话首先应做到迅速接听,力争在铃响三次之前就拿起话筒,这是避免让打电话的人产生不良印象的一种礼貌。电话铃响过三遍后才作出反应,会使对方焦急不安或不愉快。正如日本著名社会心理学家铃木健二所说:"打电话本身就是一种业务。这种业务的最大特点是无时无刻不在体现每个人的特性。""在现代化大生产的公司里,职员的使命之一,是一听到电话铃声就立即去接。"接电话时,也应首先自报单位、姓名,然后确认对方,如:"您好!这是××公司营销部。"如果对方没有马上进入正题,可以主动请教:"请问您找哪位?"

(2)仔细聆听并积极反馈。作为受话人,通话过程中,要仔细聆听对方的讲话,并及时作答,给对方以积极的反馈。通话汇总听不清楚或意思不明白时,要马上告诉对方。在电话中接到对方邀请或会议通知时,应热情致谢。

(3)规范地代转电话。如果对方请你代转电话,应弄明白对方是谁,要找什么人,以便与接电话人联系。此时,请告知对方"稍等片刻",并迅速找人。如果不放下话筒喊距离较远的人,可用手轻捂话筒或按保留按钮,然后再呼喊接话人。如果你因别的原因决定将电话转到别的部门,应客气地告之对方,你将电话转到处理此事的部门或适当的职员。如:"真对不起,这件事是由财务部处理,如果您愿意,我帮您转过去好吗?"

(4)认真做好电话记录。如果要接电话的人不在,应为其做好电话记录,记录完毕,最好向对方复述一遍,以免遗漏或记错。可利用电话记录卡片做好电话记录。电话记录卡片如图7-1所示。

```
给 _____
日期 _____   时间 _____
你不在办公室时                          先生
         _____ 公司的 _____   女士
                                      小姐
电话 _____
    ○ 电话              ○ 请打电话回去
    ○ 要求来访          ○ 还会打电话来
    ○ 是否紧急          ○ 回你的电话
       留言 _____
            _____
```

图 7-1 电话记录卡片

（5）特殊情况的处理。

①电话铃响时，如果你正在与客人交谈，应先向客人打招呼，然后再去接电话。如果发觉打来的电话不宜为外人所知，可以告诉对方："我身边有客人，一会儿我再给您回电话。"不要抛下客人，在电话中谈个没完。这样身边的客人有被轻视的感觉。

②不要在听电话时与旁人打招呼、说话或小声议论某些问题。如果通电话，有人有急事来找你，应先对电话那端的人说声："对不起。"如果为回答通话对方的提问，需要向同事请教，可说声"请让我核实一下"。

③如果使用录音电话，应事先把录音程序整理好，把一些细节考虑周到。不要先放一长段音乐，也不要把程序搞得太复杂，让对方莫名其妙、不知所措。

④如果对方打错了电话，应当及时告之，不要冷冰冰地说："打错了。"更不要讽刺挖苦，或表示出恼怒之意。最好能这样告诉对方："这是××公司，你找哪儿？"如果自己知道对方所找公司的电话号码，不妨告诉他，也许对方正是本公司潜在的客户。即使不是，你热情友好地处理打错的电话，也可使对方对公司抱有初步好感，说不定日后会成为本公司的客户，甚至成为公司的忠诚支持者。

接电话的注意事项如表 7-1 所示。

表 7-1 接听电话的顺序、用语及注意事项

顺序	基本用语	注意事项
1. 拿起电话听筒并告知自己的姓名	● "您好，平安保险××部×××"（直线），"您好，××部×××热线"（内线） ●（上午 10 点以前）"早上好" ●（电话铃响 3 声以上才接听时）"让您久等了，我是××部×××"	● 电话铃响 3 声之内接起 ● 在电话机旁准备好记录用的纸笔 ● 接电话时，不使用"喂"回答 ● 音量适度，不要过高 ● 告知对方自己的姓名

续表

顺序	基本用语	注意事项
2. 确认对方	● "×先生，您好！" ● "感谢您的关照"等	● 必须对对方进行确认 ● 如是客户来电，要对其表达感谢之意
3. 听取对方来电用意	● "是"、"好的"、"清楚"、"明白"	● 必要时应进行记录 ● 谈话时不要离题
4. 进行确认	● "请您再重复一遍"，"那么明天在×××见，9点钟"，等等	● 确认时间、地点、对象和事由 ● 如果是留言，必须记录下电话时间和留言人
5. 结束语	● "清楚了"、"请放心"、"我一定转达"、"谢谢"、"再见"等	
6. 放回电话听筒		轻轻放下电话

2. 打电话

（1）选择适宜的通话时间。打电话的时间应尽量避开上午7时前、晚上10时以后的时间，还应避开晚饭时间。有午休习惯的人，也请不要用电话打扰他。电话交谈所持续的时间也不宜过长，事情说清楚了就可以了，一般以3~5分钟为宜。因为在办公室打电话，要照顾到其他电话的进、出，不可过久占线，更不可将办公室的电话或公用电话做聊天的工具，这是惹人讨厌的行为。著名相声表演艺术家马季曾说过一段相声，名叫《打电话》就是讽刺这种人的。

（2）通话之前做好准备。通话之前应该核对对方公司或单位的电话号码、公司或单位的名称及接话人姓名。写出通话要点及询问要点，准备好在应答中使用的备忘纸和笔，以及必要的资料和文件。估计一下对方情况，决定通话时间。

（3）注意通话的礼节。接通电话后，应主动友好，自报一下公司，证实一下对方的身份。应先说明自己是谁，除非通话的对方与你很熟悉，否则就该同时报出你公司及部门名称，然后再提一下对方的名称。打电话要坚持用"您好"开头、"请"字在中，"谢谢"收尾，态度温文尔雅。如果你找的人不在，可以请接电话的人转告，如："对不起，麻烦您转告×××……"，然后将你所要转告的话告诉对方。最后别忘了向对方道一声谢，并且问清对方的姓名。切不可"咔嗒"一声就把电话挂了，这样做是不礼貌的，即使你不要求对方转告，你也应该说一声："谢谢，打扰了。"通话结束时，要道谢和说声再见，注意声音要愉快，听筒要轻放。一般来说，由打电话的人先放下电话，接电话的人再放下电话。但是，假如是与上级、长辈、客户等通话，无论你是通话人还是发话人，都最好让对方先挂断。

（4）特殊情况的处理。

①通话中如果有人无意闯入，可以示意请此人坐下等候，或此人自觉退出等候。否则，你可向电话那端的人说声"对不起"后，简短和来人说两句话后（如可以说："等我打完这个电话后再和你谈"）继续通电话。如果办公室有来客时电话铃响了，可以暂时不接。除非你一直在等这个电话。如果属于这种情况，则应向来客说明情况。

②如果需要留言请对方回电，就要请对方记下你的电话号码。这样对方回电就不必再去查电话号码簿，即使对方是熟人，双方经常通电话，也要告诉对方回电的号码，同时别忘了告诉对方回电的合适时间。如果对方是在外地，则最好说明自己将于何时再打电话，请其等候，不可以让对方花钱打长途电话找你。

③如果要找的人不在，则应对代接你电话的人说："谢谢，我过会儿再打"或"如果方便，麻烦您转告××"或"请告诉他回来后给我来个电话，我的电话号码是××"。切不可"咔嗒"一下就挂断电话。

④如果出现线路中断，打电话的一方应负责重拨，接电话的一方应稍候片刻。重拨越早越好，接通后应先表示歉意，尽管这并非自己的过错，可以说："对不起，刚才线路出了问题。"即使通话即将结束时出现线路中断，也要重拨，继续把话讲完。如果在一定时间内打电话的一方仍然未重拨，接电话的一方也可以拨过去，然后询问"刚才电话断了，不知您是否还有没讲完的话"。

打电话的注意事项如表 7-2 所示。

表 7-2　拨打电话的顺序、用语及注意事项

顺序	基本用语	注意事项
1. 准备		● 确认拨打电话对方的姓名、电话号码 ● 准备好要讲的内容、说话的顺序和所需要的资料、文件等 ● 明确通话所要达到的目的
2. 问候、告知自己的姓名	"您好！我是五湖四海公司××部的×××。"	● 一定要报出自己的姓名 ● 讲话时要有礼貌
3. 确认电话对象	● "请问××部的×××先生在吗？" ● "麻烦您，我要找×××先生。"	● 必须确认接电话的是否为你要找的人 ● 确认是你要找的人接的电话后，应重新问候

续表

顺序	基本用语	注意事项
4. 电话内容	"今天打电话是想向您咨询一下关于××的事……"	● 应先将想要说的结果告诉对方 ● 如果是比较复杂的事情,应提醒对方做记录 ● 对时间、地点、数字等进行准确的传达 ● 说完后可总结所说内容的要点
5. 结束语	"谢谢","麻烦您了","那就拜托您了",等等	语气诚恳、态度和蔼
6. 放回电话听筒		等对方放下电话后再轻轻挂掉电话

3. 手机的使用

无论是在社交场所还是在工作场合,放肆地使用手机,已经成为礼仪的最大威胁之一。在国外,如澳大利亚电讯的各营业厅就采取了向顾客提供《手机礼节》宣传册的方式,宣传手机礼仪。在使用手机的时候应该注意以下方面。

(1) 置放到位。在一切公共场合,手机在没有使用时,都要放在合乎礼仪的常规位置,不要放在手里或是挂在上衣口袋外。放手机的常规位置有:一是随身携带的公文包里,这种位置最正规;二是上衣的内袋里;有时候,可以将手机暂时放在腰带上,也可以放在不起眼的地方,如手边、背后、手袋里,但不要放在桌子上,特别是不要对着对面正在聊天的客户。

(2) 注意场合。在会议中或和别人洽谈的时候,最好的方式还是把手机关掉,起码也要调到振动状态。这样既显示出对别人的尊重,又不会打断发言者的思路。而那种在会场上铃声不断,像是业务很忙,使大家的目光都转向他,这实际给人的印象只能是缺少教养。注意手机使用礼仪的人,不会在公共场合或座机电话接听中、开车中、飞机上、剧场里、图书馆和医院里接打手机,就是在公交车上大声地接打电话也是有失礼仪的。公共场合特别是楼梯、电梯、路口、人行道等地方,不可以旁若无人地使用手机,应该把自己的声音尽可能地压低一下,而绝不能大声说话,同时不要妨碍他人通行。在一些场合,如在看电影时或在剧院打手机是极其不合适的,如果一定要回话,采用静音的方式发送手机短信是比较适合的。

(3) 考虑对方。给对方打手机时,尤其当知道对方是身居要职的忙人时,首先想到的是,这个时间他(她)方便接听吗?并且要有对方不方便接听的准备。在给对方打手机时,注意通过从听筒里听到的回音来鉴别对方所处的环境。如果很静,应想到对方是在会议上,有时大的会场能感到一种空旷的回声；当听到噪声时对方就很可能在室外，开车时的隆隆声也是可以听出来的。有了初步的鉴别，对能否顺利通话就有了准备。但不论在什么情况下，是否通话还是由对方来定为好，所以"现在通话方便吗？"通常是拨打手机的第一句问话。其实，在没有事先约定和不熟悉对方的前提下，很难知道对方什么时候方便接听电话，所以，在有其他联络方式时，还是尽量不打对方手机好些。

在餐桌上，关掉手机或是把手机调到振动状态还是有必要的，避免正吃到兴头上的时候，被一阵烦人的铃声打断。不要在别人注视自己的时候查看短信。一边和别人说话，一边查看手机短信，是对别人的不尊重。当与朋友面对面聊天时，不要正对着朋友拨打手机，避免发射时高频的电流对他产生辐射，让对方心中不愉快。使用手机时必须牢记"安全至上"，否则不但害人，还会害己。注意不要在驾驶汽车时，使用手机电话或查看寻呼机内容，以防止发生车祸；不要在病房、油库等地方使用手机，免得手机所发出的信号有碍治疗，或引发火灾、爆炸；不要在飞机飞行期间使用手机，否则极有可能使飞机"迷失方向"，造成严重后果。

另外现在有不少人，特别是年轻人喜欢使用彩铃。有些彩铃很搞笑，或很怪异，与千篇一律的铃声比较起来，确实有独特之处。但是彩铃是给打电话的人听的，如果我们需要经常用手机联系业务，最好不要用怪异或格调低下的彩铃，以免影响自己和单位的形象。

（4）会发短信。手机短信已成为人们交际活动的一种重要方式。其礼仪主要包括书写发送手机短信礼仪和接收手机短信礼仪。

①书写发送手机短信礼仪。内容要简单明了；语意要清楚；检查文法和错别字；短信拜年，记得署名。还有一点需要注意：在短信的内容选择和编辑上，应该和通话文明一样重视。不要编辑或转发不健康的、格调不高的短信，特别是更不应该转发带有讽刺伟人、名人甚至是革命烈士的短信。

②接收手机短信礼仪。接收短信及时回复；及时删除不用的短信，保持手机短信容量有一定空余量，以免影响新短信的接收，甚至耽误大事；重要短信及时移至收藏夹。

4.特殊电话的处理

在电话沟通中，经常会遇到各种不同的特殊情况，使电话沟通无法正常进行，掌握这些特殊电话的应对技巧，有助于更好地利用电话进行沟通，促进人际关系的和谐和事业的成功。

（1）听不清对方的话语。当对方讲话听不清楚时，进行反问并不失礼，但必须方法得当。如果惊奇地反问："咦？"或怀疑地回答："哦？"对方定会觉得无端地招人怀疑、不被信任，从而非常愤怒，连带对你印象不佳。但如果客客气气地反问："对不起，刚才没有听清楚，请再说一遍好吗？"对方定会耐心地重复一遍，丝毫不会责怪。

（2）遇到自己不知道的事。有时候，对方在电话中一个劲儿地谈自己不知道的事，而且像竹筒倒豆子一样，没完没了。职员碰到这种情况，常常会感到很恐慌，虽然一心企盼着有人能尽快来接电话，将自己救出困境，但往往迷失在对方喋喋不休的陈述中，好长时间都不知对方到底找谁，待电话讲到最后才醒悟过来："关于××事呀！很抱歉，我不清楚，负责人才知道，请稍等，我让他来接电话。"碰到这种情况，应尽快理清头绪，了解对方的真实意图，避免被动。

（3）接到领导亲友的电话。领导对部下的评价常常会受到其亲友印象的影响。打到公司来的电话，并不局限于工作关系。领导及前辈的亲朋好友，常打来与工作无直接关系的电话。他们对接电话的你的印象，会在很大程度上左右领导对你的评价。

例如，当接到领导夫人找领导的电话时，由于你忙着赶制文件，时间十分紧迫，根本顾不上寒暄问候，而是直接将电话转给领导就完了。当晚，领导夫人就会对领导说："今天接电话的人，不懂礼貌，真差劲。"简单一句话，便会使领导对你的印象一落千丈。可见，领导及前辈的亲朋好友对下属职员的一言一行非常敏感，期望值很高，请切记时刻严格要求自己。

（4）接到客户的索赔电话。索赔的客户也许会牢骚满腹，甚至暴跳如雷，如果作为被索赔方的你缺少理智，像对方一样感情用事，以唇枪舌剑回击客户，不但于事无补，反而会使矛盾升级。正确的做法是：处之泰然，洗耳恭听，让客户诉说不满，并耐心等待客户心静气消。其间切勿说"但是"、"话虽如此，不过……"之类的话进行申辩，应一边肯定客户话中的合理成分，一边认真琢磨对方发火的根由，找到正确的解决方法，用肺腑之言感动客户。从而，化干戈为玉帛，取得客户谅解。

面对客户提出的索赔事宜，自己不能解决时，应将索赔内容准确及时地告诉负责人，请他出面处理。闻听索赔事宜，绝不是件愉快的事，而要求索赔的一方，心情同样不舒畅。也许要求索赔的客户还会在电话中说出过激难听的话，但即使这样，到最后道别时，你仍应加上一句："谢谢您打电话来。今后一定加倍注意，那样的事绝不会再发生。"这样，不仅能稳定对方情绪，而且还能让其对公司产生好感。正所谓："精诚所至，金石为开。"对待索赔客户一定要诚恳，用一颗诚挚的心感动客户，以化解怨恨，使之从这次处理得当、令人满意的索赔活动中，理解与支持本公司，甚至成为公司产品的支持者。通过对索赔事件的处理，你也能了解公司的不足之处，并以此为突破口进行攻关。当你经过不懈努力，终于排除障碍、解决问题，甚至使产品质量更上一层楼，使企业走出困境，不断繁荣昌盛。这时，谁又能说索赔不是一件好事呢？

（5）难以及时回答对方的电话。无论你接电话前精力如何集中，总有些时候，当你拿起电话时，就发现总有这样或那样的原因让你需要更长一点的时间向对方作出有效的答复。在这种情况下，你可以使用下列权宜之词，以帮助自己赢得时间，你可以说：

"对不起,另一部电话响了,请您稍等,我马上就回来。"

"对不起,有人正等着和我通话,等一会儿我再给您打过去好吗?"

"对不起,碰巧这时有人来找我,我一会儿给您打过去好吗?"

"您能给我点时间去查查资料吗?"

"我认为这件事很重要,让我仔细考虑一下再答复您。"

"对于这件事我有许多想法,我能过一会儿再打电话跟您讨论吗?"

"很抱歉现在我很忙,我知道这件事对您非常重要。明天下午四点您有空吗?那时我再跟您详细谈好吗?"

"这个消息我并不知道,我能落实一下,明天再给您打电话吗?"

"很荣幸能为您服务,我能在星期五约个时间,再打电话跟您谈这件事吗?"

(6)接到一些令人困惑的电话。有时,我们可能遇到这样的情况:你接到一个电话却不明白对方在说些什么,或者使用一些你并不理解的词语和表达方式,或者要求你回答问题,承担自己并不知道的责任。尽管对于对方所说的你一无所知,但你却并不甘于承认自己的无知,不甘于因此而居下风。

面对这些情况,你也有很多办法。其一就是言词模棱两可。比如,你可以说:"您能再解释得更清楚一点吗?我不太明白您用这个词表达的意思。"或者"您所指出的那个细节我并不完全清楚,我可以查一查后再回复您。"

5. 使工作顺利的电话术 ①

电话沟通的功能除了前面所提到的帮助商务员拓展新的业务以外,巧用电话也可以帮助管理人员与公司内部成员及商业伙伴之间维系良好的关系,因此,管理人员有必要掌握一些使工作顺利的电话术。

(1)迟到、请假自己打电话。学生时代,许多人都是请同学或者父母代向学校请假,即使上班之后,请假也常常如此。其实这样做是不礼貌的,也是不负责任的,除非是特别紧急的情况,自己无法同单位联系,否则最好自己打电话,亲自说明迟到或请假的原因。首先,迟到和请假是个人的事,自己的事就应该自己负责。第二,站在公司的立场,员工一旦迟到或缺席,单位一天的工作计划或进度就会有所变更,甚至耽误正常的运作。如果听到员工本人的说明,才能让单位确定后,采取一定的应变措施。请假或迟到,应尽可能地亲自向领导说明原因,以取得谅解。

还有一点不可忽略,即在请假的同时还应该告知单位自己何时可以到达,若没有明确地说明时间可能会给公司带来困扰。某位公司职员就曾有过这种体会。这位职员只向上司报告说:"因为临时有事,可能会晚点儿到。"而公司本来约好下午一点要和客户谈生意,但

---

① 黄漫宇. 商务沟通. 北京:机械工业出版社,2006.

上司临时把时间改在上午11点,他没有想到,这位职员会迟到两小时,上司只好再打电话给客户,再次变更时间,并致歉。一个职员失误,可能会影响到公司的信誉。

(2) 外出办事,随时同单位联系。在公司的立场上,最麻烦的就是,外出办事的人就像断了线的风筝,消失得无影无踪。这些人一旦离开单位,就再也不同单位联系,让人不知道他的去向。遇到急事,也无法告知,极可能影响工作的进度。因此长时间外出时,一定要常和单位保持联系,尤其是原定计划要更改时,更需要和单位说明,让单位了解进程。

(3) 延误拜访时间应事先与对方联络。在和对方约定好时间的情况下,为了表示自己的责任心和对对方的尊重,一定要按时到达,这代表一个公司的形象。但如果是因为交通或者是其他方面的原因迟到,则一定要提前向对方及时解释,求得谅解,不能让对方等待过久,此外也应询问对方是否还有充分的洽谈时间,不要给顾客带来不便。

(4) 外出时,告知去处及电话。在外出时一定要告知上司或者下属你的去向和联系方式,方便他们及时和你进行联系。如果没有人知道你的联系方式,可能使你在外出期间的一些突发事件无法得到解决,这会给公司的工作带来极大的影响。无论是公司的负责人还是员工都有必要遵守这一规则,不能因为自己位高权重而忽略这一点,最起码要让秘书知道自己的行踪或者自己定时和公司取得联系。

(5) 与外出上司联络,力求简洁。上司到客户的公司洽谈业务,你因临时有急事,必须与上司取得联系,此时在你拨通上司的手机以后,应该尽量以上司能够简单回答的方式提问。若让接电话的上司说得太多,四周的人会觉察谈话内容,万一所谈的内容与客户有关,很可能引起客户的不悦。最好让上司回答:"是"与"不是"就能解决问题。不要问一些让上司难以回答的问题,造成上司的困扰。

(6) 以传真机传送文件后,用电话联络。传真机在现代信息社会已经得到了越来越广泛的使用。为了保证文件准确无误地传送给对方,商务人员在使用传真机传送文件后应使用电话和对方取得联系,一是确保传真文件传送到位和传送文件的正确性,二是交代传送文件的大概内容和目的,方便接收人阅读。

(7) 同事家中的电话不要轻易告诉别人。同事因故没有来上班,常会有人打电话来找他,接电话的人当然会告诉对方实际情况。但对方表示有急事,询问其家中电话时,应该如何处理呢?

如果以工作优先的原则来处理这件事,将电话告诉对方并没有错,但实际上我们并不知道对方与同事之间的关系,所以是否将电话告诉对方很难确定。原则上职员的家庭电话是不能随便告诉外边人的。打到公司的电话一般是公事,首先可由其他职员代为处理,若只有同事本人了解情况,应由公司同这位同事联系,再由职员给对方打电话,就不会影响工作了。

另外,当不便告诉对方同事电话时,应婉转说明,免得造成对方的尴尬。

（8）借用别家公司电话应注意的事项。一般人在拜访客户、洽谈商务时，都知道要注意措辞和态度，可是一旦完成任务，借电话打回自己公司时，就会不知不觉松懈下来，遣词用句会杂乱无章，进而在电话中对客人无礼。虽然和对方洽谈结束后，心中的压力消失了，但仍应保持庄重的态度，打电话回公司，也应力持谨言慎行，切忌忘了身在何处，若态度放肆，会引起对方的不满。为了避免发生这种情况，在别人的公司打电话与本公司联系时，一定要注意说话时的措辞与态度。

一般借用别家公司电话，最好不超过十分钟，即使是自己公司打来的，也是如此。因为，无论是自己打过去还是对方打过来，都会因为占用别人的电话线，给对方造成不便。若遇到特殊情况，非得长时间接打电话，应先征求对方的同意和谅解。

课堂实训

1. 实训：自编小品"打电话"活动

实训目标：掌握电话沟通的基本规范和技巧。

实训学时：2学时。

实训地点：实训室。

实训准备：电话等。

实训方法：将学生3~5人分为一组，每组学生自设场景，自编小品表演打电话（手机）。表演后，师生点评。

2. 实训：客户电话沟通训练

实训目标：掌握营销交际中运用电话与客户进行沟通的技巧，赢得客户的信任和好感，展现出营销人员良好的职业形象。

实训学时：1学时。

实训地点：实训室。模拟一个办公室的环境，要有两张办公桌，办公桌可以相隔一定距离。

实训准备：场景设计方案。

（1）假如你是某公司业务员，突然接到一个投诉电话，客户要求赔偿由于迟交货物所造成的全部损失。

（2）假如你正在电话里和一位客户谈生意，另一部电话突然响起。

（3）如果有个电话是你接听，所找的人为你的同事，而你的同事恰好不在。

（4）你与客户第一次进行业务练习。

也可以发挥想象，设计其他情形。

实训方法：学生6人为一组，每组自由结合，模拟在上述四个情境下的电话接听礼仪技巧及交谈内容，现场如果没有电话可用手机代替。

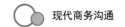

最后由授课老师进行总结评价,全班同学评选出"最佳表现组"。

3. 测试:你的电话沟通能力如何?

请就以下问题作出"是"或"否"的选择,测试你的电话沟通能力如何。

(1)电话铃响得令人不耐烦了才拿起听筒。

(2)对着话筒大声地说:"喂,找谁啊?"

(3)一边接电话一边嚼口香糖。

(4)一边和同事说笑一边接电话。

(5)遇到需要记录某些重要数据时,总是在手忙脚乱地找纸和笔。

(6)抓起话筒却不知从何说起,语无伦次。

(7)使用"超级简略语"。

(8)挂完电话才发现还有问题没有说到。

(9)抓起电话粗声粗气的对对方说:"喂,找一下×经理。"

(10)抓起话筒向着整个办公室吆喝:"小王,你的电话!"

(11)态度冷淡地说:"×××不在!"就顺手挂断电话。

(12)让对方稍等,就自此不在过问他(她)。

(13)答应替对方转达某事却未告诉对方的姓名。

(14)对对方说:"这事儿不归我管。"就挂断电话。

(15)接到客户索赔电话,态度冷淡或千方百计为公司的产品辩解。

(16)接到打错了的电话很不高兴地说:"打错了!"然后就粗暴地挂断电话。

(17)电话受噪声干扰时,大声地说:"喂,喂,喂……"然后挂断电话。

解析:

①如果你的回答"是"较多,说明你的电话沟通能力很差,急需改进。

②如果你的回答"是"与"否"相当,说明你电话沟通能力一般,需要加强改进。

③如果你的回答"否"较多,说明你的电话沟通能力很好,应继续保持与提升。

课后练习

1. 案例分析

(1)对方看到你打电话的表情。

日本有一个特别有名的销售员,有人结合他的经历写了一本书,叫《史上最伟大的推销员》。这个推销员的伟大之处在哪儿呢?他的工作中又有哪些有趣的故事?

有一天晚上,他回到家后,比较累了,决定先睡一觉。但他定了一个闹钟,同时告诉他老婆,晚上十点的时候,一定要把他叫起来,因为他跟一个很重要的客户约好在十点半的时候打电话。

到十点的时候，不等他老婆催他，他听到闹钟就醒了，然后去洗手间洗漱，接着又是刮胡子，又是穿衬衫、打领带的，还穿上了西装和皮鞋。最后拿了个本子，在电话机旁正襟危坐，一到十点半就准时给对方打电话。

业务倒是谈得很顺利，十几分钟就搞定了。但是他这番怪举动让他老婆感到很奇怪：不就一个电话吗？有必要搞得跟个神经病似的吗？大半夜的还要起来精心打扮一通，好像现在不是晚上，而是星期一一大早。

你猜他是怎么解释的？他跟他老婆说，如果我很邋遢、很懒散的话，对方虽然看不到我的样子，但是我自己的精神面貌不好，而这会通过我的语气变化传达到对方那里。经过这么一番打扮，我看起来正式多了，人也精神多了。虽然看不见对方，我也要尊重对方，我相信，对方一定能感受得到！

一个人的成功与伟大，从来都不是无缘无故的。他凭借着这样的好心态赢得了众多的客户，很多客户觉得，不管什么时候和这个推销员打电话，都会感觉他精神百倍，好像全心全意地在做这件事。客户要是感觉到你是全心全意的，哪怕只是对待一通电话，他也会觉得受到了极大的尊重。

（资料来源：陈乾文. 别说你懂职场礼仪. 北京：龙门书局，2010.）

思考讨论题：
①与客户进行电话沟通时，怎样让客户觉得你是尊重他（她）的？
②本案例对你有什么启示？
（2）星星公司的完整电话解答脚本。

星星公司是网络应用服务提供商。一天，星星公司的一个客户打进电话，抱怨说最初通过网络申请的密码丢失，密码提示问题也已经忘记。星星公司目前的解决方案只能通过密码提示问题找回丢失的密码，没有其他办法。打进星星公司电话的客户情绪激动，脾气暴躁，急于找回。打进电话时语气急速，生硬，不友好；在问题解释过程中，客户没有耐心。以下是完整电话解答脚本。

场景：在一个忙碌的客户服务中心，电话声此起彼伏。一位坐席人员接起一个电话，客户服务就从这个时候开始讲起。

坐席：这里是星星公司客户服务中心，请问您有什么问题？

客户：我的网上密码忘记了（或被盗了），找了很多次都没成功。

坐席：这位先生，请问您贵姓？（在开始语中，注意不要急于询问客户的问题及提供解决方案，问清客户的姓氏，在以后的谈话中注意使用，体现对客户的尊重。）

客户：我姓张。

坐席：张先生，请问您找回密码是通过我们网站提交密码提问进行找回的吗？（通过封闭性问题，逐步锁定客户问题产生的根源。注意，使用封闭性问题避免连续多次使用，一般连续不超过3次。问题的询问要目的明确，适时引导客户，避免漫无目的；避免在客户激动的时候询问不恰当的问题，激化矛盾。)

客户：是的。我是一年前注册的，现在谁还能记住密码提示问题？

坐席：密码找回是通过密码提示问题找回的。(重申问题的解决方案。注意：语气要委婉。)

客户：你的意思就是我找不回密码了。(注：此设计为一难缠客户。正常情况下很好解决，在这里不作假设情况设计。)

坐席：张先生，我很理解您此时的心情，如果我遇到您这种情况，我也会像您一样着急。我们这么做的目的也是为了保护客户的利益。(与客户情绪同步，理解他目前所处的困境，注意说话的语气，要真诚、充满感情。注意：一定要很好地把握说话时的语气和态度，要从内心由衷地发出。在很多客户服务中心，坐席人员经常会说，我也对客户表达了歉意与理解，可是没有效果。体会一下，使用不同的语气表达同样的内容感染力的区别。)

客户：保护我的利益就要帮我找回呀！我都使用一年多了，好不容易才修炼到现在这样的级别。我就这样认了吗？

坐席：张先生，和您的谈话中，可以看出您一定是×××方面的高手。在网上经常发生密码被偷、信息被盗的现象，就像现实生活中小偷偷走了我们的钱包一样，要找回一定需要相应的线索。而密码找回也是通过提供密码提示问题这一线索找回的。希望您能理解。(运用赞美和移情平息客户。注意：语言交流中保持一定的幽默与风趣。对待客户就像对待你的朋友，和客户建立良好的关系，最后让客户理解你的难处。)

坐席：(保持沉默20秒)(适时沉默，倾听客户的声音。其作用相当于一个封闭性的问题。)

客户：那好吧！(结束电话)客户可能说：那我就没有办法了。

坐席：您可以好好地再想一想，多去尝试几回。在网络提交过程中，有什么不清楚的地方，我们随时欢迎您再次拨打我们的电话。

客户：好吧！(结束电话)客户可能会说：还有没有其他的办法？(注意：在准备结束电话时，多使用封闭性回答或提问，并且在回答后保持沉默适当时间，让客户回答，若客户没有反应，可以询问：还有其他问题吗？)

坐席：我很希望能够给您更多的帮助。目前密码的找回只能够通过密码提示问题。如果公司有其他的方案，会第一时间通知您。请您多多包涵。(回答的原则：避免正面的直接否定，这容易造成客户的不满情绪升级。)

客户：谢谢！(结束电话)

(资料来源：http://www.baoxianwangluo.com/forum-viewthread- tid-24740-from-portal.html, 2008-06-22.)

思考讨论题：

①本案例中星星公司"坐席"与客户电话沟通运用了哪些技巧？

②本案例对你有哪些启示？

（3）AB 汽车客户满意度回访。

李新是 AB 汽车特约维修中心的客户经理，在最近一段时间，他通过电话回访进行客户满意度的调查。今天早上他一到公司，就开始了电话拜访。

场景一：

"是陈强吗？"

"我是，哪位？"

"我是 AB 公司汽车特约维修中心的。"

"有事吗？"

"是这样，我们在作一个客户满意度的调查，想听听您的意见？"

"我现在不太方便。"

"没有关系，用不了您多长时间。"

"我现在还在睡觉，晚点打过来好吗？"

"我待会也要出去啊，再说这都几点了，您还睡觉啊，这个习惯不好啊，我得提醒您。"

"我用得着你提醒吗？你两小时后再打过来。"

"您还是现在听我说吧，这对您很重要，要不然您可别怪我。"客户挂断。

场景二：

"您好，请问是陈强先生吗？"

"我是，哪位？"

"您好，我是 AB 汽车特约维修中心的客户经理，我叫李新。"

"有事吗？"

"是这样，您是我们公司的老客户，为了能为您提供更好的服务，我们现在在作一个客户满意度的调查，想听取一下您的意见，您现在方便吗？"

"我现不太方便。"

"哦，对不起，影响您工作了。"

"没有关系。"

"您看您什么时候方便呢，我到时候再给您打过来。"

"噢，您中午再打吧。"

"噢，那不会影响您吃饭吗？"

"您十二点半打过来就可以了。"

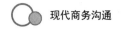

"好的,那我就十二点半打给您,谢谢您,再见!"

(资料来源:武洪明,许湘岳.职业沟通教程,北京:人民出版社,2011.)

思考讨论题:

①本案例中的第一个回访收到预期效果了吗?为什么?

②本案例中的第二个回访取得了怎样的效果?为什么?

2. 思考与训练

(1)日常生活中,你在打电话时遇到哪些不礼貌的情况?

(2)结合生活实际谈谈你接打电话的体会。

(3)欣赏相声表演艺术家马季的相声《打电话》,讨论打电话应该注意什么。

(4)李经理正在与一位客户进行电话交谈,这时另一位重要客户来到办公室拜访。如果你是李经理,正确的做法应该是什么?

(5)如果发现自己拨错了电话,你应该怎样解决?

(6)张女士在国家大剧院音乐厅听一场由著名大师指挥的交响乐。音乐演奏到高潮时,全场鸦雀无声,凝神谛听,突然手机铃声响起,在宁静的大厅中显得格外刺耳。演奏者、观众的情绪都被打断。大家纷纷回头用眼神责备这位不知礼者。请问使用手机应注意哪些规范。

(7)如果你是电话销售员,你认为在电话销售中成功的关键因素是什么?

(8)如何替人转接电话?

(9)在与客户的沟通中,究竟应该如何挂断电话?

(10)你的一个同事给你打起电话来喋喋不休,你又有别的事情要忙,你会如何拒绝他(她)?

项目2 沟通技能篇

任务8　网络沟通

谁掌握了信息，控制了风格，谁就能拥有整个世界。

——（美）阿尔文·托夫勒

导学案例

电子邮件诽谤案

伦敦法庭要求英国一名男子向他的前雇主支付 26 000 英镑的损失补偿，这是英国民事法庭审理的首例匿名电子邮件诽谤案。另外，法庭还要求这位名叫大卫·弗兰克尔（David Frankl）的男子支付约 100 000 英镑的诉讼及调查费用。

现年 50 多岁的弗兰克尔一直否认他曾分别于 1999 年 4、5、6 月份向他原来任职的 Takenaka 建筑公司的伦敦总部发送电子邮件。这些电子邮件以克里斯蒂纳·里尔特（Christina Realtor）的化名指称该公司的副总经理布莱恩·科菲曾和"她"私通 18 个月，并拒绝抚养二人生下的一名男婴。这些邮件还指责科菲就公司的财产向"她"吹"枕边风"，还说科菲经常说谎、对"她"进行殴打并威胁要杀死她。

伦敦高级法院法官埃利奥特最后判定这些邮件是由弗兰克尔捏造并发出的。他的这一裁决是在一位专家的调查报告的基础上作出的。这位专家通过每封邮件的唯一的"IP"识别码追踪到了土耳其 Thames Water 公司雇员所用的一台便携式电脑。当时弗兰克尔正在 Thames Water 公司工作，后来该公司认定他就是这些邮件的来源并将其解雇。

法官称行家提供的这些线索价值极高，这是英国法庭审理的首例匿名电子邮件诽谤案。法官判给了 Takenaka 公司 1 000 英镑作为被诽谤为虚伪、采用双重标准及冷酷无情的补偿。这位法官还说对科菲的诽谤要严重得多，尽管这些诽谤的传播范围被限制在公司的圈子内，他判给科菲 25 000 英镑。

伦敦最高法院 7 月份要求互联网服务提供商 Compuserve 协助追踪这些邮件的来源，这样该公司和科菲才得以找到弗兰克尔并追踪到 Thames Water 公司。法庭要求弗兰克尔在 28 天之内支付这些损失补偿。

（资料来源：火羽，http://tech.sina.com.cn/internet/international/2000-10-12/38766.shtml，2000-10-12.）

问题：

（1）应该如何利用网络进行沟通？

（2）本案例给你哪些启示？

> **学习训练目标**
> - 了解网络沟通的特征；
> - 熟悉网络沟通的主要工具；
> - 把握网络沟通的策略；
> - 明确网络沟通的礼仪规范。

8.1 网络沟通概述

网络沟通就是以互联网为工具，以文字、声音、图像及其他多媒体为媒介的沟通方式。这里所指的网络沟通的主体是企业等组织，计算机网络是沟通媒介，对象是企业等组织的内部和外部公众。网络沟通是电子沟通的一种，需要借助计算机网络来实现相互间的沟通，主要手段包括建立企业网站、电子邮件传递、设立领导信箱、讨论区、建立信息管理系统，搭建即时通信工具平台等。网络沟通突破了时间与空间的界限，使人与人之间的沟通不再受时空的限制，人们步入了一种新型的沟通环境之中。在网络沟通中，由于网络覆盖了许多文化背景、经济背景及教育程度不同的用户，交流中极有可能产生误解和对立，因此遵守网络沟通的规则和礼仪就显得十分重要了。如果无视网络沟通的规则和礼仪，就会像"导学案例"中的弗兰克尔那样受到惩罚。

1. 网络沟通的特征

网络作为继报纸、广播、电视之后出现的第四种具有超强影响力的传播媒介，具有其他媒介无法替代的功能，在信息沟通方面发挥着越来越独特的作用。网络沟通与传统沟通方式相比较，具有以下特点[①]。

（1）信息资源的十分丰富、空间容量大。由于网络信息技术的不断进步，加之人们对网络的日益青睐，各种信息通过大型门户网站和搜索引擎等被加入互联网，使得互联网成为一个信息和知识的宝库。人们可以轻松地通过搜索引擎查到自己需要的文字、图像、视听资料。在以往传统的沟通方式中，无论是人际沟通还是大众沟通都会不同程度地受到时间、空间等各种因素的干扰和影响，而网络沟通空间巨大，容量无限，它不仅可以跨越地域、文化和时空进行沟通，而且可以通过"超链接"功能把信息接到其他相关信息上，使互动式信息容量远远超过现实世界中的静态信息。

（2）沟通交互性、多维性、即时性、直复性。网络沟通的一大特色是互动性，一方面网络沟通不仅仅是媒体作用于用户，更多的是用户可以作用于媒体，用户可以对网络信息进

---

① 郭文臣. 管理沟通. 北京：清华大学出版社，2010.

行阅读、评论或下载,进行加工、处理。网络沟通不仅能向用户显示文字资料,还能同时显示图形、活动图像和声音,人们可以通过留言,或直接通话,或直接视频沟通,实现即时交流。互动式媒体使用户有控制权和前所未有的影响力,不仅影响企业或组织提供给他们的服务,也影响这些服务提供的时间和地点。特别是随着网络技术不断向宽带化、智能化和个体化方向发展,用户在更广阔的领域内实现声、图、像和文字等一体化的多维信息的共享和人机互动。所谓直复性沟通是指企业和公众通过网络直接连接。它不像以往的沟通方式,往往要通过一定的环节,特别在新闻传播中,编辑、记者经常充当"守门员"的角色,经过层层审查才能与公众见面。而网络沟通则节省了编辑加工环节,立即可以发布信息。企业也可直接面向消费者发布新闻或者通过查询相关的新闻组、网络论坛来发现新的顾客群,研究市场态势,直接得到大量真实的信息反馈等。

(3)空间开放性、虚拟性和相对平等性。网络空间面向每一个人,人人都可以利用网络发表自己的观点、见解,既可以利用网络展示自己的技能,也可以利用网络发表自己的"作品"(如博文)。空间的开放性、虚拟性,决定了沟通的平等性。人们可以实名或匿名运用网络进行相对自由的沟通。

(4)沟通形式多样,可选择的沟通工具众多。人们既可以在网上浏览信息、阅读电子图书、进行英语对话交流、观看电视和电影,也可以玩游戏、作画、健身;既可以一对一交流,也可以群体交流。近年来,即时通信工具的种类越来越多、功能越来越强大、使用越来越方便,而且还十分经济,很多功能可以免费使用。

总之,网络沟通是一种全新的沟通方式,是一种集个体沟通(电子邮件)、组织沟通(如电子论坛或电子讨论组)和大众沟通于一身的沟通形式。网络沟通已经掀起了一场沟通方式的革命,它改变人们的沟通意识,对组织的沟通管理也提出了新的挑战。

2. 现代网络沟通工具

现代网络运用电子媒介和各种电子沟通工具,为人们提供了经济实惠、方便快捷的信息服务。由于网络对于人们的生活、学习、工作等产生了巨大的作用和影响,网络技术开发也得到了高度重视,网络沟通工具无论在种类上、形式上,还是在数量上、质量上都以惊人的速度得到发展,新的网络沟通工具不断涌现,功能日益完善,使用者越来越多,影响范围越来越大。

网络沟通最常见的方式包括电子邮件、即时通信工具、电子论坛、博客和播客等。

(1)电子邮件。电子邮件是互联网上的重要信息服务方式。通过网络的电子邮件系统,用户可以用非常低廉的价格或是免费把信息发送到世界上任何被指定的、同样拥有邮件地址的另一个或多个用户。电子邮件内容可以是文字、图表、视听材料等。电子邮件具有使用简易、投递迅速、收费低廉、易于保存、全球畅通无阻等特点,已经成为利用率最高的

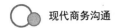

沟通形式和沟通工具。

（2）几种即时通信（通讯）工具简介。

①腾讯QQ。这一最早的国产即时通信工具，集图文消息实时发送和接收功能于一身，为用户提供游戏社区、开放型聊天室的服务。在商用领域，由于员工使用QQ交流的不可控性会影响工作效率，QQ分支RTX和TM相继出现，较早走上了即时通信的商用化道路，但起初效果不太理想，现在正在不断地改进和发展，客户数量在不断增加。

②微软MSN。微软凭借其技术力量和服务体系，使MSN在PC的主流操作系统Windows XP、掌上计算机、智能手机上使用。MSN不仅具有实时图文发送、接收功能，用户还可以通过MSN从PC上与其他联系人进行语音交谈，或者通过计算机给其他联系人拨打电话、发送文件、召开多人联机会议，或进行MSNZone网络游戏。同时，用户还可收到Hotmail的新邮件到达通知及最新的MSNBC新闻头条等。MSN使用独特的非ID号注册原则，用户不能随便搜索到在线用户，也不能随意猜测到其他MSN用户的ID，因而有效地避免了商务用户不想被骚扰的问题。而且，MSN白板功能及网络会议等功能的加入，可为企业提供类似于RTX的企业内部办公系统。

③雅虎通（Yahoo messenger）。Yaohoo messenger因其集成了主流即时通信软件的绝大多数优点，而且首次实现了即时通信产品与搜索工具的融合，通过其搜索产品"一搜"与"雅虎通"的巧妙整合，推动了搜索向桌面的扩展。3721加入雅虎通后，依托其庞大的企业资源库，再加上雅虎通本身的功能优势，基本实现了企业会员之间的商务沟通。

④新浪UC。新浪于2004年7月1日宣布收购"朗玛UC"，使新浪拥有了技术支持和庞大的用户群体。新浪凭借其国内门户的领先优势、良好的人气及广泛的娱乐服务与UC已有成就相整合，打造而成"新浪UC"。但是，由于UC极强的娱乐色彩，再加上投身门户网站，服务于固定网络群体的限制，"新浪UC"难以得到企业级用户的宠爱。

⑤网易泡泡（POPO）。网易泡泡最先推出IM软件，但由于新浪与UC的合并，直接导致其运用于门户娱乐服务的IM市场占有率大幅下滑。但网易泡泡在商用领域表现出一定的生存能力，网易泡泡在网络连接和防火墙穿透方面拥有一定的优势，只要能浏览网页就能使用泡泡及其可以穿透任何防火墙的能力，使得它对经常在网上传输文件的商务用户形成极大的帮助。

⑥搜狐"搜Q"。搜Q出现较晚，侧重于娱乐，缺乏商用优势。

⑦阿里巴巴"贸易通"。"贸易通"由全球最佳B2B网站"阿里巴巴"于2003年11月推出，是专为商人量身定做的免费商务即时通信软件。其从界面风格到服务内容都体现了商务用户对即时通信软件的需求。商务用户使用该软件不仅可以实现实时的在线交流，而且还具有由它发布即时商业供求信息及随时查看最新商业资讯等功能。

⑧电子名片TraCQ。从2003年问世之初，TraCQ便定位于商用即时通信领域。在商用

领域,它开创了多项即时通信新模式。一是实名制注册,组织行为管理。这一创新要求企业在电子名片(TraCQ)的注册中必须遵循实名原则,并通过企业管理员统一管理。新原则的实施,可使企业免去使用传统娱乐 IM 软件公私不分的不可控性。统一有序的组织管理加上具体到位的实名账号,会使企业的沟通及工作效率得到大幅改善。二是 TraCQ 电子名片独创网页会话技术,一改传统 IM 软件必须通过 PC 桌面登录客户端并添加联系人方可交流的局限。企业只需将电子名片(TraCQ)嵌入自己的网页,便可为访问企业网站的访客提供便捷的交流途径。访客无须下载安装任何客户端软件,只要点击企业网站上的工作人员名片就可直接进行全面的文本、短信及视、音频在线洽谈。这一交流模式的创新,从根本上突破了阿里巴巴"贸易通"只提供会员与会员间交流的弊端,使得会员与会员、客人与会员的交流变得更加直接有效,从而最大限度地增加了企业成交的机会。TraCQ 电子名片的出现,使即时通信软件与互联网的基础——网站的结合变得更加密切,使得点对点的沟通通过 IE 即可方便地实现。这可能进一步推动"静态网站"向"交互网站"的升级,开创即时商务的新时代。

⑨ Skype。Skype 是网络即时语音沟通工具,具备 IM 所需的其他功能,如视频聊天、多人语音会议、多人聊天、传送文件、文字聊天等功能。它由 KaZaA 开发人员所研发,采用 P2P(点对点技术)的技术与其他用户连接,目前不仅可以进行语音聊天,还可以进行视频交流。Skype 是一家全球性互联网电话公司,它通过在全世界范围内向客户提供免费的高质量通话服务,正在逐渐改变电信业。美国联邦通信委员会主席 Michael Powell 说:"当我下载完 Skype,我意识到传统通信时代结束了。"

(3)电子论坛。电子论坛(Bulletin Broad System,BBS),即电子公告系统,又名电子公告板、留言簿。它是网络内容的提供者,如商业网站和个人主页,为上网者提供的自由讨论、交流信息的地方。它提供一块公共电子白板,每个用户都可以在上面书写,可发布信息或提出看法。电子公告板按不同的主题、分主题分成很多个布告栏,布告栏的设立依据大多数 BBS 使用者的要求和喜好,使用者可以阅读他人关于某个主题的最新看法(几秒钟前别人刚发布过的观点),也可以将自己的想法毫无保留地贴到公告栏中。在与别人进行交往时,无须考虑自身的年龄、学历、知识、社会地位、财富、外貌、健康状况,而这些条件往往是人们在其他交流形式中不可回避的。同样地,也无从知道交谈对方的真实社会身份。这样,参与 BBS 的人可以处于一个平等的位置与其他人进行任何问题的探讨。

(4)博客。"博客"一词是从英文单词 Blog 音译而来。Blog 是 Weblog 的简称,而 Weblog 则是由 Web 和 Log 两个英文单词组合而成,通常称为"网络日志"。Blog 是一个网页,通常由简短且经常更新的帖子(张贴的文章)构成,这些帖子一般是按照年份和日期倒序排列的。Blog 的内容涵盖广泛,有的纯粹是个人的想法和心得,包括新闻、日记、照片、诗歌、散文,甚至科幻小说;有的是对其他网站的超链接和评论;有的是关于公司事务的公告、管理心得、述评；也有的是在基于某一主题的情况下或是在某一共同领域内由一群人集体创作的内容。Blog 是私人性和公共性的有效结合，它不是纯粹个人思想的表达和日常琐事的记录，它所提供的内容可以用来进行交流和为他人提供帮助，具有极高的共享精神和价值。撰写 Blog 的人叫 Bloggre 或 Blog writer。简言之，Blog 就是以网络作为载体，简易、迅速、便捷地发布自己的心得，及时、有效、轻松地与他人进行交流，再集丰富多彩的个性化展示于一身的综合性平台。Blog 的发展历史并不长，通常认为至今（2009 年）只有 10 多年的时间。2000 年博客开始进入中国，2005 年开始盛行。国内主要门户网站相继开设博客网，并免费提供博客网络管理服务。

博客类型主要包括个人博客（普通人博客、名人博客）、小组博客、家庭博客、商业博客（企业博客、产品博客）、知识库博客（K-LOG）等。

国内学者对网络通信工具的优缺点和适用范围作了比较分析。如表 8-1 所示。

表 8-1 几种主要网络通信工具的优缺点和适用范围比较

比较项目 网络沟通方式	主要优点	主要缺点	适用范围
全球咨询网网页（Webpage）	信息量大、传播范围广	保密性差、无确定主题、不确定性反馈	需要公开的、大范围传播的信息
电子邮件（E-mail）	流向清晰、发送速度快、传达准确、保密性好	邮件接收的不及时、需要反馈等待	需要向特定主体（个体或群体）传递的或要求保密的信息
电子公告板（BBS）	信息内容丰富、发布接收信息方便、信息公开透明	保密性差、谣言或不实信息迅速传播	需要向员工或其他相关人员公告的信息和需要讨论或征集意见的问题等
聊天室（chat room）	可以实现异地同步沟通、立即反馈、话题丰富、保密性好	受沟通对象是否在线的约束和文字载体的约束	员工或领导与员工之间工作之余的情感沟通
网络电话、传真	沟通及时、反馈无须等待、内容清晰、成本低	对通话时间有一定的限制，对沟通内容也有一定的要求	紧急性的、需要当即回复的、内容简单、容易表达清楚的信息沟通
电子内部刊物	成本低、保留时间长、浏览方便、针对性强、更具时效性	信息传递的确定性和范围程度难以预知	专业性、针对性较强的信息沟通

续表

比较项目 网络沟通方式	主要优点	主要缺点	适用范围
网络会议系统	召集会议方便、省时、省力	互动效果相对传统会议较差，参会人员的精力投入不充分	不同地域人员参加的非大型会议或需要紧急召开的、由分散在各地人员参加的会议
即时通信工具	方便、即时互动、时效	受沟通对象是否在线的约束	员工或领导与员工之间工作之余的情感沟通

8.2 网络沟通的策略

1. 彼此尊重，以人为本

网络中需要彼此尊重。如在 QQ 聊天当中，有些不熟悉的人一上来就发视频请求，更有甚者你不接的话就不停地发，这种做法，是对对方极不尊重的做法。因为对方需要的是一个独立的个人空间。这种做法最后得来的结果便是被对方拉入黑名单或被直接删除。因此，网络交往必须以尊重他人为基础。网络礼仪的核心原则之一是适度。把握分寸正是人性和人心所能接受和需要的，能够有效地塑造个人形象和表现自己的修养和气质。

网络沟通首要的一条就是"记住人的存在"。虽然网络是虚拟的，甚至有种说法叫做"在网上谁也不知道你是一条狗"，但是既然你参与了网络，就应该以在乎自己一样的态度来在乎对方，尊重对方就等于尊重自己。聊天也好、发 E-mail 也好、跟帖也好，必须以不侵犯他人的言论权为基础，必须言谈举止都恰当才能树立你在网络中的实际形象，这样，你以后的待遇当然是备受别人尊重。

网络礼仪的根本就是"人"，作为网络的主体，"人"应该放在礼仪中的首位：一切以"人"为中心，尊重所有网络人，方便所有网络人，快乐所有网络人！

2. 讲究礼仪，加强修养

由于网络使用者来自不同的文化背景与生活层次，而且网络使用者无法获得像面对面时可得知的交谈规范。这时为了表示尊重对方，展现自己使用网络的负责态度，以及避免带给对方使用网络的不便及无意间产生的误解，网络礼仪就显得非常重要。网络礼仪，英文名称为"Netiquette"（来自于 network etiquette）。从字面上就可以了解到，网络礼仪是一般所谓的礼仪迁移到网络情境下所产生的新的名词。网络礼仪使网络使用者能够遵守网络公约，做一个有礼貌、有规矩，懂得保护自己，避免伤害别人的"网络公民"。

我国台湾地区的苏怡如总结了各种关于网络礼仪的提法，认为网络礼仪主要包括正确、简洁、清楚、安全与隐私及友善与尊重五大内容。如表8-2所示。在网络沟通时一定要遵守这些基本的礼仪规范。

表8-2 网络礼仪的具体内容

五大精神	正确
正确	（1）留意写作格式，检查文法 （2）使用合宜的格式、用语和称谓 （3）检查文法，注意用词、标点符号
简洁	（1）别做重复的询问 （2）用字宜简单明了，谨慎思考后才发送，有效率地回复信息 （3）熟悉网络术语的简写 （4）少用斜体字等花招 （5）先停下来浏览先前的文章，看看是否已有相同的回应内容
清楚	（1）写电子邮件时尽量写出清楚、完整的句子，使用结语和署名 （2）在公开信息中要加入个人邮件地址以方便别人联络 （3）使用电子邮件时，要写信件主题，主题中可以简述邮件内容，让人容易辨识
安全与隐私	（1）不继续使用即时信息软件时，记得退出自己的账号 （2）时时提醒自己：这里是公开场合 （3）意识到网络上有其他观众与注意隐私 （4）别把自己或者别人的密码、住址、电话、身份证号码给网络上的陌生人
友善与尊重	（1）进入聊天室，跟大家打招呼是礼貌的，离开时最好也跟大家道别 （2）斑竹、主持或者管理人，也应该尊重所有成员，不滥用权力 （3）注意大写英文字母带有吼叫之意 （4）时时保持礼貌，别煽风点火 （5）表情符号等标记可以缓和气氛

（资料来源：陈吉利.网络礼仪：信息技术课程新热点.中国信息技术教育，2008（3）.）

3. 特殊符号，增进交流

在网络中，为了方便交流，可以使用一些特殊符号。日常礼仪的表达常是用人体动作，而网络现在无法做到这一点，所以只能把人类形体符号化。形象化的符号带给人们的是生动感和幽默感，另外从交流的角度来看非常简洁方便，是增进交流，缩短心理距离的重要体现。下面列举的这些符号已经是网络认同的。

:-）标准的笑脸，表示笑容和善意。

;-）眨眼笑，表示歪曲、讽刺或嘲笑。

:-（皱眉，表示令人不高兴的消息、令人悲伤的消息。

:-| 表示漠不关心。

:-0 表示惊讶、担心。

:-X 表示封嘴。

:-P 表示吐舌头，很有趣。

:-@ 作者在叫。

:-Q 作者在抽烟。

另外还有一些常见的缩写：ASAP：As soon as possible%，尽快。

BF：Boyfriend%，男朋友。

BTW：By the way%，顺便说一下。

（资料来源：张睫，周延欣. 网络礼仪的构建原则. 新闻爱好者，2010（7上半月）.）

这些简单明了的网络文字顺应了现代人追求简单生活的节奏，是人性化的符号，也是社会的符号，在网络沟通中不妨一用。

随着网络沟通工具的普及，人们越来越依赖这些新技术传递信息，然而面对面的沟通仍然是最重要的沟通方式，因为网络沟通并不能替代人与人之间的直接交流。在直接交流中，可以观察到别人的表情等肢体语言，并确保沟通的有效性与反馈的及时，同时能够节约大量的时间。所以尽管有着快捷、发达、高效的电子沟通介质，组织或个人都不应该放弃传统的沟通方式。

8.3　网络沟通的礼仪规范

1. 收发电子邮件礼仪

电子邮件，即通常说的 E-mail。它是一种重要的通信方式，因其方便快捷，费用低廉，深受人们喜爱，使用者越来越多，尤其是国际间通信交流和大量信息交流更是优势明显。对待电子邮件，应像对待其他通联工具一样讲究礼仪。

（1）书写规范。虽然是电子邮件，但是写信的内容与格式应该与平常书信一样，称呼、敬语不可少，签名则仅以打字代替即可。写电子邮件语言要简略、不要重复、不要闲聊，写完后要检查一下有无错误。因为发出去的邮件很可能被对方打印出来研读或者是贴到公告牌上。写完后还要核定所用字体和字号大小,太小的字号不仅收件人读起来费力,也显得粗心和不够礼貌。写邮件时最好在主题栏写明主题,以便让收件人一看就知道来信的主旨。

（2）发送讲究。电子邮件的发送有如下讲究：最好不要让正文空白只发送附件,除非是因为各种原因出错后重发的邮件,否则不仅不礼貌,还容易被收件人当做垃圾邮件处理掉。重要的电子邮件可以发送两次,以确保能发送成功。发送完毕后,可通过电话等询问是否收到邮件,通知收件人及时阅读。应尽快回复来信,如果暂时没有时间,就先简短回复,告诉对方自己已经收到其邮件,有时间会详细说明。

（3）注意安全。电子邮件是计算机病毒重要的传染源和感染病毒的主要渠道。收发电子邮件都要注意远离计算机病毒。发送电子邮件时要注意尽可能不使邮件携带计算机病毒。因此如果没有反病毒软件适时监控,发送邮件前务必要用杀毒程序杀毒,以免不小心把有毒的信寄给对方。如果没有把握不妨用贴文的方式代替附加文档。

接收电子邮件时的安全问题更为重要,来历不明的信件必须谨慎处理,若不确定则最好删除。目前一般计算机都安装有监控邮件病毒的反病毒软件,如金山毒霸的金山网镖、KV-3000的病毒王等。由于监控软件考虑安全性较多,因此,许多正常邮件也会给出可能有病毒的提醒,需要及时判断处理,有时宁可损失信息也要果断删除一些可能含有病毒的不明邮件,以免计算机感染病毒。对于没有正文仅有附件的不明邮件,除非与发件人熟悉或事先约定好了,原则上都不应该打开邮件,对正文中提示的邮件地址不熟悉一般不要轻易打开,因为这往往是陷阱,许多国际电话费骗子就把诱饵放在这里。在删除了有嫌疑的病毒邮件后,要及时清空邮件回收箱,否则,病毒还会在计算机硬盘中,没有从物理硬盘上将其删除掉。

此外,要注意定期及时清理邮件收件箱、发件箱、回收箱,空出有限的邮箱容量空间。及时将一些有用的电子邮件地址记下来并存入通讯簿也是很有必要的。

2. 发帖、聊天礼仪

发帖是指在任何被允许发表自己言论的论坛、博客等网络提供的交流平台上,针对某一主题发表自己的观点、意见和看法；聊天是指与特定的网友在上述交流平台上进行互动式的沟通。利用互联网搭建的交流平台与人交往,重要的是必须考虑如何给自己带来愉快与如何避免给他人带来不愉快,同时要提高自我保护意识。一般来说,发帖、聊天要遵守下面的礼仪规范。

（1）记住你是在跟"人"打交道。互联网给来自不同地域的人们提供了一个共享、沟通的平台,这是高科技的优点,但往往也使人们觉得面对的只是电脑屏幕,而忘了自己是在跟其他人打交道,很多人在上网时放松了对自我道德约束,降低了自己的道德标准,允许自己的行为更粗俗和无礼。为了构建一个融洽、和谐的网络交流平台，人人都应该做到：当着别人的面不会说的话在网上也不要说，发帖之前仔细斟酌用词和语气，不要故意挑衅和使用脏话，为自己塑造良好的网络形象。

（2）尊重别人的时间。打算在一个论坛上发表主题时，首先要看看该论坛是否开展过类似的讨论，有可能现成的答案随手可及。不要以自我为中心，随意提问，让别人为你寻找答案而消耗时间。

（3）自觉遵守论坛规则。同样是网站，不同的论坛有不同的规则。在这个论坛可以做的事情，也许到那个论坛就不能做。因此，先浏览一个论坛中的内容，熟悉该论坛的气氛然后再发帖子。注意不要全部用大写字母输入信息，这表示在大喊大叫，会触怒很多网络高手。

（4）树立共享知识的理念。在网上交流时，当你提了一个有意思的问题而得到很多回答之后，应该写一份总结与大家分享，同时表明谢意。这是对那些未曾谋面的热心人必不可少的交代。

（5）提倡有风度的辩论。在网络上，人们有不同的观点、看法是正常现象，辩论甚至争论也是正常现象。辩论时要保持翩翩君子的风度，以理服人，以情感人。不要一遇不同观点就大动肝火，用过激的言辞对对方进行人身攻击。

（6）重视保护隐私权。不随意公开个人信息，比如个人的邮件地址、真实姓名、住宅地址、电话号码、手机号码等。对于他人的信息，应该更加注意，以免给人带来伤害。别人与你用电子邮件或私聊(QQ)的记录应该是隐私的一部分。假如你认识的某个人用笔名上网，未经过他同意就将其真名在论坛上公开，也是一种不道德的行为。

（7）以宽容之心对待网友。当看到别人写错字，用错词，问低级问题时，不要讽刺挖苦或严厉训斥，应该平和、平等的语气指出来。如果你想进一步帮助他，最好用电子邮件或其他联系方式私下沟通，这样就能有效地维护网络新手的尊严。

（8）坚决杜绝有害行为。切忌以淫秽内容伤害他人，或表面"文质彬彬"的恶意攻击行为，或者导致他人的计算机和网络系统受损。蓄意的破坏者常常悄悄地进入他人的系统，或者发出死循环指令让他人的计算机当场死机。这些行为都是不道德的，甚至是非法的。

课堂实训

1. 实训：制定网络沟通行为规范

实训目标：明确网络沟通的基本规则和礼仪。

实训学时：2学时。

实训地点：教室。

实训方法：将全班学生分组，4~6人为一组，要求其结合所学网络沟通的知识和自身使用网络的体会，制定出一份网络沟通行为准则。在课堂上分组进行交流，师生共同评价。

2. 测试:你是网络沟通的高手吗?

(1)你在回复朋友的邮件时,会在主题栏里

　　A. 根据具体内容重新拟定一个标题

　　B. 习惯使用英文标题

　　C. 总是用 Re、Re……代替

(2)你认为电子邮件内容的篇幅应该是

　　A. 越短越好

　　B. 越长越好

　　C. 不计长短

(3)有一个你认为很重要的邮件,于是你会

　　A. 给客户发送一份,然后打电话通知对方你已经向他发送了邮件

　　B. 等待两天,如果没有得到回复,再发送一次

　　C. 为了让对方及时收到,一连将相同内容的邮件发送几次

(4)你对自己的电子信箱会作出如下哪一项处理?

　　A. 每天打开信箱查看一次,及时处理所有邮件

　　B. 每周打开信箱查看一次,对全部邮件进行处理

　　C. 想起来就查看一次,有些邮件不必回复

(5)你在发送电子邮件前保持的习惯是

　　A. 发送前再认真检查一遍,确认无误后再发出

　　B. 为了节省时间,提高效率,写完后立即发送出去

　　C. 把收件人地址核对准确,信件内容不必检查

(6)你是否喜欢在邮件里和好朋友开玩笑

　　A. 是的,因为我们关系良好

　　B. 是的,但在每次开玩笑时都标明"开玩笑"

　　C. 不是,开玩笑容易被误解

(7)你用 QQ 聊天时,对方夸大事实,并且撒谎,你会

　　A. 讨厌撒谎的人,立即拆穿他的谎言

　　B. 只要不是恶意的欺骗,没必要拆穿谎言,继续正常聊天

　　C. 不会拆穿谎言,但从此不再与他聊天

(8)你与普通网友的 QQ 聊天方式是

　　A. 对方问一句,你答一句,很少主动开口

　　B. 主动发问,不放过任何问题,包括对方的年龄、工资等

　　C. 保持主动,但有些个人隐私问题必须回避

(9) 遇到想深入交往的网友时, 你会

　　A. 礼貌地请求加其为好友, 如被拒绝就不再打扰对方

　　B. 加其为好友, 并索要对方照片

　　C. 请求加其为好友, 没有得到回复就再三提醒

(10) 你与普通网友聊天时, 对"真诚相待"的理解是

　　A. 网络是一个虚拟世界, 不可向任何人实话实说

　　B. 反正谁都不认识谁, 说实话也无所谓

　　C. 以真诚为主, 但不能什么个人信息都公布于众

得分

题号 选项	(1)	(2)	(3)	(4)	(5)	(6)	(7)	(8)	(9)	(10)
A	3	3	3	3	3	1	1	2	3	1
B	2	1	2	2	1	2	3	1	1	1
C	1	2	1	1	2	3	2	3	1	3

测试结果

1. 将军级交流者（30分）

你完全是一个网络交流的高手, 你在网络世界里会左右逢源, 游刃有余。

2. 尉官级交流者（16~29分）

你在网络交流艺术方面还存在一定欠缺, 尚需要进一步努力, 才能成为一个真正的网络交流高手。

3. 列兵级交流者（10~15分）

你对网络交流艺术掌握甚微, 甚至还不清楚最起码的交流知识, 在网络空间里不会受他人欢迎。你应该认真研究一下相关学问了, 否则怎么能成为一名"将军"呢?

(资料来源: 张喜春, 刘康声, 盛暑寒. 人际交流艺术. 北京: 清华大学出版社, 2009.)

课后练习

1. 案例分析

(1) 网络——沟通的桥梁。

"现在我随时都会打开电脑瞧瞧学生们又往留言簿和邮箱里发来了什么。这已经成习惯了。"南海一中校长邓兵这样对记者说。近日, 记者在南海一中采访时见到, 上网已成为师生间常用的沟通方式。自从网络进入校园, 3年来仅邓校长一人, 回复学生各种留言就超

过40万字！网络正在校园德育中扮演着越来越重要的角色。记者了解到，在南海一中，学校主页留言簿和全校老师的电子邮箱都向学生公开。学校鼓励学生通过这种方式与老师们沟通，提出意见和建议。师生间每日里网上话题不断，从谈理想、论人生，到穿校服、住宿舍，即使是一些面对面难以开口的话题也不例外。

"学生的网上留言什么内容都有，谈心事的自然不少，还有很多牢骚和意见，甚至还有学生上网诅咒我的。"邓校长笑着说，"这些反映都有内在的原因，如果是发牢骚，一定是沟通不够，如果是提意见，就要检讨学校的规章是否合理。至于诅咒嘛，越来越少了。"如今，回复学生的各种留言与邮件成了邓校长和许多老师每日必做的功课，或安抚、或解释、或鼓励，三言两语却效果良好。

南海一中的主页留言簿，家长、校友们也喜欢造访。邓校长指着一个出现频率很高的网名"大蜜蜂哥哥"告诉记者，这个今年刚考上大学的学生，高三时就常在网上留言，如今毕了业还留恋这里。"这个'胆大包天'的学生在网上称呼我'小兵兵校长'。"邓校长笑着说。在最近的留言中，这个"大蜜蜂哥哥"说：永远也忘不了被自己称为"小兵兵"的校长和母校。

邓校长告诉记者，在实施网络德育以前，校长主要通过"校长信箱"与学生沟通，而老师们则更是要费了不少口舌，往往枯燥又没效果。如今不论哪位同学写下的留言、提出的疑问，教师们的回答，全校师生都能在网上浏览，取得了事半功倍的效果。邓校长还表示，"信息获取量增加，眼界开阔了，整个人的素质也随之提高，并带动学校整体水平的提升。"

邓校长说，网络为师生架起了一座沟通的桥梁，将会越来越重要。

（资料来源：陈颖欣. 南海一中：网络架起师生心桥. 佛山晚报，2002-12-23.）

思考讨论题：
①你与老师、同学之间采取了哪些网络沟通方式？
②请为本校师生之间设计一个顺畅、合理的网络沟通渠道。
③试分析一下学校里哪些信息适合通过网络渠道发布，哪些信息适合通过传统沟通渠道发布？

（2）美国高管的网络沟通错误。

一位美国公司的高管觉得员工太懒惰了，比如一上班就给自己冲咖啡，经常待在茶水间里聊天，下午不到5点经常有人偷偷下班。因此，他给全体员工发了一封电子邮件，邮件中说希望所有人早上7点到公司，8点开会，晚上5点前不能离开。这封电子邮件被一名员工传到雅虎网站，引起了轩然大波，因为美国文化是很反对高压管理的。结果这个公司的股价跌了很多，这名高管也因此被辞退。

（资料来源：梁辉. 有效沟通实务. 北京：中国人民大学出版社，2010.）

思考讨论题：

①试分析这位高管在网络沟通中犯了什么错误？

②如果你是这位高管，你将采取什么样的沟通方式来达到严格要求员工的目的？

2. **思考与训练**

（1）结合自身感受谈谈网络沟通的特点。

（2）请谈谈讲究网络沟通礼仪的现实意义有哪些。

（3）使用电子邮件发送信息。在收件人一栏打上自己的电子信箱地址，给自己发一封公务信件。然后作为信件接收方，感受一下信件格式、所用文字、预期是否恰当。

（4）或许你在网上对人有不礼貌的行为，或许别人对你有不礼貌的行为。请试举一例，并根据所学的知识和技术，提出解决问题的方案。

（5）收集几个你认为办得好的企业网站，并与同学讨论。

沟通应用篇

任务9：面试与应聘

任务10：商务应酬沟通

任务11：客户沟通

任务12：会议沟通

任务13：演讲

任务14：商务谈判

项目 3

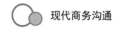

任务9　面试与应聘

推销自己是一种才华，是一种艺术。有了这种才华，你就能安身立命，使自己处于不败之地。你一旦学会了推销自己，就可以推销任何值得拥有的东西。

——（美）戴尔·卡耐基

导学案例

面试

一个青年人在一家小信息公司颇有成就，因此想进入一家位列世界500强的大公司工作。第一次面试时，面试官问他："你认为自己最显著的成就是什么？为什么？"

他自信地说："我从小到大求学是非常艰难的，在工作中也遇到很多困难，但我一一努力克服了。"出乎意料的是，他落选了。

经过一番反思，他发现了其中的问题：努力学习在今天是很普通的，而且回答里强调一个过程而不是某一具体活动，没有突出独特性。

当他第二次面试时，他说："我在信息科技公司工作的那段时间是我最骄傲的经历，当时我被聘用为营销部经理助理，帮助开发新型电脑并投放市场。在我上任两星期后，经理突然心脏病发作，管理层决定把这个项目拖延六个月。我认真思考了公司上层的这个决定，认为在飞速发展的市场中，拖延就代表着失败。于是，我找到了主管我们这个部门的副总裁谈了自己的看法，并拿出了一个基本完善的计划。我承认，的确有一些新东西需要学习，但这些困难我可以克服。他勉强同意我为代理经理，这之后的六个月，我学到了很多东西并夜以继日地工作，最后我们的产品取得了成功。"

可想而知，最后，他如愿以偿地进入了那家大企业。

（资料来源：依格，豪佛. 世界500强选人标准. 北京：高等教育出版社，2004.）

思考讨论题：
①案例中的这位青年人两次面试的表现有何不同？
②他第二次为什么能如愿以偿地被那家大企业录用？
③在求职面试中如何更好地与面试官沟通？

学习训练目标

- 了解组织面试的过程；
- 掌握面试的技巧；
- 应聘面试之前做好充分的准备；
- 应聘求职面试的沟通技巧。

9.1 面试的组织

面试是借助于面试考官个人观察和个人评价的结果直接获取应聘者有关信息的常用手段，它是单位招聘的重要内容。如何有效地招聘适合自己的员工，成为企业中一个重要的研究课题。

1. 面试的过程

（1）正确选择面试方式。招聘面试主要有以下几种方式[①]。

①计划组织性面试。它是指在面试之前，将面试中应涉及的内容缜密计划，精心安排，使整个面试不脱离或遗漏所需了解的信息。这种面试方式常选用图表形式列出面试的内容，因此又被称为图表式面试，其所列问题一般要从以下三个方面准备：一是职务和岗位规范说明书的有关问题；二是申请材料或推荐材料中的有关信息；三是从过去面试的经验中总结的有关问题。

②启发式面试。它是指由面试考官以简洁、不明确的语句引导应聘者充分表现自己的一种面试方式。这种面试方式的优点是：可以使应聘者在无意识的状态下充分暴露自己的特点，从而使面试考官能真实全面地了解应聘者。

③深入式面试。它是指通过对某一重要性质的特定问题进行深入细致的考察，从而达到对应聘者的背景和思想意识的深入了解的目的。这种面试方式的提问特点是多问几个"为什么"。

④分组面试。它是指由一名或多名面试考官向一组应聘者提问或者由一组面试考官和一组应聘者讨论某一特定的问题的一种面试方式。这种面试方式的优点在于：可以节省面试考官的时间；有利于比较鉴别，从应聘者中选出最优秀的人员。

⑤综合面试。这是指人力资源部门和用人部门同时参加的一种面试方式。在这种面试方式中，人力资源部门负责了解应聘者的背景和非智力因素，用人部门则负责了解应聘者的专业知识和岗位技能。综合面试适合在应聘人员比较集中或比较少时进行。

此外，还有逆向式面试、结构化面试、非结构化面试等，应该根据客观需要和单位的实际情况选择。

（2）组成招聘面试考官小组。面试考官小组5~7人为宜，应由人力资源专家、董事会代表、分管领导、部门主管等人员组成。主考官应选择阅历较深、知识面宽广、经验丰富、公正正直的人力资源管理专家。面试考官小组一旦成立，即由人力资源专家进行面试考官培训。

（3）挑选简历。招聘人员面对大量简历，能够在较短的时间内挑选出合适的应聘者进入到下一轮测试，对于有效的招聘来说有着决定性意义。招聘工作只有做好简历筛选工作，

---

① 位尊权. 组织好一场有效的面试. 中国人力资源开发，2004（03）.

才有可能高效地推进人员招聘工作。

①优先考虑硬性指标。不同的岗位有不同的用人要求。有些岗位对硬性指标有非常严格的要求，如前台人员通常为女性，对开发人员专业学历要求较高，对管理岗位要求有工作经验，对酒店服务生有年龄要求等，招聘人员在筛选简历时首先就要关注这些硬性指标，如果这些硬性指标不符合职位要求，则可以直接筛选掉该简历。

②警惕"含糊"信息和"遗漏"信息。求职者在撰写简历时常常会运用含糊的字眼隐藏一些不利信息，夸大一些有利信息，招聘人员要善于甄别。例如，一位大学毕业生的简历有这样的描述："英语水平：具有较强的听说读写能力"，用这种含糊的表达方式来描述自己的技能水平，基本可以推测该学生在大学期间没有通过最基本的大学英语四级考试。此外，还要注意"遗漏"信息，如注意简历中有没有空当，即在某一时间段，应聘者没有写他（她）在干什么。

③分析"逻辑性"。在审查简历时，要关注简历中有关信息的逻辑性，如简历中的描述是否符合逻辑性、是否符合应聘者的真实身份、是否有相互矛盾的地方。例如，一位求职者在描述自己的工作经历时，列举了一些著名的企业和一些高级职位，而他所应聘的却只是一个普通职位，这种不合常理的事情就需引起注意。

④关注"匹配性"。求职者的个人基本情况与应聘岗位、公司的发展状况是否匹配是审查简历时必须考虑的问题，这包括求职者能力、个性、专业与所应聘的岗位的匹配，也包括工作背景、工作地点、期望薪资、就职稳定性等方面需要匹配的问题。

⑤借助电话审查简历。借用电话审查简历主要适用于两种情况。一是对初次筛选时模棱两可的简历，这类简历个别情况不符合要求，招聘人员难下决心，这时可借助电话帮助筛选。例如，如果一位求职者各方面情况与所应聘岗位非常匹配，但是却发现其期望的工作地点与应聘职位所要求的工作地点有冲突，这时可考虑通过电话来确定原因，帮助筛选。二是招聘职位语言表达能力要求很高，如产品宣传员，对于这类职位求职者的简历可以结合电话来进行初步审查。

（4）通知面试。一般通知面试有很多种方式，包括邮件、短信和电话等。权衡考虑不同方式带来的利弊，一般采取电话通知的方式。电话通知面试时，注意电话礼仪是十分重要的，常用的语言中即有专业规范的礼貌用语："您好，是××吗？我是××公司负责招聘的××，我们在××收到您的简历，您符合我们公司招聘的××岗位要求，为此特邀请您来面试。"在对方确定有意向来面试后，与应聘者约好面试时间和地点，最好用手机短信方式告知对方面试地点的乘车路线，并主动告知对方来面试时的联系方式等信息。

（5）正式面试步骤。

①求职者到达公司等候面试的时候，应该先让其坐下，然后倒上茶水。

②一般情况下，一位求职者的面试时间大概为30分钟，在进入正式面试的提问面谈时，

用来与求职者寒暄的时间一般不能超过3分钟。

③在寒暄过后,最好简要地向求职者说明本次面试的相关内容,包括面试时间、面试对象、面试考核的环节及考核标准等,这些约花费1分钟,然后再用大约2分钟的时间简要地向求职者介绍公司的基本情况。

④对求职者的简历内容存在疑问的,正式向其提出并核实,时间控制在8~10分钟。

⑤不同的职位特点需要的面试时间是不一样的,对于有些职位,如果需要的应聘人数比较多,可以将面试时间控制在20分钟之内,并采取一些其他的考核方法,如情景模拟、无领导讨论、专业问题笔试、职业性格测试等。

⑥对面试或考核后的结果给出结论,如果面试者有录取的权力,可以根据面试的结果及时给予回复;如果面试者没有录取的权力,并且需要对求职者进行更多的考核,也需要及时对求职者给予回复。

⑦有时面试不是简单地对求职者进行提问,许多企业比较欣赏那些能对公司进行提问的求职者,因为往往在他们在提问中,能够发现求职者的很多闪光点,同时很多问题也正是公司没有意识到的隐患。

(6) 小结与建议。一场面试结束后,最好能够对求职者的现场表现做个小结,让他们知道自己描述的工作经验等内容中存在的缺点,当然最好是以一种委婉的方式对他们进行合理的建议,即便可能是公司没有录取他们。这种做法一方面可以促进求职者的成长;另一方面能够使求职者觉得该公司比较负责任,能起到为公司进行宣传的作用。

(7) 面试回复和跟踪。在面试结束后,很多公司会对那些自己比较满意的求职人员留下联系方式和联系时间。所以,待选拔完毕之后,应主动和求职者进行联系。那些在面试中明确表示要进行随后斟酌的更要及时联系和回复跟踪。

2. 面试技巧

(1) 精心准备。俗话说,"有备无患",精心的准备是成功面试的开始。首先,选择一个双方都合适的时间和场所,以保证面试过程不会被打断。在具体时刻的安排上,还要考虑人每天的生物钟周期。通常来讲,面试官和应聘者的反应能力在上午11点左右达到高峰,下午3点左右出现低谷,下午5点时又会出现另一个高峰,所以面试时刻的安排最好避开低谷阶段,以提高面试的效率。对于面试场所,一般来说,较高职位的面试适宜选择小一点的场所,便于交谈的时间长一些和交流的内容深一些。会场的布置往往被人忽视,通常是面试官坐在宽大老板桌后面的老板椅里,而应聘者坐在小小的折叠椅上,与面试官正对,这种面试可以称之为"审判式"面试,往往会造成应聘者紧张。心理学研究表明,当应聘者和面试官对坐时,心理距离最大,而应聘者和面试官成90度坐时,心理距离最小,这可以为安排会场提供借鉴。当然,如果是采用压力面试,"审判式"面试不乏是一个好的方法。

其次，确定合适的面试人数，企业界公认的黄金比例是 1∶3，即如果要录取 10 人，就要让 30 人来面试；还要确定面试的内容，即面试要考什么。面试的时间有限，不可能在有限的时间里把应聘者考查得面面俱到，只要把需要考查的技能大致分一下类，找出那些必需的技能进行考查就可以了。这些必需的技能面试官必须心中有数，最好是列出来。再次，注重自身细节。面试官要好好地"梳妆打扮"，在面试时关掉手机，以示对应聘者的尊重；把自己的名片放在随手可拿的地方，以免到时手忙脚乱；把将要应聘者的简历放在桌上，把其他人的简历放在抽屉或其他隐蔽的地方，以免应聘者看到简历很多，感到紧张。

（2）营造和谐气氛。在面试中，应聘者总是免不了有些紧张，和谐的气氛就显得尤为重要。一般情况下，尽可能在面试刚开始时，问应聘者一些比较容易回答的问题，如让应聘者进行一般性的自我介绍，询问过去学习与工作的经历等，以缓解面试的紧张气氛，使应聘者在从容不迫的情况下，表现出其真实的心理素质和实际能力。

（3）正确地提问题。通常，应聘者在简历上写的都是一些事情的结果，描述自己做过什么，取得了怎样的成绩，比较笼统和宽泛。面试官需要了解更加具体的东西，问清楚发生在应聘者身上的每一件事的来龙去脉，可以运用 STAR 技术。S——Situation，在什么样的情景下，发生了这件事；T——Task，任务是什么；A——Action，为了完成任务，采取了哪些行动；R——Result，结果怎样。通过运用 STAR 技术，不断追问，可以全面了解应聘者的知识、经验和技能的掌握程度及工作风格、性格特点等。

例如，要了解关于应聘者在"客户至上"这方面过去的表现可以这样提问。

● 顾客的需求对你的计划或工作有哪些影响？请举些你亲身经历的实际例子。

● 你最近给顾客提了哪些方面的改进意见或建议？为什么？顾客们对你的建议反应如何？

● 有些顾客可能让你情绪沮丧或是难以应付。举一些你发觉自己不能令顾客满意的具体例子。

● 在与顾客接触时，你曾遇到过情绪沮丧或是缺乏耐心的时候吗？举一些例子说明。

● 你最成功的客户访问是什么？为什么？

又如，要了解关于应聘者在"沟通"这方面过去的表现你可以这样问。

● 描述一下你工作上喜欢的沟通方式，你会因人不同而采用不同的方式吗？

● 你曾帮助过别人增加相互的沟通理解吗？你是怎样做的？为什么要这样做？

● 你遇到的向别人解释的最复杂的规则、程序、情况是什么？你做得怎样？

● 你遇到的通过电话向别人解释的最复杂的意见、规则、程序是什么？

● 你怎样使别人消除顾虑和你交谈？

另外，还要留出时间让应聘者来问，面试官来回答。

（4）善于倾听。优秀的面试官会把面试 85% 的时间留给应聘者陈述，可见面试官学会

"听"是很重要的。通过"听",面试官可以判断应聘者的素质和能力,发现应聘者的问题。①听应聘者的陈述和简历上的内容是否一致,哪怕是一个时间或地点。②听哪些是应聘者的行为表现,哪些是应聘者的期望和想法。行为表现即应聘者过去发生的行为,它往往比期望的行为可以更好地预测应聘者未来的行为。③避免打断应聘者的陈述——"噢,我知道了,你不用说了"。如果应聘者陈述得太多了,实在没有必要了,面试官可以采用动作暗示的方法,比如,频繁地点头,注意是频繁地点头,否则表示赞同;手心向下挥手,也可以表示"你说得够多了,该打住了"。④避免显得太忙或不耐烦,一会儿看看手机,一会儿看看表,这是对应聘者的极不尊重。⑤忽略非语言的信号。因为面对面交谈时,肢体语言有时更能真切地表达应聘者的意思。忽略非语言性信号是一个倾听陷阱。⑥在倾听的过程中要注意记录。要记录应聘者所讲的事实,不要记录面试官自己下的结论。在面试的过程中,面试官会对应聘者进行评论,而这时的评论往往存在很多心理误区,造成评论错误,因此面试官不如记下应聘者所讲的事实,等面试全部结束以后再下结论不迟。

(5)积极的非语言暗示。在面试时,坐在面试官对面的应聘者也在观察面试官。这时面试官要意识到自身的一些暗示,例如,如果面试官经常显得不耐烦、皱皱眉、下意识地摇头。虽然可能面试官一再对候选人说:"你做得很好,说得也非常好。"但是面试官的摇头、皱眉、看表、不耐烦、跷着二郎腿等这些非语言性的暗示却都在明显地告诉对方:"我对你不感兴趣。"如何体现出积极的非语言性暗示,面试官可以这样做。

①友善地直视对方的眼睛。

②自然地运用手势。鼓励——手心向上、暗示足够了——手心向下,当然语言上要肯定对方的表述。

③身子要前倾,表示尊重和倾听。

④适当地微笑和点头,表示真心地赞许。

⑤适当的手势。双臂交叉于胸前表示拒绝。双手交叉于桌上表示友善。

⑥要适时地附和对方,如"唔、好、对、那么……",以鼓励对方不断地往下说。

(6)走出面试心理误区。面试结束之后,面试官对应聘者如何作出可靠的、客观的评价,关键是要注意走出面试的心理误区。

①晕轮效应。晕轮效应是指根据不完全的信息作出以偏赅全的判断,如果应聘者穿着举止得体大方,化着淡妆,令面试官怎么看怎么喜欢。如果是来应聘秘书的话,面试官极有可能认为她最合适。因为她这个方面太突出了,就像一个光环一样掩盖了她的其他方面,掩盖了其他应聘者,会让面试官忽略这个人其他方面的素质。这就是在面试中应注意克服的晕轮效应。

②像我。面试官觉得应聘者在某个方面"像我"而认为对方最合适。如果面试官发现自己跟候选人有这种关联的话就一定要警惕,因为发现"像我"的人面试官给他评估的分数

就可能要高一些，这个误区基本上去不掉。所以面试官必须随时保持警惕，为了避免这个误区，笔记要记得更真实、更客观。

③首因效应。首因效应是指第一印象的强烈影响。许多面试官在招聘面试的时候很在乎第一印象，第一印象好就留下，不好就拒绝对方。有科学研究表明，85%的面试官在面试之前，对前来面试的应聘者的资料简历或形象就已经形成了自己的看法。这种由首因效应引发的不公平十分有损面试的有效性和公平性。怎么能避免这个误区呢？你一定要给每个候选人做很专业的面试计划，记很专业的面试笔记。

④对比效应。面试官相对于前一个接受面试者来评价目前正在接受面试者的倾向。如果第一个申请者得到极好的评价，而第二个申请者的评价为"一般"，则面试者对第二个申请者的评价比本应给予的评价更差；如果第一个面试者的表现一般，而第二个面试者表现出色，则第二个得到的评价可能会比他本应得到的评价更高。怎么能避免这个误区呢？那就是要客观地与事先所制定的面试评价标准认真地进行对照后得出结论。

⑤顺序效应。面试顺序效应是指在面试的过程中，如果连续面试了几个表现十分突出的应聘者，接着面试一个中等水平的应聘者，那么面试官一般给这个中等水平的应聘者的评价会普遍低于其真实水平。同样，如果连续面试的是表现较差的应聘者，那么当一个中等水平的应聘者出现时，面试官给其的评价往往会高于其真实水平。

⑥以偏赅全的评价模式。所谓以偏赅全的思维模式，是指面试官根据自己对应聘者某一方面的喜好而决定自己对应聘者的态度和看法。例如，应聘者在面试的时候经常习惯做某个动作，而恰好面试官对这个动作十分反感，于是在随后的面试中，面试官会带着对其很大的成见看待其整个面试表现。这种以偏赅全十分不利于面试的有效性和可信度。

⑦不控制说话的时间。在一些面试中，很多面试官会利用面试的时间在那儿侃侃而谈，让应聘者在那里听其讲话。这种情况的结果是极大地耽误了面试官和应聘者的时间。或者在面试的过程中，应聘者由于激动或什么原因在那高谈阔论、夸夸其谈，不注意自己的时间。

（7）客观地做结论。面试的最终目的就是"选"，可是面试完毕之后，很多面试官感到难于下结论。这里至为关键的是要客观地与事先所制定出来的评价标准认真地进行对照，从而得出人选结论。要注意以下几点。①吹牛大王不能要，很多应聘者把自己说得天花乱坠，却无视自己的缺点，这样的应聘者一定要拒之门外。②最优秀的人不能要，很多招聘者认为应该从最好的开始选，选到哪里算哪里，其实不然，最优秀的不一定是最合适的。人才争夺战愈演愈烈，优秀的人有着更多的机会，一旦你满足不了他（她）的要求，必然萌生去意。何况，优秀的人来面试不代表他（她）真心想来你的单位，甚至他（她）只想把你的面试当成是他（她）去其他单位面试的彩排。③价值观与企业文化相悖者不能要。有的应聘者有能力，知识丰富，但这并不代表他（她）来到你的企业作后会把他（她）的知识能力变成工作绩效，为企业作出贡献。只有员工的价值观和企业的理念、文化融合在一起，员工才能把他（她）的才能发挥得淋漓尽致。价值观是一种相对稳定的思想观念，可塑性很差，不要奢望对其进行太大的改造，所以对价值观与企业文化相悖者最好不予录用。

9.2 应聘的准备

作为应聘者要想取得面试的成功，必须积极应对，做好各项准备工作。

1. 搜集就业信息

就业信息是指通过各种媒介传递的有关就业方面的消息和情况，如就业政策、供需双方的情况及用人信息等，它是求职者择业所必须搜集和掌握的材料。

就业信息的种类有两种：宏观信息和微观信息。宏观信息是指国家的政治经济情况，国家或地区社会经济的方针政策，国家对毕业生的就业政策与劳动人事制度改革的信息，社会各部门、企业需求情况及未来产业、职业发展趋势所要求的信息。掌握这些信息，就可以宏观地把握就业方向。微观信息是指某些具体的就业信息。如用人单位的需求情况、发展前景、需求专业、条件、工资待遇等。这些信息是在大学即将毕业时所必须搜集的具体材料。

搜集就业信息的途径主要有以下几种。

（1）通过学校就业指导办公室和各就业工作服务站搜集。学校收集的信息都会及时传至各系（处），或发布在学校网页的就业信息栏中。

（2）通过各级政府主管部门和就业指导机构搜集。这些主管部门主要是国家教育部和省教育厅、人力资源与社会保障厅及各市的教育局、人力资源与社会保障局。这些部门和就业机构的主要职责，就是制定辖区的毕业生就业政策，提供高校毕业生和用人单位的信息，为毕业生就业提供咨询与服务。来自这方面的信息也是真实可信的。

（3）通过学校老师和亲朋好友搜集。老师在多年的社会实践、教学实习、科研协作中，与一些专业对口的单位联系密切，通过他们了解就业信息，推荐求职，对择业成功有很大帮助。家长、亲朋、好友，在多年的社会交往中，也会给你带来大量的就业信息，希望所有的毕业生要有意识地进行搜集。

（4）通过各类"双向选择"招聘活动搜集。各人才服务机构、省市就业服务部门、学校每年都会举办各种人才招聘会，为毕业生搜集就业信息提供了更广泛的途径。

（5）通过有关新闻媒体和网络搜集。新闻媒体特别是网络可为毕业生提供更丰富的就业信息。应届毕业生也可通过网站发布个人简历和求职要求。

求职者搜集到求职信息后，还要善于分析求职信息，这样才能增大求职成功的机会。

否则，事到临头，只凭自己的想象和猜测或是被动地服从他人之命，依据社会上的流行看法盲目择业，只会使求职陷入困境。就一则具体的招聘信息来讲，求职者在阅读时一定要从岗位的职责、岗位的硬件要求、招聘单位的具体情况（规模、待遇、前景、地址、联系方式等）、岗位的供需情况、单位的企业文化与人际关系、岗位的细分情况等角度加以分析。只有善于分析阅读招聘信息，才有可能取得应聘的成功。

2. 明确求职途径

（1）招聘会。一般应该到由政府人力资源与社会保障部门所属的人才交流机构开办的人才市场或"招聘会"求职，这类部门运作规范、服务周到、信誉高、手续齐全，出现问题，求职者可以得到合理保护。

（2）网上求职。网络突破时空的限制，通过网络求职经济、方便、快捷，所承载的信息量大，不仅可以了解职位信息，还可以在网上人才信息库存储个人基本资料，以供用人单位查询。

（3）实习。目前很多知名企业通过招募实习生的方式来培养和招聘自己的员工。

（4）报刊招聘广告。这是人们获得就业信息的最主要的传统手段，其信息较之网络有更强的真实性，但也有虚假招聘信息。如果招聘的职位好，可能有很多应聘者。

（5）人才服务机构、职业介绍所等。通过人才中介来获取职位，今后将成为主流。随着法律的健全，监管到位，通过人力资源中介来获得职位，是个不错的选择。人才服务机构的优势在于信息来源多、专业化等。

（6）电话求职。了解招聘信息后，可以电话咨询感兴趣的信息，电话求职时要讲究电话礼仪。

（7）直接上门找公司负责人或人力资源部经理。这是毛遂自荐的方式。如果看好某企业，可主动上门求职，展示自身的工作实力，让用人单位了解并能够录用自己。

（8）各院校的就业指导办公室。学生们可以到所在院校的就业指导办公室，可以得到许多用人单位的需求信息，也可以得到有关就业政策和择业技巧的指导。

（9）社会关系。通过亲朋好友（包括老师、同学、师兄、师姐等）获取招聘信息或者推荐，也是一种符合中国国情的求职方式。

3. 撰写面试材料

在双向选择过程中，大部分用人单位安排面试的依据是有关反映毕业生情况的书面材料，通过这些书面材料来判断和评价毕业生的学习成绩、工作潜力。毕业生要成功地向用人单位推销自己，拟定具有说服力和吸引力的求职面试材料是成功的第一步。

面试材料包括毕业生就业推荐表、简历、自荐信，成绩单及各式证书（获奖证书，英语、计算机等各类技能等级证书），已发表的文章，论文，已取得的成果等。

（1）简历。简历主要是针对应聘的工作，将相关经验、业绩、能力、性格等简要地列举出来，以达到推荐自己的目的。由于毕业生就业推荐表栏目和篇幅限制，多数毕业生更希望有一份个性突出，设计精美、能给用人单位留下深刻印象的简历。

①简历的设计原则。真实、简明、无错是简历设计的三个基本原则。

真实原则指简历内容必须真实，比如选了什么课，就写什么课；如果没有选，就不要写。兼职工作更是如此，做了什么，就写什么。不要做了一，却写了三或四。

简明原则是简历的又一重要原则。如果简历内容过多，又缺乏层次感，会给人以琐碎的感觉。必要信息如姓名、性别、出生年月、联系电话和地址等一定要写上。相比之下，身高、体重、血型、父母甚至兄弟姐妹做什么工作并不是非常重要的，这些内容纯属辅助信息，可要可不要，至少不应占据重要位置。可以将自己认为重要的信息全部浓缩到第一页上，把次要信息，诸如每学期成绩单，获奖证书复印件等信息都当做附件。这样的简历主考官只看一页就清楚了，主次分明，非常有效，主考官如果感兴趣，可以继续看附件里的次要信息。

无错原则是指简历应该没有错误，尽可能在寄出简历之前，一个字一个字地检查，标点符号也不能落下。否则会被认为是一个粗心的人，在激烈的竞争中就可能被淘汰。

②简历的内容。简历并没有固定格式，对于社会经历较少的大学毕业生，一般包括个人基本资料、学历、社会工作及课外活动、兴趣爱好等，其内容大体包括以下几方面。

●个人基本材料。主要指姓名、性别、出生年月、家庭住址、政治面貌、身高、视力等，一般写在简历最前面。

●学历。用人单位主要通过学历情况了解应聘者的智力及专业能力水平，一般应写在前面。习惯上书写学历的顺序是按时间的先后，但实际上用人单位更重视现在的学历，最好从现在开始往回写，写到中学即可。学习成绩优秀，获得奖学金或其他荣誉称号是学习生活中的闪光点，可一一列出，以加重分量。

●生产实习、科研成果和毕业论文及发表的文章。这些材料能够反映你的工作经验，展示你的专业能力和学术水平，将是简历中一个有力的参考内容。

●社会工作。近几年来，越来越多的用人单位渴望招聘到具有一定应变能力、能够从事各种不同性质工作的大学毕业生。学生干部和具备一定实际工作能力、管理能力的毕业生颇受青睐。社会工作对于仍在求学的毕业生来说，主要包括社会实践活动和课外活动，在应聘时是相当重要的。

●勤工助学经历。即使勤工助学的经历与应聘职业无直接关系，但是勤工助学能够显示你的意志，并给人留下能吃苦、勤奋、负责，积极的好印象。

●特长、兴趣爱好与性格。是指你拥有的技能，特别是指中文写作、外语及计算机能力。兴趣爱好与性格特点能够展示你的品德、修养、社交能力及团队精神，它与工作性质关系密切，所以用词要贴切。

● 联系方式。联系地址、电话、邮政编码千万不要忘记写，以免用人单位因联系不到你而失去择业机会。

（2）自荐信。自荐信，即求职信，其基本内容应该包括如下几方面。

● 写明用人信息的来源及自己所希望从事的工作岗位，否则，用人单位将无法回答。

● 愿望动机。这是自荐信的核心内容，说明自己要求竞争所期望的职位的理由和今后的目标。

● 所学专业与特长。将大学所学的重要专业课程写入，但不要面面俱到，以免使主要的专业课程"淹没"在文字之中。对自己熟悉的、有兴趣的，特别是与期望单位所需人才职位关系紧密的，可多写一些。

● 兴趣和特长，要写得具体真实。

● 提醒用人单位留意你附带的简历，请求给予同意等。

信函求职在毕业生求职过程中，是最常用的、最主要的方式。求职信由开头、正文、结尾和落款组成。在开头，要有正确的称呼和格式，在第一行顶格书写，如："尊敬的人事处负责同志"、"尊敬的张教授"等，加一句问候语"您好"以示尊敬和礼貌。正文部分主要是个人基本情况即个人所具备的条件。求职信的核心部分要从专业知识、社会实践能力、专业技能、性格特长等方面使用人单位确信，他们所需要的正是你所能胜任的。结尾部分可提醒用人单位回答消息，并且给予用人单位更为肯定的确认："您给我一个机会，我会带给你无数个惊喜！"结束语后面，写表示敬意的话，如"此致"、"敬礼"。落款部分署名并附日期。如果有附件，可以在信的左下角注明。

求职信的信封、信纸最好选用署有本学校名称的信封、信纸，忌讳选用带有外单位名称的信封、信纸。字迹清晰工整。如果有一手漂亮的书法，最好手写，因为更多的人相信"字如其人"。如果字写得不好看，就不用用电脑打出来，篇幅要适中，不宜过长，1000字左右较为合适。求职信是个人与单位的第一次接触。所以，文笔要流畅，可以有鲜明的个人风格，不可过高地评价自己，也不可过于谦虚。要给用人单位留下较为深刻的印象。最后，要留下自己的联系方法。

在毕业就业推荐表、简历和自荐信后，还应附有成绩单及各式证书、已发表的文章复印件，论文说明、成果证明等。如果你的专业是比较特殊的话，还应附一份专业介绍。

4. 熟悉面试方法

求职面试的基本方法主要有电话自荐、考试录用、网上应聘等，在各种方法之中也有很多应试技巧，掌握这样一些方法和技巧，会有助于你求职面试取得成功。

（1）电话自荐。通过电话推荐自己，是常用的一种求职方式，如何充分地利用电话接通后的短暂时间，用最简洁明了的语言清楚地表达自己，能否给对方留下一个深刻清晰的印象，是同学们十分关心的问题。

打电话之前，一定要做好充分的准备工作。谈话内容上包括了解用人单位的有关情况。根据用人单位的需求情况，结合自己的特长，列出一份简单的提纲，讲究条理并重点突出地介绍自己，力争给受话人留下深刻印象。另外，还要调整好自己的心态，做好充分的心理准备，努力控制好说话的语音、语调、语速，在短暂的时间里，展现自己积极向上、有理有节的个人良好品质。

电话接通后应有礼貌地询问："请问这××单位人事处吗？"在得到对方单位的肯定答复后，应作简短的自我介绍，并说明来电意图。求职者一定要言简意赅，并着力表现自身特长，与所求职位相互吻合。

（2）考试录用。笔试是常用的考核方法，笔试限于对专业技术要求很强，对录用人员素质要求很高的单位，如一些涉外部门或技术要求高的专业公司等。

参加笔试前，应了解笔试的大体内容。一般而言，用人单位的笔试包括以下几个方面的内容：一是对于知识面的考核，包括基础知识和专业知识；二是智力测试，主要测试受聘者的记忆力、分析观察力、综合归纳能力、思维反应能力；三是技能检测，主要是对其处理实际问题的速度与质量的测试，检验其对知识和智力运用的能力。参加笔试要按要求准时到场，不能迟到。卷面要整洁，字迹工整，给阅卷老师留下良好的印象。考试过程中，绝对不能作弊或搞小动作，对于这一点，用人单位是尤其看重的。

（3）网上应聘。网上求职首先要准备一份既简明又能吸引用人单位的求职信和简历。求职信的内容包括：求职目标——明确你所向往的职位；个人特点的小结——吸引人来阅读你的简历；表决心——简单有力地显示信心。

在准备求职信时还要注意控制篇幅，要让人事经理无须使用屏幕的滚动条就能读完；排版要工整，要做到既体现个人特点又不过分吹嘘。对于网上求职来讲，简历的准备相对比较简单，在"中华英才网"等人才网站上都提供标准的简历样本。需要注意的是，学历和工作经历要按时间顺序倒着填，也就是把最近的工作经历和学历写在最前面，以便招聘方了解你目前的状况。在填写工作经历时，很多求职者只是简单列出工作单位和职位，没有详细描述工作的具体内容，而招聘方恰恰就是根据你做过什么来评估你的实际工作能力的。除非应聘美工职位，否则不要使用花哨的装饰或字体。

在网上填简历，要严格按照招聘方的要求填写，要求网上填写的就不要寄打印的简历；要求用中文填写的就不要用英文填写；有固定区域填写的就不要另加附件。发送简历是网上求职关键的一步，如果是自己在网上通过 E-mail 发简历，应该以"应聘某某职位"作为邮件标题，把求职信作为邮件的正文，再把简历直接拷贝到邮件正文中，这样既方便对方阅读，

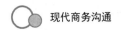

又杜绝了附件带电脑病毒的可能性。如果通过人才网站求职，可以直接把填好的简历发送给招聘单位，网站的在线招聘管理系统还能把个人简历以数据库的方式存储起来，根据求职者的要求，供招聘单位检索和筛选。

9.3 应聘面试的沟通

1. 应聘面试沟通的原则

（1）尊重对方。求职面谈时，①要尊重对方，不能因为招聘者的学历、职称、年龄或资历不如你优越，你就轻视对方。尊重对方、赏识对方，可以使招聘者增加对你的好感；②要善解人意，无论对方提出什么问题，你都应该从积极的角度去理解，而不是一味地产生对立情绪，认为是故意刁难你。

（2）充满自信。求职过程中的自信表现，是在自大与自卑之间选择合适的一个度，既不过分张扬，也不过分卑下，是指围绕着求职、面试的主题，进行自我介绍并回答面试考官的问题，也是指在适当的时候，借题发挥，进一步展示自己本身的能力与才华。在自信的基础上，加以训练，能够使求职者在真正的面试舞台上，超水平发挥。

（3）双向交流。富兰克林在其自传中讲到，"说话和事业的发展有很大的关系，你出言不慎，将不可能获得别人的同情、别人的合作、别人的帮助"。在求职过程中，正确使用语言进行表达，无论是描述自己的情况、成绩或意向，还是回答面试考官的问题，都是非常重要的。同样，通过求职交流，也会使求职者获得招聘公司的相关信息，只会答、不会问的求职者正在慢慢被淘汰。因为无法发问就无法进行双向的交流，这就意味着一名求职者因为没有自我思考的能力而无法达到面试考官的要求。

2. 应聘面试的沟通技巧

（1）仔细聆听。在面试过程中，要仔细聆听。为了表示你在耐心倾听，要伴随适当的肢体动作（如微微点头）或简单的附和语（如"噢"、"嗯"）。回答问题前必须确认已经听清、听准对方的提问，如果对讲话重点不是十分有把握的话，建议用复述性提问加以确认，比如，"您的意思是不是说……"、"如果我没猜错的话，您是想问我……"

（2）谦虚诚恳。在面谈中，应聘者如果能谦虚诚恳，则可立于不败之地，从而成功地叩开就业之门。因此，在求职过程中，求职者的真实与诚恳是成功应聘的首要条件，在真实诚恳的基础上，还要力求使自己的就业意向与应聘行业的职业要求相一致，在面谈中尽量回避对自己不利的话题。

（3）毛遂自荐。在求职过程中，如何在众多的竞争对手中脱颖而出很重要，哪怕只是引起招聘者的注意。在运用求职语言艺术时，"单刀直入、毛遂自荐"也不失为一种方式。你可以开门见山，对招聘者直截了当地表明自己的选择意向。如果对方针对你的能力或学历提出任何异议，别担心，这恰恰是给了你一个说明和展示的机会。

（4）巧用反问。在面试过程中，有些招聘者会针对你的薄弱环节进行发问，其目的有二：一是确实发现你有不足之处，想得到你的解释；二是想看看你的应变能力和回答技巧。这时，应聘者一定要沉着冷静，迎难而上，用反问的形式巧妙地回答问题。

例如，已婚的刘女士到一家中外合资企业面试，公司经理对她很满意，只是担心她已婚且孩子还小会影响工作，下面节选了这次成功面谈的片断：

总经理："刘女士，你的各方面素质都不错，只是……你孩子还小，这一点公司方面还得考虑一下。"（总经理实际上内心已经准备淘汰她了）

刘女士："我认为总经理的意见有一定的道理。如果我是总经理，可能也会这么想。"（总经理听到这里，有点意外，微微点头）"公司的任务重，工作忙，谁也不愿意员工拖儿带女、东牵西挂地来上班。"（总经理听到这里哈哈大笑）

"但是，"刘女士话锋一转："我想，事情还有另外一面，虽然我的想法不一定对，不过，还是想说出来请总经理指正。因为从公司来说，最重要的是要求职工有责任心。但是'不当家不知柴米贵，不养儿不知父母恩'，在生活中都没有经过责任心训练的人，在工作中能有很强的责任心吗？我想，这就是一个母亲与一个未婚女子的最大区别，她们对生活、工作和责任心的理解是不会相同的。"（总经理听到这里开始沉思了）

"况且，"刘女士趁热打铁："我家里还有老人帮助照料家务，我绝不会因家庭琐事而影响工作的，这一点总经理还有什么不放心的？"

总经理最终拍板录用了刘女士。

当然，要想达到预期的求职目的，光有迎难而上的勇气是不够的，还要善于"打太极拳"。当对方猛然向你发来一个快球，大有一击点中要害之势，不要回避，顺势接下，如同上述例子中的主人公，先肯定招聘者的判断，承认自己的"软肋"，进而将球轻柔而有力地推回对方——不卑不亢地分析现状，表明自己的特长和优势，以消除对方的顾虑，最后用反问的形式促使招聘者作出回答。

（5）少用"我"字。由于面试的过程是一个对"我"进行考察的过程，因此，无论是在自我介绍还是在面试谈话过程中，求职者的语言和意识往往会以"我"为中心。例如，"我"的学历、"我"的理想、"我"的才华，以及"我"的要求……殊不知，这样做对方会认为你"以自我为中心"、"自我标榜"、"自以为是"、"自我推销"……尽管事实并非如此。

（6）灵活应变。最后一条原则，就是"没规则"，不要有那么多的条条框框，记住：在任何情况下，招聘单位都会垂青那些有较强角色意识和应变能力的人。而这种能力多半是书上没有的，要在实践中不断地锻炼，这就是为何有些招聘单位很看重工作经验的原因。

沟通小故事

国外一家旅馆老板测试三名应聘侍者的男子。

问:"假如你无意中推开房门,看见女房客正在淋浴,而她也看见你了,这时你该怎么办?"

甲答:"说声'对不起',然后关门退出。"

乙答:"说声'对不起,小姐',然后关门退出。"

丙答:"说声'对不起,先生'。然后关门退出。"

结果,丙被录用了,为什么呢?

因为他的这种故意误会的说法,维护了女房客的尊严,他用非常得体的语言表现出一名侍者应该具备的职业素质。

(7)成功地进行自我介绍。求职者自我介绍的根本目的,是使面试考官对自己有个初步的了解,并且尽可能留下好的印象以便使面试能够深入进行下去,最终赢得面试的成功。求职面试的自我介绍必须讲究技巧,成功的自我介绍往往会给面试考官留下深刻的印象,求职就成功了一半。在人的思想意识中,往往存在这样的误区,认为最了解自己的人一定是自己,把介绍自己当成是一件很容易的事。其实不然,说人易,说己难。在求职面试中,介绍自己是最难的部分,要成功地进行自我介绍,要从以下五个方面着手。

①礼貌的问候。在进行自我介绍之前,求职者首先要跟主面试考官打个招呼,道声谢,这是最起码的礼貌。比如:"经理,您好,谢谢您给我这个机会,现在,我向您作个简单的自我介绍……"介绍完毕以后,要注意向主面试考官致谢,并且还要向在场的其他面试人员致谢。

②主题要鲜明。求职面试中的自我介绍一般包括这些基本要素:姓名、年龄、籍贯、学历、学业情况、性格、特长、爱好、工作能力和工作经验等。因此,不必面面俱全,而是一定要做到主题鲜明,直截了当,不要拖泥带水,对于材料的组织要合理,做到详略得当,重点突出。一般来说,应按招聘方的要求来组织介绍材料,围绕中心说话。假如招聘单位对应聘人的工作能力和工作经验很重视,那么,求职者就得从自己的工作能力及经验出发做详细的叙述,而且整个介绍都是以这个重点为中心。

沟通小故事

下面是某家工艺品总公司招聘业务员的一则对话。

面试考官:我公司主要是经营有地方特色或民族特色的工艺品,如北京的景泰蓝、景德镇的陶瓷和湖州的抽纱等。这次招聘的对象是能开拓海内外业务的湖州抽纱的业务员。现在,请你介绍一下自己的情况。

求职者:我叫李伟,今年24岁,是湖州市人。今年毕业于湖州市商业学校,读市场营销专业。我一直生活在湖州，小时候就经常帮妈妈和奶奶做抽纱活，对于传统的抽纱工艺可以说是比较了解的。在商校学习的两年中，我掌握了营销方面的专业知识，这是我将来搞好业务的资本。我的口才较好，曾参加省属中专学校的求职口才竞赛，得了二等奖，并且还具备一定的英语口语能力。我这个人的特点是头脑灵活、反应快，平时喜欢看报纸，对国内外的经济发展动态很感兴趣，喜欢从事具有挑战性的工作。

应聘的求职者一般应从最高学历讲起，只要面试考官不问，完全没有必要谈及小学、中学甚至是大学。谈所学的专业、课程，不必要说明成绩。谈求职的经历，不要漫无边际，东拉西扯，最好在1~3分钟之内，完成自我介绍，简洁、明快、干脆、有力。

③让事实说话。在面试时，有的人为了能给面试考官留下深刻的印象，往往喜欢对自己进行过多的夸张，动辄"我的业务水平是很高的"、"我的成绩是全年级最好的"，其实，这样反倒会给面试考官留下不好的印象。现在的用人单位往往更注重应聘者的真本事。"事实胜于雄辩"，虽然面试的时间很有限，不可能完全展示出求职者的才能，但是，求职者可以通过实际的事例来证明你的能力，把你的才华展示给面试考官。

某大学中文系学生小刘，毕业后到报社应聘记者，面对着上百个新闻专业出身的应聘者，可以说小刘并没有什么优势。但小刘对此早有准备，她对面试考官介绍自己时是这样说的："我叫刘晓明，山西人，毕业于××大学中文系。虽然我不是新闻专业的，但我对记者这个行业却十分感兴趣。在大学期间我是学校校报的记者。四年间，进行了许多次较为重大的校内、外采访，积累了一定的采访经验，再加上我的中文功底，我相信我可以胜任贵报的工作。这是我在大学期间发表过的报道稿，请各位编辑领导批评指正。"

面试考官们看过小刘的报道材料后，觉得眼光独到、语言深刻，都很满意。结果小刘击败了众多的竞争者，不久就收到了录用通知。

④给自己留条退路。面试中的自我介绍既要坦诚，又要有所保留；既要介绍自己的能力，也不要把自己说成事事皆能。在自我介绍中，求职者要尽可能客观地显示自己的实力，但同时应尽可能地避免使用保证式或绝对式的语言，如"我非常熟悉这项业务"、"我保证让部门改变面貌！"这些话往往没有具体内容，反倒会引起面试考官的反感，如果遇到较为平和、内敛的面试考官，也许不会为难你。但当遇到个性较强的面试考官进行追问时，求职者会因无法回答而张口结舌，尴尬万分。

小赵去面试一家国际旅行社的导游。他自我介绍说："我这个人喜欢旅游，熟悉各处的名胜古迹，全国的风景名胜几乎都去过。"面试考官很感兴趣，就问："那你去过云南大理吗？"因为面试考官就是大理人，对自己的家乡再熟悉不过了。可惜小赵根本就没去过大理，心想若说没去过这么有名的地方，刚才的话，不就成了吹牛了吗？于是硬着头皮说："去过。"面试考官又问："你住的是哪家宾馆？"小张再也回答不上来，只好说："那时我是住在一个朋家的。"面试考官又问："你的这位朋友在大理的什么地方啊？"小赵这下没词儿了，东拉西扯答非所问，结果自然是可想而知。

（8）得体地回答。在面试过程中，要注意以答为基础，以问为辅助的沟通技巧。尽管不同的公司面试的程序和模式有所不同，面试考官的风格各异，但是有些问题是面试考官们比较喜欢问的。应聘者一定要对这些问题有所准备，知己知彼才能百战不殆。

一般来说，招聘方提出的问题可分为两类：一类是规定性提问，也就是招聘方事先准备好的，对每一位招聘者都要发问的问题；另一个类是自由性提问，亦即招聘方随意穿插的问题，这些问题往往是千变万化，涵盖宽泛，招聘方可以从应聘者不经意的对答中发现其闪光点或缺点。无论是哪类问题，应聘者在回答时都应当掌握以下基本技巧。

①不要遗漏表现自己才能的重要资料。
②保持高度敏锐和技巧灵活的思维状态。
③回答既要表现出自己的个性气质，又要表现出对招聘方的尊重与服从。
④认真倾听对方的提问，并注意对方的反应，以便及时调整自己的不恰当的回答。
⑤避免提到"倒霉"、"晦气"、"不幸"、"疾病"之类可能招致对方忌讳的字眼。

（9）讲究无声语言艺术。无声语言能体现出一个人的教养、身份、风度、内在气质和人格。在求职面试中，招聘人员常常通过求职者的举手投足、坐姿站态、一动一静、一颦一笑去判断其心理素质、文化修养甚至性格特征。"第一印象"在面试中非常重要，有时甚至决定了求职是否成功。优美的体态风度能帮助求职者建立良好的第一印象，从而起到事半功倍的作用；假如求职者不修边幅、大大咧咧，或者拘谨胆怯、体态不自然，必然会有损求职者在招聘人员心目中的印象，而影响面试成绩。无声语言艺术在求职面谈中的具体运用体现在如下方面。

①表情语。面试中表情语尤其要注意微笑和眼神的运用。

微笑是求职面谈中最不可缺的表情，微笑可以使求职者显得友善、有亲和力，可以迅速缩短与面试官的距离，使对方更容易接受自己。如果求职者在面试中表情淡如清水，不苟言笑，那么传递给对方的是不尊重、不友好、不自信、不大方的信息，气氛沉闷压抑，就难以获得满意的面谈结果。

在求职面谈中，求职者要敢于和善于同面试官进行视线接触，这既是一种礼貌，又能帮助维持一种联系，使谈话在频频地视线接触中持续下去。一般情况下，视线接触的范围是双眼与嘴部之间的三角形区域，这样既保持了接触又避免了因直直地盯着对方的眼睛而引起的对方的不快。正确地运用眼神目视对方，体现了自身的礼貌，说明对话题有兴趣而且不怕挑战。有的求职者总习惯于低着头看地板，几乎不看招聘方，或者左顾右盼，还有的总是窥探面试官的桌子、稿纸或笔记本，这些行为会传递出求职者性格不稳定、不诚实、怯懦、缺乏自信心等信息，很不利于面谈。

②手势语。在运用手势语时要注意紧密配合有声语言，做到协调一致，"该出手时就出

手",不要"想出不敢出",反倒给人胆小拘谨之感。手势要大方自然,幅度适中。手势过大让人觉得性格不稳定,无节制地挥手或无规律地乱摆都会让人觉得说话者轻浮或狂妄;过小显得呆板,缺少风度。此外,一些下意识的举动,如搔首弄姿、拉耳掰手、扯衣挠发,还有的人的腿会无意识地抖动等,这些都可能反映出求职者内心的不安、慌张、窘迫。

③体姿语。求职者如果是站着回答问题,应该保持正确的站姿,如头要端正,腰要直,肩要平,挺胸收腹,重心放在脚底中央稍偏外侧的位置,双手自然下垂或拿文件夹之类的放在身前。这样才能显得精神振奋、充满信心。

坐的姿势要求文雅端庄,给人以沉稳、可信任感。面试官请你入座前不要随便坐下,入座要稳要轻,不可猛起猛坐,以免发出声响,一般坐在椅子的前半部分。入座后,手可平放在腿上或扶手上,上身端正挺直,"二郎腿"不要跷得太高,更不可抖动。女士可以采取双膝并拢或小腿交叉的姿态,但不可向前直伸,面谈中,两眼平视和你交谈的招聘人员,身体稍向前倾,以显对谈话的兴趣和对对方的尊重,身体不要过分前倾,给人一种阿谀奉迎的感觉。

步姿是在站姿的基础上展示人的动态美的极好方式。对于求职面谈而言,展现步姿主要是指从进入面谈室到入座或站定和面谈结束后离开房间的两个动程。求职者要注意,步入面谈室前先轻轻敲门,听见"请进"后,再轻轻推开门,并主动向屋内的人打招呼,然后神态自然、步履稳健、面带微笑地走进房间。面谈结束后,不管自己对于面谈的预感是怎样的,步履仍然应该自信从容,到门口时再轻轻把门带一下,切记不可失去常态,慌慌张张地快步走出,也不能漫不经心、一步三晃地下去,这样可能会使面试官对你的整个面谈失去好感。

④服饰语。求职面谈是一种正式场合,求职者的服饰穿戴关系到招聘人员对其第一印象,因而应当认真对待。一般来说,求职者的服饰要同自己的身材、身份、年龄等相符合,做到大方得体、整洁明快。在着装时,一要关注细节,比如衣服不必太贵,但要烫得平整,色彩要协调,扣子要扣对,皮鞋要擦亮,不要佩戴款式夸张的首饰。二要注意求职者的装扮须与希望的职业身份相协调,比如你面试的职业是教师、会计、工程师等,打扮就不能过分时髦,而应该选择庄重、素雅的着装,以显示出稳重文雅的职业特性。另外,所选的服装不一定要最漂亮的,而是要选能衬托你内在气质的、穿感舒服的,这样就不会因为服饰而产生潜意识的拘束和不自然。头发要梳理整齐、干净,头饰不宜多。男士的胡须一般都要求刮净。女士可着淡妆。总之,在求职交际中,求职者要力求把内心的美和外表修饰的美都展现出来。

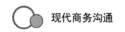

课堂实训

1. 实训：模拟面试

请阅读下面短文，然后组织几个同学，3人一组模拟松下幸之助的面试场面。

松下幸之助的求职经历

被称之为"经营之神"的松下幸之助，当他还只是一个9岁的小学四年级的学生时，因为家里贫穷，就不得不告别母亲，和父亲一起到大阪去打工，过着一种自己养活自己的生活。十四五岁的时候，他到一家大阪电器公司去应聘，当公司的总经理看到，站在他面前的还是一个衣着破烂、又有些瘦弱的孩子时，总经理从心里不想要他，但又不好意思让这个少年太伤心，就随口说了一句："我们现在不缺人手，你过两个月再来吧。"

过了两个月，松下果然来了，总经理又推辞说："我们需要的是一个懂电器知识的人，你懂吗？"松下老实地告诉他说自己不懂。

回到了家里，松下就买了几本关于电器知识的书，看了两个月后，又来到了这家公司，并告诉那位总经理说："我已经学会了许多的电器知识，并且以后我一边工作还可以一边学习。"谁知听了这话，那位经理反而皱了皱眉头说："小伙子，出入我们这家公司的都是很有点绅士派头的人物，你看你这身脏兮兮的衣服，我们怎么要你呢？"松下听后，笑了笑说："这好办！"

回家后，他就让爸爸拿出所有的积蓄，给他买了一身漂亮的制服，就又一次来到了这家电器公司，这一下那位总经理可算真服了松下，他一边用欣赏的目光看着松下，一边笑着说："像你这样有韧劲的求职者，我可是第一次遇到啊，就凭你的这股韧劲儿，我也不能不要你了啊！"

从不向失败低头，这正是松下幸之助最后走向成功的秘诀！

（资料来源：http://www.512zhaopin.com/News/820099810620.html.）

2. 实训：举行模拟招聘会

实训目标：锻炼学生自我推销能力，积累应聘经验，掌握应聘礼仪，增强自信心，全面认识自我。

实训学时：4学时。

实训地点：实训室。

实训准备：模拟招聘企业情况、需求岗位、面试问题、面试桌椅等。

实训方法：

（1）选3~4名学生担任某企业面试考官，其他同学担任求职者。

（2）面试考官先介绍单位及岗位需求情况，然后求职者依次进行1分钟自我介绍，面试考官提问，求职者回答问题。

（3）教师总结、点评。

课后练习

1. 案例分析

（1）糟糕的应聘者。

以下是某企业人力资源经理对求职者的忠告。

面试从你接到电话通知的那一刻就已经开始了。也许是等待就业的心情比较迫切吧，我在通知有资格参加下一轮面试的面试者时，一般从电话另一头听到的都是一些浮躁的声音，这里摘了一点我们的对话，供大家参考：

"喂！"

"喂，您好，请问是×××先生吗？"

"你是谁啊？"（当时，我的心里已经不高兴了，但是不会表露出来）"我是××公司的，请问您参加了我们公司的招聘吗？"

"哪个公司？"（肯定是撒大网了）"我们把您的面试时间安排在了明天的×××，地点在×××……"

"我记一下，你们是什么公司？"（噢，我的天）……

这样我就会把我的看法写在他（她）的简历上，供明天面试的时候参考，影响可想而知！

（资料来源：http://tieba.baidu.com/f?kz=564626502.）

思考讨论题：

①应该怎样接通知你参加面试的电话？

②你认为面试是从什么时候开始的？为什么？

（2）诚实赢得好职位。

某大公司招聘总经理助理，由总经理亲自面试。应聘者小张来到总经理办公室。总经理一见到小张就说："咱们好像在一次研讨会上见过，我还读过你发表的文章，很赞赏你所提出的关于拓展市场的观点。"小张一愣，知道总经理认错人了。但转念一想，既然总经理对那人那么有好感，不如将错就错，对我肯定有好处。于是就接着总经理的话说："对，对。我对那次研讨会也记忆犹新，我提出的观点能对贵公司有帮助，我感到很高兴。"

第二个来应聘的是小高，总经理对他说了同样的话。小高想：真是天助我也，他认错人了。于是说："我对您也非常敬佩，您在那次研讨会上是最受关注的对象。"

第三个来应聘的是小孙。总经理又说了同样的话。但小孙一听就站起来说："总经理先生，对不起，您认错人了。我从来没有参加过那样的研讨会，也没提出过拓展市场的观点。"总经理一听就笑了，说："小伙子，请坐下。我要招聘的就是你这样的人。你被录用了。"

（资料来源：http://www.ahnujgxy.com/eis/qyzp/show.asp?id=148&cname=%BE%CD%D2%B5%CA%D6%B2%E1，2005-10-23.）

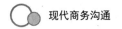

思考讨论题:

①小孙为什么会应聘成功?

②求职为什么还要遵循做人诚实的基本道理?

(3) 求职面试问答。

在一次求职面试中,一家企业的招聘者问一位女大学生:"国外一家企业的代理人携巨款来我市寻找适宜的投资对象,你作为我市某中型企业的法人代表,请问你将采用什么步骤赢得这笔投资?"这位女大学生略作思考,然后答道:"首先,我需要了解对方详细的背景材料,例如,该公司的经营方针、项目、实力、已有业绩,当然也包括这位代理人的个人材料,最重要的是此次来中国的计划;其次,代理人来后,我应当与对方预约见面时间和地点,比如,可以通过电话,或是与有关机构及个人联系;再次,与代理人商谈时我应当使用他的母语,以增加熟识感和亲切感;最后,这次行动不一定会成功,但是我要尽我的所能给对方留下深刻而良好的印象,以期为下次合作打下基础。"虽然这位女大学生的回答不尽圆满,但招聘单位录取了他。

(资料来源:http://www.edzy.cn/jmx/showart.aspx?id=180,2008-10-30.)

思考讨论题:

①请分析这位女大学生求职成功的语言技巧。

②本案例对你有哪些启示?

2. 思考与训练

(1) 成功地组织一场面试应从哪些方面入手?

(2) 招聘单位如何确保面试的有效性?

(3) 以下是一则面试对话,请分析应聘者面试失败的原因。

面试官:从你的简历得知,你的英语已过了国家六级水平,真是不简单呀!

面试者:你过奖了。其实我周围很多同学都达到了这个水平,我也是一般而已。况且,我还有很多不足,比如,我的电脑水平老是跟不上,很多同学都过了二级,我还停留在初级水平上;还有一些专业课也掌握得很不好,让我头痛得很。有时,我也觉得自己很没用。

面试官:原来你对自己很没信心。

①请根据两个不同单位的招聘广告,为自己编写两份侧重点不同的简历。

②如果用人单位通知你明天去面试,你需要做哪些准备?

(4) 面试官问:"关于工资,你的期望值是多少?"求职者反问:"你们打算出多少?"如果是你,会这样反问面试官吗?为什么?

(5) 一位男性应聘者听到面试席上两个人窃窃私语,好像是说自己个子太低、形象不佳,不适合到该公司求职,假如你是这位求职者,你会怎样扭转对自己明显不利的局面?

（6）你和几位同学一起打算到一家公司实习，在公司的接待处，该公司前台接待说："我们公司一向不接受实习学生。我不能够去帮你们请出我们的经理来，如果我请他来，过后他一定会责罚我！"这时假如同学们推你做代表跟她交涉，你该怎么办？

（7）日本的一些大公司在招聘人才进行面试时，专门就说话能力规定了若干不予录用的条文。其中有：

- 应聘者声若蚊子者，不予录用；
- 说话没有抑扬顿挫者，不予录用；
- 交谈时，不得要领的，不予录用；
- 交谈时，不能干脆利落地回答问题者，不予录用；
- 说话无生气者，不予录用；
- 说话颠三倒四、不知所云者，不予录用；

对于日本大公司招聘人才的以上规定你有何看法？

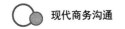
现代商务沟通

任务10　商务应酬沟通

在商场这个没有硝烟的战场上，成功离不开一个人的天分，离不开一个人的努力，更离不开一个人运筹帷幄、左右逢源的应酬技巧。只有做一个商务应酬大人，才能挖到人生的一桶又一桶金。

——彭于寿

导学案例

如此吃相

在与自己的同事一道外出参加一次宴会时，财政局干事李君因为举止有失检点，从而招致了大家的非议。

李君当时在宴会上为了吃得畅快，在开始用餐之后便一而再、再而三地减轻自己身上的"负担"。他先是松开自己的领带，接下来又解开领扣、松开腰带、卷起袖管，到了最后，竟然又悄悄地脱去自己的鞋子。尤其令人感到不快的是，李君在吃东西时，总爱有意无意地咂巴其滋味，吃得訇然作响，并且其响声"一波未平，一波又起"，"一浪高过一浪"。

李君在宴会上的此番作为，不仅令他身边的人瞠目结舌，而且也叫他的同事们无地自容。

（资料来源：http://blog.sina.com.cn/s/blog_6286f8030100hf30.html，2010-02-08，有改动.）

问题：

（1）参加宴会应该注意哪些用餐礼仪？

（2）李君在餐桌上的不良表现有哪些不利影响？

学习训练目标

- 做好商务接待工作；
- 做好商务拜访工作；
- 做好商务宴请工作。

10.1　商务接待

1. 做好接待的准备

接待，是给客人以良好第一印象的最重要工作。在接待工作中，把迎宾工作做好，对来宾表示尊敬、友好与重视，客户就会对东道主产生良好印象，从而为下一步深入接触打下基础。在迎宾工作中，要注意做好以下前期准备工作。

（1）掌握客户基本情况。营销人员一定要充分掌握客户的基本情况。这些情况有：来访客户的人数（包括几男几女）、身份、所搭乘的交通工具，甚至还包括饮食习惯、民族及宗教信仰。这样就方便安排接待、用餐和住宿。如果来访者中间有身份很高的客户，营销人员要考虑请公司相关领导出面参与接待。如果来宾尤其是主宾曾经来访过，则在接待规格上要注意前后一致，无特殊原因不宜随意升格或降格。客户如报出自己一方的计划，比如来访的目的、来访的行程、来访的要求等，应在力所能及的前提下满足其特殊要求，尽可能对对方给予照顾。

（2）制订具体接待计划。为了避免疏漏，一定要制订详尽的接待计划，以便按部就班地做好接待工作。根据常规，接待计划至少应包括迎送方式、迎送规格、交通工具、膳宿安排、工作日程、文娱活动、游览、会谈、会见、礼品准备、经费开支及接待、陪同人员等基本内容。对于客户来访可能讨论到的问题要有充分准备，客户谈什么、怎么谈、承诺什么、怎么承诺、询问什么、怎么询问等问题，要做到心中有数，提前预演。这样一来，当谈到这些问题的时候，才能迅速、规范地作出反应，以免被动。

（3）确认客户抵达时间。有时候，客户到访时间或因其健康状况，或因紧急事务缠身，或因天气变化、交通状况等的影响，难免会有较大变动。因此，接待方务必要在对方正式启程前与对方再次确认一下抵达的具体时间，以便安排迎宾事宜。

（4）做好客户住宿安排。如果接待方要替客户安排住宿，就要问清楚客户需要多少房间，住宿的标准要求，对住宿有无特殊要求。接待方承担住宿费用时，要充分考虑交通、环境、饮食、气温、朝向、宗教信仰、生活习惯等因素，为客户选择一个适宜的住宿地点。如果是外国客户，应尽量安排在国际连锁酒店，这样无论是语言还是饮食，都符合他们的习惯。安排住宿时，如果是多位客户，订的又是双人标准间，则应该由客户方自己自由组合。

2. 交通工具停靠站迎宾

（1）迎宾人员。一般来说，迎送人员与来访客户的身份要相当，但如果己方当事人因临时身体不适或不在当地等原因不能前来迎送也可灵活变通，由职位相当的人士或由副职出面。遇到这种情况，应从礼貌出发向对方作出解释。另外，迎宾人员最好与来访客户专业对口。

（2）迎宾地点。来访客户的地位身份不同，迎宾地点往往有所不同。一般情况下，迎宾的常规地点有：交通工具停靠站（机场、码头、火车站等），来宾临时住所（宾馆），东道主的办公地点门外等。在确定迎宾地点时，还要考虑以下因素：双方的身份、关系及自身的条件。

（3）迎宾时间。到车站、机场去迎接客人，应提前到达，绝不能迟到让客人久等。客人刚下飞机或下车就能瞥见有人等候，一定会感激万分；如果是第一次到这个城市，还能因此获得一种安全感。若迎接来迟，会使客人感到失望和焦虑不安，还会因等待而产生不快，事后无论怎样解释都无法消除这种失职和不守信誉造成的印象。

（4）迎宾标识。如果迎宾人员与客人素未见面，一定要事先了解一下客人的外貌特征，最好举个小牌子去迎接。小牌子上尽量不要用白纸写黑字，这样会给人晦气的感觉；也不要写"××先生到此来"，而应写"××先生，欢迎您！""热烈欢迎××先生"之类的字样；字迹力求端正、大方、清晰，不要用草书书写。一个好的迎宾标识，既便于找到客人又能给客人留下美好印象——当客人迎面向你走来时会产生自豪感。在单位门口，不要千篇一律地写上"Welcome"一词，而应根据来宾的国籍随时更换语种，这样会给来宾一种亲切感。

（5）问候与介绍。接到客人后，切勿一言不发、漠然视之，而要先与之略作寒暄，比如说一些"一路辛苦了"、"欢迎您来到我们这个美丽的城市"、"欢迎您来到我们公司"之类的话。然后要向客人介绍自己的姓名和职务，如果有名片更好；客人知道你的姓名后，如一时还不知如何称呼你，你可以主动表示："就叫我小×或××好了。"其他接待人员也要一一向客人作自我介绍，有时可由领导介绍，但更多的时候是由秘书承担这一职责。在作介绍时，态度要热情，要端庄有礼，要正视对方并略带微笑，可以先说"请允许我介绍一下"，然后按职务高低将本单位的人员依次介绍给来宾。对于远道而来、旅途劳顿的来宾，一般不宜多谈。

（6）握手。握手是见面时最常见的礼节，双方相互介绍之后应握手致意。握手时，要注视对方，微笑致意，并使用"欢迎您"等礼貌用语。迎接来宾时，迎宾人员一定要主动与对方握手。

（7）献花。有时迎接重要宾客还要向其献花，一般以献鲜花为宜，并要保持花束的整洁、鲜艳。在社交场合，献什么花、怎么献花，常因民族、地域、风情、习俗、目的的不同而有所区别。一般情况下，应注意从鲜花的颜色、数目和品种三个方面加以考虑。

（8）为客代劳。接到来宾后，在走出迎宾地点时应主动为来宾拎拿行李，但对来宾手上的外套、坤包或是密码箱等则不必"代劳"。客人如有托运的物件，应主动代为办理领取手续。

3. 陪车

来访客户抵达后从交通工具停靠站到住地及访问结束后由住地到交通工具停靠站，有时需要主人陪同乘车。

主人在陪车时，应请客人坐在自己的右侧。有司机的时候，后排右位最佳，应留给客人。上车时，应主动打开车门，以手示意请客人先上车，自己后上。一般最好让客人从右侧门上车，主人从左侧门上车，以免从客人座前穿过。如客人先上车坐到了主人的位置上，则不必请客人挪动位置。

在接待客人时，客人一般会对将要参加的活动的有关背景资料、筹备情况、有关的建议，当地风土人情、气候、物产，富有特色的旅游点，近期本市发生的大事，本市知名人士的情况，当地的物价等感兴趣。所以，接待人员要向客人就上述信息做必要的介绍。

4. 宾馆入住与探访

将来访客户送至宾馆，要主动代为办理登记手续，并将其送入房间。进入来宾馆房间后，应告知来访客户餐厅何时营业，有何娱乐设施，有无洗衣服务等以便客人心中有数。来访客户一到当地，最关心的就是日程安排，所以应事先制订活动计划。来访客户到宾馆后，应马上将日程表送上，以便其据此安排私人活动。根据活动安排，来访客户将与哪些人会面与会谈，也应向其作简略介绍。为了帮助来访客户尽快熟悉访问地的情况，还可以准备一些有关这方面的出版物给客人阅读，如本地报纸、杂志、旅游指南等。考虑到来访客户旅途劳累，主人不宜久留，应让其早些休息，分手前要说好下一次见面的时间和地点，并留下自己的地址和电话号码，以便来访客户有事时联系。

从客户入住到来探访的时间不宜太长，太长了会显得不礼貌；也不能太短，太短了，也许客户还没来得及整理行李，有的女士还要换一下服装，洗脸后略施淡妆。一般在客户入住至少一个小时之后来探望比较合适。对于这一点，也应该事先让客户知道，以便让他们有所准备。如果客户身份比自己高，最好请公司相关领导与自己一同探望，以显郑重。

5. 引导客人

（1）注意迎接客户的三阶段行礼。我们国内通行的三阶段行礼包括15°、30°、45°的鞠躬行礼。

15°的鞠躬行礼是指打招呼，表示略微寒暄；

30°的鞠躬行礼是敬礼，表示一般寒暄；

45°的鞠躬行礼是最高规格的敬礼，表达深切的敬意。在行礼过程中，不要低头，要弯下腰，但绝不能看到自己的脚尖；要尽量举止自然，令人舒适；切忌用下巴跟人问好。

（2）引导手势要优雅。男性接待人员在做引导时，应该是当访客进来的时候，行个礼，鞠个躬，手伸出的时候，眼睛要随着手动，手的位置在哪里眼睛就跟着去哪里。如果访客问"对不起，请问经理室怎么走"，千万不要口中说着"那里走"，手却指着不同的方向。女性接待人员在做引导时，手就要放下来，否则会碰到其他过路的人，等到必须转弯的时候，需要再次打个手势告诉访客"对不起，我们这边要右转"。打手势时切忌五指张开或表现出软绵绵的无力感。

（3）注意"危机"提醒。在引导过程中，要注意对访客进行危机提醒。比如，在引导访客转弯的时候，熟悉地形的接待人员知道在转弯处有一根柱子，就要提前对访客进行危机提醒；如果拐弯处有斜坡，就要提前对访客说"请您注意，拐弯处有个斜坡"。对访客进行危机提醒，让其高高兴兴地进来，平平安安地离开，这是每一位接待人员的职责。

（4）上下楼梯的引导方式。引导客户上楼梯时，假设接待者是女性，应请客人先走，客人从楼梯里侧向上行，引导者走在中央，配合客人的步伐速度引领；而引导客户下楼梯时，引导者应走在客人的前面，客人走在里侧，引导者走在中间，边注意客人动静边下楼梯。

（5）在走廊和电梯中的引导方法。在走廊，接待人员应在客人的左斜前方，距离两三步远，配合步调。若左侧是走廊的内侧，应让客人走在内侧。引导客人乘坐电梯时，接待人员先进入电梯，等客人进入后关闭电梯门，到达时，接待人员按"开"的钮，让客人先走出电梯。

（6）注意开启会客室大门。会客室的门分为内开和外开，在打开内开的门时不要急着把手放开，这样会令后面的宾客受伤；在打开外开的门时，就更要注意安全，一旦没有控制好门，很容易伤及客户的后脑勺。所以，开外开门时，千万要用身体抵住门板，并做一个请的动作，当客人进去之后再将门轻轻扣住，这是在维护客人的安全。

（7）会客室座位安排和客厅引导方法。正常情况下会客室座位的安排：一般会客室离门口最远的地方是主宾的位子。假设某会议室对着门口有一个一字形的座位席，这些位子就是主管们的位子，而与门口成斜角线的位子就是主宾的位子，旁边是主宾的随从或者直属人员的位子，离门口最近的位子安排给年龄辈分比较低的员工。特殊情况下会客室座位的安排：会客室座位的安排除了遵照一般的情况，也要兼顾特殊。有些人位居高职，却不喜欢坐在主位，如果他坚持一定要坐在靠近门口的位子，要顺从他的意思，让客人自己去挑选他喜欢的位置，接下来只要做好其他位子的顺应调整就好。当客人走入客厅，接待人用手指示，请客人坐下，看到客人坐下后，才能行点头礼再离开。如果客人错坐下座，可提请客人改坐上座，但不要勉强。

6. 奉茶

在客户接待中，人们容易忽略奉茶中的一些细节，从而扼杀了合作的良机。注重奉茶的细节和礼仪，才能给客户留下良好的印象，并营造出和客户商谈的融洽氛围，顺利实现企业的营销目标。奉茶要注意以下礼仪。

（1）多准备几种茶叶。对于茶，不同的客户有不同的喜好，有人喜欢绿茶，有人喜欢红茶，有人喜欢花茶……要想让客户满意，不妨绿茶、红茶、花茶、乌龙茶等各类常见茶叶都备上一点，因人而异，投其所好沏茶。

（2）茶具要专业。现在，许多人为了方便，常常用一次性纸杯沏茶。生活中这无可厚非，然而在客户接待中，却显得对客户不太尊重，也让客户自此会轻视你。为客户奉茶，最好备有专业茶具，且茶具不能有破损和污垢，要洗干净、擦亮，这样才能更好地发挥茶的作用，营造商谈的和谐氛围。

（3）奉茶有讲究。奉茶多是在主宾交谈之时，这时为了不影响客户商谈的情绪，尽量从客户的左后侧奉茶，条件不允许时也可从右后侧奉茶，切不可从其正前方奉茶。

在给客人奉茶时，杯内的茶水倒至八分满即可，不可倒满，免得溢出来溅洒到客人身上。茶水冷热也要控制好，千万别烫着客人。茶水要清淡，除非客户主动提出浓茶要求。端送茶水最好使用托盘，既雅观又卫生；托盘内放一块抹布更好，以便茶水溢出时擦拭。端茶时，有杯柄的茶杯可一手执杯柄一手托在杯底或单手执杯柄；若茶杯没有杯柄，注意不要用手握住茶杯，以减少手指和杯沿部分的接触，更不可把拇指伸入杯内。

奉茶时可以按由右往左的顺序逐个奉上，也可按主要宾客或年长者——其他客人、上级领导——其他客人这个顺序敬奉。

（4）上茶不多三杯。中国人待客有"上茶不过三杯"的说法，第一杯叫敬客茶，第二杯叫续水茶，第三杯叫送客茶。如果一再劝人用茶，却又无话可讲，则有提醒来宾"打道回府"的意思。在面对较为守旧的客户时切忌多次劝茶和续水。

7. 接待时的注意事项

（1）主动热情接待客户。在来访客户到达本单位时，参与接待的相关领导和工作人员，应该前往门口迎接。进入办公室或会客室时，接待人员一般应起身握手相迎，对上级、长者、客户来访，应起身上前迎候。如果自己有事暂不能接待来访者，应安排秘书或其他人员接待来访客户，不能冷落来访客户。正在接待来访客户时，有电话打来或有新的来访者，应尽量让秘书或他人接待，以避免中断正在进行的接待。

（2）要保持亲切灿烂的笑容。笑是世界的共通语言，笑是接待人员最好的语言工具，访客接待的第一秘诀就是展现亲切笑容。当客户靠近的时候，接待人员绝对不能面无表情地说"请问找谁？"、"有什么事吗？"这样的接待会令客人觉得很不自在，相反的，一定要面带微笑地说"你好，请问有什么需要我服务的吗？"

（3）注意使用温馨合宜的招呼语。当接待来访客户时，最好不要或者尽量减少使用所谓的专业术语，多使用顾客易懂话语。比如医学专业术语、银行专业术语等，许多顾客无法听懂那些专业术语，如果在与其交谈时张口闭口皆术语，就会让顾客感受很尴尬，也会使交流受到影响。所以，招呼语要通俗易懂，要让顾客切身感受到亲切和友善。同时，应尽量使用简单明了的礼貌用语，比如"您好"、"大家好"、"谢谢"、"对不起"、"请"等，向顾客展现自己的专业风范。另外，还应该尽量使用生动得体的问候语。比如"有没有需要我服务的？有没有需要我效劳的？"这样的问候语既生动又得体。切忌使用类似"找谁？有事吗？"这样的问候语，会让客人感到不舒服，甚至会把客户吓跑。

（4）妥善处理来访客户的意见或建议。对来访客户的意见和观点不要轻率表态，应思考后再做答复。对一时不能作答的,要约定一个时间再联系。对能够马上答复的或立即可办理的事,应当场答复,迅速办理,不要让来访者无谓地等待或再次来访。对来访客户的无理要求或错误意见,应有礼貌地拒绝,不要使来访者尴尬。

8. 陪同旅游

对远道而来的客户,特别是重要客户,如果第一次来这个城市,陪同客户旅游也是常用的公关手段。具体包括如下方面[①]。

(1)事先安排。如果想安排客户在本地旅游,首先要看客户的行程安排是否允许。如果不知道,可以将陪同游玩的设想及日期告诉客户。争得客户的同意后再将旅游线路(含主要景点简介)、所需时间等信息,告诉客户,以征求其意见和建议。从日期上来说,应该是处理完公务以后。游玩路线安排上,景点不在多,而在于著名、安全、健康、有特色、有纪念意义等。游玩之前要安排好交通工具,如果随旅游团旅游,就要事先在正规的旅行社办好手续。在游玩当天,还要带上充足的饮料、零食、纸巾等物品。

客户方如果只有两三个人甚至一个人,自己一个人陪同就可以了;客户方有身份较高者时,就应酌情再邀请公司身份和对方差不多的同事一起陪同,当然如果自己和对方很熟,也可以自己陪同。客户方人数较多的话,陪同人员就不宜一人,否则也不方便照顾。

(2)注意事项。既然是旅游,而且是陪同客户旅游,应该本着"舒适、安全"的原则,所以无论是交通安排上,还是饮食或者旅游具体项目的选择上,一定要保证质量和档次。在景点买票时,安排好客户稍事休息,自己去排队;如果有比自己身份低的同事在,可以请同事去买票,自己陪客户聊天,以免冷落客户。

陪同游玩时,应向客户介绍景点,特别是一些有趣的典故更要介绍。自己不清楚的话,就应事先查阅相关资料,做足功课。还有本地的名吃、特色小吃,游玩过程中应该特别安排品尝。

当地特色的旅游纪念品,营销人员应该主动人手一份地替客户买好。如果还有没一起来的,自己也认识客户单位的其他人,特别是领导人员,应该购买后托来访的客户捎回。即使客户再如何要求,都不能让客户自己付用餐、交通、旅游项目上的费用。游玩本来就是一件"体力活",所以旅游期间要安排好餐饮、休息,不能疲劳地连轴运转。

9. 送别

俗话说:"出迎三步,身送七步。"送别,是留给客人良好的最后印象的一项重要工作。不管你前面的接待工作做得多么周到,如果最后的送别让来访客户备受冷落,整个接待工作就

---

① 黄漫宇. 商务沟通. 北京:机械工业出版社,2006:107.

会功亏一篑。做好送别工作，关键在于一个"情"字。具体而言，送别时应注意以下礼仪。

（1）提出道别。在日常接待活动中，宾主双方由谁提出道别是有讲究的。按照常规，道别应当由来访客户先提出来，假如主人首先与来客道别，难免会给人以厌客、逐客的感觉。

（2）送别用语。宾主道别，彼此都会使用一些礼貌用语表达对对方的惜别之情，最简单、最常用的莫过于一声亲切的"再见！"，除此之外，"您走好！""有空多联系！""多多保重！"等也是得体的送别用语。

（3）送别的表现。一般来访客户告辞离去，营销人员只需起身将其送至门口，说声"再见"即可。如果上司要求你代其送客，则应视需要将来访客户送至相应地点：如果对方是常客，通常应将其送至门口、电梯门口或楼梯旁、大楼底下、大院门外；如果是初次来访的贵客，则要陪伴对方走得更远一些。如果只将来访客户送至会议室或办公室门口、服务台边，则要说声"对不起，失陪"，目送客人走远；如果将来访客户送至电梯门口，则宜点头致意，目送来访客户至电梯门关合为止；如果将来访客户送至大门口或汽车旁，则应帮来访客户携带行李或稍重物品，并帮客户拉开车门，开车门时右手置于车门顶端，按先主宾后随员、先女宾后男宾的顺序或客户的习惯引导其上车，同时向其挥手道别，祝福旅途愉快，目送客户离去。在送别的过程中，切忌流露出不耐烦、急于脱身的神态，以免给客户匆忙打发他走的感觉。

10.2 商务拜访

根据经验显示：能力相同、业务相似的两位业务员，如果其中一位拜访客户的次数是另一位的两倍，那么这位业务员的成绩也一定是另一位的两倍以上。所以，要成为优秀的营销人员，首先要学会利用时间把拜访客户列为第一要务，其次是联系客户约定拜访时间，再次是整理客户的资料。果真能照着这样做，是一定会取得成功的。

1. 拜访前的准备

拜访是获得营销成功的重要时机，营销人员必须重视，并认真做好拜访前的准备工作。

（1）了解客户信息。选择客户的标准包括客户的年收入、职业、年龄、生活方式和嗜好。客户来源有三种：一是现有客户提供的新客户资料；二是从报刊上的人物报道中收集的资料；三是从职业分类等资料中寻找客户。

拜访客户之前，必须首先了解客户的需求及公司财务状况，了解客户的渠道很多，包括和客户沟通时他们自己的介绍，第三方的叙述，媒体的报道等，目前最快捷的方法便是通过网络查阅受访公司的相关资讯，可以登录客户方的网站将其资料下载，了解客户公司的组织、经营者的姓名、公司产品及销售网，甚至包括公司的最新发展等。最重要的是，要了解客户的商业模式或是赚钱模式,知道客户的原材料上游供应状况及下游的经销体系,甚至主要客户是谁等都必须了如指掌,将来在面对客户时,才能相当完整、清楚地为客户说明,让客户感受到自己的产品对他们的重要性。

在拜访客户前,一定要先掌握客户中对订货有决定权或有影响力的人物的姓名、性格、兴趣、嗜好与经历等信息。

了解客户,还要了解客户公司在行业、领域内的地位。掌握竞争对手的情况,包括:他们的年度或月份销售量、他们的理念、最近的新闻及营销策略、和自己公司同类商品的对外报价,他们与客户之间的关系,等等。

（2）做好行程安排。准备充分之后,行程的安排就很重要。若是从事国内销售业务,一般行程在安排上不成问题;但若是在国外的话,要注意的事项较多,尤其是文化上的不同,行程之安排最好能以他们的习惯来做调整。必须确定行程的目的是什么。例如接单、客诉、例行拜访等所需准备的行头就各有不同。拜访客户时准备礼物不需太贵重,否则会被怀疑另有企图;另外,对于受访客户国家的历史、土地、国情最好都能有基本认识,尤其是西方国家或较小国家,这将会让他们有不同的感受。再者,建议用该国语言牢记客户名字。在国外出差时尽量与客户拍照,方便作完整的记录,以便下次其他同事出差时能知道客户称谓和名字,这些做法会让他们感到很亲切。

（3）制订拜访客户计划。拜访客户是要有计划的。首先,先把一天当中所要拜访的客户都选定在某一区域之内,这样可以减少来回奔波的时间。利用半小时左右的时间做拜访前的电话联系,即可在某一区域内选定足够的客户供一天拜访之用。利用不去拜访客户的日子,进行联系客户、约定拜访时间的工作。同时,也利用这个时候整理客户的资料。记得要把拜访的对象集中在某一个区域内,以减少中途的往返奔波,达到有效利用时间的目的。

（4）做好充分的预演[①]。对于拜访客户的面谈,要实现明确客户是什么态度,是积极、主动,还是在营销人员运用了约见技巧后勉强为之? 这次访谈客户是什么样的意图,也就是客户为什么面谈? 是想了解价格还是想知道商品性能、特点,或是仅想先谈谈看? 对以上这些事情要事先做好充分的预演,以成竹在胸,提高面谈成功的概率。

（5）准备有关资料。客户拜访,要准备的资料包括商品说明书、宣传材料、报价单、产品（或模型）、有关认证材料、本单位的证明、媒体的正面报道资料、自己的名片,还有自己基于对客户的了解而做的预案、针对可能出现的情况事先拟订的解决方案或应对方案及一些小礼品等。需要的其他材料也要准备好。这些文件要事先经过整理,尽量是打印的,看起来干净整齐,并分类装订好。

（6）注意仪容和服饰。仪容、服饰事关拜访者自身的职业形象和所代表的机构形象,

[①] 未来之舟. 销售礼仪. 北京:中国经济出版社,2009.

也体现了对被拜访者的尊重。所以,拜访前对仪容的修饰和服饰的选择与斟酌马虎不得。

2. 拜访的预约

拜访前,应事先联络妥当,尽可能事先告知,最好是和对方约定一个时间,以免扑空或打乱对方的日程安排,不告而访,做不速之客是非常失礼的。

(1) 约见时间的安排。约见时间的安排,直接关系到销售员计划的成败。但在约见时间的确定上,销售员一般没有主动权,客户总会根据自己的工作日程,安排适当时间约见销售员,这样,既可以节约时间,又可以满足销售员业员约见的要求。具体约见时间的确定会因约见对象、约见事由、约见方式、会见地点等的不同而不同。这就要求销售员在约定会见时间时还应注意下列几点[①]。

①根据约见对象的特点来选择最佳拜访时间。只有客户或准客户最空闲的时刻,才是最理想的拜访时间。举例来说,一般的商店,大约在上午7:00-8:00,是最理想的拜访时间,因为此种商店的生意一大早最清闲。较晚关门的商店大约在深夜才兴旺,大都在中午以后才开始营业,所以适当的拜访时间是下午两点左右。 鱼贩与菜贩是一个较特殊的行业,大清早出门采购,不仅整个上午忙碌不堪,就是下午16:00-18:00也是生意兴旺,所以最适宜的拜访时间是在下午两点左右。医生是特殊的行业,大概从上午九点开始,病人就络绎不绝,因此上午7:00-8:00应该是适宜的拜访时间。拜访公司职员,如果去公司的话,应该在上午11点以前;如果是去住宅的话,适宜在晚上18:00-20:00之间。拜访值班人员大概在晚上19:00-21:00之间。这里列举的都是第一次拜访的理想时间。由于你第一次拜访时已经与客户建立了亲密的关系,所以第二次拜访,你可以更改时间。原则上你都应选在下午3:00左右拜访,这时客户一般较清闲,且通常一个人工作了一天,到了下午3:00左右,工作大约告一段落,觉得有点疲倦,心情也较松懈,内心正企盼有个聊天的对象,营销人员在这一时刻出现不会干扰客户的工作,较容易顺利沟通。作为营销人员必须用心安排自己的拜访时间,以免因择时不当而浪费时间。

②根据约见事由来选择最佳拜访时间。以正式销售为事由的,应选择有利于达成交易的时间进行约见;以市场调查为事由的,应选择市场行情变化较大或客户对商品有特别要求时进行约见;以提供服务为事由的,应选择客户需要服务的时间约见,以期达到"雪中送炭"的效果;以收取货款为事由的,应先对客户的资金周转状况作一番了解,在其账户上有余额资金时进行约见;以签订正式合同为事由的,则应适时把握成交信息及时约见。

③根据会见地点来选择最佳拜访时间。一般来说,会见地点约定在家中,则营销人员就要考虑客户的工作时间表,最好让客户来安排约见时间。而一旦确定了约见地点和约见时间,营销人员就应提前几分钟到达,一方面表示对营销工作的重视;另一方面遵守时间可

---

① 水中鱼. 销售金口才. 武汉:华中科技大学出版社,2010.

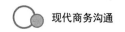

以给客户带来好感，提高营销人员自身的信誉。

④根据约见对象的意愿合理利用拜访时间。在一般情况下，拜访客户的时间不宜太长，当拜访目的基本达到而客户对结束约见又有某些暗示时，营销人员应尽快考虑以圆满的方式结束约见，以免使客户产生反感。如有未尽事宜，可以再行约见。"马拉松"式的会谈，既达不到拜访目的，又可能导致客户再行约见，从而失去客户。

如果双方有约，应准时赴约，不能轻易失约或迟到。但如果因故不得不迟到或取消访问，一定要设法在事前立即通知对方，并表示歉意。

此外，约见的事由、对象不一样，约见的地点也应有些讲究。一般可以选择在客户的工作单位、家里、社交场所和公共场所等。具体选择在哪里，应视情况而定。有的客户出于某种需要，不便在工作单位或家中接待销售员的来访，就利用公共场所进行约见。

（2）预约客户的方法。在营销工作中，学会预约，才能开启异常成功的商务拜访之旅。然而，许多时候，人们预约客户都会被拒绝，这不一定是客户对营销人员的提议没有兴趣，而多半是营销人员预约技巧不佳的缘故。常用的预约客户的方法有以下几种。

①利益预约法。联系客户时，不要急于预约拜访时间，而是迎合了大多数客户的求利心态，简要说明商品的利益，突出了销售重点和商品优势，引起客户的注意和兴趣，这样有助于很快达到预约客户的目的。

②问题预约法。抓住客户的关注点进行提问，引起客户的兴趣，从而使客户集中精力，更好地理解和记忆营销人员发出的信息，为激发购欲奠定基础并顺利预约。

③赞美预约法。每个人都有喜欢别人赞美的天性，营销人员可以利用人们的这种天性来达到预约客户的目的。赞美一定要出自真心，恰如其分，要切忌虚情假意、无端夸大。

④求教预约法。虚心求教的态度能轻松化解客户一开始的反感。一般来说，人们不会拒绝登门虚心求教的人。销售员在使用此法时应认真策划，把要求教的问题与自己的销售工作有机地结合起来，以期达到约见的目的。

⑤好奇预约法。人们都有好奇心。销售员可以利用动作、语言或其他一些方式引起客户的好奇心，以吸引客户的兴趣。

⑥馈赠预约法。营销人员可以在预约拜访之前，先赠送客户一些小礼品或公司的样品，以咨询客户反馈意见的名义，进而实现预约客户的目的。

⑦调查预约法。营销人员可以利用调查的机会预约客户，这种方法隐蔽了直接销售商品这一目的，比较容易被客户接受，也是在实际中很容易操作的方法。

⑧连续预约法。"精诚所至，金石为开"，在一次预约拜访失败后，销售人员千万不要灰心，而要消化客户信息，寻找新的亮点，多次与客户交流，最终顺利达到预约拜访的目的。实践证明，许多营销活动都是在营销人员连续多次预约客户后，才引起了客户对其的注意和兴趣，进而为以后的销售成功打下了坚实的基础。

3. 拜访过程中的礼仪

（1）准时到达。拜访一定要准时到达，要充分考虑到交通堵塞等情况，出发时有充分的提前量，不要迟到。一般地以提前10~15分钟到达为宜，这样可以从容调整自身状况，整体感受所拜访公司的环境，感受公司文化和人员的精神面貌，为顺利拜访奠定基础。

（2）做好与前台的沟通。在进入客户单位之前最好先从头到脚地检查一下自己的着装、仪容是否存在不符合礼仪规范的地方，如果有，一定要及时整理好。如果是重要的拜访对象，要事先关掉手机或调整到静音状态，这体现了对拜访对象的尊敬、对访问事宜的重视。然后面带微笑、从容不迫地走向前台，礼貌地致意、问好，然后告诉前台自己来自哪个单位，要约见什么人，见面预约的时间，恳请前台予以安排。

一般拜访客户单位身份较高者，当前台没有查到预约记录但又不敢贸然拒绝时，前台会问来访者的来访目的，如"您找王总有什么具体事吗？"这时，营销人员可以用间断、抽象的字眼或用一些较深奥的技术专用名词向前台说明来意，让他觉得你的来访很重要。也可以含糊地说："上次见面的时候和王总聊过合作的事情，王总让我过来再详细沟通一下。"

拜访客户一定要注意和前台处理好关系。第一次来访可以赠送一些小礼品，礼品应价格不贵但很精美实用。这样前台对营销人员印象不错，一回生，二回熟，拜访就变得很容易了。

（3）到达约定地点礼仪。到达拜访地点后，如果对方因故不能马上接待，可以在对方前台人员的安排下在会客厅、会议室或在前台，安静地等候。如果等待时间过久，可以向有关人员说明，并另定时间，不要显出不耐烦的样子。有抽烟习惯的人，要注意观察该场所是否有禁止吸烟的警示。即使没有，也要问问工作人员是否介意抽烟。如果接待人员没有说"请随便看看"之类的话，就不要随便东张西望，到处窥探，那是非常不礼貌的。

到达被访人办公室时，一定要事先轻轻敲门，进屋后等主人安排后坐下。后来的客人到达时，先到的客人应站起来，等待介绍或点头示意。对室内的人，无论认识与否，都应主动打招呼。如果与对方是第一次见面，应主动递上名片，或作自我介绍。对熟人可握手问候。如果你带其他人来，要介绍给主人。进门后，应把随身带来的外套、雨具等物品搁放到对方接待人员指定的地方，不可任意乱放。

注意言谈举止。要以优雅得体的言谈举止体现素质、涵养和职业精神，赢得对方的好感和敬重。在客户没有邀请入座之前不要随便坐下。被邀请入座时应表示感谢。如果客户也是站着的，则不要先于客户就座。

落座后要由营销人员先开口寒暄。谈话时开门见山，不要海阔天空，浪费时间。最好在约定时间内完成访谈，如果客户表现出有其他要事的样子，千万不要再拖延，如为完成工作，可约定下次拜访时间。在交谈过程中，即便与客户的意见相左，也不要争论不休。要注意观察客户的举止神情,当有不耐烦或有为难的表现时,应转换话题或口气,避免出现不愉快或尴尬的场面。

接茶水时,应从座位上欠身,双手捧接,并表示感谢。吸烟者应在主人敬烟或征得主人同意后,方可吸烟。和主人交谈时,应注意掌握时间。

对拜访过程中接待者提供的帮助要及时适当地致以谢意。如果是重要约会,拜访之后给对方寄一封谢函或留一条短信,会加深对方的好感。

(4)不能会面情况的处理[①]。拜访客户时,即使事先已经约好,自己应约而来时仍然会碰到对方不在的情况。这时可以向前台转达自己来访未遇;也可以在自己名片的空白处写上:"×月×日×点应约来访未遇,改天来访"的简短消息,请前台转交。如果对方在单位但没有出面接待,可能是:"这会儿正忙"、"正在开会"等。遇到这种情况不要死缠烂打,而应该说:"好,那我改日再来。"并说明什么时候再打电话预约下次见面时间。如果再三恳求说:"两分钟也行,务必要见一面。"这种精神虽然可嘉,但并不恰当,很容易引起对方反感,反而得不偿失。过于匆匆地见面不如下次再见面。

有时客户正在与其他客户谈话,甚至在你苦等了很久之后却说:"改天再谈吧!今天没有时间了。"也有的时候眼看比自己晚来的客人,一个接一个地被客户接待却不理睬你;有时好不容易轮到接待自己了,客户却临时有事就走开了。这时候虽然受到了委屈,但千万不要气馁,在和客户本人或者前台约好下次拜访的时间后,礼貌、大方、精神抖擞地和前台或者其他接待过自己的人告别,让客户方看到你良好的修养和风度。

(5)适时礼貌地告辞。拜访中,即使谈得再投机也有结束的时候。作为拜访者,适时礼貌地告辞不仅是风度,更是智慧。拜访结束时彬彬有礼地告辞,可给对方留下良好的印象,同时也给下次的拜访创造良好的氛围和机会。所以,及时告辞、礼貌告辞这一环节相当重要。

面谈什么时候结束呢?拜访时间长短应根据拜访目的和客户意愿而定,通常宜短不宜长,适可而止,一般拜访时间应把握在1小时左右为宜,届时双方主要事宜都谈完了,就要及时告辞。此外,谈到快要就餐或休息的时间,也要起身告辞。或者事情谈得差不多了,又有其他人拜访客户,也应尽快告辞,以免给客户的接待造成不便。

当客户有结束会见的表示时,应立即起身告辞。在客户反应冷淡、交谈话不投机甚至客户不愿意搭理营销人员,或者客户不时地看表、有起身的动作等情况下,营销人员都要"知趣"而退。

准备告辞时不要选择在客户说完一段话之后,因为这会使其误以为营销人员听得不耐烦。应在自己说完一段话之后。同时告辞前不要有打哈欠、伸懒腰、看手表等表示疲倦、厌烦的举止。

---

① 未来之舟. 销售礼仪. 北京:中国经济出版社,2009.

告辞前营销人员要对客户的热情接待予以肯定和感谢。说完告辞的话就应起身离开座位，不要久说或久坐不走。告辞时要同客户和其他客人一一告别。

如果客户出门相送，销售人员应主动与客户出手相握，请客户留步，并热情地说声再见。

拜访客户中途因特殊情况不得不离开时，无论主人在场与否，都要主动告别，不能不辞而别。

10.3 商务宴请

1. 商务宴请的特点

商务宴请作为一种带有浓重商务色彩、营销色彩的社交活动，它比一般家宴和朋友聚餐多了些郑重、隆重的意味。商务宴请主要有以下特点。

（1）谈为主，吃为辅。在商务宴请中，"吃"只是个手段，而"吃"背后的交际才是商务宴请的真正目的。举办者及与宴者为谋求商业性目的，以宴请活动为媒介，为进行商务洽谈、合作计划商讨和合同签订等而举行。

（2）讲礼仪，塑形象。餐桌礼仪是商务社交技巧的一部分，是商界里一项超越同行、保持领先的重要战略。如果不懂礼仪，将一位贵宾安排在不重要的座位，营销人员将受到众人的谴责，甚至使事业受到重创；如果不懂礼仪，在参加宴会时，喧宾夺主地发言，会让营销人员不再受欢迎。相反，如果营销人员知道餐桌礼仪中该做和不该做的事，将会发现一桩在会议桌上很难敲定的大生意，在餐桌上却变得很容易敲定。所以，无论是作为宴请的主人还是客人，都必须遵循宴请的礼仪规范，展示个人的良好修养，表达对交往对象的敬重、友好和诚意。

（3）守规范，显诚意。商务宴请的礼仪和程序也都有着严格的规定，不遵守或没想到相应的礼节就会冒犯对方，这些都体现了商业领域有自己的约定俗成的规范，不能视之为儿戏，更不能随便想当然。比如，一位在某公司任职的金小姐，在日本参加客商举办的宴会时，买了一束白色的百合花想送给客商。没想到她一走进举行宴会的大厅，所有的宾客都向她投来惊奇而生气的眼光。原来，在日本百合花只有在丧事时才使用。

2. 商务宴请的形式

参加商务宴请，首先要弄清宴请的种类和形式，因为不同种类和形式的宴请，有不同的特点，适合于不同的宴请主题和场合。宴请的种类复杂、形式多样，一般按照进餐的礼仪形式可分为宴会、招待会和工作进餐等。其中，宴会又可分为正式宴会和非正式宴会两种类型，正式宴会还分为中餐宴会和西餐宴会。非正式宴会，也称便宴，还分为午宴、晚餐和家宴等；招待会又可分为冷餐会、鸡尾酒会、自助餐宴会、茶话会等。

3. 商务宴请的基本原则

（1）"5M"原则。5M原则是在世界各国广泛受到重视的一条立意原则。5M是5个以"M"为字头的单词：约会（Meeting）、菜单（Menu）、举止（Manner）、环境（Media）、费用（Money）。指在安排宴请或者自己参加餐饮活动时，必须优先对约会（约会的具体时间和对象）、菜单（宴请菜品）、举止、环境、费用等五个方面的问题加以高度重视，并应力求使自己在这些方面的所作所为符合律己、敬人的行为规范。

（2）"餐饮适量"原则。在餐饮活动中，不论是活动的规模、参与的人数、用餐的档次，还是餐饮的具体数量，都要量力而行。务必要从实际需要和实际能力出发，进行力所能及的安排。切忌虚荣好强，炫耀攀比，铺张浪费。

（3）照顾他人。不论是以主人的身份款待客人，还是陪同他人一道赴宴，都应在两相情愿的前提下，悉心照料在场的其他人士。学会照顾他人应当是一条极为重要的礼仪规则。同时，也是一个人修养、层次和品位的体现。

（4）客不责主。身为客人，对主人为之安排的餐饮只宜接受，不宜随意评论、非议，尤其是不允许寻衅滋事，借题发挥。

（5）突出特色。负责为他人安排餐饮时，在条件允许的前提下，应努力突出国家特色、地方特色、民族特色，使对方通过享用美食来"品尝"文化。

4. 商务宴请的组织

商务宴请对宾客而言是一种礼遇，必须按规定、按有关礼仪礼节要求来组织。

（1）制订计划。

①确定宴请的目的。宴请的目的多种多样，可以是表示欢迎、欢送、答谢，也可以是庆贺、纪念等。目的清楚了，就可以根据需要安排宴请的对象、范围和形式了。

②确定宴请的对象和范围。请什么人，请多少人参加；要根据主宾的身份、国籍、习俗、爱好等确定宴会的规格、主陪人、餐式等。

③敲定宴会的形式。根据规格、对象、目的来确定是举办中式宴会、西式宴会，还是冷餐会、酒会等。一般正规的、规格高的、人数少的，以宴会形式为宜，人数较多的则以冷餐会或酒会的形式更为合适。

（2）订餐。订餐，也称订位，是商务宴请的一个重要环节。如果你准备请客，特别是到那些高级豪华餐厅，最好是预约餐位。这样做，主要是为了避免在客户来到饭店、茶楼后，因没有位子败兴而归。同时，订餐还可以达到花同样的钱，获得更高雅、更舒适的用餐空间的目的，能保证有个理想的桌位。订餐要考虑宴请的具体时间、地点、对象和事由等因素。

①确定宴请时间。确定正式宴请的具体时间，主要是遵从民俗惯例，而且要从自己的客观能力出发、讲究主随客便，并对具体长度进行必要的控制。

宴请日期的确定，有的可按主人需要安排，如企业开张、友人聚会等；有的随客人因素决定，如接风送行等；有的考虑主客人的共同方便时间，如商业聚会等。适应多数宾客能来参加宴会为确定宴会时间的准则，尤其要考虑主要宾客最合适的时间。由于世界经济一体化和中国加入WTO，对外贸易蓬勃发展，许多公司需与外商接触，而邀请外国人更要了解他们的饮食习惯与禁忌。要尽量避开宾主双方不方便的时间。例如，重要的活动日、纪念日、节假日，某一方面不方便的日子或忌日，等等。

在商务宴请中，午餐通常是工作餐，晚餐通常是放松心情联络感情用的，晚宴则是工作目的实现时庆祝用的。通常只有重要人物的重要约会才会安排在早餐时间。比如，通常只有名列财富500强的跨国大公司总裁，才会把重要的商业约会安排在早餐时间。早餐不显铺张浪费，人也都精神，谈起事来简单明快。在决定社交聚餐的具体时间时，主人不仅要从自己的客观能力出发，更要讲究主随客便，即要优先考虑被邀请者，尤其是主宾的实际可能，切勿对此不闻不问、勉强从事。如果有可能，应先期与主宾协商一下，力求双方方便，达成一致。至少，也要尽可能地为之多提供几种时间上的选择，以显示自己的诚意。

在安排宴请时，主人要对用餐时间的具体长度进行必要的控制，既不能匆匆忙忙走过场，也不能拖拖拉拉耗时间。一般认为，正式宴会的用餐时间应该为1.5~2小时，非正式宴会与家宴的用餐时间应为1个小时左右。而便餐的用餐时间仅大抵为半个小时。一个谈判周期，宴请一般安排3~4次为宜，即接风、告别各一次，中间视谈判周期而定1~2次。

②选择宴请地点。"宴请"前加了"营销"两个字，吃饭就不止是吃饭，一曰"沟通"，二曰"办事"。因此找个合适的地方请客，是沟通和办事的前提。在聚餐时，用餐地点的选择是非常重要的。比如，饭店的远近、方便程度、服务态度、可供挑选的食物、质量、品种、卫生和价格；饭店的设施、装饰、服务项目、营业时间、交通情况，甚至饮食者自己的空闲时间等条件，都会对宴请活动产生不同的影响。具体要注意以下几个方面。

一是客随主便。选择宴请的地点，要根据主人意愿、邀请的对象、活动性质、规模大小及形式、商谈的内容等因素来确定。一场宴会，少则十几人，多则上千人，要想让一种宴会环境满足所有宴者的心理要求是很难的。这就要求在尽量满足大多数与宴者的客观要求的同时，侧重迎合其中少数特殊人物的心理要求。当主宾的地位、身份、影响高于主人时，以主宾为主。当主宾的身份、地位低于主人时，则要以主人为主，一些部门和单位领导宴请时，即如此。平民百姓、普通顾客宴请时，宴会设计要以"埋单"者为主。会议宴请，要以会务组人员及大会主席为主，宴会成功与否，往往由这少数人说了算。为了表示主人对客人的敬重，宴请可选在传统名店或星级饭店，甚至专选四星级、五星级饭店中进行；为了显示主人的热情和主客之间亲密无间的情谊，有的宴请要安排在主人家里；为了尊重少数民族客人的民族习惯，有的宴请在清真饭店中摆席。邀请世界财富500强公司的总裁吃早餐，当然不能安排到街边的早点铺，甚至普通的酒店，甚至五星级酒店的大堂餐厅也不行。一般五星级酒店都有行政楼层，行政楼层都会有单独的餐厅、酒廊或会议室，安排在行政楼层的这些地方，既隐秘又安静，不受干扰，服务也远比在大餐厅里好。比如，Monika是一家跨国公司的总裁秘书，听说老板要与一位重要客户在第二天早晨会谈，她特地挑选了一家酒店顶层的行政楼层作为会谈场所。会谈结束后，老板请Monika吃了顿午饭，对她说："那里的咖啡不仅好喝，更重要的是折射在玻璃幕墙上的那一缕清晨的阳光。"

　　二是交通便利。要注意用餐地点的地理位置。当今世界的各大城市里，交通状况如何是我们必须考虑的。一般情况下，附近如有令人满意的餐厅，那么首先要考虑就近的这家。但如果某家餐厅很有名、大家垂涎已久，不顾路途遥远欣然前往也无可非议，但这番长途跋涉必须值得。若驱车前往，所去之处的停车位情况怎样，是不能忽视的。

　　三是环境优雅。在可能的情况下，要选择清静、优雅的用餐地点。①宴会自然环境（如湖边、闹市、船上等）。宴会在餐厅里举行，而每一个餐厅或酒店又都是融于特定的自然环境之中的。不同的自然环境对宴会主题、进餐者心理、宴会举办的效果等都会带来一定的影响。良好的环境气氛，可以增强人在宴饮时的愉悦感受，使宴饮效果锦上添花。②餐厅建筑风格（如：酒店建筑风格、餐厅装修特点等）。我国餐厅根据其风格的不同，主要有宫殿式、园林式、民族式、现代式（或称西洋式）、综合式五种风格。其中，园林式餐厅又可分为园林中的餐厅、餐厅中的园林、园林式餐厅三种类型。此外，还有一种移动式餐厅，如飞机、火车、轮船、高楼旋转餐厅等。一般来说，一个酒店的餐厅风格在一定时期内基本上是定型了的。宴会要根据其主题和宴会者的审美心理，选择合适风格的餐厅与之相匹配。③宴会场地环境。这对与宴者产生最直接影响，主要由场地大小和虚实、室内陈设和装饰、餐厅灯光和色彩、场地清洁卫生、室内空气质量与温度及餐厅家具陈设等因素组成。

　　此外，选择用餐地点不要忽视客户口味。要询问你的客户是否有任何饮食方面的偏好，比如是否属于素食主义者，是否不吃多加调料的食物或者是否爱好吃鱼等。事先确保你选择的饭店符合客户的口味。不同饭店之间口味迥异，而很多人喜欢尝试那些新鲜时髦的菜肴。如果你对客户、同行了解不多，也没机会和他们聊饮食嗜好这方面的话题，建议不要冒险，应该选择一家传统的享有盛名的饭店。

　　④订餐的方式。通常电话订餐是一种很普遍、很实用的订餐方式。你可拨通酒店订餐电话，敬语问候，说明单位名称、人数、标准、宴请时间，留下联系人的姓氏和电话号码。在电话中，你必须讲清到达时间。如有其他特殊要求和问题，也一并提出，例如有的客户可能带有孩子，是否能事先准备好小孩专用的高椅子等。电话订餐是订餐的主要方式，主

要用于小型宴会预订。面谈订餐也是常见的一种宴请预订方式，住店旅客、地区居民多用这种方式预订。订餐者通过与酒店预订员或宴会销售员进行面对面的交谈，可以充分了解酒店举办宴会的各种基本条件和优势，洽谈举办宴会的一些细节问题，解决宾客提出的一些特殊要求。面谈可以增进彼此间的信任和了解，有利于达成一致意见。在进行面谈预订时，要注意以下问题：礼貌问题，预订员或宴会销售员，说明自己的姓名、单位名称、电话号码、预订内容、特殊要求等。对酒店提供的标准菜单，要认真挑选并确认，菜单中的个别菜肴可视情况适当予以调整。有特殊要求的，要让店方确认。遇重大活动和宴会，应根据与酒店达成的协议，草拟合同，对于未定事宜和需改动事宜，应注明最后确认时间。最后要向店方表示感谢，礼貌告辞。

（3）邀约。在商务宴请中，因为各种各样的实际需要，必须要对宴请对象提出预约，邀请对方出席某项宴请活动。这类性质的活动，称之为宴请的邀约。请出客户是商务宴请的重点和难点，对它绝不可掉以轻心。

①邀约的原则。邀约要注意三个原则。第一，充满诚意。所谓诚意，是一种坚持、耐心、毅力，是一种百折不挠的精神。简单地说，这个客户很难请出来，就不停地邀请。每次出差到了该地，都第一个电话打给他："赵总，今天我又来出差了。上次您正好有事，今天方便吗？大家一起聚聚？"如果遭到婉拒，你再着手安排别的事情。一年里你出了十趟差，有多少人忍心和有勇气拒绝十次貌似善举的邀请？如果邀请单独的客户，建议让他带上家人，来不来是他的事，但是至少你的诚意到了。此外，要避免把有矛盾的客户请到同一桌上，如果实在有必要，宁愿分两次请。可能的话，尽量多提前一点时间，不要让人感觉他是凑数的。第二，理由适当。宴请的理由，更为重要的是一种说法。我们知道，往往同一件事情有不同的说法，请客吃饭也不例外。比如，若邀请"王总经理"吃饭，就有多种"奇妙"的说法："王总，昨天朋友从国外旅行回来，送我一瓶洋酒和一些外国名产。我想请您来，品尝看看……"；"王总，上次听说您到我们这儿出差，时间忙也来不及上我们公司看看，这次我无论如何得请您，补一补地主之谊……"；"王总，今天实在感谢您对我们公司产品的指教，晚上我来做东……"；"王总，听说这儿新开了家海鲜店不错，我自己去吃公司当然不能报销，您就牺牲一次，让我沾回光吧……"；"王总，我刚预订了王朝酒店的一个海鲜浓汤，按规定要煲三天。您三天后有时间吗？无论如何给个面子……"第三，名义合适。邀约的名义，主要依据主客的身份确定。大型宴请一般以单位名义发邀请，也可以个人名义发邀请。小型宴请可视具体情况以个人或夫妇名义邀请，工作进餐可以单位名义发邀请。确定邀请者与被邀请者的主要依据，是主宾双方的身份应当对等。身份低会使对方感到冷淡、不礼貌。

②邀约的方式。在一般情况下，邀约有正式与非正式之分。正式的邀约，既讲究礼仪，又要设法使被邀请者备忘，故此它多采用书面的形式。非正式的邀约，通常是口头形

式来表现的,相对而言,它要显得随便一些。邀约的方式主要有当面邀约和电话邀约及请柬邀约。

当面邀约和电话邀约是日常宴请邀约最常用的方式,邀请时要真心实意、热情真挚,并掌握一些技巧。例如,"张经理!今天足球彩票公布了,我中奖了!一等奖(虽然全国人民这期都中奖,奖金可能就20元)!走吧!我们到东方海鲜楼去庆祝庆祝!"(借花献佛式);"张主任,这份文献不错吧?昨天我在一家专业网站上还看到了一份更加权威的文献!只是昨晚太晚了,没来得及下载……这样吧,我现在就回家下载那份文献,晚上我们一起吃饭,然后我再把那文献交给您?"(投其所好式);"张主任,您的观点对极了,我真的是对您佩服得五体投地!看这时间,也不早了,这样吧,我们找个地方,一起吃饭,然后您再把这个观点继续给我往透里说一下。对面的'绿蔷薇西餐馆'环境棒极了,极其适合聊天!走吧!我们现在就过去?"(声东击西)。

请柬邀约。在正式邀约的诸形式之中,档次最高,也最为政界、商界人士所常用的当属请柬邀约。凡精心安排、精心组织的大型宴会等,只有采用请柬邀请嘉宾,才会被人视为与其档次相称。请柬又称请帖,它一般由正文与封套两部分组成。不管是上街购买印刷好的成品,还是自行制作,在格式与行文上,都应当遵守成规。请柬正文的用纸,多用厚纸对折而成。对折后的左面外侧多为封面,右面内侧则为正文的行文之处。封面通常讲究采用红色,并标有"请柬"二字。请柬内侧,可以同为红色,或采用其他颜色。但民间忌讳的黄色与黑色,通常不可采用。在请柬上亲笔书写正文时,应采用钢笔或毛笔,并选择黑色、蓝色的墨水或墨汁。红色、紫色、绿色、黄色和其他鲜艳的墨水,则不宜采用。在商务宴请中所采用的请柬,基本上都是横式请柬。它的行文,是自左而右、自上而下地横写的。竖式请柬是中国传统文化的一种形式,多用于民间的传统宴请。它的行文,则是自上而下、自右而左地竖写的。在请柬的行文中,通常必须包括宴请形式、宴请时间、宴请地点、宴请要求、联络方式及邀请人等项内容。在请柬的封套上,被邀请者的姓名要写清楚,写端正。这是为了向对方示敬,也是为了确保它被准时送达。

③应邀的礼仪。在接到邀约后,应当作出积极的反应,要尽快答复邀请者自己能否接受其邀请。鉴于同时受到邀请的往往不止一方,为了使邀请者做到对他所组织的宴会胸有成竹、避免失败,任何被邀请者在接到书面邀请之后,不论邀请者对于答复者有无规定,出于礼貌,都应尽早将自己的决定通知对方。当收到别人正式寄来的邀请函时,若没有特殊重大典型临时突发事故,你应该尽可能参加。因为信函邀请要比电话邀约正式得多,在考虑是否出席方面,前者应优先考虑。即使临时有其他人以电话约你,你也要先出席此宴会,再和其他人约定时间。若因事不能参加,必须事先向主人做礼貌性的说明。拒绝邀约的理由应当充分,比如,自己有病在身或家人得了重病,必须予以照顾;亲人最近过世,自己仍在守哀期间;在同一天的同一个时段,已经有了其他的正式约会,不能分身参加此约

会；在宴会当天或前几天，自己正好有事要出国；正好有重要的商务会谈；等等。在回绝邀约时，万勿忘记向邀请者表示谢意，或预祝其组织的活动圆满成功。

（4）点菜。点菜是摆在食客们面前一道严峻的选择题。"点菜"之"点"，不亚于战斗前之点兵之"点"。点菜是一个人饮食文化修养的集中表现，是一项复杂的工作。

①点菜的礼貌。一般来说，入席后，主人往往会请客人点菜，以示礼貌与尊重。如果有女士在座，则先请女士点菜，但其余的客人也要一一让到。不过客人往往不好意思点名贵的菜肴。于是，客人点完之后，全靠主人布局了。但在参加大型宴会时，菜肴是由主人事先安排好的。在点菜时，怎么向客人询问大有讲究。如问"您吃点什么呀？""您来点什么？""您爱吃点什么？"这叫开放式问题，如果客人狂点，你可就难办了。有经验的人有两种问法：一种是提封闭式问题，如"张主任，来条草鱼还是鲤鱼？"言下之意等于给对方下一个套，告诉客人不要点东星斑鱼、神仙鱼、多宝鱼等名贵的鱼。"喝茶还是喝咖啡？"就是告诉对方，你不要喝人头马。还有一种就是有所不为的问题。如"张主任，您不能吃什么？"了解他不吃什么，但一定注意不要触犯宗教禁忌或民族禁忌。

当着客人的面，如果不方便讲要花多少钱，可以通过特定的词汇表达，如"来点家常菜"、"来点清淡爽口的"是暗示服务员不想高消费，而"有什么山珍海味"、"来点海鲜"则暗示点单员请的是贵宾，并不在乎花费。

作为客人，如果遇到主人让客人点菜时，在尊重主人的前提下，多半会交由主人代为决定。但有时候也不必客气，如果客人能够至少点一样菜，主人会很高兴的。因此，在点菜时多少有些主张，才合乎礼节，不必担心客人只能迎合评价的口味。作为被请者，在主人点菜时，可告诉主人，自己没有特殊要求，请对方随便点菜，这实际上正是对方欢迎的做法。或者是认真点上一个不太贵的而又不是大家忌口的菜，再请其他人点菜。别人点的菜，无论如何都不要挑三拣四。另外，当对方问你要点什么的时候，必须先将自己的决定告诉对方，而不是服务员，否则对方会觉得不被尊重。

②点菜的方法。点菜前一定要询问客户有哪些忌口，重要的客户建议先侧面了解一下他的口味。选菜不以主人的爱好为准，主要考虑主宾的喜好与禁忌。餐厅无法提供实物展示的话，认真阅读菜单就显得十分重要了。菜单是点菜的向导，它所代表的含义绝非只是一张价目表而已。一份完整的菜单，其内容包括食物名称、种类、价格、烹调方法、图片展示及相关知识的陈述等。菜单的形式很多，有的菜单会依据菜的性质种类来分类，有的则不会。如有的餐厅会很体贴地将提供的菜式分成牛肉类、猪肉类、羊肉类、海鲜类、素食类、饭类、面类、汤类、甜点等。有的餐厅的菜单则没有这种方便详细的归类，所以点菜时要根据菜肴的名称来判断。很多餐厅都推出每日、每周或每月特色菜，在开始翻阅那厚厚的菜单之前，可以先看看当日有什么特色菜可供选择。特色菜又叫招牌菜，一般是餐厅用来吸引客人的拿手菜，味道不错，价钱也不会太贵。每到一个不熟悉的餐馆，不妨先

问问有什么特色菜，这样就可对该餐馆的素质心中有数，点得有底。

中餐宴席点菜时，首先注意一定要先点上几个凉菜，以免桌上空空荡荡。通常是4~8个冷菜，也可点十多种。其次，要根据客人重要程度和要花钱的数额，先点上几个关键菜（主菜。主菜又称为大件、大菜），以此来表达客人的宴请级别，然后将各菜品（鱼、肉、蔬菜、凉菜等）搭配起来。如果人多，可以多点几个肉类菜，不够则以普通菜等补充。热菜道数通常是4、6、8等偶数。因为，中国人认为偶数是吉利的。在豪华的餐宴上，主菜有时多达16道或32道，但普通餐宴是6~12道。注意宴请宾客除了要用贵菜来显示尊重外，一些本店的特色菜可能会给每个级别的客人带来兴趣，也多了酒宴中的话题。

当然，餐厅服务员的建议有时也是值得听取的，但是千万要记住：服务员建议的菜单，不要由你一个人核定，即使你是主人，也要征求在座客人的意见，大家都同意时才算决定。

点菜时，不仅要考虑吃饱、吃好，而且必须量力而行，心中有数。如果为了讲排场、装门面，而在点菜时大点、特点，甚至乱点一通，不仅对自己没好处，而且还会招人笑话。点菜时事先一定有个大致的心理预算，包括酒水，不要买单的时候过于意外。力求做到不超支、不乱花、不铺张浪费。可以点套餐或包桌，这样费用固定，菜肴的档次和数量相对固定、省事。也可以根据"个人预算"，在用餐时现场临时点菜。这样不但自由度较大，而且可以兼顾个人的财力和口味。

③点酒水。在餐前，中国人一般是饮茶或软饮料，以饮茶者居多。至于软饮料，主要是可口可乐、百事可乐、雪碧之类的碳酸饮料。当然，也会碰到客人点用果汁、蒸馏水或矿泉水的情形。大多数客人在选定一种软饮料之后，在整个用餐过程中一般不再更换。在餐中一般选用度数较高的白酒和度数较低的红葡萄酒或啤酒。每一类酒一般有一两种供客人选择。当然很熟的客人也会自点自己所喜爱的酒品。但在许多情况下，客人一般都会听从主人安排，多桌时每桌所选用的酒品要相对统一。因为这样做，宾客之间敬酒、劝酒与斗酒时会显得更为和谐、一致与公平。中餐习惯在餐后饮用茶水。因为民间传说茶水具有止渴、解酒和帮助消化的功效。根据中国许多地方传统的饮食文化与饮食习惯，宴席上所斟的酒大多必须在最后一道菜（甜汤与甜点）之前"门前清"（即席上的宾客要各自喝完自己杯中的酒），它同时也宣告饮酒活动已告一段落，此后一般就不再喝酒精类的饮料了，故中餐宴席较少喝餐后酒。但如果朋友相聚酒兴未尽，则另当别论。

④选择主食。大凡宴会，往往只饮酒吃菜，不进主食。即使进主食，也是象征性的。因为，多数赴宴者酒足饭饱之后，就不再问津主食，这对健康是不利的。主食是宴席内容的一个重要方面，合理地配备主食，才能使整个宴席和谐，达到完善的境界。

不同的国家、不同的民族，对主食点心有不同的喜好。所以，在点主食时，要通过调查研究，了解宾客的国籍、民族、宗教、职业、年龄、性别、体质和嗜好忌讳，并依此确定品种，做到重点保证主宾，同时兼顾其他。如北方人喜欢吃味道浓厚的面食，南方人喜欢吃清淡爽口的细点心等。此外，在因人而配的过程中，要考虑到客人的身体状况。主食与我国民风食俗也有很大关系，如果宴请的日期与我国某个民间节日临近，主食也要有相应安排。如春节，配食年糕、春卷等；元宵节，可配食汤圆、元宵；清明节，配食青团（又名翡翠团子）、酒酿饼；端午节，配食各种粽子制品；中秋节，配食月饼等。

宴席的级别有高档、中档、普通三级，对于主食的级别来说，可以从用料的等级、馅心粗精、成形的繁简几方面来选择。主食要适应宴席的价格和级别，才能使席面上的菜肴质量与主食质量相匹配，达到整体协调一致。

（5）席位安排。宴会上一般要事先安排好桌次和座位，以便使参加宴会的人各就各位，入席井然有序。座位的安排体现了对客人的尊重。一般而言，中国习惯于按职位高低排列，以面对庭院，背向墙壁为上座；西方按男女参差排列，以背向壁炉，正中间的座位为女主人，女主人面对的正中座位为男主人，离入口最近的地方为末席。

5. 与客户进餐

在今天这个时代，无论哪个企业、哪个公司，客户有很多选择。无论满意不满意，他们都没有必要对任何企业公司保持忠诚，所以客户是很容易流失的，而忠诚的客户是最能带来利润的，也是最值得关注的。客户是"上帝"。要跟客户搞好关系，请客吃饭是免不了的。

（1）确定目标客户，抓住关键人物。成功的商务人员会记住用户的生日、用户家庭成员的生日及他们的住址电话等。应像建立客户档案一样，对重点单位关键人物的各方面资料做统计、研究，分析其喜好。

（2）真诚对待客户。真诚才能将业务关系维持得长久。同客户交往，一定要树立良好形象，"以诚待人"，这是中华民族几千年来的古训。业务的洽谈、制作、售后服务等也都应从客户利益出发，以客户满意为目标调整工作，广泛征求客户意见，考虑其经济利益，处理客户运作中的疑点和难点，取得客户的信任，从而产生更深层次的合作。

邀请客户进餐，尽量不要带上你的爱人，因为他或她不是所有人都认识，你会整晚都夹在他们之间。如果你跟你的爱人并非从事同一个职业，还是不要带他或她去了。

如果你先到，那就应该让客户感到宾至如归，把他们引荐给重要人物。进入酒店，随员和上司一样应尽地主之谊，以目光和手势示意客户，请他走在前面，同时可以配合语言提示："刘经理，您先请！"

面对大门的位子为主位，就是主人（上司）的位子，客户要坐在主人右手的第一个位子，随员要坐在主人左手的位子。随员要等上司和客户先落座后再坐下，至于是否需要给客户拉椅子，则不一定，因为随员如果是年轻女性，客户反而会很不自在。

如果上司和客户的杯子里需要添茶，随员要义不容辞地去做。你可以示意服务生来添茶，或让服务生把茶壶留在餐桌上，由你自己亲自添茶。当然，添茶的时候要先给上司和客户添茶，最后再给自己添。

结账的任务也是随员的，此时，不要让客户知道用餐的费用，否则也是失礼的。因为无论贵贱，都是主人的心意，特别是工作餐，只是为了沟通感情而已。

（3）照顾客户。客人一般不了解当地酒店的特色，往往不点菜，那么，上司就有可能示意随员点菜。此时，随员要同时照顾上司和客户的喜好，也可以请服务生介绍本店特色，但切不可耽搁时间太久，过分讲究点菜反而让客户觉得你做事拖泥带水。点菜后，可以请示"我点了菜，不知道是否合您的口味"，"要不要再来点其他的什么"，等等。如果事前能与酒店打过电话联络，提前拟定菜单，那就很周到了。

为了表示对客人的尊敬和活跃餐桌上的气氛，作为主人应主动劝客人吃菜。当一道菜端上桌时，主人可简单介绍一下这道菜的色、香、味等特色，当客人对这道菜表示出特别的兴趣时，还可简单介绍其烹调方法，与此同时应热情招呼客人动筷。如果餐桌上的客人有主次、长幼之别，每道菜上来，主人应先请主客或长者品尝。当客人出现相互谦让、不肯下筷的情况时，主人可站起来，用公筷、公匙为客人分菜。分菜应先分给主宾、长者，然后依就座秩序分给他人；分菜要注意适量和客人的口味，如果客人婉谢就不必强人所难。有些菜用筷子分不开，可借助刀叉，或请在座的客人协助，千万不要用手撕拉。

（4）注意与客户的交谈。与客户交谈时，宜选择轻松、愉快的话题并遵守交谈礼仪，不可只顾自己一人夸夸其谈，或谈些荒诞离奇的事而引人不悦，不要高声大笑或窃窃私语，不谈论隐私及过于严肃的话题。交谈时务必用餐巾拭嘴，以免食物残留唇边，影响雅观。商务宴请中一些安全的话题及应避开的话题如表10-1所示。

表10-1 商务宴请中安全的话题及应避开的话题

安全的话题	应避开的话题
天气	自己的健康状况
交通	他人的健康状况
体育	物品的价格、收入
无争议的新闻、如奥斯卡奖	个人的不幸
旅游	有争议的兴趣爱好
环境问题	低级笑话
对会址或城市的赞美	小道消息
共同的经历	宗教
书籍	争议性很大的问题如堕胎或焚烧国旗

续表

安全的话题	应避开的话题
文学、艺术	有关私生活的细节

（5）学会敬酒。敬酒也叫祝酒，是现代营销宴会必不可少的程序，是向对方表达敬意的良好方式。如果时间把握合适，祝酒词恰到好处的话，敬酒可以给整个聚餐带来一种良好的气氛。

①斟酒。敬酒之前需要斟酒。按照规范来说：除了主人和服务人员外，其他宾客一般不要自行给别人斟酒，如果主人亲自斟酒，应该用本次宴会上最好的酒来斟，宾客要端起酒杯致谢，必要的时候起身站立。如果是大型的商务用餐，应该由服务人员来斟酒。斟酒一般要从位高者开始。如果你不想喝了，可以把手挡在酒杯上，说声"谢谢，不用了"。中餐里，别人斟酒的时候，也可以回敬以"叩指礼"。特别是自己的身份比主人高的时候。即以右手拇指、食指、中指捏在一起，指尖向下，轻叩几下桌面表示对斟酒的感谢。酒倒多少才合适呢？白酒和啤酒可以斟满，而其他洋酒就不用斟满。

②敬酒的时机。敬酒应该在特定的时间进行，并以不影响来宾用餐为首要考虑。敬酒分为正式敬酒和普通敬酒。正式敬酒，一般是在宾主人席后、用餐前开始。而普通敬酒，只要注意是对方不咀嚼食物的时候，认为对方可能愿意接受你的敬酒就可以敬。而且，如果向同一个人敬酒，应该等身份比自己高的人敬过之后再敬。

③敬酒的顺序。敬酒按什么顺序呢？一般情况下应按年龄大小、职位高低、宾主身份为序，敬酒前一定要充分考虑敬酒的顺序，分清主次，避免出现尴尬的情况。如果分不清或职位、身份高低不明确，也要按统一的顺序敬酒，比如先从自己身边按顺时针方向开始敬酒，或按从左到右、从右到左顺序敬酒等。

④敬酒的举止。无论是主人还是来宾，如果是在自己的座位上向集体敬酒，要求先站起身来，面带微笑，手拿酒杯，面朝大家。当主人向集体敬酒、说祝酒词的时候，所有人应该一律停止用餐或喝酒。主人提议干杯的时候，所有人都要端起酒杯站起来，互相碰一碰。按国际通行的做法，敬酒不一定要喝干。但即使平时滴酒不沾的人，也要拿起酒抿上一口，以示对主人的尊重。除了主人向集体敬酒，来宾也可以向集体敬酒。来宾的祝酒词可以说得更简短，甚至一两句话都可以。比如："各位，为了以后我们的合作愉快，干杯！"平时涉及礼仪规范内容更多的还是普通敬酒。普通敬酒就是在主人正式敬酒之后，各个来宾和主人之间或者来宾之间互相敬酒，同时说一两句简单的祝酒词或劝酒词。别人向你敬酒的时候，要手举酒杯到双眼高度，在对方说祝酒词或"干杯"之后再喝，喝完后，手拿酒杯和对方对视一下，这一过程才结束。

在我国，敬酒的时候还要特别注意。敬酒无论是敬的一方还是接受的一方，都要注意因地制宜、入乡随俗。我国大部分地区特别是东北、内蒙古等北方地区，敬酒的时候往往讲究"端起即干"。在他们看来，这种方式才能表达诚意、敬意。所以，在具体的应对上就应注意，自己酒量欠佳应该事先诚恳说明，不要看似豪爽地端着酒去敬对方，而对方一口干了，你却只是"意思意思"，这往往会引起对方的不快。另外，对于敬酒的一方来说，如果对方确实酒量不济，不要去强求。喝酒的最高境界，应该是"喝好"而不是"喝倒"。

在中餐里，还有一个讲究。即主人亲自向你敬酒干杯后，要回敬主人，和他再干一杯。回敬的时候，要右手拿着杯子，左手托底，和对方同时喝。干杯的时候，可以象征性地和对方轻碰一下酒杯。不要用力过猛，非听到响声不可。出于敬重，可以使自己的酒杯较低，低于对方酒杯。如果和对方相距较远，可以以酒杯杯底轻碰桌面表示碰杯。

和中餐不同的是，西餐用来敬酒、干杯的酒，一般都用香槟。而且，只是敬酒不劝酒，只敬酒而不真正碰杯。还不可以越过自己身边的人和相距较远者祝酒干杯，尤其是交叉干杯。

⑤拒酒的礼仪。宴会上，特别是在中式宴会上，要适当拒酒，这不仅是自我保护的需要，还是为营造良好、健康气氛的需要，可以有效避免过量喝酒引起的失态甚至彼此间的不愉快。无论是生活习惯、健康或是工作需要等原因而不能喝酒，不能直接给予拒绝，这样会让敬酒者陷于尴尬的境地，这就需要礼貌、大方的拒酒技巧。一是客观、诚恳地申明不能喝酒的原因。二是主动以其他饮料代酒。三是委托同事、部下代喝酒。千万不要在别人给自己斟酒的时候，躲躲藏藏，显得特别小气。乱推酒瓶，敲击杯口，倒扣酒杯，偷偷倒掉，或者把自己的酒倒进别人的杯中，尤其是，自己喝过的酒倒进别人的杯中，都是不礼貌的表现。

⑥敬酒的误区。主要包括：第一，不要强人所难，以酒灌人。平时嗜酒如命，必须有所收敛。不胜酒力的，不一定要喝酒，喝水、喝饮料也行，关键有这个想法就可以了。第二，西餐里，如果你是重要的客人或是主宾，要回敬主人一杯。你可以在主人敬酒时立即回敬。一般情况下，别人给你敬酒的时候，不要同时给对方敬酒。第三，没必要非得碰杯，尤其是使用玻璃杯的时候。第四，主人应该是第一个敬酒的人，不要越俎代庖。第五，不要敲杯子以吸引大家的注意。

（6）与异性客户进餐。男性在女性来到餐桌边时要站立，即使在混杂的餐厅，也要稍稍提起上身，直到女士入席或者邀请她坐下为止。在女性离开桌子时，男性也要站起来。与异性客户进餐还要注意：不要拿女人的事当话题，也不要在他人面前表示怀疑她的道德；应避免不必要地接触女性的身体；不要谈让女性尴尬的话题；要用比平常稍大的音量和女士说话，不要亲昵得近乎猥亵地说话，也不要越过大厅，大声呼叫女士的名字；在洽谈业务的场合，可由女性付款；而邀请女性参加社交餐会时，则全部费用应由男性负担。

（7）注意付账的礼仪。在餐厅用餐完毕，如何大大方方地结账，留给你的客户、同伴和服务人员一个好印象，也是重要的餐饮礼节之一。通常说来，用餐完毕准备离去时，要利用服务人员经过你身边的机会，轻声唤住他，很有礼貌地告诉他："请帮我们结账。"如果一时没有服务人员走近，不妨耐心地多等一两分钟。有些人却不耐烦，往往四周没有服务人员，便提高嗓门大叫买单，或者手握钞票，举得高高的挥来挥去。之所以有这样的反应，是因为自认为自己是消费者，理所当然可以这样做。但是，坐在你餐桌四周其他桌的客人也是消费者，如果你大声叫喊，会影响其他人用餐的情趣与安宁。除非餐厅有特别的规定，否则一般来说，应该坐在自己位子上买单。因为跑到柜台前面掏出钱来结账，既不雅观，也不合乎餐厅礼节的规定。

账单算好交来时，主人要迅速拿起来看数目，不要让客人知道数目。你有权用足够的时间复核一下账单数目，但不要一项项地念出来，并加加减减一番，使客人觉得你有些吝啬、不爽快。最好的办法是：预先估计一下吃了多少东西，心中有了一个大概的数目，当账单交来时，看看差不多就迅速付款。这样一则可避免账单有误时吃亏，二则看起来大方。

付完账，不必急着离开，可以逗留一会儿，再聊聊天，吸支香烟或喝杯茶。但如果当时餐厅很忙，或者时间已经很晚，而你又是最后一批客人时，那还是早走为妙。离开餐厅前，如果席中有男女主人，应由女主人用征求意见的方式对客人说："我们现在走好吗？"如果席中只有男主人，男主人一旦站起来了，这就意味着可以走了。如果一对男女去餐厅，离开时服务员不在，男士应协助女士穿上外套，并在前面开路。出门时要让女士先行，除非外面太黑或正在下雨，男士要先到外面撑开雨伞。如果有服务员招待的，男士要走在女士后面，不管在餐厅内外，都把开路和撑伞的责任交给服务员。

课堂实训

1. 实训：接待拜访模拟训练

实训目标：熟悉接待、拜访的有关礼节，能够正确运用其礼仪规范。

实训学时：2学时。

实训地点：实训楼前、电梯间、会议室。

实训准备：办公家具、茶具、茶叶、热水瓶或饮水机、企业宣传资料等。

实训方法：一部分学生扮演来访客户，一部分学生扮演某企业的营销人员接待客户，模拟演示以下情景：

（1）在门口迎接客人；

（2）引导客人前往接待室；

（3）与客人一同搭乘电梯；

（4）引见介绍；

（5）招呼客人；

（6）为客人奉送热茶；

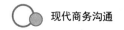

（7）送别客人。

演示完毕后，可两组人员角色对调，再演示一遍，充分体会接待、拜访的不同礼仪要求。

2. 实训：拜访场景模拟训练

实训目标：熟练、规范地运用拜访的各种礼节进行交际。

实训学时：1学时。

实训地点：实训室。

实训准备：拜访场景、名片若干张。

实训方法：3~5人一个小组，每组设计一个营销拜访场景，将拜访的相关礼仪连贯地演示下来，学生对各组的表演进行评价，最后由教师进行总结。表演之前，每组应就设计的场景和成员的角色进行说明。

3. 实训：组织营销宴请活动

实训目标：通过营销宴会的组织，掌握宴请的组织和相关细节，桌次和座次的安排，赴宴的礼节和席间交流等礼仪规范，展示良好的形象和素质，赢得客户的满意。

实训学时：1学时。

实训地点：实训室。

实训背景：A公司和B公司是合作伙伴。B公司李董事长，销售部吴部长，东北地区销售处刘处长，秘书小刘、小吴一行到A公司进行商务洽谈，A公司张总经理，财务总监马先生，技术总监刘先生，总经理秘书小苗、小孙负责接待。

实训准备：设置一个宴会的环境。要有一张圆桌或数张圆桌。桌椅摆放要符合营销宴请位次安排的礼仪。

实训方法：将学生每10人分为一组，分别扮演A、B公司的人员。每组演示宴会的整个过程，内容可以自由发挥，但要注意交际技巧和语言禁忌，服饰和行为举止。

一般地，宴会应体现以下基本内容。

（1）根据情景内容，模拟演示桌次和座次的安排。

（2）根据情景演示在宴会厅门口迎接客人、引导客人入场就座的过程。

（3）演示李董事长、张总经理分别致辞、敬酒的场面。

（4）演示席间谈话交流的情景。

（5）演示秘书小刘不小心打翻酒水，正确处理的过程。

（6）演示送客的过程。

有条件的话可以用数码摄像机记录整个过程，然后投影回放，学生自我评价，找出不合规范之处。

授课教师总结点评学生存在的个性问题和共性问题。

最后,全班评选出"最佳表现组"。

(资料来源:严军. 商务礼仪与职业形象. 北京:对外经济贸易大学出版社,2009.)

课后练习

1. 案例分析

(1)小张错在哪里?

小张大学毕业后在扬州昌盛玩具厂办公室工作。中秋节前两天办公室陈主任通知他,明天下午三点本公司的合作伙伴上海华强贸易有限公司的刘君副总经理将到本市(昌盛玩具厂的出口订单主要来自华盛贸易有限公司),这次来的主要目的是了解昌盛玩具厂是否有能力有技术在60天内完成美国的一批圣诞玩具订单,昌盛玩具厂很希望拿到这份利润丰厚的订单,李厂长将亲自到车站接站。由于陈主任第二天将代表李厂长出席另外一个会议,临时安排小张随同李厂长一起去接刘副总经理,小张接到任务后,征得李厂长同意,在一个四星级宾馆预订了房间,安排厂里最好的一辆轿车去接刘副总经理。

第二天上午,小张忙着布置会议室,通知一家花木公司送来一批绿色植物,准备欢迎条幅,又去购买了水果,一直忙到下午2:30,穿着休闲服的小张急急忙忙地随李厂长一起到车站,不料,市内交通拥挤,到车站后发现,刘副总经理已经等待了十多分钟,李厂长不住地打招呼,表示抱歉,小张也跟着说,厂子离市区太远,加上堵车才迟到的,小张拉开车前门请刘副总上车说:"这里视线好,您可以看看我们的市容市貌"。随后,又拉开右后门请李厂长入座,自己急忙从车前绕到左后门上了车,小车到达宾馆后,小张推开车门直奔总台,询问预订房间情况,为刘副总经理办理入住手续,刘副总经理提着行李跟过来。小张将刘副总经理送到房间后,李厂长与刘副总经理交流着第二天的安排,小张在房间里转来转去,看看是否有不当之处。片刻后,李厂长告辞,临走前告知刘副总经理晚上六点接他到扬州一家著名的餐馆吃晚饭。

小张随李厂长出来后,却受到李厂长的批评,说小张经验不够。小张觉得很冤枉,自己这么卖力,又是哪里出错了?

(资料来源:杜明汉. 商务礼仪:理论、实务、案例、实训. 北京:高等教育出版社,2010.)

思考讨论题:

①小张的接待准备工作充分吗?为什么?

②小张接到这份接待工作后,应该怎样做更合适?

(2)亲自送客的李嘉诚。

很多知名企业家也很注意送人的礼节。一位内地企业家在接受电视台采访时谈到了他

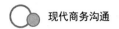

去李嘉诚办公室拜访李嘉诚的经历。

那天，李嘉诚和儿子一起接见了他。会谈结束之后，李嘉诚起身从办公室陪他出来，送他到电梯口。更让人惊叹的是，李嘉诚不是送到即走，而是一直等到电梯上来，他进去了，再举手告别，等到门合上。

身为亚洲首富的李嘉诚肯定是日理万机，可他依旧注重礼节，亲自送人，没有丝毫的怠慢。这位内地企业家面对着电视机前的亿万观众动情地说："李嘉诚这么大年纪了，对我们晚辈如此尊重，他不成功都难。"

（资料来源：http://www.ledu365.com/a/redu/766.html，2009-11-28.）

思考讨论题：
①送客应讲究哪些礼仪？
②本案例对你有哪些启示？
（3）麦克拜访客户的秘诀。

麦克具有丰富的产品知识，对客户的需要很了解。在拜访客户以前，麦克总是先掌握客户的一些基本资料。麦克常常以打电话的方式先和客户约定拜访的时间。

今天是星期四，下午4点刚过，麦克精神抖擞地走进办公室。他今年35岁，身高6英尺，深蓝色的西装上看不到一丝的皱褶，浑身上下充满朝气。

从上午7点开始，麦克便开始了一天的工作。麦克除了吃饭的时间，始终没有闲过。麦克5:30有一个约会。为了利用4点至5:30这段时间，麦克便打电话，向客户约定拜访的时间，为下星期的推销拜访做安排。

打完电话，麦克拿出数十张卡片，卡片上记载着客户的姓名、职业、地址、电话号码资料及资料的来源。卡片上的客户都居住在市内东北方的商业区内。

麦克选择客户的标准包括客户的年收入、职业、年龄、生活方式和嗜好。

麦克的客户来源有3种：一是现有的客户提供的新客户的资料；二是麦克从报刊上的人物报道中收集的资料；三是从职业分类上寻找客户。

在拜访客户以前，麦克一定要先弄清楚客户的姓名。例如，想拜访某公司的执行副总裁，但不知道他的姓名，麦克会打电话到该公司，向总机人员或公关人员请教副总裁的姓名。知道了姓名以后，麦克才进行下一步的推销活动。

麦克拜访客户是有计划的。他把一天当中所要拜访的客户都选定在某一区域之内，这样可以减少来回奔波的时间。根据麦克的经验，利用45分钟的时间做拜访前的电话联系，即可在某一区域内选定足够的客户供一天拜访之用。

麦克下一个要拜访的客户是国家制造公司董事长比尔·西佛。麦克正准备打电话给比尔先生，约定拜访的时间。

做好拜访前的准备工作使麦克成为一名优秀的业务员。

（资料来源：http://bbs.qjy168.com/d_155194.html，2009-01-05.）

思考讨论题：
①麦克拜访客户有哪些秘诀？
②本案例对你有何启示？

（4）中国考察团在巴黎。

一天傍晚，巴黎的一家餐馆来了一群中国人，老板安排了一位中国侍者为他们服务，交谈中得知他们是东北某县的一个考察团，今天刚到巴黎。随后侍者向他们介绍了一些法国菜，他们不问贵贱，主菜配菜一下子点了几十道，侍者担心他们吃不完，何况菜价不菲，但他们并不在乎。

点完菜，他们开始四处拍照，竞相和服务小姐合影，甚至跑到门外一辆凯迪拉克汽车前面频频留影，还不停地大声说笑，用餐时杯盘刀叉的撞击声，乃至嘴巴咀嚼食物的声音，始终不绝于耳，一会儿便搞得杯盘狼藉，桌子、地毯上到处是油渍和污秽。坐在附近的一位先生忍无可忍，向店方提出抗议，要求他们马上停止喧闹，否则就要求换座位。侍者把客人的抗议转述给他们，他们立刻安静了。看得出来，他们非常尴尬。

（资料来源：http://jpkc.zjiet.edu.cn/sheng/2010shenbao/swly/wlkc_zyxt_9.html，2009-05-01.）

思考讨论题：
①这个考察团成员的行为有哪些不得体的地方？
②公众场合应注意哪些用餐礼仪规范？

2. 思考与训练

（1）小王做销售工作多年，积累了不少经验。近日，领导让他给新来的小张介绍一下接待客户的经验，如果你是小王你应该怎样介绍？

（2）在你所在学校的"校园宣传日"里，要接待到校参观的学生家长和当年准备参加高考的考生，如果由你负责这项接待工作，你准备怎样做？请列出接待方案。

（3）假如你明天要拜访一位重要客户，列出你需要做哪些形象准备和资料准备？

（4）进行拜访礼仪实践。学生2~4人为一组，利用业余时间，到亲朋好友家进行拜访。拜访的目的可以是社会调查、礼节性拜访或是请教问题等。拜访结束后，每个人写出详细的拜访过程，在教师的指导下，在全班进行拜访总结。

（5）观看电影、电视中各种宴请场合的座次排序，了解丰富相关礼仪知识。例如《周恩来在重庆》《泰坦尼克号》《茜茜公主》等。

（6）事先准备几份饭店菜单，让学生分组进行点菜、配菜练习，最后由老师和学生一起，从色、香、味、营养、价格等方面进行评价，评出班级点菜"营养师"。

（7）策划组织一次商务宴请礼仪知识竞赛活动。

（8）有条件的话用 DV 在食堂拍摄同学们吃饭的情景，对比正确的餐饮礼仪并进行分析。

（9）五湖实业公司总经理让其助理郑小姐安排一次中餐接待宴会，宴请公司重要的合作伙伴四海公司王总经理一行（5人），郑小姐应该怎样安排这一商务宴请呢？请问：如果王总经理一人出席宴请活动应该如何安排座次，为什么？

任务11 客户沟通

与你的合作伙伴尽可能多地进行沟通,他们对你了解得越多,就会越重视你。一旦赢得他们的重视,那么与他们之间的合作就不会有什么障碍了。

——[美]萨姆·沃尔顿

导学案例

经理室的对话

小王是一家科教设备公司的推销员,他希望通过勤奋的工作来创造良好的业绩。一天他急匆匆地走进一家公司,找到经理室,于是就有了如下一段对话。

小王:您好,李先生。我叫王乾,是科教设备公司的推销员。

经理:哦,对不起,这里没有李先生。

小王:你是这家公司的经理吧?我找的就是你。

经理:我姓于,不姓李。

小王:对不起,我没听清你的秘书说你是姓李还是姓于,我想向你介绍一下我们公司的彩色复印机……

经理:我们现在还用不着彩色复印机。

小王:噢,是这样。不过,我们还有别的型号的复印机,这是产品目录,请过目。(接着,掏出香烟和打火机)你来一支。

经理:我不吸烟,我讨厌烟味,而且,我们公司是无烟区。

小王:……

(资料来源:http://blog.china.alibaba.com/blog/sistomren/article/b0-i10422139.html,2010-01-19.)

问题:

(1)小王在与客户的沟通中存在什么问题?

(2)怎样才能与客户实现良好的沟通?

学习训练目标

- 明确客户的类型;
- 把握客户沟通的原则和语言要求;
- 掌握客户沟通的技巧;
- 能够妥善处理客户投诉。

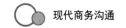

11.1 客户的分类

客户分类是基于客户的属性特征所进行的有效性识别与差异化区分。一般按是否直接与客户接触、发生直接的关系,可以分为直接客户与间接客户。按客户自身的实力来划分可以分为大型客户、中型客户、小型客户。这里根据客户的心理特点和客户跟公司业务的接近程度来详细介绍一下。①

1. 根据客户的心理特点划分

(1)理智型客户。这类客户办事情比较理智,有原则,有规律,这类客户不会因为关系的好与坏而选择信息商或供货商,不会因为个人的感情选择合作的对象,这类客户大部分工作比较细心,比较负责任,他们在选择合作对象之前都会作适当的心理考核比较,得出理智的选择。

(2)任务型客户。这类客户一般在公司的职务不会是股东级的,他们只是在接受上级给予的任务,而且这个任务也不是自己的工作职责范围之内的,所以这样的客户一般对任务只是抱有完成到比上不足比下有余就可以了,不会有太高的要求,也不会有太多的奢望。

(3)贪婪型客户。这类客户一般,做事的目的性比较强,对价格压得比较厉害,对质量和服务也要求比较高,但这类型的客户很容易稳定,只要和他的关系发展到一定程度就很容易把握住他的需求。这类客户时常也会主动要求和接受贿赂。

(4)主人翁型客户。这类客户大部分是企业家的老板,或者非常正直的员工,这样的客户只在乎追求价格、质量、服务的最佳结合体,尤其价格最为关注,所以对于这样的客户首先要在价格上给予适当的满足,再根据质量回升价格的战略。要让对方感觉你做的东西就是价格最便宜的,质量最好的。对于这样的客户可以适当地玩些隐蔽性的花样。

(5)抢功型客户。这类客户一般不会是公司的大领导,也不会有很大的权力,但是这样的客户有潜力,地位一般是处于上升趋势。这样的客户眼光重点定位在质量上。价格只要适当就可以了。这样的客户有的时候会出现自己掏钱为公司办事情的情况。在公司里他们为了表现经常自己吃哑巴亏。

(6)吝啬型客户。这类客户一般比较小气,想赚这样客户的钱不容易,这样的客户不会因为信任、因为关系而选择供应商。他们会首先比较价格,而且比较的结果是让你让出利润,然后再要求质量。这样的客户经常会隐瞒事实。夸大自己,很多时候还会选择货比货,搞一些根本就不需要招投标的形式,以此来压价满足自己的吝啬心理。

(7)刁蛮型客户。这样的客户在第一次交往中会表现得很好,显示自己公司是很有信

---

① 彭于寿. 商务沟通. 北京:北京大学出版社, 2011.

誉很有实力的公司。有时甚至会出现你开800元他给你1000元价格的情况，这样的客户在和你交谈的过程中基本上不会准备好资料，希望所有的资料由你来为之准备，也不会在价格上和你斤斤计较，在质量上也不会提出苛刻要求。他们会想方设法设置自己的陷阱，找借口说时间非常着急，其实真正等你做完了，他一点儿也不着急了，往往是想通过一些莫须有的问题干扰你，尽量使你的操作出现些问题，到时候好抓把柄找麻烦。

（8）关系型客户。这类客户往往先成为朋友后成为业务伙伴，这样的客户操作时如果不把握好一个介于朋友和客户之间的度，就很容易导致业务没有做好，朋友关系搞砸了，客户关系也丢失了。

（9）综合型客户。这样的客户在交往过程中没有一定模式，特定的环境下会演变成特定类型的客户，这样的客户一般非常老道，社会经验非常丰富，关系网也比较复杂，他的生活轨迹也不容易把握，思想活动很难认清。

2. 根据客户跟公司业务的接近程度划分

根据客户跟公司业务的接近程度，可以将顾客分为潜在客户、试用客户、简单意向客户、准客户、正式客户等几种类型。

（1）潜在客户。潜在客户范围很广，不了解你的公司、或者是曾经接触过，但是后来没有再度接触的客户，或者是听说过也或者了解你的公司，但是并没有跟你的公司接触过的客户，都称为潜在客户。

（2）试用客户。这类客户抱着试试看的想法，初次使用产品或享受服务。

（3）简单意向客户。这类客户实际上就是在试用客户的基础上向再度合作的方向迈进了一步。双方谈到了合作及服务的产品、权限、价格，并且对方清楚地肯定了这些需求和价格。能够签合同的当然对方有可能会成为意向客户。

（4）准客户。准客户的条件是服务价格和服务内容都已谈妥，合同已经传真或者已经回传合同，对方也已经开始划款的客户。

（5）正式客户。即合作成功，付费并认可我们服务的客户。

11.2 客户沟通技巧

1. 客户沟通的原则

视客户为朋友，为熟人，想方设法让服务用语做到贴心、自然、令人愉悦，这是营销沟通的基本出发点。

（1）顾客中心原则。设身处地为对方着想，急客户之所需，主动说明顾客购买某种产品所带来的好处，对这些好处做详细、生动、准确的描述，才是引导顾客购买商品的关键。"如果是我，为什么要买这个东西呢？"这样换位思考，就能深入了解顾客所期望的目标，也就能抓住所要说明的要点。最好用客户的语言和思维顺序来介绍产品，安排说话顺序，不要一股脑说下去，要注意客户的表情，灵活调整销售语言，并力求通俗易懂。

（2）倾听原则。"三分说，七分听"，这是人际交谈基本原理——倾听原则在营销中的运用。在推销商品时，要"观其色，听其言"。除了观察客户的表情和态度外，还要虚心倾听对方议论，洞察对方的真正意图和打算。要找出双方的共同点，表示理解对方的观点，并要扮演比较恰当、适中的角色，向客户推销商品。

（3）禁忌语原则。在保持积极态度的同时，沟通用语也要尽量选择体现正面意思的词，选择积极的用语与方式。要保持商量的口吻，不要用命令或乞求语气，尽量避免使人丧气的说法。例如：

"很抱歉让您久等了。"（负面词）→"谢谢您的耐心等待。"（积极的说法）

"问题是那种产品都卖完了。"（负面词）→"由于需求很多，送货暂时没有接上。"（积极的说法）

"我不能给你他的手机号码！"（负面词）→"您是否向他本人询问他的手机号码？"（积极的说法）

"我不想给你错误的建议。"（负面词）→"我想给你正确的建议。"（积极的说法）

"你叫什么名字？"（负面词）→"请问，我可以知道你的名字吗？"（积极的说法）

"如果你需要我们的帮助，你必须……"（负面词）→"我愿意帮助你，但首先我需要……"（积极的说法）

"你没有弄明白，这次听好了。"（负面词）→"也许我说的不够清楚，请允许我再解释一下。"（积极的说法）

（4）"低褒微谢"原则。"低"，就是态度谦恭，谦逊平易。"褒"是褒扬赞美。"谢"是感谢，由衷地感谢顾客的光顾，如"谢谢您，这是我们公司的发票，请收好。""谢谢您，我马上就通知公司。""谢谢您，正好是××元。""微"是微笑，营销人员要常面带微笑，给客户带来好的心情。

2. 客户沟通的语言要求

（1）发音清晰、标准。很大程度上，一口流利的普通话已经成为高素质的象征，因此一般说来应该用普通话交流；如果了解对方老家是某地，对方又以家乡为荣，而自己恰巧又会当地的方言，适当地运用方言跟对方交流也不错。

（2）语调低沉、自然、明朗。低沉和抑扬顿挫的语调最吸引人。语调偏高的人，让人感觉唧唧喳喳，听起来不舒服，而且有一种凌驾于客户之上的感觉。客户更喜欢稍低沉的语调;语调要自然,谁都不喜欢做作,尤其是女推销员更不要嗲声嗲气地,自然、大方才受大家的欢迎;语调要讲究抑扬顿挫,否则一个调子下来,客户听不出重点,也容易厌烦。

(3)说话的语速要恰如其分。有些推销员说话本身语速快,在客户面前又有些紧张,因此还没等客户有所反应,就自顾自地讲了十几分钟,容不得对方插话,这样一则不尊重对方,二则自己讲得快了,思维跟不上,容易出错;语速也不应太慢,太慢了会让客户着急,不耐烦。一般来说,正常聊天的语速就可以。同时,语速要根据所说的内容而改变,一成不变的语速容易让人产生厌烦情绪,讲到重点的时候可以适当放慢语速,加强语气,以示强调。

(4)懂得停顿的运用。在讲话过程中,恰当的停顿有多个好处:一则可以顾及客户的反应,是喜欢还是厌恶?对哪一部分感兴趣?以便有针对性地调整说话的内容和语速。二则让自己有思考的时间,选择更合适的语言来表达,不致太紧张甚至出错;停顿的时间不要太短,要根据对方的反应灵活调整。一般来说,停顿会引起对方的好奇,有时不能逼对方早下决定。

(5)要注意控制音量。音量太大,往往容易给对方造成压迫感,使人反感;音量太小,一则对方听不清楚说的内容,容易不耐烦,二则显得你信心不足,因此说服力不强。

(6)在说话时配合恰当的表情。在说话时配合恰当的表情往往会起到比单纯的语言更明显的作用。比如,说到高兴处,可以微笑,或者配合一定的手势动作;说到伤心处,神情表现得悲伤,让情绪感染客户,让客户进入到你所创设的情境中,容易诱导客户。

此外,推销人员还要注意表达应逻辑清晰,重点突出。在进行介绍时,要思路清晰,表达流畅,不能前言不搭后语,让听者不知所云。为了突出重点,可以适当地使用一些词语,如"首先、其次、再次、最后"或者"第一、第二、第三"等,以便客户能抓住重点,一般要把最突出的优点放在第一位,吸引客户,稍弱的优点依次往后。

推销人员可以把自己的声音录下来,找好友或者家人或者同事从内容、形式等方面提建议和意见,以便提高说话水平。

(7)避免以"我"为中心,诱导顾客自己品味销售的主题。最能使人信服的是自我醒悟的道理,而非他人的说教,通过提问的方式给顾客一定程度的自尊心理满足,诱导和激发顾客产生购买行为。比如,"我认为……"可改为"您是否认为……","您的想法对吗?"可改成"您是怎么想的?","我想您肯定会买的",可改成"您很内行,可不要错过机会"等。这些提问能使顾客顺从诱导,引起思考,品味推销员没有说出的销售主题。一旦悟出道理,大多数顾客就会陶醉于自己体会出的快乐心情之中,很少会产生是由推销员诱导出来的怀疑感觉。在公众自己品味出销售的主题以后,推销员还可以用赞美的语气强化诱导的结果。"您讲得很有道理","我完全同意您的想法","您真会核算,比我们还精通"等赞美之词会使顾客油然产生一种兴奋的心情,这种情感体验能够升华为坚定不移的购买信念,导致顺

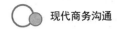

利成交的良好结果。

（8）注意语言的精确性，提高对顾客说理的感染力。在推销中，推销人员的语言是一种极其复杂的心理活动，推销人员凭借某语言来传递自己心理活动的信息，表达自己的思想、情感、愿望和要求，而顾客也是通过拜访的语言交流，接受推销人员传递的商品信息，引起思想、感情的共鸣，采取积极的购买行为。因此，推销人员要加强语言修养，提高语言的精确性，增强语言的感染力，给顾客以身临其境的感觉，强化说理的效果。应注意以下三点。

①多用肯定语言。这里所说的肯定是指对顾客态度的肯定，对商品质量和价格的肯定，对售后服务的肯定，以坚定顾客的购买信念。对顾客态度表达肯定，可以说"您现在这样看问题是很自然的事"，"过去我也是这样想的"。对商品质地表达肯定，如对服装可以说质地优良、做工考究、色泽华丽、款式新颖、老少皆宜的肯定语言，对水果可用果大、皮薄、肉厚、香甜、可口等表达质量可靠的词汇。对价格表达肯定，可以说"这个价值五十元"，"这个报价是最低价格"，"您不能再削价了"。这里的目的是打消顾客还价的念想，觉得在价格上别无退路，只能按定价成交。对售后服务表达肯定，可以说"本公司推销的商品一律实行三包：包退、包换、包修"，"本厂的产品一律送货上门"。这里的"三包"和"送货上门"都是肯定语，能使顾客感到称心、方便，解除其后顾之忧，促使顾客下定决心实施购买行为。

②用请求式的语句尊重顾客，尽量避免用命令式的语句同顾客交谈。请求式语句是以协商的态度征求顾客意见，由于推销人员态度谦虚，说话和气，所以公众总是乐意接受的。而命令式语句，推销人员居高临下，态度生硬，强制性地要求顾客实施购买行为，一般是不受顾客欢迎的。比如，客户问推销员："××是否有货？"推销员回答："没有货，到下个月再联系。"这是一种命令式回答客户问题的语句。它不仅要求客户等到下个月，而且命令客户主动来联系。这样就使推销人员与客户的关系错位，变成客户求推销人员。这种方式除了在商品供应紧张时，能有短期效应外，对多数客户来讲，是不可取的。

③商务沟通中，过激的语句、过于客套的语句都是不恰当的。这些语句容易引起公众反感。

总之，在与客户的沟通中正确使用语言，通过礼貌语言的魅力，影响、感染、引导消费公众，激发其购买行为，这是有效地开展商务沟通所必需的。

3. 与客户沟通的技巧

（1）引起注意。无数的事实证明：在面对面的推销中，能否真的吸引客户的注意力，第一句话是十分重要的，它的重要性并不亚于宣传广告。客户在听你的第一句话时比听第二句以后的话，甚至第二句话要认真得多，当听完你的第一句话时，很多客户，不论是有心还是无意,都会马上决定是尽快地把你打发走,还是准备继续谈下去,如果第一句话不能有效地引起顾客的兴趣,那么而后即使谈下去,结果也不会太乐观。

①急人所需。抓住对方的急需提出问题是引起注意的常用方法。美国一位食品搅拌器推销员,当一住户的男主人为其开门后,第一句话就发问道:"家里有高级搅拌器吗?"男主人被这突如其来的发问给难住了,他转过脸来与夫人商量,太太有点儿窘迫又有点儿好奇地说:"搅拌器我家里倒有一个,但不是最高级的。"推销员马上说:"我这里有一个高级的。"说着,从提袋中拿出搅拌器,一边讲解,一边演示。

假如第一句不是这样说,而是换一种方式,一开口就说:"我想来问一下,你们是否愿意购买一个新型的食品搅拌器?"或者"你需要一个高级食品搅拌器吗?"会有什么结果呢?第一种问法,要对方回答的是"有"还是"没有"。当然差不多是明知故问,但这个问题提得好,一是没有让客户觉得你是向他们推销东西的。人们讨厌别人卖给他们什么,而喜欢自己去买什么;二是你只说你有一台高级搅拌器,并没有问客户买不买,因此客户会发生兴趣:看看高级别与家里的有什么不同,演示说明就成为顺理成章的事情了。至于最后的购买,不是乞求的结果,也不是高压的结果,而是客户的一种满意的选择。

②设身处地。如果一开口,便说出一句替客户设身处地着想的话,同样也能赢得对方的注意。因为人们对与自己有关的事特别注意,而对那些与自己无关或关系不大的事,往往不太关心。有一个推销家庭用品的推销员,总能成功地运用第一句话来吸引顾客的注意。"我能向您介绍一下怎样才能减轻家务劳动吗?"这句话一下子抓住了对方的心理,人们为烦琐的家务劳动搞得精疲力竭,而又无计可施,这时听说有方法可以减轻家务劳动,当然会引起注意了。请想想,如果这位推销员一开口就问人家:"我能向你们推销一部洗衣机吗?"或者"我能给你们介绍一下我厂的新产品——吸尘器吗?"效果就不会有第一种说法好,因为后面的说法没有把产品对客户口的效用一下子明确地提出来,而且没有设身处地地为对方着想,强调的是"我",而不是"你"。

③正话反说。有的时候推销人员为了引起对方的注意,故意正话反说,这也是一种出其不意的妙法,一个高压锅厂的推销员找到一个批发部经理进行访问推销,他一开始就说了这么一句:"你愿意卖1000只高压锅吗?"推销员在推销的时候,往往不说"买"而说"卖"。这句话一说,经理感到这个人很有意思,便高兴地请他谈下去,推销员抓住机会向经理详细地介绍他们工厂正在准备通过宣传广告大量推销高压锅的计划,并说明这样做的目的是为了给零售商提高销售量,这个经理便愉快地向他订下一批货。说来这件事真奇怪,同样一个意思,不同的说法,效果竟相差甚远,真是值得研究。

④形象演示。关于产品的戏剧性形象演示,效果明显,可以极好地引起公众注意。一个纺织品推销员脸朝着太阳的方向,双手举起一块真丝产品,这时,从挂在墙上的玻璃镜中,可以看到这块真丝产品,他对顾客说:"你从来没有见过这样有光泽的图案,这样清晰

的丝织品吧？"一个推销录音机的推销员，走进一个潜在客户的办公室，客户正在打电话，他马上将录音机打开，把对方的谈话录了下来，等他打完电话后，马上放录音，同时对客户说："你可能还没有听过自己的雄浑而悦耳的男低音吧？"这两个故事中的推销员，都善于因地制宜地利用自己所推销的商品，制造戏剧性的情节，实践表明：人们对于戏剧性的情节会产生很大的注意力和好奇心。假如不是这样，而是直截了当地问对方"你要录音机吗？"、"你要丝织品吗？"效果就肯定差得远。

⑤顺水推舟。"在上个月的展销会上，我看到你们生产的橱窗很漂亮，那是你们的产品吗？"这句话马上引起了对方的注意，并使对方十分高兴，然后推销员紧接着对这位客户说："我想，如果在你们生产的橱窗上再配上我厂的这种新产品，那就更是锦上添花了。"顺手递上了他自己所要推销的产品，这个推销员顺着他人产品之水，推动自己产品之舟，可谓巧妙。这种借向客户提出新的构想来推销自己的产品的方法，也是一种吸引对方注意力的有效途径。

⑥从众效应法。从众，这是一种有趣的社会心理现象，它指的是，人们往往不自觉地以周围人的行为动作为自己的行动指导，特别是当自己难以选择的时候，更会以他人的行动作为自己行动的借鉴，例如，如果你的亲朋好友，邻居同事购买"飞鸽牌"自行车，当你打算买车的时候，就很可能也买"飞鸽牌"。这个原理用于推销，就要求推销员在说明产品时，同时举出已购买本产品的公司或知名人士或顾客的熟人。

"这种国产车很受欢迎，深圳、广州、珠海几家旅游公司都各订了10部。"

"李先生，你是否注意到红光印刷厂王经理采用了我们的印刷机后，营业状况大为改善？"

"这种综合电疗器特别受知识分子的欢迎，工学院的老师一买就是几十只，你们师范学院的教师也买了不少，例如，你们都认识的中文系王天教授，数学系刘明教授，都使用这种电疗器，效果不错。喏，这是他们写来的信。"

当然，推销时所碰到场面何止千种，所谓运用之妙，存乎一心。以上的几种方法，仅供借鉴，到底要怎样说，才能最有效地吸引对方的注意，引起对方的兴趣，还需要你在实践中不断创造。

（2）介绍商品。介绍商品是营销过程的一个重要环节，营销就是通过商品的介绍，达到满足客户真正需求和销售商品的双重目的的。介绍应注意以下几点。

①突出重点。通常一种商品或服务，本身具有众多的优点和特征，如果你不看对象，一股脑儿将这些特点和特征加以罗列，一一介绍，不但会白白浪费许多时间，顾客也会由于你的"狂轰滥炸"而弄得头昏眼花，不得要领。在介绍时，应根据商品或服务的特点，转换成对顾客的益处，依客户之不同而进行重点不同的说明。以电冰箱为例，同样的一台电冰箱，随着时间、地点、人物的不同，具有不同的效用，营销人员介绍的时候，只要抓住这一条，就会事半功倍。

美国的一位推销员曾经成功向住在北极圈内冰天雪地中的爱斯基摩人推销电冰箱，他是这样来介绍他所推销的产品的："这个电冰箱最大效用是'保温'不致使我们食物的结构被冻坏而丧失它的营养价值"（注：电冰箱里的常温是零下5度，而爱斯基摩人居住的环境气温终年都在零下三四十度）。对爱斯基摩人而言，这位聪明的推销员以温度的差距对食物的营养价值的影响作为说明的重点，是非常恰当的。试想，如果对爱斯基摩人说明由于冰箱里的温度低，可使食物保鲜，对方听了可能认为你到这里来为了开玩笑的。因为这里根本不存在食物腐败的问题。

商品虽然成千上万，不胜枚举，但是说明的重点不外乎以下几个方面：适合性——是否适合对方的需要；通融性——是否也可用于其他的目的；耐久性——是否能长期使用；安全性——是否具有某种潜在的危险；舒适性——是否能给人们带来愉快的感觉；简便性——是否很快可以掌握它的使用方法，不需要反复钻研说明书；流行性——是否是新产品，而不是过时货；身价性——是否能使顾客提高身价，自夸于人；美观性——外观是否美观；便宜性——价格是否合理，是否可以为对方所接受；这些方面因人而异、因物而异、因时而异，要求你在作说明的时候，能对症下药。

②因情制宜。因情制宜，就是指介绍商品时应根据商品的特点和推销对象的具体情况加以介绍，做到有的放矢，比如对高档商品要强调其质优物美的一面；对廉价商品则要偏重其价廉的特点；对试销商品要突出其"新颖独特"的一面，着力介绍其新功能、新结构、体现新的审美观和价值观；对畅销商品，其功能、质量已广为人知，因此对商品本身不需详细介绍，而应着重说明其畅销的行情和原因，使顾客不但感到畅销合情合理，而且产生一种"如不从速购买，可能失去机会"的心理，而对滞销商品，则应强调其价格低廉、经济实惠的特点，同时适当地对照说明其滞销的某些原因和可取的优点。比如对老年人介绍说："这种羽绒服是名牌产品，保暖性强，结实耐穿，式样大方，就是款式不够新颖，没有皮衣那么时髦，所以年轻人不太欣赏。"这正切合了老年人求经济实用，重内在质量的心理。

从营销对象来看，不同的顾客有不同的心理和需求，介绍商品时更应抓住不同顾客的心理特点，因人施语，获得顾客的认同，如年轻人喜欢新颖奇特，而老年人则注重价格；女士往往偏重款式，男士则更讲究品牌，向女士推销服装，应强调款式的新颖，风格的独特，而对男士，则应着重介绍品牌的知名、质料的考究。又如对老成稳重的顾客，介绍时应力求周全，讲话可以慢一点，要留有余地；对自我意识很强的顾客，不妨先听其言，然后因势利导；对性情急躁的顾客，介绍商品时应保持平静，设身处地为之权衡利弊，促其当机立断；而对优柔寡断的顾客，则应察言观色，晓之以利，激发其购买冲动。

③充满热情。营销人员在营销过程中要充满信心和热诚，营销人员的热情往往会感染顾客，使顾客产生信任感，在情感上产生共鸣，进而引发顾客的购买欲。如有一位妇女给小孩买马蹄衫上用的扣子，营业员见到她的小孩，说："这是你的孩子吧，真漂亮。"妇女高

兴地说:"你不知道,淘气着哪!"营业员说:"小子好玩是好,女儿好玩是巧,将来一定有出息!"问:"你想看点啥?""我想买五颗扣子。"营业员说:"市面上卖的马蹄衫胸前钉的是五颗扣子,衫上还应钉两颗。小孩好动,常掉扣子,加上一颗备用。您买十颗吧。"这位顾客很高兴地说:"您比我想得还周到,听您的买十颗。"

营销人员以热情待人,可以使本来不想买的买了,本来想少买的多买,而原来打算买的更满、更高兴。总的来说,情能动人、能感人,能产生好的效果。

④实事求是。实事求是指介绍商品应尊重事实,恰如其分,切忌盲目吹嘘,蒙骗顾客,应当看到,任何商品都有其长处和短处,顾客所关注的是商品的长处在多大程度上大于短处,在于商品的长处和价值要与其价格相称。所以,对商品的成功的介绍并不在于过分渲染和夸大商品的优点,这样做只能引起客户的怀疑和反感。而应当实事求是地介绍,以使客户全面了解商品情况。消除疑虑和犹豫心理,增强对商品和企业的信任度,买得放心并且称心,营销人员应当铭记的是:商品介绍中最重要的不在于推销者说了些什么,而在于客户相信什么,不在于告诉客户商品如何完美无缺,而在于客户了解此种商品有什么适应其需求的好处,所以实事求是地介绍商品是颇有说服力的。

(3)诱导购买。一位美国推销员贺伊拉说:"如果您想勾起对方吃牛排的欲望,将牛排放在他的面前,固然有效,但最令人无法抗拒的是,煎牛排的'吱吱'声,他会想到牛排正躺在黑色铁板上,吱吱作响,浑身冒油,香味四溢,不由得咽下口水。""吱吱"的响声使人们产生了联想,刺激了欲望。在推销说明中,就是凭借你的口,针对顾客的欲望,利用商品的某种效用,为顾客描述商品,使之产生联想,甚至产生"梦幻般的感觉",以达到刺激欲望的目的。

①描绘购买后的美景。为了使顾客产生购买的欲望,只让顾客看商品或进行演示还是不够的,必须同时加以适当的劝诱,使顾客心理上呈现一幅美景。首先要将有魅力的形象在你的脑海中描绘出来,并将形象转换成丰富动人的言辞,然后用你的口才当"放像机"在对方脑海屏幕上映现出来,借以打动对方的心结。

一位推销室内空调机的能手,总是滔滔不绝地向顾客介绍空调机的优点,因为他明白,人并非完全因为东西好才想得到它,而是由于先有需求,才感到东西好。如果不想要的话,东西再好,他也不会买,因此他在说明他的产品时并不说"这般闷热的天气,如果没有冷气,实在令人难受"之类的刻板的教条。而是把有希望要买的顾客,当成刚从炎热的阳光下回到一间没有空调机屋子里:"您在炎热的阳光下挥汗如雨地劳动后回家来了,你一打开房门,迎接您的是一间更加闷热的蒸笼,您刚刚抹掉脸上的汗水,可是马上额头上又渗出了新的汗珠。您打开窗子,但一点风也没有;您打开风扇,却是热风扑面,使您本来疲劳的身体更加烦闷,可是,您想过没有,假如您一进家门,迎面吹来的是阵阵凉风,那是一种多么惬意的享受啊!"

凡是成功的推销员都明白，在进行商品说明的时候，不能仅以商品的各种物理性能为限，因为这样做，还难以使顾客动心。要使顾客产生购买的念头，还必须在此基础上勾画出一幅梦幻般的图景，顿时使商品增加了吸引人的魅力。使用这种描述说明方式有以下几点必须注意。

第一，不要描述没有事实根据的虚幻形象。描述的目的是使商品或服务锦上添花。要做到这一点，首先是必须是"锦"，而不是破布，如果所描述的是没有事实根据的虚幻形象，日后必招来顾客的怨恨。我国某城市的报纸上曾为该市新建的一座森林公园大作广告，称如何如何壮丽，开张的那天，不少人慕名而来，结果大呼上当，森林公园中根本见不到几棵树木，倒见到不少的建筑工地，顾客纷纷写信去报纸投诉，使该公园声誉扫地。

第二，以具体的措辞描绘。如果只说"太爷鸡"（这是广州市一家著名的个体户的绝活）。人们的脑海中仅会浮现一只鸡的形象，至于什么颜色，什么香味，软硬如何，就不得而知，很难产生美味的形象，只说"价廉物美"不行，还应具体描述一下，价廉廉到什么程度，物美又美到何种地步。

第三，以传达感觉的措辞来描述。如果只说"痛"便不大能令人了解到底有多痛，是怎样的痛法，如果说是"隐隐作痛"、"针刺般地痛"或"火烧火燎地痛"，人们就理解得深刻多了，因为后者的描述中用了传达感觉的措辞。

第四，活用比较和对照的方法来描述。"空调机比电风扇好用得多了。""电饭锅比烧煤烧柴省事得多了，且没有污染。"这样进行比较，人们的印象就会特别深刻。

第五，活用实例来描述。一位卖相机的小姐对欲购相机的另一位小姐说："如果您出差、旅游，背上这么一部相机，不但使您更加富于现代青年的特色，而且会给您带来永久的回忆，请您想一想，如果因为没有相机而失去这些宝贵的一刹那，岂不是终生的憾事？"

如果把合理的说明与描述性的说话术结合起来，将起到画龙点睛的作用，使你的说明更加能激发起顾客的欲望。

②提供有价值的情报。向顾客提供有价值的情报，也是刺激顾客购买欲望的一种说话的方法，这也是很多不喜欢谈吐的推销员能得以成功的秘诀。什么是有价值的情报呢？顾客的利益及消费的时尚，顾客的需要及利益都是有价值的情报，这里重点讲述应该如何抓住人们消费价值取向的变化，去引导顾客适应新形势，从而激发他们购买的欲望。由于技术的革新，市面上相继出现了经过新奇包装的商品。消费者的收入水准或教育水平都在提高，生活方式随着改变，购买的欲求也高度化、大型化、多样化、个性化起来。购买的态度、选择，都一直在急速地改变，顾客的价值观，也和以前完全不同。所以，只认为质量过硬或工厂设备精良，就自视商品佳，自陷于千篇一律的推销法中，注定要失败。

所谓推销，已演变成不单是推销商品，而是推销情报。例如，小汽车，销售重点从便宜的经济性等因素，转移到外观、乘坐的感觉方面。纺织品，从耐久性方面，转移到色泽、花纹、设计、流行性等方面。住宅也同样，卖的不是孤立的建筑物，而是建筑物周边的环境或有气氛的生活。即使是领带，卖的也不是单纯的领带，而是一组由西装、衬衫、手帕等组合成的有个性的一种表现。这些销售特点，比起商品本身的价值和附加价值，更容易使顾客产生购买动机。现代的推销人员的职能已不是卖货、运货而已，而是提供决定商品买进有用的情报的情报员。要当好这个消费顾问，在关键时刻得会说话。即推销员本人不但要明了消费趋势的变化，而且要善于把这些变化传达给那些不知情的顾客。

（4）消除异议。曾有这样一段有趣的对话。两个人正在聊天，其中一个人问道：

"如果比尔·盖茨现在突然要约见你，你准备穿什么衣服去赴约呢？"

另一个人回答："穿什么都可以，只要不穿西装、打领带、手提公文包就行了。"

"为什么？"

"很简单，如果你穿成那样去的话，大老远一看见你，比尔·盖茨就会认为你是来向他推销保险的，还没等你走到他跟前，他的秘书就会把你赶走……"

不难看出，销售的第一步是与顾客进行沟通，而沟通的第一步则是消除顾客的异议、疑惑、戒备或误解。无论顾客的异议是来自于推销人员、所推销的产品、企业的信誉，或是来自于顾客本身，推销人员都有义务为顾客解决问题，而不应该轻易放弃，更不应该抱怨顾客。

①产品异议。这是指顾客对产品的质量、样式、设计、款式、规格等提出的异议。这类异议带有一定的主观色彩，其根源在于顾客的认识水平、广告宣传、购买习惯及各种社会成见等因素。这种异议处理的关键是销售人员必须首先对产品有充分的认识，然后再根据不同的顾客采用不同的办法去消除其异议。

沟通小故事

某家具经销商："这种衣柜的外形设计得非常独特，颜色搭配也非常棒，令人耳目一新，可惜选用的材质不太好……"

某衣柜厂家的推销人员："您真是好眼力，一般人是很难看出这一点的，这种衣柜选用的木料确实不是最好的，如果选用最好的木料进行加工的话，价格恐怕就要高出两倍以上。现在这类产品更新换代很快，不是吗？这种衣柜已经不错了，尤其是外形设计十分时尚，可以吸引很多年轻人。订购这种价位适中、外形独特的衣柜既可以使您的资金得以迅速流通，又可以节省成本。"

沟通小故事

某图书馆经销商："现在的学生根本就不认真读书，他们连学校的课本都没兴趣读，怎么可能看课外书呢？"

某出版社发行人员："是啊，现在的孩子的确没有我们小时候读书用功了，我们这套图书就是为了激发他们的学习兴趣而编写的。图书内容丰富,形式新颖、活泼,对学校教材可以起到很好的辅助作用。"

②货源异议。这是指顾客对推销品来源于哪家企业和哪个推销员而产生的异议。如"没听说过你们这家企业"、"很抱歉,这种商品我们和××厂有固定的供应关系"。

货源异议乍看不可克服,令人难堪;但这又说明顾客对产品是需要的,推销机会是存在的。这时推销员可以询问顾客目前用的产品品牌和供应厂商。如所用产品与你推销的产品类似,则可重点介绍所推销产品的优点。但这时千万不能说同行的坏话。称赞对方就是表示对自己的产品有信心,说别人的坏话反而会引起顾客的反感;如果两种产品不同,那么货源异议并不成立,成功希望更大,推销员可以着重说明两种产品的不同点,详细向顾客分析你所推销产品会给他带来什么新的利益。举例如下。

顾客:"我从来没听说你们的公司和产品,我们只和知名企业打交道。"

推销员:"是啊,但您是否知道,我们公司今年已占领本市市场销售额的40%呢?"

然后,他用简洁的语言向顾客介绍企业的产品、引以为豪的成绩、公司的发展前景等,尽量解除顾客的疑惑和不安全感,同时特别强调所推销的产品会给顾客带来的利益。

当推销员向顾客证明了自己所提供的产品比其他企业提供的同类产品更物美价廉时,他就击败了竞争对手,获得了交易成功。

③价格异议。顾客关注产品的价格,并且为了降低价格而进行协商,多半表明他需要这样的产品。顾客说"太贵了",其实是追求物美价廉的心理使然,同时顾客也想听听你的解释。这时你要做的就是让他们相信你的产品绝对物有所值,甚至是物超所值的。如果能够成功地做到这一点,那么就成交有望了。

因此,顾客提出对价格的异议时,推销人员不用紧张,也不要仅仅围绕着价格问题与顾客展开争论,而是应该看到价格问题背后的价值问题,尽可能地让顾客相信产品的价格完全符合产品的真实价值,最终说服顾客,实现交易。如果顾客咬定价格问题,不肯放松,推销人员也不必受顾客的影响,而应该找到顾客认为价格太高的深层次原因,然后再根据这些原因展开有效的销售活动。要记住,不要跟顾客讨论价格,而要跟顾客讨论价值。价格隐含于价值之中,价格本身就不会显得那么突出了。有一种叫"价格三明治"的方法,就是把价格分解为产品的功能,A功能、B功能、C功能加在一起值这么多价钱。所以要学会做价格分析,要告诉顾客价格里面具体包含了什么。

在面对价格争议时,推销人员可以尝试采用价格分解的方法处理顾客的反对意见。在实际销售活动中,对价格进行分解的方式有如下三种。

第一,差额比较法。当顾客对产品的价格感到不满时,推销人员可以引导顾客说出他们认为比较合理的价格,然后针对产品价格与顾客预期价格的差额对顾客进行有效说服。采用这种方法最大的好处是,一旦确定了价格差额,商谈的焦点就不再是庞大的价格总额了，而只是很小的差价。这时，你进一步说明产品的价值，把顾客的注意力吸引到产品的价值上去，顾客可能就不会过于坚持了。

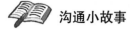 **沟通小故事**

顾客："这个价格实在太高了，远远超出了我的预算。"

推销人员："那怎样的价格您才能接受呢？"

顾客："我的最高预算是18 000元。"

推销人员："我们的报价是19 000元，与您提出的价格只相差1 000元，不是吗？"

顾客："是的。"

推销人员："这种机器平均每天可以为您增加效益二百余元，也就是说，只要购买这台机器，不到5天的时间您就可以把这1 000元的差价赚回来，难道您打算放弃这台机器为您带来的巨大效益吗？"

第二，整除分解法。整除分解法的目的是通过化整为零的计算，让顾客知道产品的价值所在，把顾客的注意力从较大的数额转移到容易接受的小数额上，更容易让顾客认同产品的价值，从而有利于达成交易。例如：

顾客："这个房子的整体设计、质量很好，可是价格实在是太高了。"

推销人员："房子其实并不如您想象得那么贵。您看，房子的现价是每平方米7 000元，这种房子以后一定会继续升值，其潜在的价值将远远高于它目前的价格。"

顾客："这个房子我是准备自己住的，不太可能出让，升不升值与我没有太大的关系。"

推销人员："即使是这样，您也不希望今天每平方米7 000元买到的房子，明年就跌到每平方米5000元吧。这个房子用来自己住最合适了。您算一算，房子的产权期限是70年，而房价总额大概为70万元，那么您一年其实只要花1万元就可以住在如此高品质的建筑之内了；再算一下，即使您每年只在其中住10个月，一个月也只需要花1 000元，一天才需要花多少钱呢？"

顾客："大概33元钱吧。"

推销人员："是啊！才33元钱，您每天只要少在外面吃一顿快餐就能够一辈子住在如此高档的住宅当中了，而且您还可以享受到高品质的物业服务。难道您愿意为了每天少花33元而放弃这样的人生享受吗？"

这里推销人员运用整除分解法，把顾客一年需要交1万元（大数目），分摊到每天差不多33元（小数目），这样会更容易让顾客动心。

第三，转移注意力。在解决顾客提出的价格异议时，如果顾客总是抓住价格问题不放，推销人员就需要想办法将顾客的注意力转移到他们感兴趣的其他问题上，比如让顾客把关注的焦点从价格问题转移到产品价值上。在具体的实施过程中，推销人员可以采用积极的询问、引导式的说明方法，再配合相应的产品演示等。

 沟通小故事

顾客："你们公司的这款复印机显然要比××公司的价格高一些，所以我们打算再考虑考虑。"

推销人员："我知道您说的那家公司，您认为他们公司的产品质量和性能与我们公司相比哪个更好呢？"

顾客："产品的质量不太容易比较，不过我觉得他们公司的产品功能好像更多一些，他们公司的复印机还可以……"

推销人员："我们公司的另外一款产品也具有您提到的这种功能，这是针对专业使用者设计的。我觉得贵公司使用复印机的人员比较杂，而且每天需要复印的东西也很多，所以这款操作简单、复印速度快、寿命长的机器更适合贵公司……"

这里推销人员把难以解决的价格问题转移到了比较容易解决的质量与性能问题上，从而消除了顾客的异议。

④服务异议。服务异议是指顾客对企业或推销员提供的服务不满意而拒购的异议。对待顾客的服务异议，推销员应诚恳接受，并耐心解释，以树立企业良好的形象。

 沟通小故事

一次，一位经营通用机械的跨国公司推销员向农民推销一种先进的农业机械，一个农民说："你们公司在我们国家只有很少几个经销维修点，而且离我们农场很远，今后机械零件损坏怎么办？"推销员回答："本公司不提供机械服务，但我们在进行了严格测试的基础上，为每台机械配足了使用寿命期内所需的配件，一旦机械出现问题，你们可以自己换零件和维修，这样既省钱又不会误农时。"

11.3 客户投诉处理

所谓顾客投诉，是指顾客针对企业产品质量或服务的不满意，而提出的书面或口头的异议、抗议、索赔和要求解决问题等行为。

顾客投诉是每一个企业皆会遇到的问题，它是顾客对企业管理和服务不满的表达方式，也是企业有价值的信息来源，它为企业创造了许多机会。因此，如何利用处理顾客投诉的时机赢得顾客的信任，把顾客的不满转化为顾客满意，锁定他们对企业和产品的忠诚，获得竞争优势，已成为企业营销实践的重要内容之一。

1. 顾客投诉处理的原则与技巧

（1）处理顾客投诉的原则。在处理顾客投诉的过程中，服务行业从业人员应遵循以下原则。

①实事求是原则。这是服务行业从业人员处理顾客投诉的基本态度。要实事求是地听取顾客的意见和反映，绝不要文过饰非，自以为是。主观武断，偏听偏信，是处理顾客投诉时最要不得的态度。

②超然事外原则。在处理顾客投诉时，如果一味站在本组织立场说话，只会激化矛盾。采取超然事外的态度，能缓和顾客的对立情绪，创造良好的谅解气氛。超然事外，才能提出公正的解决方案，为解决异议奠定基础。

③多听少说原则。在听取意见阶段，事实不清，如果贸然发言或轻易反驳，往往起反作用。在交流意见阶段，主要是陈述事实，以事实说话。发言过多，于事无补，尤其是当服务行业从业人员被顾客看做组织方面的代表时，更应多听少说，让顾客倾吐不满，宣泄郁闷，这样会起到"降温"的作用。服务行业从业人员作为第三方调解纠纷时，应让冲突双方多发言，有时，在充分倾吐意见的过程中，就会找到解决冲突的方法。

④积极行动原则。由顾客投诉致纠纷发生后，服务行业从业人员积极行动，及时赶到现场，查明事实。接待顾客时，要尽其所能，给予帮助，态度要热情。

⑤取得谅解原则。组织要有解决问题的诚意，自身要做一些检讨。要持高姿态，有严于责己的精神，作些妥协和让步，使顾客意见得到缓解，矛盾逐步消除。出于至诚，就能"精诚所至，金石为开"。

（2）处理顾客投诉的技巧。处理顾客的投诉要注意把握以下技巧。

①听取意见。顾客对组织产生异议后，会通过各种渠道向组织提出严厉批评。对于服务行业从业人员来说，不管批评采取什么方式，措辞如何尖锐，是否存在偏见，服务行业从业人员都要代表组织，认真听取，而不能采取引诱、威胁的方法来消除这种批评。

②查清事实。顾客投诉是由于某种原因引起的，查清事实是妥善解决顾客投诉的关键。顾客产生了对立情绪，往往很难接受组织方面的调查，这时，最好委托第三方进行调查。

③交换意见。在查清事实的基础上，与顾客充分交流意见，求同存异，达成谅解。这种交流可以通过新闻媒介进行，也可以请顾客代表到场，面对面进行。进行面谈时，要做好充分的准备工作，包括拟出可供选择的解决方案，印好发给代表的调查报告，并做好代表的接待工作。双方冲突比较尖锐可以请第三方主持会议。

④了解反映。在妥善解决分歧，双方彼此达成谅解后，服务行业从业人员有必要通过民意测验或公共关系调查等方式，了解顾客对引起纠纷问题的看法，了解顾客对组织的意见和反映，总结工作中发现的问题，以便进一步做好公共关系工作。

⑤合理处理。组织与顾客充分交换意见，交流信息，对真相和后果在求同存异的基础上，逐渐统一认识，作出必要的赔偿和道歉，争取顾客谅解。同时要制定改进措施，防止类似事件再次发生。

2. 顾客来电投诉处理

顾客来电投诉，一般是发现问题、反映疾苦或进行举报，所以组织的电话应有专人接听，不能只听铃声响，未见接话人。

（1）学会使用文明礼貌语言。顾客用电话投诉时，由于利益受到侵犯，容易情绪激动，所用语言和口气都是很不客气的，甚至是粗暴的，有时会把公共关系接待人员作为"出气筒"。这时，公共关系接待人员一定要体谅投诉顾客的心情，意识到自己是代表组织接待，顾客的电话斥责不是冲着个人的，所以接电话时，一定要耐着性子听完意见，并代表组织表示诚恳的道歉，说明一定会及时把有关意见转给有关部门，一有结果，立即告知。同时，公共关系接待人员使用的语言和证据要有礼貌、诚恳、友善、亲切，使顾客对象能够体会到接待人员对他需求的关注，从而使自己的情绪能尽快平静下来。

（2）接听电话要认真负责。凡是能当场说清的问题，要现场回答解决。不能解决的问题要做好详细记录，同时告诉投诉的顾客，今后可采用何种方式进行联系，以便告知解决问题的结果。

（3）听完电话，要对顾客进行安慰、鼓励，并要代表组织表示感谢。

（4）接完电话，公共关系接待人员要及时反映，协助有关职能部门处理顾客存在的问题。

（5）要及时告知投诉顾客对问题处理的意见结果。对一时不能解决的问题也应有所交代，不能查无结果，大事化小，小事化了，而应认真对待，有所说法。

（6）顾客投诉的问题要注意保密，这是职业道德的要求，一定不能扩散，更不能极不严肃地当成谈笑资料。

（7）监督电话要"取信于民"，广泛进行宣传，使顾客了解监督电话号码，便于有针对性地反映问题。

3. 顾客来信投诉处理

在接待工作中，顾客往往通过来信反映自身的损失或各种问题。处理好顾客来信，是社会组织坚持为顾客服务的一条重要纽带。处理来信主要应注意以下几点。

（1）及时处理顾客来信。对顾客来信要登记造册，来信人的姓名、地址、职业，以及所反映的问题和意见，都要一一记录在案，便于保存和查找。

（2）做好调查核实工作。对来信中所反映的问题和意见。根据权限规定，或送有关职能部门处理，或自己进行调查核实，不论采取哪一种形式，都得把调查和处理的结果告知来信反映问题的顾客。

（3）对顾客反映的意见，要迅速回信。复信的文字不宜过长，要简洁、明确，针对顾客投诉的主要问题，提出处理的具体意见和建议。不要过分详尽地解释事情的前因后果，这容易给投诉顾客留下企图开脱责任的错觉，要让顾客感到公共关系接待人员是在代表组织真诚地道歉。

（4）对顾客的来信投诉不拖延。如果有必要，可先复函告知顾客，说明来信已收到，请他耐心等待回音。有的顾客如若在来信中流露出极端情绪，应与有关部门研究稳定其情绪的对策，以防发生不测。

（5）严守组织纪律，注意为来信顾客保密。特别是来信揭发问题时，来信人的姓名绝对不能随意公开，更不能让被揭发的当事人知道，否则便是严重的失密行为，可能会造成打击报复等后果。

4. 顾客来访投诉处理

接待来访，虚心听取顾客的意见和建议，帮助顾客解决问题和困难，对密切组织与顾客的关系有重大的意义。对来访的顾客，接待人员必须待之有礼。

（1）设置来访接待室。来访接待室一般应设置在本部门或本单位内使顾客易于找到的地方。应该为来访顾客提供整洁、安静的环境，而且可在墙上张贴有关规章制度，保持严肃认真的气氛。但是，接待室一般不宜设置在太显眼、人员来往频繁的地方，这会增加来访顾客的顾虑，也不宜深入交换意见、听取问题的反映。

（2）要有礼貌地接待来访顾客。要态度热情，主动招呼来访顾客入座，问清姓名、地址、职业、证件等，然后，再询问其反映的问题。接待来访顾客，不论熟悉、不熟悉以及顾客身份的高低，都要热情接待，不能采取冷落的态度。

（3）要耐心地听取情况。在听取顾客反映情况时，顺耳的意见要听，逆耳的意见也要听。不要当场与顾客发生争论，也不能漠然置之，流露出似听非听的神情，这会给来访顾客以一种受到冷淡的感觉，不利于问题的解决。

（4）要审慎地回答问题，不要武断地轻易下结论。该问的问题要问清，对于来访投诉，可以说一些安慰性语言，告诉来访顾客要相信社会组织，相信事实真相总会大白。但情况不明不要信口开河，随意回答问题，更不能武断地作判断和评价。

（5）给顾客满意的答复。一般在接待来访顾客时，应尽量满足顾客的要求，为其解决问题使其满意而去。即使一时不能解决问题，也应该告诉顾客何时能听取回复，以解除其顾虑，免得他因问题无明确答复，一而再、再而三地到处向人诉说不是，造成对组织不好的印象。

（6）劝说应讲究方式。对态度蛮横的来访顾客，公共关系接待人员要有宽广的胸怀，切勿针锋相对，火上添油，让顾客情绪激动，不利于解决问题，而是应当用委婉的语言尽力"降温"，采用商量态度消除对方的对立情绪，造成利于解决问题的人际氛围。

（7）设置来访机构，配备必要的专职人员。在接待中，为了更好地处理顾客的投诉问题，应该在组织内部设置由专人负责的专门机构。这样，能使顾客的投诉得到迅速的处理，而不至于因工作忙而被搁浅。如果在投诉中，顾客坚持要领导出面，就应该及时请领导接待，不能擅自主张代替领导做主。当然，如果遇到领导不便接待，接待人员应以婉转的口气进行解释和劝说，不要把事情闹僵。

在接待工作中，相关人员若能妥善地处理顾客的投诉问题，不仅可以缓和组织与顾客的对立情绪，而且能够把顾客的投诉变成提高组织声誉的良好机会。

课堂实训

1. 实训：手机销售的客户沟通

实训目的：通过同学间相互售卖手机的游戏，从中体会销售的技巧。
实训学时：2学时。
实训地点：教室。
实训准备：手机等。
实训方法：

（1）相邻座位的同学两人一组，分别扮演销售员和客户。销售员要将手中的手机成功地销售给客户，在推销过程中，客户提出各种疑问和拒绝，直到被销售员说服主动购买。时间5分钟。
（2）邀请2~3组同学上台演练，请其余的同学仔细观察细节。
（3）表演结束后请参与者谈谈角色感受。
（4）总结销售各环节的技巧。

2. 实训：顾客投诉处理

本训练为模拟公众来访投诉的接待。一位顾客冲进办公室，怒气冲天，因为她上个月买的电视机坏了，维修部的工作人员答应前去修理，但迟迟未见人。模拟演示秘书接待的情景。学生可分别扮演企业投诉中心接待人员和顾客，顾客就其问题进行投诉。注意模拟演示必须强调进入情景之中，注意接待礼节中的细节，讲究语言艺术，注意体态语，把握好表情。学生也可以设计其他场景进行练习。

3. 测试：你受客户欢迎的程度如何？

请对下面的陈述作出"是"、"一般"或"否"的判断，测一测你受客户欢迎的程度。
（1）发型整洁。

（2）衣着得体。

（3）知道客户的业余爱好。

（4）了解客户的工作成就。

（5）能有针对性地称赞客户。

（6）言语得体，令客户愉快。

（7）充分尊重客户的意见。

（8）了解客户的行业特点。

（9）知道困扰客户的瓶颈问题是什么。

（10）能及时为客户反馈产品改进方案。

（11）以客户为中心。

（12）与客户交谈时面带微笑，亲切自然。

（13）每天上班前自我沟通3分钟，保持愉悦、自信的工作状态。

（14）用友善的态度来面对客户所在公司的每一位员工。

（15）通过赠送小礼品传递友好的信息。

（16）通过赠送小礼品完成公司对外的形象宣传。

计分方法如表11-1所示。

表11-1 受客户欢迎程度测试计分方法

题号	（1）	（2）	（3）	（4）	（5）	（6）	（7）	（8）	（9）	（10）	（11）	（12）	（13）	（14）	（15）	（16）
是	2	3	4	4	5	3	3	4	5	4	3	3	5	3	2	2
一般	1	1	2	2	3	2	2	2	3	2	2	2	3	2	1	1
否	0	0	0	0	0	0	0	0	0	0	0	0	0	0	0	0

解析：

① 总分为45~54分：你肯定是一位很受客户欢迎的业务员，你已熟练掌握了与客户沟通的技巧。

② 总分为30~45分：你的沟通技巧受人称道，但还应进一步完善。

③ 总分为15~30分：你与客户的沟通已经有了一定的基础，但还有很多需要改进的地方。

④ 总分为0~15分：这是一个令人沮丧的得分，你与客户沟通的能力的确不怎么样。不过别灰心，认真学习，不断实践，你会有很大的进步。

（资料来源：谢红霞．沟通技巧．北京：中国人民大学出版社，2011．）

课后练习

1. 案例分析

（1）失败的推销。

一年夏天，推销员小刘浓妆艳抹，穿着时髦的衣服来到顾客家上门推销产品。她敲开门后立即作自我介绍："我是来推销××消毒液的。"当主人正在犹豫时，她已进入室内，拿出商品，说："我厂的产品质量好，×元一瓶。"顾客说："我从来不用消毒液，请你介绍一下消毒液有何用途？"小刘随即往沙发上一坐，对顾客说："天这么热，你先打开空调我再告诉你。"顾客不悦："那算了，你走吧，我不要了。"小刘临走时说："你真傻，这么好的东西都不要，你会后悔的！"

（资料来源：张岩松. 新型现代交际礼仪实用教程. 北京：清华大学出版社，2008.）

思考讨论题：

①为什么顾客没有接受她推销的商品？小刘在推销商品时有哪些不足之处？

②如果是你，你将会如何进行推销？

（2）口才拔高了"推销之神"。

在日本有个叫原一平的人，身高只有145厘米，是个标准的"矮冬瓜"，但他的工作业绩却相当地惊人。曾连年勇夺日本全国寿险销售业绩之冠，被人誉为"推销之神"。

原来，原一平的身材虽然低人一等，但他的口才却高人一筹。在推销寿险产品时他经常以独特的矮身材，配上刻意制造的表情和诙谐幽默的言辞逗得客户哈哈大笑。他面见客户时通常是这样开始的：

"您好，我是明治保险的原一平"。

"噢！是明治保险公司。你们公司的推销员昨天才来过的，我最讨厌保险了，所以被我拒绝啦！"

"是吗？不过我比昨天那位同事英俊潇洒吧？"原一平一脸正经地说。

"什么？昨天那个仁兄啊！长得瘦瘦高高的，哈哈，比你好看多了"。

"可是矮个儿没坏人啊。再说辣椒是越小越辣哟！俗话不也说'人越矮俏姑娘越爱吗？'这句话可不是我发明的啊"

"可也有人说'十个矮子九个怪'哩！矮子太狡猾。"

"我更愿意把它看成是一句表扬我们聪明机灵的话。因为我们的脑袋离大地近，营养充分嘛！"

"哈哈，你这个人真有意思。"

凭着出色的口才，原一平就是这样与客户坦诚面谈，在轻松愉快的气氛中不知不觉拉近了自己与客户之间的距离，很快一笔业务就搞定了。

看来，一个人身材矮小用不着怨天尤人，只要他能用后天的努力来弥补先天的不足甚至缺陷，吃苦耐劳，时刻进取，有所作为，在别人的眼里形象照样很高大。

（资料来源：彭真平．口才拔高了"推销之神"．职业时空，2005（17）．）

思考讨论题：
①原一平的推销有什么特色？他为什么能够拉近自己与客户之间的距离？
②从本案例中你还得到了哪些启发？

（3）只顾生意，不解人意。

吉勒斯是美国著名的汽车推销员。一天，一位客人西装笔挺、神采飞扬地走进店里，吉勒斯心里明白，这位客人今天一定会买下车子。于是他热情地接待了这位客人，并为他介绍了不同品牌的车子，说明不同车子的性能、特点。客人频频点头微笑，然后跟随吉勒斯一起从展示场走向办公室，准备办手续。客人一边走，一边激动地说："你知道吗，我儿子考上医学院了，我们全家都非常高兴……"吉勒斯不顾顾客的兴致，抢过话题继续介绍汽车的优良性能。没等他介绍完，客人就又说道："我要买辆最好的车，作为礼物送给儿子……"吉勒斯接着客人的话说："我们的汽车无论是款式还是性能都是一流的……"客人有些不高兴，他看了吉勒斯一眼，没等他说完，抢着说道："我的儿子很可爱……"吉勒斯又说："是啊，我们的车子也确实是最好的……"客人的脸色越来越难看了："你这人怎么这样？""我……我们的汽车确实是……""你就知道汽车！"客人发火了，最好竟然拂袖而去。

（资料来源：解"说"：浅谈对推销中"说"的认识．洪艳梅．商业文化（下半月）．2011（03）．）

思考讨论题：
①吉勒斯营销失败的原因是什么？
②本案例对你有何启示？

（4）感谢并道歉。

乳品厂接待了一位在酸奶中喝到碎玻璃的消费者。消费者火药味十足："你们难道就只顾挣钱，把消费者的健康、安全置之度外？这块碎玻璃足以让人丧命！我要告诉媒体！"接待人员连忙关切地询问："碎玻璃有没有伤着您哪里？要不要我陪您去医院检查一下？"当得知消费者并未受伤时，接待人员又说："那真是不幸中的万幸。如果是老人，特别是孩子喝到这瓶酸奶，那可就糟糕了。"听到这里，消费者的怒气渐消。接待人员又真诚地说："今天您来反映我们酸奶的质量问题，真是对我们的关心，我代表公司谢谢您了！"一个深深的鞠躬之后，接待人员与消费者交换了联系方式。承诺该事故若造成伤害，乳品公司负全责。同时真诚地邀请这位消费者到生产车间去看看，请他多提宝贵意见，并保证今后不再出现类似的事故。

（资料来源：未来之舟．销售礼仪．北京：中国经济出版社，2009．）

思考讨论题：
①本案例中乳品厂的接待人员是怎样平息顾客的怒气的？
②本案例对你有何启示？

（5）客户关系管理的魔力。

一位朋友因公务经常出差去泰国，并下榻东方饭店，第一次入住时良好的饭店环境和服务就给他留下了深刻的印象。当他第二次入住时几个细节更使他对饭店的好感迅速升级。

那天早上，在他走出房门准备去餐厅时，楼层服务生恭敬地问道："于先生是要用早餐吗？"于先生很奇怪，反问："你怎么知道我姓于？"服务生说："我们饭店规定，晚上要背熟所有客人的姓名。"这令于先生大吃一惊，因为他频繁往返于世界各地，入住过无数高级酒店，但这种情况还是第一次碰到。

于先生高兴地乘电梯下到餐厅所在的楼层，刚刚走出电梯门，餐厅的服务生就说："于先生，里面请。"于先生更加疑惑，因为服务生没有看到他的房卡，就问："你知道我姓于？"服务生答："上面的电话刚刚下来，说您已经下楼了。"如此高的效率让于先生再次大吃一惊。

于先生刚走进餐厅，服务小姐微笑着问："于先生还要老位置吗？"于先生的惊讶再次升级，心想"尽管我不是第一次在这里吃饭，但最近的一次也有一年多了，难道这里的服务小姐记忆力那么好？"

看到于先生惊讶的目光，服务小姐主动解释道："我刚刚查过电脑记录资料，您去年8月8日在靠近第二个窗口的位子上用过早餐。"于先生听过兴奋地说："老位子！老位子！"小姐接着问："老菜单，一个三明治，一杯咖啡，一个鸡蛋？"现在于先生已经不再惊讶了，"老菜单，就要老菜单！"于先生已经兴奋到了极点。

上餐时餐厅赠送了一碟小菜，由于这种小菜于先生是第一次看到，就问："这是什么？"服务生后退两步说："这是我们特有的小菜。"

服务生为什么要先后退两步呢？他是怕自己说话时口水不小心落在客人的食品上，这种细致的服务不要说在一般的饭店，就是美国最好的饭店里于先生都没有见到过！这一次早餐给于先生留下了终生难忘的印象。

后来，由于业务调整的原因，于先生有3年的时间没有再到泰国去，在于先生生日的那天，突然收到一封东方饭店发来的生日贺卡，里面还附了一封短信，内容是："亲爱的于先生，您已经有3年没有来过我们这里了，我们全体人员都非常想念您，希望能再次见到您，今天是您的生日，祝您生日愉快。"

于先生当时激动得热泪盈眶，发誓如果再去泰国，绝对不会到任何其他的饭店，一定要住东方饭店，而且要说服所有的朋友也像他一样选择！于先生看了一下信封，上面贴着一枚6元的邮票，6元钱就这样强化了一颗心。这就是客户关系管理的魔力！

（资料来源：http://bbs.szhome.com/commentdetail2.aspx?id=1750180，2003-10-21.）

思考讨论题：
① 泰国东方饭店与客户沟通有何独到之处？
② 本案例对你有何启示？

2. 思考与训练

（1）参加一家企业的营业推广或公共关系促销活动，观察和体验促销礼仪在这些活动中的作用，并写出实训小结。

（2）假如你正在和一家百货商场的经理谈"星海"牌加湿器，他说："我的库房里已经有很多加湿器了。"对于这一点"否定"，你怎样应对？

（3）请总结一下你倾听时存在哪些不良习惯。为什么沟通过程中倾听占有十分重要的位置？请谈谈你的体会。

（4）一位顾客硬是说他在商场买的香烟是假的，而商场从进货渠道看根本不可能出现这样的情况。请模拟演示商场接待人员接待投诉者的情景。

（5）假如你是一家房地产公司的秘书，这天有20多位住户认为你公司开发的房产有质量问题，集体闯到你的办公室，请演示接待的情景。

（6）表11-2是顾客投诉表，请在日常商务沟通工作中加以运用，妥善处理顾客的投诉。

表11-2　顾客投诉表

序号	投诉原因	自我分析	检讨（克服/不能克服）
1	你或你的同事对客户作了某种承诺而没有兑现		
2	客户心情不好，正巧又遇上了不好的服务，正想找个倒霉蛋出出气		
3	客户觉得，除非大声嚷嚷，否则就无人理睬		
4	客户觉得如果他嚷嚷就能迫使你满足他的要求		
5	客户总是与人过不去，处处看人不顺眼		
6	客户的期望未得到满足		
7	你或你的同事对客户冷漠、粗鲁或爱搭不理		
8	多名销售人员对客户一人指东指西		
9	客户按照销售人员的指令行事，可结果是错的		
10	客户觉得他的话没人理睬，不被重视		

续表

序号	投诉原因	自我分析	检讨（克服/不能克服）
11	客户也许不喜欢你的发型、穿着、打扮等		
12	客户不信任你的公司，认为你的公司或你不诚实		
13	客户得到了不客气的答复		
14	客户在电话中受到了盘查和不停的询问		
15	当客户事情做得不正确时遭到嘲弄		
16	客户的信誉或诚实受到了质疑		
17	你或你的同事和客户发生了争辩		
18	没能迅速准确地处理客户的问题		

（资料来源：未来之舟. 销售礼仪. 北京：中国经济出版社，2009.）

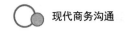 现代商务沟通

任务12　会议沟通

假如人际沟通的能力也是同糖或咖啡一样的商品，我愿意付出比天底下任何东西都昂贵的价格来购买这种能力。

——[美]洛克菲勒

导学案例

嘉宾们即将到来

海达公司的新产品发布会即将开始，总经理秘书小叶正站在会议大厅的入口处，她一边做着最后的检查，一边等着嘉宾的到来。她检查主席台上放置的名签时，发现有问题，一位嘉宾因故不能前来，名签却没有撤掉，而另一位嘉宾刚才来电话说要来参加新产品发布会，名签却没有准备。这时她的手机又响了，原来是接电视台记者的汽车在路上抛锚了，重新派车已经来不及了。同时，会议秘书组的人员来报，说宣传材料不够。此时嘉宾已经陆续到来。

（资料来源：杨海清. 现代商务礼仪. 北京：科学出版社，2008.）

问题：

（1）总经理秘书小叶对会议的筹备存在哪些问题？

（2）成功地组织一次会议究竟应该做好哪些方面的工作？

学习训练目标

- 能够组织商务会议；
- 掌握主持会议的技巧；
- 参加会议讲究礼仪。

12.1　组织商务会议

商务会议是商务活动中最重要、最频繁的内容之一。筹办、主持或者参加一次有效的商务会议，遵守商务会议的礼仪规范，对于商务人员来说是十分重要的。在筹办会议时，各方面都要考虑周全。主持会议要体现出会议主持人员对整个会议的良好的控制能力；出席会议时，仪态、精神都要与会议的内容、主题吻合。一个重要会议的举行往往是商务人员显现才华的机会，又是其礼仪修养和礼仪业务水平表演的舞台，所以应特别留心。

1. 商务会议的安排

（1）会场选择。大型会议的会场选择与会议主题的深化有密切关系，对与会者参会的情绪也有很大影响。举办会议首先要选准会场会址。要考虑交通便利、设施齐全、环境安静、停车方便、大小适中、费用合理等因素，使与会者能够方便地到会，安心地开会。

（2）会场布置。对于一般的小型会议，会议室只要清洁、明亮，有足够的桌椅让与会者方便地看文件、做记录、讨论发言就行了。而大型会议的会场准备则比较复杂，需要体现会议的主题，应注意会场内座位的布局、主席台的布置及其他为渲染和烘托气氛所做的装饰等，一定要讲究科学性、合理性和艺术性。

① 会标。会标即会议全称的标题化。应将会议全称用大字书写后挂在主席台的正上方，一般用红底白字，也可以用红底金字。这是会议礼仪十分重要的一点、点睛的一点。它能增强会议的庄重性，揭示会议的主题与性质，使与会者一进会场就被会标引导，容易进入会议状态。

② 会徽。会徽是体现或象征会议精神的图案性标志。要选择具有强烈感染和激励作用的图案。重大会议的会徽可向社会征集，也可在单位组织内部征集。会徽图案要简练、易懂、寓意丰富。

③ 标语。标语当然是会议主题的体现，会场上的气氛往往就是被恰到好处的标语、旗帜等渲染起来的。标语在准备会议文件时就应拟就并报请领导批准。会议标语要集中体现会议精神，使其简洁、上口、易记，具有宣传性和号召力。

④ 旗帜。会议的旗帜包括主席台上悬挂的旗帜和会场内外悬挂的旗帜。主席台上的旗帜应围挂在会徽两边，以显得庄严隆重；主席台的两侧插上对应的红旗或彩旗，又可增添喜庆气氛。而会场门口和与会者入场的路旁插上红旗或彩旗，使会议的热烈气氛洋溢在会场内外，以衬托会议的隆重。

⑤ 花卉。花卉是礼仪不可缺少的重要道具，在会场上，花卉还能起到解除与会者疲劳的作用。选用花卉应突出中华民族的文化特色，以梅花、牡丹、菊花、兰花、月季、杜鹃、山茶、荷花、桂花、水仙等十大名花为代表的中国原产花卉，早已被赋予浓重的文化色彩，以这些花为主构成的花卉艺术品如插花、盆景等都能以无声的语言向人们传播中华民族的文化，表现民族精神。因此，越是重大的会议，越应选取有代表性的中国原产花卉作为摆放的主体花卉，并将中国传统艺术花卉的插放造型作为会议花卉的礼仪形式。

⑥ 灯光。会议场所的灯光应该明亮、柔和，既给人适宜的照明，也可减缓因会议时间过长而带来的身体或精神上的疲劳。大型会议的会场应设计几套灯光，以便于会议颁奖、照相、演出等多种需要。

⑦ 座位①。会场内座位的布局要根据会议的不同规模、主题，选择合适的摆放形式。"而"字形的布局格式比较正规，有一个绝对的中心，因此容易形成严肃的会议气氛，如图 12-1 所示。一些小型的、日常的办公会议及座谈会等通常在会议室、会议厅进行，可以根据需要将座位摆放成椭圆形、圆形、回字形、T字形、马蹄形和长方形等，这些形状可以使参加会议的人坐得比较紧凑，彼此面对面，容易消除拘束感，如图 12-2 所示。座谈会、小型茶话会、联谊会等多选择六角形、八角形或者半圆形等布局形式。

（3）主席台布置。主席台是会议的中心，也是会场礼仪的主要表现位置。主席台布置应与整个会场布置相协调，并作强调突出。

① 座位。主席台座位要满座安排，不可空缺。倘原定出席的人因故不能来，要撤掉座位，不能在台上留空。主席台座位若有多排，则以第一排为尊贵。第一排的座位以中间为贵，依我国传统一般由中间按左高右低顺序往两边排开，即第二领导坐在最高领导左侧，第三领导坐在最高领导右侧，以此类推。如果人数正好成双，则最高领导在中间左侧，第二领导在中间右侧，以此类推。但目前国际上流行右高左低，因此安排涉外会议时，也要依据有关规矩灵活安排座次。时下一般的处理方式为：开会以左为尊，宴请以右为尊。每个座位的桌前左侧要安放好姓名牌，既方便入座，也便于台下与会者和新闻采访人员辨认熟悉有关人士。主席台座位不要排得太挤，桌上也不要摆放鲜花之类，以免阻碍视线，但要便于主席团成员打开文件、做记录、翻阅讲话稿，并放置笔、茶水、眼镜等物。

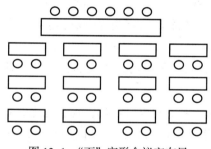

图 12-1 "而"字形会议室布局

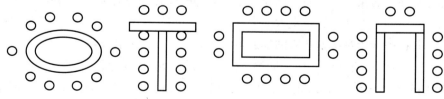

图 12-2 椭圆形、T字形、回字形、马蹄形会议室布局

---

① 杨海清. 现代商务礼仪. 北京：科学出版社，2006.

② 讲台。主席台的讲台应设于主席台前排右侧台口，讲台不能放在台中央，使主席团成员视线受妨碍。讲台上主要放话筒，也可适当放上一盆平铺的花卉。讲台桌面要便于发言者打开讲话稿或摆放相关材料。整个主席台的台口可围放一圈花卉，但要选择低矮些的绿色品种。

③ 话筒。发言席和主席台前排座位都应该设有话筒，以便于发言者演讲和会议主持人或领导讲话。一般发言席和主持人的话筒专用，其他主席台前排就座者合用两三个话筒，并且一般置放于主要领导面前。

④ 后台。一般在主席台的台侧与后台设为在主席台就座领导和与会者的休息室，以便于安排他们候会，并尽可能在后台排好上台入座次序，以免造成混乱。也许有时会议会发生一些小意外，后台还可以供有关人员作商量对策、排除困难之用。主席团成员开会也可利用后台休息室。所以，秘书人员切不可忽视后台的作用。

（4）会议其他用品。为方便会议进行，秘书人员应为会议准备各种工作文具用品，如纸、笔、投影仪、指示棒、黑白板、复印机、电脑数据库及投票箱等。不同会议有各种不同需求，满足与会者的需求是有关人员在安排会议、布置会场时必须考虑的。

2. 会议准备阶段的工作

（1）时间选择。开会时间选择要合适。大型会议应尽可能避开公众节假日。同时注意会期不能安排太长，否则会影响与会者的日常工作。当某些紧急事件发生时，可以取消或延期举行会议。

（2）邀请对象。对出席会议的对象的选择要考虑各种因素，与会者既要有与会资格，又要有参与能力和水平修养。如果被邀与会者不能完成会议的有关任务，会感到痛苦或尴尬，使与会成了一次不愉快的经历，对会议组织者来说，这也是礼仪考虑不周的表现。

（3）详尽通知。会议通知的发送要做到：发得早——既便于与会者安排手头工作，又便于与会者为会议内容做准备；内容细——会议名称、届次、主要议题议程、出席范围、与会者应递交什么材料或做哪些准备、会期、会址等都应明明白白告知，便于与会者有备而来，从而提高会议效率；交代明——食宿如何安排、费用多少、交通线路怎样，都要交代清楚，以免造成麻烦。对特邀贵宾的通知，应派专人登门呈送，以示郑重。

3. 会议召开阶段的工作

（1）接站。一般会议都规定了报到日期。在报到日期应安排好接站。在车站、码头、机场等主要交通站点，用醒目的牌子标明"××会议接站"，使与会者一下交通工具就看见接站牌而安心。对所接到的与会者要表示欢迎，并慰问其旅途劳顿。

（2）登记。对到达报到地点的与会者，首先要做好签到、登记、收费、预订返程票、发放会议资料、发放会议身份证件等工作。这一过程应尽量在登记处一揽子解决，并应迅

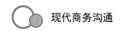

速办理，让与会者早点到客房休息。登记时，对与会者的合理要求应尽量予以满足。大型会议的东道主应在会议召开前一天晚上，到会议各住宿地看望与会者，尤其是特邀贵宾和与会领导。

（3）联络。会议进行期间要注意与各小组联络，不要使一位与会者有被冷落的感觉。会议简报要对各小组相对均衡报道，不要只将视点聚焦于有大人物、有热点的小组，使其他小组与会者产生不愉快心绪。

（4）安全。要确保每一个与会者的安全，包括其人身安全、财物安全及食品卫生。涉密会议还必须强调文件安全。秘书人员要尊重每一个与会者，但涉及机密时，必须按章办事。

（5）娱乐。若会期较长，在会议期间可安排一些影视放映和文艺演出，以调剂精神。也应该鼓励与会者主动参与文体活动。可组织一些自娱自乐的卡拉OK演唱或球类、棋牌活动等，活跃会议气氛，调节与会者情绪。还可适当组织与会者参观游览，使会议节奏张弛得当。

4. 会议结束阶段的工作

（1）照相。如果会议安排中有照相一项，应早作安排，免得个别与会者提前离开而不能参与。早安排也可使与会者在离会前拿到照片。

（2）材料。发给与会者的材料要有口袋，以便于集中携带。如需收回的材料要早打招呼，发现有人未交，应尽早查问。不一致的意见不要写到会议的决议或纪要中去。要乐于为与会者提供复印材料、邮寄材料或其他物品等有关服务。

（3）送客。将与会者所订票交给其本人时，要仔细核对车次、航班或船期，并仔细向与会者交代。若有不对或不周之处，<u>应主动承担责任</u>。如果有人需要照顾而影响到了其他人，应向其他人解释，以争取大家谅解。在每一个与会者离开时，都要热情相送，对集中离开的与会者，要尽可能准备车辆送他们去车站、机场或码头，对贵宾则必须送至机场登机处。

12.2 主持会议的技巧

1. 做个精彩的开场白

精彩的开场白往往能像磁铁一样紧紧地吸引住听众，增强与会者对会议的兴趣。就像人们看一部电影一样，如果开始就兴味盎然，引人入胜，那么人们自然会急于了解接下来的情节。所以，有经验的主持人，都非常注意会议的开场白，他们多是经过反复推敲、认真琢磨，力求给与会者一个好的印象。开场白要陈述的内容，包括会议的背景、主题、目的、意义、议程等，会议主持人要根据这些内容和要求设计开场白。

首先要欢迎并介绍与会者。应该用洪亮的声音对每个到来的人表示热烈地欢迎，并且介绍与会者。然后说明会议的目的和议程。说明会议的目的时要注意使用团队口吻，而非领导或者上级的口吻，要拉近与大家的距离，让人们尽快进入会议的状态中去。还要说明一下会议的规则，如"请所有的人把手机关掉，不准吸烟，不要随便走动，每人发言时间不能超过5分钟"等。

总之，会议开场白要以"能安定公众情绪、恰当介绍会议内容、形式新颖"为原则，因地制宜，精心构思，尽量避免陈旧死板、千篇一律。

2. 让与会人员广泛参与

作为会议主持人，除了要注意会前沟通，使大家明白开会的用意外，还要注意在主持中尽量少说话，把说话的机会让给大家。主持人少说话，与会人员才能多说话。对多说废话的人要有办法加以控制和制止；对有宝贵意见而未发言的人要请他发言，以提升会议的品质；听到相同或不同的意见不能喜形于色，更不可以立即加以批判，以免影响大家的发言。主持人不要亲自提出议案，免得大家碍于情面，作出不合理的决定。主持人也不要以裁决者自居。任何人的意见都不必急于由自己来解答，应该隐藏自己的意见，让其他的人有机会表达相同或不同的看法，以便集思广益。

遇到无人发言或某一部分人毫无反应的现象时，会议主持人应分别对待，针对不习惯或害怕在人数众多的会议上发言的与会者，要鼓励他们发言，可以进行主动提问，并告诉他们说错了也没关系；针对阅历较深，处事比较严谨的与会者，主持人要善于点拨，多给他们一些尊重。在对某个问题进行讨论时，与会者往往各持己见，据理力争。但在观点已趋向集中、明确时，主持人应及时终止论辩。如果争议双方都已偏离议题，主持人就应伺机加以阻止。

3. 善于控制发言时间

当有人发言超出规定的时间，越谈越离谱可能影响别人的有效发言时，主持人可以直接告诉他"我们的时间有限"或者"我们还有其他的事有待解决"终止其继续发言。有时为了避免尴尬，也可以采取委婉的方式，如当长谈者略作停顿时，可以向另一个人提起话题，"老王，我觉得这个问题与你有关，你怎样看？"这样，不但保全了对方的面子，而且把发言权交给了另一个人，推动了会议进程。

4. 机智处理会场的意外情况

任何会议在进行的过程中，都有可能出现一些意想不到的情况。对于这些情况，主持人一定要沉着冷静，靠自己的应变能力恰当地加以处理。

（1）如何应对会议开始时冷场。冷场是会议活动中一种常见而又使会议主持人颇感难办的问题。冷场的原因很多，应针对不同的情况，采取不同的措施。

①与会者无思想准备，一时难以发言。特别是事先没有打招呼，临时召开的会议就很容易出现冷场，这时会议主持人可以鼓励大家先谈不成熟的意见，在讨论中再补充完善。也可以让大家先做短暂的准备，然后发言。

②与会者对所讨论的议题不理解、不明白而感到无从开口，会议主持人应详细、明确地交代议题，对与会者进行耐心启发。

③会议议题直接涉及与会者多数人的利益，因为有太多顾虑而造成冷场。会议主持人应先启发与其利益关系不太大的，或者是大家公认比较正直、公道的人发言，然后再逐步深入。只要有人开了头，冷场的情况就会好转。

④会议议题有一定的难度和复杂性，一时不易提出明确意见而出现冷场。这时会议主持人可以由浅入深，启发大家开动脑筋，逐步接触问题的实质，也可以选择分析能力强、思想比较敏锐的同志率先发言，打开突破口后，再引导大家讨论发言。

（2）巧妙打破部分人的沉默。当一部分人在会议上保持沉默时，主持人应当考虑其沉默的原因，有针对性地采取一些措施。会议中的沉默通常有以下几种情况。

①顾虑、害羞的沉默。对此，会议主持人要寻找机会鼓励这些人发言，表示出对他们的发言很感兴趣，促进他们大胆发言。

②持少数意见者的沉默。当会上多数人同意某种意见，出现了一边倒的情况时，持少数意见的人知道自己的意见已经被孤立，也就不讲了。在这种情况下，主持人不应急于表态同意多数人的意见，应当耐心地、热情地鼓励有异议的人讲出自己的见解，以便比较。

③无所谓的沉默。当会议议题与部分人关系不大时，有人会认为议题与己无关，抱着无所谓的态度而不愿意开动脑筋。会议主持人应采取恰当的方法把这部分人引导到会议议题上来，促使其思考问题。

④对立的沉默。有的人对会议主持人或会议议题有对立情绪，会出现不予理睬的态度。如果他们的意见确实有必要公开出来，会议主持人应主动、热情地引导他们发言，即便是对立的意见也应给予鼓励支持。

当然，会议中还有一些出自其他原因造成的沉默现象。如有的人不吭声可能是表示同意，有的人暂时不表态可能是想听别人的意见后再说，有的人不表态是没有新的意见等，这些情况均属正常，不必在意。

（3）善于控制离题发言。在会议发言中还常会出现跑题的现象。这种现象与冷场恰恰相反，可以算是会议"热烈"得过了火。离体时不可强扭，也不能不扭。强扭会挫伤积极性，不扭就可能开成无效的会议。

出现离题发言主要有两种情况。

①闲话式的离体。会议讨论中谈论传闻、逸事及与议题无关的闲话，而且喜欢海阔天空、津津有味地谈论，越扯离议题越远。这种现象通常是因为与会者认为议题与自己无关，不感兴趣而出现的；也有的人认为议题不好发言，而沉湎于题外话。这时主持人应该采取措施：一是接过他们讨论的某句话，顺势巧妙自然地引回到正题上来；二是联系他们议论的某一层意思，提出新的话题引入到正题中；三是用一句善良的话或风趣的话截住闲谈，而引入正题。

②发挥式的离题。发言者为表示自己的才能，或显示自己的见解，自觉或不自觉地讲与议题无关的内容。对这种离题现象的处理也不能简单粗暴，而应尽可能采用不影响情绪和气氛的方式，用礼貌的形式提醒发言者。

5. 做好会议总结

会议达成决议之后，主持人还要在散会前作出总结，这才算是圆满地主持了一个会议。主持人要提纲挈领地将会议中提及的重点加以强调，提醒与会者不要忘记这些重点，并且要明确下一步的行动内容、时间、负责人、时限和检查方法等。最后要感谢与会者对会议的贡献。

12.3　参加会议的礼仪

作为会议代表出现在同行面前的时候，你不仅代表你自己，更重要的是背后支撑你的整个集团或者企业。所以，以下会议礼仪是经常参会的人员应当了解的。

1. 仪表

每一位与会人员都应该注意自己的仪表举止，做到穿着得体、举止优雅。一般要求是：穿着打扮要端庄大方、美观得体，最好穿职业套装，以显成熟、精干；仪容要整洁，举止文雅大方、风度潇洒、气质高雅，不要缩手缩脚，扭扭捏捏，矫揉造作。

出席正式会议和宴请，要穿正装，男士是深色西服，女士穿中长裙和长裤均可。男士要贴身穿衬衣，打领带，穿深色袜子，并把衬裤脚包在袜子里。女士的衣服最好每天更换一套。除会议主持人和发言人须遵循这些基本要求外，其他与会人员相对可以自由一些，比如可以穿休闲装、运动鞋，可以不带资料，简单进场。

但需注意的是：不能太随便，禁忌穿拖鞋，衣衫不整；禁忌大声喧哗，遇到熟人热聊、旁若无人；无论在主席台上还是在台下，坐姿都要端正，切忌抖腿或跷二郎腿。

2. 遵守会议纪律

正式的会议，一般都会提前宣布会议纪律，即使有些会议没有明文规定，事实上会议纪律已经在人们的意识中客观存在。一般情况下,参会人员应该准时到会、保持安静、不得逃会。一般而言,与会人员在出席会议时应当严格遵守的会议纪律主要有以下3项。

(1)按时到会。严守会议时间,是保证会议顺利进行的基本条件之一。这一要求要落到实处,不但要靠主持人、组织者的积极努力和得力措施,也要靠全体与会人员的自觉和认真配合。接到会议通知后,应当按照通知上规定的具体时间准时出席会议。参加在本地举行的会议,应至少提前5分钟进入会场,以便有充足的时间做好会前准备,比如签到、寻位、领取材料等。参加在外地举行的集会,则最好提前一天报到,以便事先熟悉情况。如果迟到无法避免,应尽量提前通知会务组织者,迟到后应悄然进入会场,不要扰乱会议秩序。

(2)保持安静。全体与会者都应自觉维护会场秩序,保持会场安静,不影响发言人的讲话与听众的听讲。

在发言人或主持人讲话时,不允许起哄或是直接制造噪声。比如,不应在会场使用手机,不应当玩弄游戏机,不准吃东西等。与讲话者意见相左时,可以通过适当的渠道表达,不应当粗暴地打断对方的发言,或是大声予以斥责、议论,狂吹口哨,拍打桌椅,踩脚乱踢等。在会场上鼓掌,主要是对讲话者表示欢迎和支持,不允许"鼓倒掌"。

在开会时,不应当随意走动,或者与周围的人交头接耳,更不应大声喧哗,或者在会场里大声接听电话。一般情况下,最好不要带外人(与会议无关的)、家人(特别是小孩)参加会议。

(3)不得逃会。参加会议,必须善始善终。万一有特殊原因需要中途离会,应当事先请假。必要时,还须向主持人说明原因,并表示歉意,不允许在会议中途不辞而别。在他人讲话期间当众退场,不仅自己失礼,而且失敬于对方。

3. 认真倾听发言

对每一位听众而言,在会议进行期间认真倾听他人的发言,是尊重对方的具体表现,也是自己掌握会议精神的主要途径。要真正做好这一点,需要注意以下3点。

(1)会前准备。参加会议前,应做好必要的准备工作。其一,要充分休息,养精蓄锐,否则在开会时疲劳困乏,大打瞌睡,必定影响听讲。其二,要处理好其他工作,免得在开会时神不守舍、三心二意。其三,要预备好必要的辅助工具,如纸、笔、录音机等。其四,要认真阅读会议材料,以便全面了解会议情况,掌握会议主旨。

(2)聚精会神。在会议进行时,每位听众都要聚精会神地聆听他人的讲话、发言——唯有聚精会神、全神贯注,方能汲取他人发言的精华,抓住要点,发现问题。在聆听他人发言时,切勿心神不定,"魂游"于会场之外。自己在讲话、发言后,更要注意专心聆听别人的讲话、发言。

（3）笔录要点。"好记性不如烂笔头。"参加会议时，要尽可能地对他人的讲话、发言择其要点，予以笔录，这对于深入领会和准确传达会议精神帮助很大。

4. 正确就坐

会议座位安排主要有两种方法，一是按指定区域统一就座，二是自由就座。进入会场后，在没有会务工作人员引导的情况下，选择座位时应注意以下几点。

（1）弄清楚哪个是上座，哪个是下座，按自己的身份、地位合理就座。一般情况下，面对正门的位置为上座，靠门边的、远离领导的座位为下座。不管是圆会议桌还是方会议桌，与上座领导面对面的位置属于次上座。

（2）有一定级别的领导，应坐到与自己级别相适应的座位上。

（3）抢坐前排或退居后排，在会场中间留出空白，这是与会人员就座的大忌。

（4）应勇于坐前排。座位的远近在心理学上反映了自信心的大小和地位权力的微妙差距。爱坐后排者，往往是缺乏自信心的表现。因此应善于表现自己，养成坐在会场前排的习惯。

（5）注意主宾的区别。如果以客人的身份参加会议，要注意主客的区别，做到客随主便。①不需要起身为领导添茶，不要主动分发会议材料；②不要评价会议准备工作的好坏，不要随意改变座位；③不需要接洽会议安排事宜，应尽可能服从安排（为本单位领导安排行程除外）。

课堂实训

1. 实训：举行外经贸会议

实训目的：熟悉会议的流程，能够按照礼仪规范组织会议，会场服务符合规范。

实训学时：2学时。

实训地点：标准会议室。

实训准备：设置好签到台，设定上级领导或院方领导、来宾若干人；安排签到人员、礼仪服务行业从业人员、会议记录员若干人。

实训步骤：全班学生分成2组，以小组为单位进行。具体步骤如下。

（1）会前布置。签到表、座位牌的制作；签到台、座位牌的放置；会场环境布置等。

（2）签到、引导会议座次。签到人员、礼仪服务人员确定，表演准确地引导签到和座次，要求语言表达符合礼仪规范；与会人员进入会场在引导下签到、就座。

（3）统计到会人数。签到人员统计到会人数，并报告主席。

（4）会议组织控制。会议主持人的确定，表演要求语言表达流畅、应变协调等；小组发言人角色扮演；自由发言。

（5）会务服务与材料整理。资料发放规范训练：方位、顺序、姿势、用语等；茶水服务、礼仪训练；会议记录：除会务服务组人员和主持人之外，原则上每位学生均做记录；摄影等。

（6）实训考核：包括学生结果性材料与成绩考核：交会议签到表一份，占30%；交会议人数统计表一份，占10%；交会议记录一份，占10%；过程表现，占50%。

2. 测试：你的会议沟通能力如何？

你在会议沟通中是否具有以下行为要点？

（1）总是在会议开始前3天就已经安排好了会议的日程，并将该日程通知到每位与会者。

（2）当与会者询问日程安排时总是回答："还没定呢，等通知吧。"

（3）对于会议将要进行的每项日程都胸有成竹。

（4）会议开始前半个小时还在为是否进行某几个议题而犹豫不决。

（5）提前将每一项会议任务安排给相关的工作人员去落实，并在会议开始前加以确认。

（6）临到会议开始前才发现还有一些会议设备没有安排好。

（7）预先拟定邀请与会人员的名单，并在开会前两天确认关键人士是否会出席会议。

（8）自己记不清邀请了哪些人出席会议，会议开始前才发现忘了邀请主管领导参加会议。

（9）会议时间安排恰当，能够完成所有的议题。

（10）会议总是被一些跑题、多话者干扰，难以顺利进行。

（11）会议室布置恰当，令与会者感觉舒适又便于沟通。

（12）会议室拥挤不堪，令与会者感觉不快，大家都盼望着早点儿结束会议。

计分方法：以上12个问题，可能是你在会议沟通活动中常见的表现，如果你对单数题号的题选择了"是"，请给自己加上一分；如果你对双数题号的题选择了"是"，请给自己减去一分。最后看自己的总分吧！

解析：

① 总分为3~6分：你的会议沟通技巧是值得称道的。

② 总分为0~3分：你的会议沟通技巧也还不错，但需要进一步改进。

③ 总分低于0分：你的会议沟通技巧真不怎么样，赶快努力吧！

（资料来源：谢红霞. 沟通技巧. 北京：中国人民大学出版社，2011.）

课后练习

1. 案例分析

（1）经验尚浅的小李。

小李刚毕业没多久便应聘到某公司做行政工作。这天，经理让她负责公司下个星期产品说明会的筹备工作。可是，由于经验尚浅，第一次独自承担工作的小李就闹出了笑话。

原来，由于不知道会议安排的相关礼仪，她把公司主要领导安排在离门口最近的座位，而且还面对着投影仪。等到公司企划人员用投影仪进行产品说明时，领导只有从投影仪闪烁的灯光中寻找产品的影像。不仅如此，由于小李事先没有确认好会议出席人数，结果会议现场座位没有安排够，使会议现场一度出现混乱。后来的结果也是可想而知，小李被炒了"鱿鱼"。

（资料来源：金宝. 会议礼仪讲究多. 东北之窗，2006（2）.）

思考讨论题：
①为什么说小李经验尚浅？
②本案例对你有何启示？

（2）就座。
某分公司要举办一次重要会议，请来了总公司总经理和董事会的部分董事，并邀请当地政府要员和同行业知名人士出席。由于出席的重要人物多，领导决定用U字形的桌子来布置会议桌。分公司领导坐在位于长U字形桌子横头处的下首。其他参加会议者坐在U字形桌子的两侧。在会议的当天开会时，贵宾们都进入了会场，按安排好的座签找了自己的座位就座，当会议正式开始时，坐在横头桌子上的分公司领导宣布会议开始，这时发现会议气氛有些不对劲，有贵宾相互低语后借口有事站起来要走，分公司的领导人不知道发生了什么事或出了什么差错，气氛非常尴尬。

（资料来源：http://www.doc88.com/p-79521972366.html，2011-04-10.）

思考讨论题：
①请指出此案例中的失礼之处。
②本案例对你有何启示？

（3）会场的"明星"。
小刘的公司应邀参加一个研讨会，该研讨会邀请了很多商界知名人士及新闻界人士参加。老总特别安排小刘和他一道去参加，同时也让小刘见识大场面。

开会这天早上小刘睡过了头，等他赶到，会议已经进行了20分钟。他急急忙忙推开了会议室的门，"吱"的一声脆响，他一下子成了会场上的焦点。刚坐下不到5分钟，肃静的会场上响起了摇篮曲，是谁放的音乐？原来是小刘的手机响了！这下子，小刘可成了全会场的"明星"……

没多久，就听说小刘已经离开了那家公司。

（资料来源：http://www.blog.ccoo.cn/nbk5/lshow.asp?id=595208&uid=169348，2010-08-01.）

思考讨论题：
①小刘失礼的地方表现在哪里？

②参加各种会议应该注意什么？

2. 思考与训练

（1）某职业技术学院为推荐毕业生就业，专门邀请了10家企业的领导进行会谈。请模拟演示这次会谈程序，最后安排企业领导与师生合影。

（2）五湖四海公司为了答谢新老顾客对公司的厚爱，决定在公司会议室举办一次座谈会。如果让你来组织，你将怎样做？

（3）请你借参加一个座谈会的机会，选定一位与会者，观察其在会议沟通时的语言和姿态，运用所学的知识进行分析，并指出其优缺点。

（4）假如你是一次会议的主持人，在会议遇到以下问题时，你会怎样处理？

①让会议中的讨论热烈起来。

②打断会议中的某项讨论。

③几个与会者在开小会。

④两名与会者就一个观点发生争执。

项目3 沟通应用篇

任务13 演讲

一言之辩，重于九鼎之宝；三寸之舌，强于百万之师。

——（南朝梁）刘勰

导学案例

里根的演讲

1986年，美国挑战者号太空飞船爆炸后，里根总统发表了一篇全国电视讲话，吊唁在爆炸中牺牲的宇航员。下面是里根总统演讲的最后几句话的两个版本。第一个版本是这样的。

跟伟大的海上探险家弗朗西斯·德雷克勋爵一样，挑战者号宇航员把他们的生命献给了他们全身心投入的一项事业。我们因他们而得到荣誉，我们永远也不能忘记他们。我们将永远铭记今天早晨见到他们准备飞行的最后时刻。

里根实际的演讲内容如下。

今天，历史出现了重复。390年前的今天，伟大的探险家弗朗西斯·德雷克勋爵在巴拿马附近海面的一条船上死去。在他生活的时代，最大的疆界就是海洋。后来一位历史学家说："他生在海边，死在海上，葬在海里。"今天我们可以这样对挑战者号乘员说：像德雷克一样，他们的奉献是彻底的，就跟德雷克一样。

挑战者号太空飞船上的船员使我们感到荣耀，是他们度过自己一生的方式使我们感到荣耀。我们永远不会忘记他们，也不会忘记今天早上最后一次见到他们，当时他们正准备好了远行，跟我们挥手告别，"挣脱大地粗暴的束缚"，去"触摸上帝的脸"。

通过以上两个版本的比较，可以体会到演讲语言的魅力，尤其是最后的句子——"挣脱大地粗暴的束缚"，去"触摸上帝的脸"，让人难忘。这是从许多飞行员带在身边的一首称为《高高飞行》的十四行诗里摘录出来的，他们使宇航员的死亡崇高化，使演讲在流畅、感人和诗意的气氛中结束。

（资料来源：魏江，严进.管理沟通：成功管理的基石.北京：机械工业出版社，2006.）

问题：

（1）结合里根这篇演讲的结尾，谈谈演讲如何才能打动听众？

（2）找出里根这篇著名演讲的全文，体会其魅力。

学习训练目标

- 了解演讲的含义、特征和创作过程；
- 做好命题演讲的准备，运用相关技巧成功地进行命题演讲；
- 能够成功地进行即兴演讲。

13.1 演讲概说

1. 演讲的含义与特征

一个人面对广大听众以口头语言为主、以态势语言为辅,就公众关注的某一问题发表意见、陈述观点、抒发情感,以说服和感染听众的社会活动过程即演讲。

任何一种演讲活动都由四种要素构成:演讲者(演讲主体)、听众(演讲客体)、演讲的传达手段(有声语言和态势语言)和演讲的时境(时间和环境)。

与其他口语形式相比,演讲具有以下几个基本特征。

(1)声形同步,以声带形。演讲的基本形态是一人讲,众人听。对演讲者而言,一句话和相应的表情、动作等态势语传达一个相对完整的信息;对听众而言,既听有形象的声音,又看有声音的形象,看与听有机结合。整个演讲就是在这种特定的场景下进行的,演讲者运用有声语言并力求其表现力和感染力,同时辅之以得体的体语,以达到"使人知,使人信,使人感动,使人赞同"的演讲目的。

(2)说服力强,鼓动性大。从传播学的角度看,演讲这种"一对多"的形式受众面大,可以针对听众的特殊要求作专题性传播,具有说服力强、鼓动性大的特点。这是由于:其内容经过精心准备,材料经过多方搜集,结构经过缜密安排,语言经过反复推敲;演讲者态度明朗,爱憎分明,对听众的思想情感和价值取向有直接的引导作用;演讲者情绪饱满,言辞恳切,在用自己的心声呼唤听众心声的同时,必然会得到真诚的回报。

(3)时代感强,效果显著。演讲是一种针对性很强的社会实践活动。演讲的主题往往不以个人的好恶确定,必须是能引起公众共鸣的社会现实问题。所以,演讲者要始终把握时代脉搏,敢于直面现实社会,回答人们普遍关心而又疑惑不解的问题,说出人们想说而又不敢或不愿说出的大实话,用自己对现实生活的体验和思考向听众陈述自己的主张和看法。

(4)艺术性高,感染力强。演讲的艺术魅力源于对内容的周密安排,演讲者的风度仪表,尤其是演讲者的语言艺术。一位演讲家说过,在每一场演讲中他都力求做到八个字:相声、小说、戏剧、朗诵。即演讲伊始要有相声似的幽默,演讲过程要贯穿着小说中的形象,高潮阶段应该具有戏剧性的冲突,结束之前要迸发诗朗诵般的激情。一场演讲如果同时做到了这几点,就具有了极高的艺术观赏性和审美价值。

2. 演讲的类别

(1)按演讲内容分大致分为四种,各种演讲的内容及特点如表13-1所示。

表 13-1　演讲的内容及特点

种类	主要内容	例举	特点
政治演讲	涉及政论国事、以阐述政治主张为目的	竞选演说、就职演说、外交演讲、时事报告	政治倾向鲜明，富有雄辩性和鼓动性
经济演讲	涉及经济政策解读、经济发展形势分析及企业经营管理等	经管类的专题讲座或学术报告	高度的求实性，极强的针对性，严密的逻辑性，丰富的信息量
学术演讲	展示学术研究成果，传播科学知识和学术见解	学术会议发言、学位论文答辩、学术报告	内容科学，论证严密，语言准确
礼仪演讲	在社交场合发表的旨在表示赞美、感谢、祝福、庆贺或悼念等情意的礼节性讲话	贺词、开幕词、闭幕词、答谢词、祝酒词、欢迎词、欢送词、开业致辞、祝婚词、悼词、祭词	抒情为主，寓理于情

（2）按演讲方式分，也可分为以下四种。①读稿式演讲。即事先准备好稿子，临场逐字逐句地读。因为失误少，较适合重大场合应用。如政府工作报告、外交部声明、迎接外宾的欢迎词等。其缺点是不够灵活，与听众交流少。②背诵式演讲。又叫命题式演讲。即事先由组织者拟定演讲的主题或题目，演讲者写好稿子并反复熟悉演练后所做的演讲。学校组织的师生演讲比赛、企事业单位组织的职工演讲比赛等均属此类。其优点是成竹在胸，不慌不忙；缺点是表演痕迹太浓，缺乏真实感。③提纲式演讲。演讲者没有详细、完整的讲稿，仅凭反映演讲结构层次的提纲进行演讲，如赛后点评、非正式场合的讲话或发言等。其优点是有所准备但不拘泥，临场发挥而不致离题万里。④即兴演讲。又称即席演讲或即时演讲，指演讲者事先并没有充分准备，受特定的人物、环境或气氛的激发，兴之所至，有感而发所做的临时性演讲。如领导人的即席讲话、会议的开场白、结束语、座谈会上的发言，各种礼仪性讲话等。其特点是话题集中，针对性强；临场发挥，直抒己见；生动活泼，短小精悍；以小见大，借题发挥。随着社会文明程度的提高和人们交往的日益频繁，这种能体现演讲者真实能力和水平的演讲越来越受重视。

3. 演讲的创作过程

演讲创作一般可分为三个阶段，即构思阶段、指定内容与形式阶段和创作阶段。

（1）构思阶段。这一阶段主要任务是确定演讲主题、中心思想、演讲风格、结构形式，其中演讲主题是关键。演讲如果没有主题，听众不知道演讲者讲的是什么问题，势必影响演讲效果。演讲的主题应单一，紧紧围绕一个中心，便于听众理解和记忆。构思阶段实际上是对演讲的创意策划，演讲者考虑的问题较多，包括如何上台，如何开头，如何打动观众，如何结尾，何时停顿，何时提高声调等。演讲者思考得越细致，演讲的逻辑结构越清晰、深刻，中心思想的表达也就越透彻。

（2）确定内容和形式阶段。这一阶段主要内容是确定演讲内容，拟写演讲稿，确定演讲方式及其准备工作。演讲的内容应根据演讲主题确定，其构成要素有四：一是事物（演讲的事项）；二是道理（演讲事物本身蕴涵的道理）；三是情感（演讲者由客观事物引发的内在激情）；四是知识（演讲者的学识、修养）。演讲者要综合协调运用以上四个要素拟写演讲稿。

拟写演讲稿之前，应编写演讲提纲。演讲提纲以表格方式列出演讲观点、材料及它们的组合与安排方式等。演讲提纲一般包括以下内容：演讲题目、演讲的中心论点和分论点、临场需要的各种材料、演讲内容的顺序和层次、开头与结尾的安排等。演讲提纲可分为概要提纲和详细提纲。概要提纲就是列举出演讲者的主旨、材料、层次、大意，一般包括开场白、论题、正文、结尾。详细提纲就是具体细致地列出演讲题目、层次结构、论述要点、典型材料、引文材料及有关材料，显示出演讲的基本内容和详细论证过程。

演讲稿一般包括开头、正文、结尾三部分。开头要精彩、吸引听众，或开门见山，或引经据典，或恰当比喻，引出话题。演讲者在正文阐述观点、表述内容，应抓住演讲内容的四要素，充分揭示各要素之间的内在联系，进行逻辑的推理，对听众晓之以理，动之以情。结尾既是演讲的结束，也是强化演讲效果的部分。为了加深听众对演讲的理解和记忆，常采取概括、展望、幽默、含蓄等方式伴以热情洋溢的鼓动结尾。

（3）现场创作阶段。现场创作阶段即登台演讲。这一阶段的关键是演讲者要有信心，全身心投入。演讲者只有进入角色，才能驾轻就熟，通过生动、具体、中肯的语言，辅之以动作、表情，准确地向听众传播信息，才能活灵活现、融会贯通地与听众交流思想和观点，才能抓住听众的心，达到相互沟通的目的和效果。

13.2 命题演讲

命题演讲是指根据指定题目或限定的主题，事先做了充分准备的演讲。一般都写好了讲稿并经过精心设计和反复演练，也有不写讲稿，只拟提纲或只准备腹稿的。

命题演讲大致分为两类。一类是定题演讲，即根据邀请单位或主办单位事先确定的题目进行演讲。这种演讲对主题和内容都作了较严格的限制，例如《我心目中的秘书职业》，就必须谈秘书职业，谈个人经历和体会。另一类是自拟题目的演讲，即主办单位只提出演讲的主题要求和范围，题目由演讲者自定。这种演讲的限制虽不及前一种，具有一定的自主性，但演讲的内容同样必须符合主办单位的有关要求。

命题演讲一般具有严谨、稳定、针对性强的特点。

1. 命题演讲的准备

众所周知，1863年11月19日林肯在葛底斯堡国家烈士公墓落成典礼上的演讲被称为英语演讲史上的最高典范。那么，林肯是怎样准备演讲稿的？

 沟通小故事

他是在举行典礼前两周才接到通知的。主办者请他在埃弗雷特先生演讲之后"说几句话"。埃弗雷特先生是当时美国最负盛名的演讲家，又是主讲人，而林肯不过是国家纪念委员会出于政治上的考虑才邀请他"说几句话"的。林肯深谙其中的缘由。所以在演讲前做了充分准备。他先要来了埃弗雷特的演讲稿，该演讲长达两个小时。富有经验的林肯从被邀请"说几句话"的背景及演讲心理学出发，准备做两分钟的演讲。在这两周内，不论是在路上，还是在办公室，一有时间他就思考着他的演讲，在内容上、艺术上都做了整体的考虑。写出演讲稿之后，他随身携带，有空就思索、推敲。演讲的前一天晚上，他还在葛底斯堡旅馆的小房间里润色讲稿并高声试讲，请秘书提意见；第二天，骑马去公墓的路上，面对夹道欢呼的人群，他旁若无人，嘴里仍念念有词，练习他的演讲。

（摘自：杨忠慧. 实用口才. 合肥：合肥工业大学出版社，2005.）

可见，巨大的成功与演讲前的精心准备是分不开的。

演讲前的准备工作是多方面的。苏联著名演讲家阿普列相在《演讲艺术》一书中指出："真正的演讲家总是一身而三任：既是作者（'剧作家'），又是导演，还是完成自己的演讲、谈话的表演者。"这段话形象地说明了演讲者肩负的职责，也道出了命题演讲的主要准备工作。命题演讲的准备一般包括研究听众、酝酿构思和试讲演练三个阶段。

（1）研究听众。听众是演讲活动的客体，不了解听众的演讲是无的放矢乱讲一气，是无望获得成功的。研究听众，就是通过不同渠道设法了解听众的职业、身份、性别、年龄、文化程度、生活阅历、兴趣爱好及现时的心理活动。其目的在于因人制宜，采取令对方喜闻乐见的形式传达自己的思想和主张，有效影响听众的思想和行动。

 沟通小故事

某市公共关系培训班的学员们以演讲方式竞选班长。前面发表竞选演讲的十几位学员都是以冷静的风格说明"我当班长要做好哪几项工作"或"我具备了哪些当班长的条件"。台下学员对千篇一律的演讲开始厌烦，有的开始起哄，会场秩序呈现混乱状态。这时，一位男学员大步流星地走上讲台，说："我——竞选班长！如果我当班长，我将是各位忠实的代表！（掌声）请记住——选我，就是选你们自己！"（热烈掌声）

（摘自：潘桂云. 口才艺术. 北京：旅游教育出版社，2006.）

这位学员针对听众心理，及时调整演讲角度和风格，运用极富号召力的语句和语调，再辅之以大幅度的态势语言，造成了强烈的现场情绪。取得了较好的效果。

在研究听众时还应特别注意了解听众的意愿要求，有针对性地做好确定主题、选择材料等准备工作。听众参加演讲会的意愿要求大致如下。①慕名而来。当著名政治家、科学家、演讲家、学者、明星等发表演讲时，往往有大批听众慕名前往。此时听众的主要目的大多是为了一睹名人的风采，一般不太计较演讲水平的高低。同时，由于潜在的崇拜心理，名人的演讲往往能激起异乎寻常的热烈反响。②求知而来。为了获取新的知识和能力，听众会自觉地选择那些满足自己求知欲的演讲，如学术讲座、技术辅导、国外见闻等。如果演讲内容充实、条理清晰，听众一般不会过于挑剔演讲技巧。③解惑而来。听众对自己渴望的演讲话题总是抱着极大的兴趣。如果关系自己的切身利益，听众会十分主动地参与演讲的沟通过程。此时，所要做的是分析听众希望了解的话题和存疑之处。此类听众只要求把演讲内容交代清楚，对演讲者的身份、地位和演讲水平不会有太苛刻的要求。④欣赏而来。此类听众的目的在于欣赏演讲者的表达技巧，在其潜意识中隐藏着对高水平演讲者的崇拜和学习演讲的强烈愿望。面对这样的听众，演讲者要充分展示自己的口才魅力和表达技巧。⑤被动而来。工作报告、经验交流、各类庆典的会场上，有些听众是由于纪律约束或出于礼貌而不得不来的。这类听众对演讲内容不甚关心，演讲过程中心不在焉，反应冷漠。演讲者想征服这类听众，必须掌握高超的演讲技巧。

（2）酝酿构思。不管是自愿还是受命，一旦准备登台演讲，就必然有一个由酝酿到构思的过程，而这一过程的结果就是演讲稿。这一过程包括审定题目，确立题目，收集和选择资料，再进入构思，最后完成演讲稿。这是一个十分艰难的创作过程。这既是一系列的封闭式的个人劳动，同时又是以社会、听众为背景的艺术创作活动。

①审定题目。分两种情形：对规定了题目的演讲，要研究审定题目中的关键词，譬如《党在我心中》，关键词就有"党"和"我"，既要歌颂中国共产党，又要与我的经历和见闻联系起来；对只限定了大致范围或主题的演讲，要研究审定其切入点，譬如《传承文明，弘扬美德》，要求演讲者只作关于道德文明方面的演讲，演讲者可以自拟题目，也可以从多个角度切入和演讲。

审题要把握两个关键点。一是选择角度。角度要新、要适度。新，是相对于同台演讲者而言，尽可能避免与别人的演讲相同或相近，尽可能给人耳目一新的感觉。适度，是相对于自己而言的，太大，驾驭不了，讲不透；太小，容量不够，发挥不好。二是选择自身的优势。1994年，在新加坡举行的第二届全国华语演讲大赛中，印度姑娘鲁巴·沙尔玛一举夺魁。她在复赛和决赛中的演讲分别是《汉学在印度》、《我与汉学》。因为她出生在印度，父母都是高级知识分子，从小又跟父母到了中国，从小学到大学都是在中国上学，她既熟悉印度，又了解中国的文化。因此做这方面的演讲，就特别得心应"口"，也特别能迎合新加坡听众的需求。

②确立主题。主题是命题演讲的核心。确立主题应特别注重把握两个方面。一是主题要适时，即适合社会的需求，具有时代感；适合听众的需求，考虑听众年龄、职业、文化程度的共享性。二是主题要单一。演讲稍纵即逝，讲得太多、太杂，反而适得其反。正如德国著名演讲家海因兹·雷曼说的："在一次演讲中，宁可牢牢地敲进一个钉子，也不要松松地按上几十个一拔即出的图钉。"

③选择材料。演讲是信息的传播，信息的载体是材料。信息有疏有密，有强有弱。前者表现为量，即材料的多寡；后者表现为质，即材料的优劣。选择材料，就是在具有一定数量的基础上，对材料进行优化组合。组合的依据是：能恰当地表现主题；能满足听众的预期需要；真实典型；具体新颖。

④构思框架。命题演讲的构思包括两个方面，一是构思演讲稿，二是精心设计演讲的现场实施。演讲稿的构思，包括开场白、主体、高潮、结尾，这实际上就是材料的安排与处理。同时也包括思维框架与基本语言形态的选定。精心设计现场实施，实际上在构思演讲稿的过程中，就基本上包含了现场实施的设计。但两者比较，后者更具体，更细化，更具有操作性。这种设计是在演讲稿构思的基础上，进一步琢磨实施过程中的处理与表现，其中包括各种演讲技巧的运用，譬如手势、眼神、声音、应变等。构思在命题演讲过程中是较为重要的一个环节。

⑤撰写讲稿。执笔成文，是上述各个环节总的归宿。命题演讲的成败，取决于演讲稿的优劣。演讲稿必须精心写作，最好是自己动手写稿，保持个人的风格。怎样写稿，隶属于应用写作课程教学，不在此赘述。

（3）试讲演练。试讲演练是命题演讲必经的一个阶段，主要目的是背诵和处理演讲稿、斟酌演讲的技巧应用。有的演讲者以为只要把讲稿记牢背熟就万事大吉了。其实不然，演讲稿中记载的只是演讲的内容和架构，至于演讲的技巧与方法，包括语调、节奏、停顿、体姿、手势、表情、眼神等的设计与应用，演讲稿中却无法体现，这些都需要在试讲演练中细心揣摩，精心处理。

在试讲和演练中特别要处理好以下几个问题。一是情感基调的把握。或平实，或激昂，或欢快，或悲壮，都要根据稿件内容作相应的处理。自己写的讲稿相对好处理些，别人代写，或者经过别人加工的稿子，就更要仔细琢磨。如果情感基调把握不准，感情处理不到位甚至错位，再好的稿子也难有好的演讲效果。二是语音处理。由文字转化为语音，一定要经过处理，否则便会在演讲中出现念稿或背稿的现象。演讲既要自然，又要作恰当的艺术处理，否则，便会造成整篇演讲的不协调。三是态势处理。服饰、化妆是事先可以设计好的，而手势、姿势、表情是随着演讲内容与情感的变化而不断改变的，原则上很难作出精确设计。

2. 命题演讲的技巧

命题演讲的技巧体现在很多方面,现仅从登台演讲必须经历的关键环节入手加以分析。如图 13-1 所示。

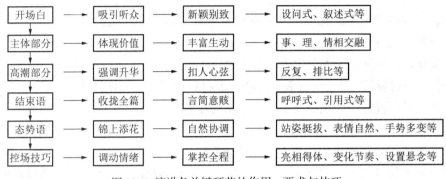

图 13-1 演讲各关键环节的作用、要求与技巧

(1)新颖别致的开场白。开场白又叫开端语,是演讲者跟听众之间架起的第一座桥梁,开场白精彩与否,将直接影响整场演讲的效果。所以古人云:善于始者,成功已半。开场白的作用是引起注意、控制会场、创造气氛、引入正题。开场白的方式不一而足,可从演讲的题目谈起,也可从演讲的缘由、主题、题目或现场情景谈起。

沟通小故事

我今天演讲的题目是《应该感谢她们》。感谢她们?她们是谁呢?她们,不是驰骋疆场的猛士,可驰骋疆场的猛士不能没有她们;她们,不是胸佩勋章的英雄,然而,又有多少英雄把勋章佩戴在她们的胸前;她们的名字不曾写在国防建设的功劳簿上,但是,她们的生活却熔炼在保卫祖国、保卫四化这一伟大事业中!她们究竟是谁呢?她们就是:军人的妻子!

(苏敏.应该感谢她们)

这里采用设问式,先设疑,引起听众探求真谛的兴趣,也为下文点明主题蓄势。

沟通小故事

我不是研究爱情的,为什么会想到要讲这么一个题目呢?前年四月,北京一家公司的团委书记要我去作报告,我因教学任务紧张推托不去。团委书记恳切地说:"李老师,你一定要去,我们这次是请您去救命的。"我很纳闷,于是他掏出一卷纸,上面写着他公司所属工厂里一批自杀者的名单,其中大多数人因为恋爱问题处理不好而轻生厌世,轻率走上了绝路。这样我便想到要与青年朋友们谈谈"爱情与美"的问题。

(李燕杰.爱情与美)

这里采用叙述式，既说明了拟定演讲主题的缘由，又引起了听众的联想和注意。

 沟通小故事

这几天，大家晓得，在昆明出现了历史上最卑劣，最无耻的事情！李先生究竟犯了什么罪，竟遭此毒手？他只不过用笔写文章，用嘴说说话，而他所写的，所说的，都无非是一个没有失掉良心的中国人的话！大家都有一支笔，有一张嘴，有什么理由拿出来讲啊！有事实拿出来说啊！为什么要打要杀，而且又不敢光明正大地来打来杀，而偷偷摸摸地来暗杀！这成什么话？

（闻一多．最后一次的讲演）

这里采用激发式，提出一连串问题促使听众思维判别，激发起其义愤之情，使演讲者和听众之间在同一基调上产生强烈共鸣。

 沟通小故事

今天首先是你们鼓舞了我。你们放弃了青年歌手大奖赛，来这里听我演讲，这说明你们严肃地作了选择，在说的与唱的之间，一般人选择唱的，而你们却选择了说的；在年轻小伙子、姑娘和老头子之间，一般人选择小伙子和姑娘，而你们却选择了我这半老头子。这说明你们认定说的比唱的好听，老头子比年轻人更有魅力。这使我产生了一种返老还童之感。

（摘自：邵守义．演讲与口才．1993（3）．）

这里采用幽默式，根据现场实际情况，利用"说的比唱的好听"这一双关语，既作了自我调侃和自我标榜，又在笑声中缩短了讲者与听众之间的心理距离。

演讲稿一般都做了开场白的设计，但当事先的设计与现场情景不相吻合，甚至恰恰相反时，就必须及时调整或改变开场白。例如，我国台湾国学名师沈谦教授去台中静宜大学演讲，题目是"中国古典式的爱情"。到达现场休息室时，接待他的同学告诉他，两周前余光中教授在这里做过同题演讲。情况突变，不能按原来的想法讲了，必须改变开场白，改变讲法。调整思路之后，他是这样开场的。

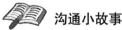 沟通小故事

听说前两个礼拜，余光中教授也在这里讲跟我一样的题目，不过，他讲的正题，是我今天讲的副题。（笑声）余光中教授是研究西洋文学的，他来讲中国古典式的爱情，绝对是个外行。不过，他的学问很好，一定讲得很内行，而我是学中国古典文学的，我来讲中国古典式的爱情，绝对是内行。不过我的学问差一点儿，也许讲出来会有些外行……而且，

余光中是诗人,他往台上一站,大家都"醉"了,陶醉在诗人的风采里;我是教书匠,往台上一站,大家都"睡"了……(哄堂大笑)还好,我没有跟余光中先生一起登台演讲,否则在座的各位,一个个都要"醉生梦死"去了!(全场哈哈大笑)

(摘自豆丁网 http://www.docin.com.)

这个临时设计的开场白,于诙谐中机智地把两场同题演讲做了衔接,尤其是营造了极为轻松的热烈的现场气氛。

无论采用哪种形式,开场白的设计都必须合乎四个原则:一是新颖别致,不落俗套;二是目的明确,不枝不蔓;三是意义深远,耐人寻味;四是有声有势,鼓动性强。

(2)引人入胜的主体部分。演讲的价值和意义,集中体现在演讲的主要组成部分即演讲主体中。演讲的主体至少应该包括独到的见解、真挚的情感和典型的事实。

①独到的见解。演讲者要有自己的真知灼见,要能讲出别人想讲而未讲或根本没有想到的却对做人做事很有启发意义的道理,这样才能启迪人心,使人感佩。演讲最忌讳人云亦云,老生常谈。

 沟通小故事

《让青春飞扬》是一篇优秀的充满时代气息和人生理趣的演讲词。她不谈古而论今,论的是当下许多青年人中流行的一种人生观。她从一首青年人喜爱的流行歌曲《再回首》的歌词开始,巧妙入题,单刀直入,直切主题,三言两语切中要害,通过包含情感的分析,批驳了一种无为的消极人生观,而鼓励青年大学生树立起积极向上的人生观和生活态度,相信许多青年朋友尤其是大学生们听了这样的演讲以后一定会有所感悟,受到启发。全篇演讲稿洋溢着一种浓郁的青春气息,给人一种昂扬向上的蓬勃感。

②真挚的情感。"感人心者,莫先乎情。"演讲具有真诚而热烈的感情才能打动人心,引起听众心灵的交汇和共鸣。

 沟通小故事

20世纪80年代,曲啸的《心底无私天地宽》的演讲在中央电视台播出之后,深深拨动了千家万户、男女老少的心弦。许多观众都说:"曲啸同志的报告有血有肉,充满了对党、对祖国、对人民的无限信赖和热爱,而且充满了对生活、对事业、对信仰的执著追求,特别是曲啸同志结合他自身的实际、自身的经历,告诉人们应当如何正确对待社会、对待人生、对待爱情婚姻。"曲啸自己也说:"在演讲过程中,我讲'爱',我就满腔挚诚地爱;我讲'恨',就痛心疾首地恨。我用我的心血,甚至生命真实地表达着我个人的喜怒哀乐。于是,使我看到:听众与我一同进入了共同的喜怒哀乐。"

③典型的事实。"事实胜于雄辩。"因为人的大脑对外界种种信息的接受，总是具体的易于抽象的，感性的易于理性的。事实具有直接现实性的品格，它能够以自己丰富多彩的活生生的形象直接打动听众的思想和感情，浅显易懂地体现和证明深奥的道理，无需听众多费脑筋去思考、消化、转换。因此，事实和道理是演讲主体部分相辅相成的两个方面，分担着说服和感染听众的共同任务。

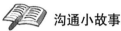 沟通小故事

李燕杰在题为《德才学识与真善美》的演讲中，列举大量事实说明"人要想有学问，就得付出艰苦的劳动"这一朴素的道理：一位高考落榜、三十开外的青年工人，在两年半的时间里，在身份"三合一"（大学旁听生、工人、好爸爸）的情况下，发奋努力，最后通过考试，被录取为社科院科研人员；一个得过黄疸性肝炎的男青年，每月挣40几元钱，节衣缩食买下七八百元的书，工作之余刻苦学习知识，寻求事业和理想的出路；一名患有眼病、肝病和胳膊先天畸形的女青年，却自强不息，矢志学习，等等。此外，他还讲了李四光、爱迪生、高尔基、贝多芬等多位名人年轻时发奋努力的故事。

（3）动人心弦的高潮造势。"文似看山不喜平"，演讲也要求节奏鲜明，张弛相间，跌宕起伏。要有引人入胜的内容和动人心魄的高潮，力避平铺直叙、泛泛而谈。一次成功的演讲总会高潮迭起，扣人心弦，使听众达到"快者掀髯，愤者扼腕，悲者掩泣，羡者色飞"的出神入化的佳境。

①以重复形成高潮。在演讲中有意识地进行重复，不仅是为了让听众记住一些重要词句，更重要的是在重复时通过有声语言的变化来加强语气、强调观点和升华感情，从而增强语言表达效果。

 沟通小故事

1963年8月28日，马丁·路德·金站在林肯纪念碑的台阶上发表了"我有一个梦想"的演讲。在高潮阶段，他高举双臂，以充满活力的嗓音高声朗诵一位老黑人的精神赞歌，借此来呼唤黑奴的解放："当我们让自由之声轰响，当我们让自由之声响彻每一个大村小庄，每一个州府城镇，我们就能加速这一天的到来。那时，上帝的所有孩子，黑人和白人，犹太教徒和非犹太教徒，耶稣教徒和天主教徒，将能携手同唱那首古老的黑人灵歌：'终于自由了！终于自由了！感谢全能的上帝，我们终于自由了！'"

②以排比形成高潮。根据演讲内容的需要，运用排比的修辞方法，可以把演讲者的思想感情表达得淋漓尽致，把演讲和听众的情绪推向高潮。

 沟通小故事

要胜利，不是拖而是打！要胜利，不是消极抗战而是积极抗战！要胜利，不是国内的分裂而是国内的团结！要胜利，不是政治的压迫而是政治的民主。

……

有办法！办法就出在陕甘宁边区！办法就出在八路军、新四军和敌后抗日根据地！办法就出在中国人民的身上！真正抗日的党派和军队中间！办法就出在中国共产党尤其是在我们的毛泽东的手中！

（周恩来在延安一次会上演讲的两个片段）

（4）耐人寻味的结束语。拿破仑说过："兵家成败决于最后5分钟。"中国民间也有"编筐编篓，重在收口"一说。同理，讲究结束语艺术也是保证演讲获得成功的关键一环。结束语的设计要合乎三点：一是收拢全篇，画龙点睛；二是简洁明快，耐人寻味；三是铿锵有力，富有鼓动性。结束语的设计方式也有很多，常见的有以下几种。①呼吁式。利用感情激昂、动人心弦的语言对听众的理智和情感进行呼吁，并指明具体的行动方向。②引用式。引用名人说过的话结束演讲并将演讲推向一个新的高潮，有力证明自己的观点，丰富并深化演讲的主题。③哲理式。富有哲理性的语言，往往如同一道思想的闪电，照耀着人们的心，把演讲的主题揭示得清清楚楚，收到画龙点睛的效果，使观众产生顿开茅塞、余味无穷之感。④总括式。以精练概括的语言，抓住要点，总括全篇的中心。这种结尾，主题鲜明突出，给人印象深刻。

（5）锦上添花的态势语。如前所述，态势语也是传情达意的重要手段，演讲者在充分掌握并恰当运用有声语言的基础上，若能情绪饱满，动作自如，表情丰富、得体，就能取得理想的演讲效果。许多著名的演讲家都很重视态势语的运用。革命导师列宁在演讲时，两眼凝视听众，精神饱满，信心十足。他通常离开讲台讲话，身子不停地前俯后仰，左手大拇指习惯地插在背心肩口。右手总是在挥动着——"他的演说总是让你亲身感觉到真理是无可辩驳的。"(高尔基)孙中山先生演讲时十分注重仪态的作用。他容貌端庄，额头宽阔，眼光深邃，眉毛粗黑，胡子别致，且讲究站姿、坐姿和手势，风度翩翩，英气勃勃，令人深深感到他的坚毅、挺拔和稳重。毛泽东1956年回忆说："我听过他多次演讲，感到他有一种宏伟的气魄。"演讲中常用的态势语主要有站姿、表情、眼神和手势。

①站姿。站姿最能显示演讲者的伟岸形象。比较好的站姿有两种。一是自然式站法。即双臂自然下垂或交叉放于胸前；两足平行、并拢或相距与肩同宽。二是前进式站法。即一脚在前一脚在后，两足间距成45度角，重心略侧于前足。身体稍微前倾。这种站姿多见于女士。这两种站姿都便于演示、走动和讲话。

②表情。面部表情最能迅速、充分地反映人类的各种情感，如高兴、悲伤、愤怒、恐

惧等。演讲中常用的表情如下。一是沉着——肌肉表皮紧缩，接近自然状态，给人以不慌不忙、成竹在胸之感。多用于演讲者上、下台之时。二是喜悦——面带微笑，给人以温和、亲切之感。多用于演讲开始时。三是愤怒——面部肌肉紧绷，牙关紧咬，给人以疾恶如仇、爱憎分明之感。用于感情激动愤懑之时。四是悲哀——面色阴沉，肌肉微颤，声音哽咽。用于感情悲伤痛苦之时。五是振奋——面带微笑，神采奕奕，给人以朝气蓬勃、奋发向上之感。多用于高潮和结束时。

③眼神。眼睛是心灵的窗户，在面部器官中最具有表情、达意和控场作用。演讲中运用眼神的方法有以下四种。一是前视法，即眼睛平视向前，以统摄全场听众。二是虚视法，即目光没有明显的指向性，以稳定情绪、减轻怯场心理。三是环视法，即前后左右环顾会场，与全场听众进行持续性的目光交流，以增进情感共鸣，控制会场气氛。四是点视法，即有目的地选择某个地方加以注视，以达到一定的控场效果。

④手势。手势能强调或演示演讲的信息内容，能生动地表达有声语言所无法表达的内容。演讲中常用的手势有三类：一类是用来表情达意的情意手势；一类是用来指示具体对象的指示手势；一类是用来模拟事物形状的象形手势。

（6）从容应对的控场技巧。所谓控场技巧，是指演讲者对演讲场面进行有效控制的办法。在演讲的过程中，由于种种原因，可能导致听众情绪不佳、注意力分散或现场秩序混乱等。演讲者为有效地调动听众情绪，集中听众的注意力，驾驭场上气氛及秩序，使其朝着有利的方向发展，就需要借助控场技巧来完成。关于控场，不同的演讲者有着不同的方法，常用的有以下几种。

①亮相得体。控场应该从上场那一刻就开始。演讲者如果对自己的演讲胸有成竹，所散发出的那份从容和自信会对听众产生一定的威慑作用，科学家法拉第坦言自己的演讲诀窍就是："假设听众一无所知，所以我对自己的演讲充满自信。"

②声形结合。演讲是一种五位一体的活动，演讲者要把自己的主张和见解这种内部语言传达给听众，就得把内部语言转化为外部语言，并融入强烈的感情因素，这就需要透过语言、表情、眼神、动作、肢体行为等方式来协同传达外部语言。

③变换节奏。演讲者应用抑扬顿挫的不同语调和疾缓快慢的不同语速进行演讲，可使听众将分散的注意力又转移到演讲者身上。重点之处不断重复也是变换节奏的方法。

④设置悬念。精心选择既能扣住演讲主题，又不为听众所共知的东西设置悬念，可以有效地激发听众的兴趣，调动听众的情绪，同时又要在听众听兴正浓时戛然而止，使悬念最大限度地发挥作用。

⑤有意提问。提问不但可以增进讲者与听者之间的互动，还能促使听众产生积极的思

考,演讲者也可以在没人准确回答时,用自己对问题的精准见解再次"征服"听众。

⑥脱稿演讲。既有助于增强听众对演讲者的信服感,也有利于更好地和听众交流。

尽管如此,演讲过程中难免出现一些不利情况,如听众情绪欠佳,看书看报,昏昏欲睡,交头接耳等。对此,演讲者应迅速分析个中原因,从容考虑应对措施。如果演讲引不起听众的兴趣,则应压缩内容,穿插一些生动活泼、幽默风趣的材料;如果演讲时间太长,则可删除一些无关紧要的材料,提议中途休息;如果演讲现场气温太高、通风设备不佳,则可暂停演讲,打开窗户,令听众稍事休息。总之,演讲者控场的最高境界在于——营造一个让听众和自己完全融为一体的氛围,并确保这个氛围始终如一。

13.3 即兴演讲

1. 即兴演讲的含义、特点和类别

(1)即兴演讲的含义。即兴演讲又称即席演讲或即时演讲,是演讲者事先没有充分准备,因事而发,触景生情,乘兴所作的一种临时性演讲。早在20世纪30年代,我国演讲家杨炳乾曾有论述:"即时演说者,演说家事先无为演说之意,而忽遇演说之时机,不能不仓促构思,以即时陈述也。"即兴演讲确实有一定难度,最见演讲者之功力,一般人难以把握。但是随着时代的发展,即兴演讲的应用范围越来越大,使用频率越来越高,诸如主持会议、宴会祝酒、求职应聘、竞选就职、迎来送往、婚丧嫁娶等均少不了即兴演讲,故不可等闲视之。

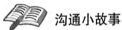 沟通小故事

  1987年7月的一天,又闷又热。美国海军陆战队司令凯利将军退役了,事先他精心构思了一篇出色的、篇幅较长的演讲稿。可是,当时气温高达90°F(32℃)。面对已经在水泥场地上整装立队多时的全体官兵,凯利将军丢开了演讲稿,只说了句:没有比海军陆战队司令更值得自豪的指挥官了,我向你们致敬!

  那天在场的士兵发誓说,这是他们听过的最伟大的演讲了。

(摘自:杨忠慧. 实用口才. 合肥:合肥工业大学出版社,2005.)

(2)即兴演讲的特点。即兴演讲具有以下几个特点。①话题集中,针对性强。即兴演讲一般是由近期或眼前某种特定的场景和特殊的时境引发的,因此话题内容选取角度较小,说明议论求准、求精、求新。②临场发挥,直抒己见。即兴演讲无法事先拟就讲稿,完全依靠演讲者的阅历、知识和才能,当场捕捉信息,展开联想,即兴表达自己的思想、观点和情感。这就要求演讲者在极短的时间内明确观点,组织语言,编制提纲或打好腹稿;说

情况，讲道理，表看法，提意见，言简意赅，要言不烦，不模棱两可，不晦涩艰深。这种边想边说的演讲方式，难度较大，对演讲者的综合素质要求很高。③生动活泼，短小精悍。即兴演讲贴近生活实际，短小精悍，简明扼要（时间一般控制在1~5分钟之内，有的甚至只有寥寥数语），亲切感人，具有一定的思想性、趣味性、知识性。切忌冗长杂散、啰唆重复、不着边际的官话空话。④以小见大，借题发挥。即兴演讲常常以点带面，从现象究本质，阐述具有普遍意义的人生道理、生活哲理或社会真理。

（3）即兴演讲的类别。即兴演讲主要有如下几种。

①主动式即兴演讲。即被现场的情景所感染而主动发表的演讲。多在讨论会、酒宴上及各种聚会上遇到，演讲者往往由别人的一席话产生联想，或触景生情引发讲话冲动。这种演讲通常心理准备充足，内容丰富翔实，感情激昂饱满，态度自信坚定，有较强的说服力和感染力。

 沟通小故事

1860年，林肯当选为美国第16任总统。次年2月11日，他在车站面对斯普林菲尔德热烈送行的群众，触景生情，发表了一则满怀激情的告别演说——
朋友们：

任何一个人，不处在我的地位，就不能理解我在这次告别会上的忧伤心情。我的一切都归功于这个地方，归功于这里的人民的好意。我在这里已经生活了四分之一个世纪，从青年进入了老年。我的孩子们出生在这里，有一个孩子埋葬在这里。我现在要走了，不知道哪一天能回来。我面临的任务比华盛顿当年担负的还要艰巨。没有始终伴随着华盛顿的帮助，我就不能获得成功。有了上帝的帮助，我决不会失败。相信上帝会和我同行，也会和你们同在，而且会永远到处都在，让我们满怀信心地希望一切都会圆满。愿上帝保佑你们，就像我希望你们在祈祷中会请求上帝保佑我一样，我向你们亲切地告别！

（摘自浦外语言文字主题网站http//www.msshw.pudong-edu.sh.cn.）

②被动式即兴演讲。即演讲者原本不准备演讲，但被主持人或组织者临时邀请所发表的演讲，如赛场点评、获奖感言等。这种演讲，要强调"切题"与"超旨"。切题即紧扣主题，不枝不蔓，不偏不倚；超旨即超出公共主题，不人云亦云，老生常谈，要题材新颖，与众不同。

 沟通小故事

在中国长春电影节礼仪小姐决赛场上，一位名叫冯笑萍的女孩因做了一分钟的即兴演讲，一举夺得最佳礼仪小姐的桂冠。其演讲内容如下。

各位嘉宾，各位朋友：

你们好！此时，面对大家，我真的有些紧张，我想，你们能够接受我吗？

我是一名医学硕士研究生。传统观念里，人们常常把研究生和书呆子联系在一起。在这里，我要用自己的行动告诉大家：研究生同样有美的理想，美的集体，同样热爱美的生活。

作为一名未来的医生，我从未后悔过对救死扶伤这一崇高职业的选择；作为一名现代女性，我更珍惜拥有充实多彩的人生。

在此，我用参与的实际行动来证明春城的小姐不都是花瓶，而我们女硕士研究生也不都是书呆子！

（摘自：杨忠慧. 实用口才. 合肥：合肥工业大学出版社，2005.）

即兴演讲一般要符合以下要求：一是必须是"兴之所至，有感而发"；二是尽量短小精悍，片言居要；三是力求观点明了，用语通俗；四是言而有据，力避空话套话；五是要把握现场气氛，适可而止。

2. 即兴演讲的准备技巧

（1）积累知识。知识积累、兴趣爱好、阅历修养与演讲的成功有着紧密的关系。"巧妇难为无米之炊"，许多演讲者都感到演讲的最大困难在于没有演讲材料。这就要求平时处处留心，注意收集、积累各方面知识，培养多种兴趣和爱好。既要熟悉重要的历史事件和历史人物，又要熟知当今国内外正在发生和已经发生的新闻事件，同时还要了解日常生活知识，牢记那些充满人生哲理的名人语录、经典诗词、格言警句等，以备即兴演讲时信手拈来，恰当使用。

（2）临场观察。演讲者要尽快观察、熟悉演讲现场，及时收集捕捉现场的所见所闻，包括现场环境、听众、其他演讲者的演讲等，以确定自己的话题，增加演讲的即兴因素。

（3）心理准备。既然是有感而发，就要有稳定的情绪、十足的信心和必胜的信念，这样才能保证思路通畅，言之有物，情绪饱满，镇定从容。

3. 即兴演讲的表达技巧

（1）选准话题，找准切入点。既快又准地选择话题，对即兴演讲极为重要。从自己熟悉的人和事入手，切入正题，事半功倍。那么怎样选择话题呢？

①从现场找话题。即以会场的环境、氛围为题，阐明其象征意义，表现演讲主题。

 沟通小故事

闻一多先生在一次纪念"五·四"运动学生夜间集会上发表了即兴讲话，他借助了当时的场景，说："我们的会开得很成功！朋友们，你们看（他指着刚从云缝里钻出来的月亮）月

亮升起来了,黑暗过去了,光明在望了,但是,乌云还等在旁边,随时还会把月亮盖住……"闻先生借景发挥,深刻而形象地表达了革命者对前途的坚定信念和对形势的清醒认识。

(摘自成功书吧 http//www.success2010.cn.)

演讲者即兴抓住了现场环境中有象征意义的"会场、人员、鲜花",通过三个"没有想到"把三者巧妙地联系起来,从而揭示了企业报计协雄厚的经济实力,以及协会的凝聚力和会员的向心力,并表达了对企业报计协的美好祝愿。

②从对象找话题。即以活动或会议的主角为题,表达演讲者的态度,引出演讲主旨。

 沟通小故事

某大学邀请话剧《光绪政变记》中慈禧太后的扮演者郑毓芝同志作演讲。主持人的开场白如下。

同学们,今天我们好不容易把"老佛爷"——慈禧太后——请来了(掌声、笑声,听众情绪顿时热烈起来)。"老佛爷"郑毓芝同志在戏台上盛气凌人,皇帝、太监、大臣见了都诺诺连声,磕头下跪;在台下却和蔼可亲,热情诚恳。她刚才和我谈起,还曾扮演过《秦王李世民》中的贵妃娘娘,话剧《孙中山》中的宋庆龄。她是怎样把这些截然不同的人物演得栩栩如生的呢?下面就听她的演讲。(热烈鼓掌)

(摘自人杰管理咨询网 http//www.666ceo.com.)

③从"会旨"找话题。各种聚会都有其不同的内容,即兴讲话时,可以根据会议的主旨、内容、目的来选择话题。

 沟通小故事

1991年11月中国电影的最高奖"金鸡奖"与"百花奖"同时揭晓,李雪健因在影片《焦裕禄》中饰演焦裕禄而获两个大奖的"最佳男主角"。他在讲话时说:"苦和累都让一个好人——焦裕禄受了;名和利都让一个傻小子——李雪健得了。"

这就是根据会议的内容选择话题。

(摘自成功书吧 http//www.success2010.cn.)

④从前者讲的内容找话题。即从前面演讲者的演讲里捕捉话题,加以引申、发挥,讲出新意来,从而给人以启迪。这种方式适合会议或者活动的主持人使用。

 沟通小故事

某大学中文系一次毕业茶话会上,首先是系党总支书记讲话。3分钟的即兴讲话主要是向毕业生表示祝贺。然后是某教授讲话,他希望同学们继续努力学习,还引用了列宁的名

言。第三个讲话的教授朗诵了高尔基的《海燕》片段，以此勉励毕业生们学习海燕的精神。第四个讲话的系副主任希望同学们永远记住母校和老师们。

紧接着，毕业生们欢迎王教授讲话，在毫无准备而又难以推辞的情况下，王教授站起来，一字一顿地说："我最喜欢别人说过的话。（笑声）第一，我要祝同学们胜利毕业！（笑声）第二，我希望同学们'学习，学习，再学习！'（笑声）第三，我希望同学们像海燕一样勇敢地搏击生活的风浪！（笑声、掌声）第四，我希望同学们不要忘记母校，不要忘记辛勤培育你们的老师们！"（大笑，热烈掌声）

（摘自：潘桂云．口才艺术．北京：旅游教育出版社，2006．）

王教授通过对前面四个人演讲主题的简练概括，完成了一次机智、风趣且具有个性特点的即兴演讲。

（2）紧扣中心，要言不烦。即兴演讲要围绕中心，精心组织材料。材料来源，一靠平时的知识积累，二靠抓取眼前的人和事，其中又以后者为主。多联系现场的人和事，就能紧紧抓住听众的注意力。否则，就会失去即兴演讲的现实性和针对性。

沟通小故事

1848年，法国著名文学家维克多·雨果参加了巴黎市栽种"自由之树"的仪式并应邀发表了演讲：

这棵树作为自由的象征是多么恰如其分和美好呀！正像树木扎根于大地之中，自由之树是扎在人民心中的；像树木一样的自由常青不枯，让人民世世代代享受他的荫庇……

（摘自：潘桂云．口才艺术．北京：旅游教育出版社，2006．）

雨果的演讲紧紧扣住"自由、和平"的主题，将"自由之树"的形象比喻和笃信的政治信念、富有激情的语言有机地结合在一起，在渴望自由、和平的公众中激起了强烈的感情波澜。

（3）情真意切，动人心弦。闻一多先生《最后一次讲演》就是这样一篇著名的即兴演讲。1946年7月11日，他的战友、民盟中央委员李公朴先生被国民党反动派暗杀了。在李先生的追悼会上，他发表了一篇感情炽烈、气势夺人的演讲。在一千多字的演讲词中，闻一多先生竟使用了几十个感叹句、十几个口号、十多处反问对比手法，使演讲如同火山喷薄，烈焰迸发，炙得无数听众热血沸腾，烧得反动派体无完肤。它的语言短促有力，明白晓畅，充分体现了即兴演讲的特点和魅力。

（4）短小精悍，言简意赅。即兴演讲受场合、事件、内容、时间的限制，不允许长篇宏论，必须言简意赅，抓住主题，精心选材，语言精练，要言不烦，力争做到言有尽而意无穷。

📖 **沟通小故事**

1969年6月16日，美国阿波罗11号飞船点火升入太空，5天后，即6月21日，乘坐该船的两位美国宇航员首次在月球登陆，开辟了人类历史性旅程的新纪元。当宇航员登上月球之际，美国总统尼克松通过电视向他们发表了下面这则演讲：

因为你们的成就，使太空变成了人类世界的一部分，而且当你们从宁静海对我们讲话时，我们感到要加倍努力，使地球上也获得和平和宁静。

全世界的人都已融合为一体，他们对你们的成就感到骄傲，他们也与我们共同祈祷你们平安返地球。

这篇演讲词虽然只有短短几句话，却准确而全面地表达了尼克松总统的心意，既有对两位美国宇航员首次登陆月球的高度评价，又很好地表达了谢意和祝愿。

课堂实训

1. 实训：组织一次命题演讲比赛

实训目标：培养学生了解命题演讲的准备过程，掌握演讲的基本技能；通过活动，锻炼学生团队协作意识等其他综合能力。

实训学时：2学时。

实训地点：教室。

实训方法：教师提前一周布置演讲比赛题目，要求以小组为单位讨论拟定大纲、撰写演讲稿；小组成员在组内进行预选赛，各组推荐2名选手参加班级比赛。指导教师最后讲评。

参考题目：

（1）扬起青春的风帆；

（2）奋斗，做生活的强者；

（3）年轻，没有什么不可以；

（4）是金子，总要闪光；

（5）高职生自有风流在。

2. 实训：在全班组织一次即兴演讲比赛

实训目标：培养学生掌握即兴演讲的基本技巧，锻炼提高快速思维、准确表达与临场应变等能力。

实训学时：2学时。

实训地点：教室。

实训方法：教师拟定若干个即兴演讲话题（最好每生一题）或准备多种有象征意义的实

物,比赛前采用抽签形式确定每位学生的演讲话题或实物,要求学生进行2分钟左右的话题演讲或观物演讲,同时要求每个小组推荐2名主持人,在比赛过程中按小组顺序轮流主持。比赛结束后指导教师最后讲评。

参考话题:

(1)对考场作弊说"不";

(2)我看中国人过洋节;

(3)同学,我想对你说;

(4)我最喜欢的一句格言。

……

训练手记:通过训练,我的收获是:

___

3. 测试:你的演讲能力如何?

你的演讲能力如何?请回答下列问题测试一下自己的演讲能力。

(1)你喜欢当众发表自己的见解吗?

①喜欢(2分)　②不太喜欢(1分)　③不喜欢(0分)

(2)你习惯于当众讲话或演讲之前做好充分准备吗?

①是(2分)　②有时是(1分)　③从不(0分)

(3)你能在演讲之前精心设计仪表仪容、手势动作、表情眼神等态势语吗?

①能(2分)　②有时能(1分)　③不能(0分)

(4)你能在演讲一开始就迅速抓住听众的注意力吗?

①能(2分)　②有时能(1分)　③不能(0分)

(5)你能紧紧围绕演讲主题,寓理于事、情理交融地表达自己的观点,使听众一目了然并心悦诚服吗?

①能(2分)　②有时能(1分)　③不能(0分)

(6)你能在演讲过程中密切注意听众的反应并及时调整自己演讲的内容与方式吗?

①能(2分)　②有时能(1分)　③不能(0分)

(7)你能在演讲出现忘词、停电等意外情形时从容应对吗?

①能(2分)　②有时能(1分)　③不能(0分)

(8)你能否在必要时与听众进行有效互动?

①能(2分)　②有时能(1分)　③不能(0分)

(9)你的普通话标准、声音清晰悦耳吗?

①是(2分)　②一般(1分)　③不(0分)

(10)当众讲话或演讲时,你有紧张得语无伦次的现象吗?

①从无（2分）　　②有时（1分）　　③经常（0分）

测试结果：以上10题满分为20分。如果你的得分在17分以上，说明你的演讲能力很好；12~16分之间为一般，11分以下则说明你演讲能力较差，必须加强学习和训练。

课后练习

1. 案例分析：

（1）贾平凹在女儿婚礼上的讲话。

我27岁有了女儿，多少个艰辛和忙乱的日子里，总盼望着孩子长大，她就是长不大，但突然间长大了，有了漂亮，有了健康，有了知识，今天又做了幸福的新娘！我的前半生，写下了百十余部作品，而让我最温暖的也最牵肠挂肚和最有压力的作品就是贾浅。她诞生于爱，成长于爱中，是我的淘气，是我的贴心小棉袄，也是我的朋友。我没有男孩，一直把她当男孩看，贾氏家族也一直把她当做希望之花。我是从困苦境域里一步步走过来的，我发誓不让我的孩子像我过去那样贫穷和坎坷，但要在"长安居长大不易"。我要求她自强不息，又必须善良、宽容，二十多年里，我或许对她粗暴呵斥，或许对她无为而治，贾浅无疑是做到了这一点。当年我的父亲为我而欣慰过，今天，贾浅也让我有了做父亲的欣慰。因此，我祝福我的孩子，也感谢我的孩子。

女大当嫁，这几年里，随着孩子年龄的增长，我和她的母亲对孩子越发感情复杂，一方面是她将要离开我们，一方面迎接她的又是怎样的一个未来？我们祈祷着她能受到爱神的光顾，觅寻到她的意中人，获得她应该有的幸福。终于，在今天，她寻到了，也是我们把她交给了一个优秀的俊郎贾少龙！我们两家大人都是从乡下来到城里，虽然一个原籍在陕北，一个原籍在陕南，偏偏都姓贾，这就是神的旨意，是天定的良缘。两个孩子却生活在富裕的年代，但他们没有染上浮华习气，成长于社会转型时期，他们依然纯真清明，他们是阳光的、进步的青年，他们的结合，以后日子会快乐、灿烂！

在这庄严而热烈的婚礼上，作为父母，我们向两个孩子说三句话。第一句，是一副老对联：一等人忠臣孝子，两件事读书耕田。做对国家有用的人，做对家庭有责任感的人。好读书能受用一生，好好工作就一辈子有饭吃。第二句话，仍是一句老话："浴不必江海，要之去垢；马不必骐骥，要之善走。"做普通人，干正经事，可以爱小零钱，但必须有大胸怀。第三句话，还是老话："心系一处。"在往后的岁月里，要创造、培养、磨合、建设、维护、完善你们自己的婚姻。

今天，我万分感激着爱神的来临。它在天空星界，在江河大地，也在这大厅里，我祈求它永远地关照着这两个孩子！我也万分感激着从四面八方赶来参加婚礼的各行各业的亲戚朋友，在十几年、几十年的岁月中，你们曾经关心、支持、帮助过我的写作、身体和生活,你们是我最尊重和铭记的人,我也希望你们在以后的岁月里关照、爱护、提携两个孩子,我拜托大家(向大家鞠躬)!

思考讨论题:

①女儿要出嫁了,贾平凹是怎样表达他此时此刻的心情的?

②分析这篇演讲的成功之处。

(2)吕元礼的演讲:祖国——母亲。

人们常说:"第一次把美人比作花的,是天才;第二次把美人比作花的,是庸才;第三次把美人比作花的,是蠢才。"不错,如果人云亦云,鹦鹉学舌,就是再美的比喻,也会失去光彩。但是,在生活中,有这样一个比喻,你用它一百次、一千次、一万次,也同样具有强大的感染力。同志们或许会问:这是什么样的比喻呢?那就是:当你怀着一颗赤子之心,想到我们的祖国的时候,你一定会把祖国比作母亲!

是啊!祖国——母亲,在我们心中是两个紧密相连的词。电影《牧马人》中有这样一个情节:当男主人公许灵均的父亲要他到国外去享受荣华富贵时,妻子秀芝对他说了这样一段话:"我知道你是不会走的,因为你舍不得高高的祁连山,你舍不得这茫茫的大草原,你舍不得这生你养你的祖国母亲!"歌唱家关牧村在英国演出期间,把所有零用补贴如数交给国家,自己什么也不买。一个外国小姐问她:"难道你一点东西都不需要吗?"关牧村感情真挚地回答:"我们中国有个风俗,姑娘不背着妈妈买东西。"青年作家金安平写过这样一首小诗:"不管母亲多么贫穷和困苦,儿女们对她的爱也绝不含糊。我们只喊一声'祖国万岁',更强烈的爱在感情深处。"

为什么人们总把祖国比作母亲呢?有人会说:"因为祖国用她的江河乳汁喂养了我们。"如果仅仅是这样,那么,我们何尝不可以把祖国比作奶妈呢?还有人说:"祖国用她的山川怀抱抱大了我们。"如果仅仅是这样,那么,我们何尝不可以把祖国比作保姆呢?但是,不管是"奶妈"、"保姆",或者其他词语,都反映不了我们对祖国深厚的感情;只有"母亲"——这一人类语言中最纯洁、最善良、最无私、最伟大的词,才能表达我们对祖国的深情!

那么,"祖国——母亲"这个比喻的内涵到底是什么呢?这里,我想给大家讲一个孙中山先生曾讲过的故事。

在南洋爪哇,有一位财产超过一千万元的南洋富翁。有一天,他外出到一位朋友家做客,直到深夜才想到该回家了。可是出门以后,他一摸口袋,发现忘了带夜间通行证,被荷兰巡捕查获,轻则罚款,重则坐牢。这位富翁自然不敢冒这个风险了。可他又总想夜间赶回家去,怎么办呢?正当他左右为难的时候,忽然发现不远处有一家日本妓院,他便计上心头,走进妓院,花钱请了一位日本妓女,手挽手地陪他散步,一直走到家门口,才让妓女转回妓院。因为有这位妓女做伴通行,荷兰巡捕便不敢查问。所以他才能够安全回到家里。

讲到这里,同志们一定不太相信。一个是高贵的富翁,一个是低贱的妓女,难道高贵的富翁反不如低贱的妓女不成？不错。按常情，富翁确实比妓女高贵。可就是因为那位富翁是中国籍富翁，那妓女是一个日本妓女。日本妓女虽然很穷，但她的祖国却很强盛，所以，她的国际地位就高，行动也就自由，这个中国籍富翁虽然自己很富，但他的祖国却不强盛，所以，连走路的自由都没有。由此可见，如果祖国不强盛，你就是千万富翁、亿万富翁，也抵不上一个日本妓女呀！

是啊，当祖国贫穷的时候，她的人民就挨饿受冻；当祖国弱小的时候，她的人民就受辱被欺；当祖国富裕的时候，她的人民就快乐幸福；当祖国强大的时候，她的人民就昂首挺胸！历史早已雄辩地证明了这一点。当侵略者的铁蹄践踏祖国身躯之时，上海公园的门口就竖起了"华人与狗不得入内"的招牌；当帝国主义的大炮轰进了祖国胸膛之时，无数人民群众就惨遭屠戮；当新中国的旗帜高高升起的时候，中华儿女就站了起来；当中国女排登上世界冠军宝座的时候，海外侨胞也就扬眉吐气，啊！我终于明白了，为什么人们总是把祖国比作母亲。因为祖国和人民，正如母亲和子女，是耻辱与耻辱连在一起，是荣誉与荣誉连在一起，是痛苦与痛苦连在一起，是幸福与幸福连在一起，是血肉与血肉连在一起，是命运与命运连在一起！这，就是"祖国——母亲"这个比喻的真正内涵。

历史上，多少中华儿女像热爱自己的母亲那样热爱自己的祖国：屈原抱石投江，为的是祖国；文天祥慷慨悲歌，为的是祖国；陆放翁留诗示儿，为的是祖国；谭嗣同面对刀俎，脸不变色，"我自横刀向天笑，去留肝胆两昆仑"，他念念不忘的也是祖国；抗日民族英雄吉鸿昌就义时，慷慨悲歌"恨不抗日死，留作今日羞。国破尚如此，我何惜此头"。他视死如归，甘洒热血，所报者还是祖国。为了祖国，一代又一代的英雄儿女献出了自己的热血和生命。

鲁迅先生曾经说过："唯有民族灵魂是值得宝贵的，唯有它发扬起来，中国才会有进步。"鲁迅先生所指的民族灵魂是什么呢？概括地说，就是"重大义，轻生死"的生死观；就是"国家兴亡，匹夫有责"的使命感；就是"我以我血荐轩辕"的大无畏的民族精神。怨天尤人，长吁短叹，就是庸人懦夫的行为，它只能使人生空洞、苍白。这种人是绝不能创造出光辉灿烂的未来的。一个沉湎于痛苦回忆而不能自拔的民族，也是一个没有希望的民族。同志们，请不要抱怨，说我们的祖国缺乏活力；请不要慨叹，说我们的母亲衰老年迈。我们有的是满腔热血，有的是年轻的生命，那就用我们的热血来复苏祖国的生机吧，用我们的生命来焕发母亲青春的光彩吧！

（摘自：李元授，白丁. 口才训练. 武汉：华中理工大学出版社，1999.）

思考讨论题：

①吕元礼的这次演讲，曾在社会上特别是广大青少年中引起巨大反响和强烈共鸣。其开场白和结束语运用的是什么技巧，有何特点？

②高潮部分是如何设计的，运用了哪些修辞手法？

（3）郭峰的演讲：我竞选班长。

同学们：

我本来不想做班长，因为我相信别人能把班级搞好。但是现在，我自信，我能把班级搞得更好。因此，我竞选班长。

在我任期内，我保证做到以下几点。

①使我们班成为一个坚强的集体，团结的集体。工管八五（一）班的班风是：团结、活泼、求实、进取。

前一阵子，物理班的一位朋友对我说："你们工管班就是这样，争争斗斗，太激烈了，没意思！"我想这位同学的话不无道理。我们工管班从始到今，几任班长，上上下下，没有人能在班长的"宝座"上坐长，原因是，你掌权时，不管你的成绩如何，不整你下来，我就不舒服！多少年来，这样的事情还少吗？我们损失还不严重吗？中国人有句古话，叫"和为贵"，团结就是力量。因此，我上任后的第一件事就是使我们班成为一个坚强、团结的集体。

②全班学习风气高涨，学习成绩普遍提高，学年平均成绩列全系第一。同时，我组成的班委会成员的学习成绩至少在中上水平，起到模范带头作用。

③鉴于我们是学工业管理的，为使每个人都有机会得到锻炼，学会"管理"，每两周一次的班会将由寝室长轮流主持。同时，本人将充分发挥每个人的特长，做到人尽其才。

④我组成的班委会将与团支部很好地合作，与外系、外校的一些班级结成友好班级并共同组织些活动。如郊游、野炊、联欢、球赛等。

⑤在搞好学习的基础上，班委将组织几次勤工俭学。收入作为班费的一些活动经费。

⑥全班所有同学享有充分的民主权。在任何时候，如有1/4的同学对班级状态表示不满，我将自动辞职。

⑦本人还将重视女同学在班级中的作用。尼采曾经说过："去找女人吗？请带上你的鞭子！"我看可以改成："去找女同学吗？请带上你的微笑和尊重！"我们班的女生虽然只占十分之一，但从性别上看，她们却代表着人类的一半！

记得日本人有句口号，叫做"日本第一"。这里我也有一句口号，叫做"工管八五（一）班第一！"

也许有的同学认为进校以来，我没有担任过班级干部，没有经验。对此，我不想否认。但是，大家都知道"旁观者清"这一俗语。正因为我是普通一兵，我才更清楚地看到了班级里存在的问题。我相信，我能和在座的各位很好地合作，去争取第一。

最后，我要说：请投我一票，我将是你们最好的班长！

（摘自：高捍东. 有效演讲口才技能. 长沙：中南工业大学出版社，1995.）

思考讨论题：

你认为这篇竞选演说能否帮助演讲者成功地竞选班长？为什么？

（4）尹浩洋的即兴演讲：我为什么报考导游。

以下是烟台市某旅行社在招聘业余导游员时出现的情形。面试场上，100多名应试者都是按规定在2~4分钟内朗诵了一段诗、词、散文等，独有这个名叫尹浩洋的人以"独具一格"的即兴演讲，赢得了人们的好评，以名列前茅的成绩，被旅行社录取了。

各位主考：

晚上好！

本来我想朗诵一首诗，但在看了前面十几位考生的口试后，我忽然悟到：导游工作更多的应该是娓娓而谈，才能更好地完成导游任务。因此，我在这儿想和各位主考官说说心里话，题目呢，就叫《我为什么报考导游》。

我报考导游，有以下两个不利条件。

第一是我的年龄。你们的启事上说是招19~24周岁的，而我却已是30岁了。不过，任何事物都不是绝对的。一方面，我可以通过充满青春活力的热情和幽默来弥补；另一方面，年龄大些或许正可以成为成熟、稳重、可以依赖的标志呢！——而这些好像正是导游工作所需要的。

我的第二个不利是我的性别。毋庸讳言，导游工作，大多是愿意由温柔美丽的女性来干的。但是，当今世界，旅游已不是男子汉们的专利权了。在某些情况下，具有男性阳刚之气的导游或许会备受青睐呢！

因此，我来了。因为我知道，报考导游我还有七个有利条件！

第一，我热爱导游工作。

第二，由于我的职业关系，夏季这个烟台旅游的黄金季节，正是我们中小学放暑假的时候。我有充裕的时间。我可以做到招之即来，来之能战。

第三，由于长期坚持锻炼身体，我有充沛的精力和体力。我可以胜任长途奔波，连续作战的任务。

第四，由于对家乡的热爱，由于对史地知识的爱好，我相信我可以在烟台市范围内的导游工作中做到有问必答，有疑必解。

第五，由于在大学四年中经常有外地同学来烟台，由我为他们担任向导。所以，我自认为，已具备了初步的导游工作的实际经验。

第六，经过6年多的教师工作锻炼，我认为自己的普通话和语言表达能力均能胜任导游工作。

第七，我的性格、气质属多血质型，正是被认为做导游工作最适宜、最优秀的一种。

所以，我来了，并且相信，如果我被录取，我一定不会辜负你们——各位考官的选择的！

我的话完了，谢谢各位为我提供的这次机会！

（摘自：高捍东. 有效演讲口才技能. 长沙：中南工业大学出版社，1995.）

思考讨论题：

①试分析这篇即兴演讲的特点。

②这篇即兴演讲对尹浩洋求职成功有何作用？

2. 思考与训练

（1）就大学生普遍关心的社会热点问题，自选题目，写一篇1 000字左右的演讲稿，经过演练后在班上正式演讲。

（2）分别将下面的话扩句成篇。

①我的大学我做主。

②现代社会男女竞争是平等的。

（3）假定你在学校组织的一次演讲比赛中荣获了一等奖，在颁奖仪式上，主持人请你代表全体获奖同学发言，你该讲些什么？

（4）你和几位同学一起到一家公司实习，在公司的一次全体职工大会上，该公司经理把你们这些实习生介绍给大家，并致了欢迎词后，同学们推你代表实习生发言，你该怎么办？

（5）你就要毕业了，将告别熟悉的校园、亲爱的老师和朝夕相处的同学。请你在告别会上作即兴演讲，表达对这一切的依依惜别之情。

项目3 沟通应用篇

任务14 商务谈判

每一个要求满足的愿望、每一项寻求满足的需要，至少都是诱发人们展开谈判过程的潜因。只要人们是为了改变相互关系而变换观点，只要人们是为了取得一致而磋商协议，他们就是在进行谈判。

——杰伦德·尼尔伦伯格

导学案例

索赔谈判

在《哈佛谈判技巧》一书中有这样一个著名的真实案例：杰克的汽车意外地被一部大卡车给整个撞毁了，幸亏他的汽车买了全保。为争取最大权益，于是他与保险公司调查员展开了以下谈判。

调查员：我们研究过当事人的案件，根据保单的条款，当事人可以得到3 300元的赔偿。

杰克：我知道，但你是怎么算出这个数字的？

调查员：依据这部车的现有价值。

杰克：你是按照什么标准算的？你知道我现在要花多少钱才能买到同样的车子吗？

调查员：多少钱？

杰克：我找到一部类似的二手车，价钱是3 350元，加上营业与货物税后大概是4 000元。

调查员：4 000元太多了吧！

杰克：我所要求的不是某个数目，而是公平的赔偿。你不认为我买了全保而得到足够的钱来换一部车是公平的吗？

调查员：好，我们赔你3 500元，这是我们可以付的最高价。公司政策是这样规定的。

杰克：你的公司是怎么算出这个数字的？

调查员：你知道3 500元是类似情况所能得到的最高数，如果你不想要的话，我就爱莫能助了！

杰克：我可以理解你受公司政策约束，但除非你能客观地说出我只能得到这个数目的理由，我想我们最好还是诉诸法律，然后再谈。

调查员：好吧。我今天在报上看到一部1978年的菲亚特汽车，出价是3 400元。

杰克：噢，上面有没有提到行车里数？

调查员：49 000公里，那又怎样？

杰克：我的车只跑了25 000公里，你认为我的车子可以多值多少钱？

调查员：让我想想……150元。

杰克：假设 3 400 元是合理的话，那么就是 3 550 元了。广告上提到收音机没有？

调查员：没有。

杰克：你认为一部收音机值多少钱？

调查员：125 元。

杰克：冷气呢？

2.5 小时以后，杰克拿到了 4 012 元的支票。

问题：

（1）杰克是怎样展开调查员的谈判的？

（2）杰克的谈判为什么能够获胜？

学习训练目标

- 了解商务谈判的含义和主要阶段；
- 做好商务谈判的尊卑工作；
- 明确商务谈判的语言特点；
- 掌握商务谈判的技巧。

14.1 谈判的概述

1. 什么是商务谈判

商务谈判是一项集政策性、技术性、艺术性于一身的社会经济活动，它除了包含一系列经济活动的特点以外，同样具有一般谈判的特征。

那么，什么是谈判呢？从广义上讲，只要人们为某事进行交谈、协商，都可视为谈判。美国谈判学会会长尼尔伦格认为："只要人们为了改变相互关系而交换观点，只要人们为了取得一致而磋商协议，这就是谈判。"谈判是一种协调人们行为的基本手段。严格来说，所谓谈判就是指面临共同问题的双方或多方在谋求合作的基础上，通过讨论协商，为实现利益均沾的目标而进行的信息沟通与交流活动。从定义中看出谈判的含义包括以下几点。

（1）谈判是在两个或两个以上的组织或个人之间进行。

（2）谈判是一项合作的事业，是一项合作的过程。

（3）谈判双方或多方面临着共同的利益需求。

（4）谈判是一种信息的沟通与交流活动。

谈与判是两个紧密相连的过程。谈，就是各方充分地阐述其追求的目标、利益需求、应承担的义务和享有的权利等。判，则是对各方共同认可的事项的确认。谈是判的基础，判是谈的结果。谈判是一门高深的科学，是一门复杂的技术，是一门语言艺术。谈判是谈判者知识、信息、修养、口才、风度的综合较量。任何社会组织都希望通过谈判满足自己的利益要求，又不损害与公众对象之间的关系，对一场成功的谈判来说，双方都应该是胜者。

商务谈判是指一切在有形或无形的交换中的协商洽谈行为，也指买方与卖方之间为了促进买卖成交而进行的，或是为了解决买卖双方之间的争议或争端，并取得各自经济利益而进行的一种人际协商行为①。

2. 商务谈判的主要阶段

（1）导入阶段。谈判的导入阶段时间不多，主要是通过介绍，相互认识，自始至终保持轻松愉快的合作气氛。在介绍时，个人以自我介绍最为适宜；团体则可由团长或司仪介绍，把参加谈判的每一个成员的姓名、身份、职务简要介绍给对方。一般先由职务高的开始介绍，然后按程序介绍下去，介绍到谁时可起立，也可坐在原来的位置上，面带微笑点头示意。在一方介绍时，另一方要认真倾听，注意力集中，切不可东张西望，心不在焉。

沟通小故事

1972年2月，美国总统尼克松访华，中美双方将要展开一场具有重大历史意义的国际谈判。为了创造一种融洽和谐的谈判环境和气氛，中国方面在周恩来总理的亲自领导下，对谈判过程中的各种环境都做了精心而又周密的准备和安排，甚至对宴会上要演奏的中美两国民间乐曲都进行了精心的挑选。在欢迎尼克松一行的国宴上，当军乐队熟练地演奏起由周总理亲自选定的《美丽的亚美利加》时，尼克松总统简直听呆了，他绝没有想到能在中国的北京听到他如此熟悉的乐曲，因为，这是他平生最喜爱的并且指定在他的就职典礼上演奏的家乡乐曲。敬酒时，他特地到乐队前表示感谢。此时，国宴达到了高潮，一种融洽而热烈的气氛感染了美国客人。一个小小的精心安排，赢得了和谐融洽的谈判气氛，这不能不说是一种高超的谈判艺术。美国总统杰弗逊曾经针对谈判环境说过这样一句意味深长的话："在不舒适的环境下，人们可能会违背本意，言不由衷。"英国政界领袖欧内斯特·贝文则说，根据他平生参加的各种会谈的经验，他发现，在舒适明朗、色彩悦目的房间内举行的会谈，大多比较成功。

（资料来源：http://www.nyjj.net.cn/cg/5/jxzy/wlkj/sucai/koucaixunlian/3/1/3.htm.）

（2）概说阶段。谈判概说阶段的目的是让对方了解自己的期望目标和谈判设想，同时隐藏不想让对方知道的其他资料、信息。这个阶段只需单纯地说出基本想法、意图与目的，

---

① 彭于寿.商务沟通.北京：北京大学出版社，2011.

而不宜过早地把谈判意图全部提出。因此，概说阶段要注意以下两方面。一是保持愉快的气氛。发言的内容要简短，要能把握重点及表示情感。比如："很高兴来这里开会，今天有关引进设备的讨论，希望能有圆满的结果。使双方都满意。"发言时要面带笑容，以示诚恳，在得到对方首肯以后，也要以目光和点头致意，表示彼此意见相投，成功的可能性很大。二是认真倾听对方的发言。在谈判的概说阶段应留出时间让对方发表看法，待认真听完对方的意见后，进一步思考分析，找出双方目的的差别。

（3）明示阶段。在明示阶段，谈判双方不再隐瞒自己的真实意图，而把自己的谈判目的和盘托出，使对方明了自己的需求，为交锋阶段做好准备。但是在明示时要注意分寸，把握谈判内容的"度"，绝不要流露自己迫切需要解决问题的心情，否则，就会被对方利用为施加压力的筹码；同时，对自己的真实实力，包括谈判"底线"等，应给予保密，否则在交锋时会使自己处于被动地位。

（4）交锋阶段。谈判的目的就是为了获得自己想得到的利益。谈判双方的对立状态是从交锋开始的。由于双方都想说服对方以获得更大的利益，因此，彼此都充满信心，运用计谋，斗智斗勇，使争论相当激烈。

在交锋阶段要有应付各种困难的思想准备，随时准备回答对方的质询，并表现出适当的强硬态度。但是高明的谈判者，又不是有勇无谋的人，因为并交锋并不是为了证明一方强于另一方，而只是寻求双方利益一致的妥协范围，否则，谈判将导致破裂。因此，谈判者的态度应"硬中有软"，适时地"软硬兼施"。

（5）妥协阶段。妥协是交锋的结果，在相互僵持过程中总有一方主动作出让步，使另一方也相应退让，若双方都不让步就无法达成妥协协议。让步要选择时间，把握让步的幅度，讲究让步的艺术。谈判中不恰当地让步会让己方难以实现最终愿望。正确的让步是使双方都得益，互为补偿，如果是单方面的让步，就不是成功的谈判。妥协不是目的，而是手段，妥协就其实质而言，是不得已而为之。因此，在谈判中要慎用妥协，一般在谈判前就应设想自己的妥协范围，并在谈判过程中依据双方情况的变化，寻找理想的妥协时机。妥协不是无限度地一味退让，而是有限度、有范围的，以不损害自己的根本利益为尺度，使对方能接受，从而达成互利互惠协议。另外，让步要讲究方式。在开始阶段，谈判人员代表组织可做较大的让步，然后在长时间内再缓慢地一点一点地做小的让步。这样，一开始大的让步能取悦对方，建立好感再逐步做点小的让步，也就比较顺理成章，容易被对方所接受。当然，具体选择何种让步，还要视对方情况而定。

（6）协议阶段。谈判双方认为已基本上达到自己的谈判目标，共同以签订协议宣告谈判的结束。签订协议是很重要的仪式，双方除了出席谈判的代表外，还可请组织和政府的领导人出席，以示重视。谈判的双方代表在协议上签字后，要交换协议书，并握手祝贺。协议书签订的会场、服务、接待等各项工作都要由专人负责。最后，双方还要发表简短的祝词，以及摄影留念。协议签订的仪式结束后，还可组织招待会、新闻发布会、宴会、舞会等庆祝活动。

3. 商务谈判的准备

古人说凡事"预则立，不预则废"。谈判获得成功的先决条件是事先做好充分准备。在商务谈判的准备阶段，主要是分析形势，弄清对手的需要和目标，估计谈判双方的实力，最后确定自己的谈判目标，并制定具体的战略方针。谈判的准备工作主要包括收集信息资料，制订谈判计划，组织、人员准备和环境物质准备等几个方面。

（1）资料准备。即收集、整理与谈判有关的信息、资料，具体包括以下几方面资料。①与谈判主题有关的背景材料。如在经贸谈判中，资料的内容包括己方和对方的财务计划、决策的优先顺序、成本分析、期限压力、组织结构、经营方向及宣传资料、报告书、公开声明等。②有关谈判对手的各种情况。包括对手的个人详细资料：气质、性格、经历、家庭背景、生活习惯、兴趣爱好甚至思维方式、行为特点和心理倾向等细节。③谈判所涉及国家有关政策法令及其他相关资料。资料的掌握有时对谈判的成功起决定作用，因而它是谈判前最重要的准备工作。谈判决策对资料、信息的基本要求是及时、准确、适用，即信息传递要迅速、及时、准确无误且具有针对性和适用性，便于谈判者掌握有关决策的主要情况，避免纠缠于繁杂无关的资料而贻误时机。

（2）计划准备。即根据己方的愿望和要求，结合信息资料分析，评估己方实力，了解对手情况预定出具有现实可行的谈判目标，然后制订关于谈判的计划，并且演习和检查这一计划。

①确定谈判目标。目标是谈判决策的基础，目标选择的正确与否，直接关系到谈判的成败。但是目标的确立不是随心所欲的，谈判目标是在预测基础上所期望的结果。富有经验的谈判人员将目标分为三个层次：在必要时可以放弃的最高目标；只有在万不得已的情况下才考虑放弃的具有现实可能性的目标；毫无讨价还价余地的必须达成的最低目标。对这些目标区分层次、权衡轻重，才能制订多种方案，力争好的结局。

②评估己方实力。要本着实事求是的精神，公正、客观地评价自己的实力，既不要自卑，又不能轻敌。通过对有关信息的分析，弄清己方当前面临的形势是什么，打算通过谈判得到什么、得到多少，谈判成功会出现什么结果，不成功又会怎样。从而选择自己的谈判论据，在心理上做好充分调整，并制定出灵活的谈判策略。

沟通小故事

1990年，正是银行收紧银根、压缩信贷之时，某市原来与某水泥生产厂家挂钩的煤炭经销单位，为了尽快取得流动资金，放下往日的高姿态，主动要求为对方提供优质煤炭，于是，水泥生产厂家瞄准时机，在价格上大做文章，直至水泥生产厂家满意。其后不久，基建上马、原料涨价，而水泥生产厂家此时已有相当数量的煤炭储备，这不能不说是一次成功的范例。

（资料来源：莫林虎.商务交流.北京：中国人民大学出版社，2008.）

③了解对手情况。通过对手相关资料的分析，认清对手当前面临的形势，把握他们的需要和目标，谈判成功对他们意味着什么，失败又怎样，推测他们可能提出的方案等，并在此基础上，寻找谈判双方的共同利益。

 沟通小故事

有一个推销员，他先把顾客可能提出的苛刻条件一条条分别写在卡片上，在背面写上自己的解释理由，到时候他先让顾客看正面，再让他看背面，好多人在这种幽默轻松的"游戏"中接受了他的商品，这就不难看出这种"先见"的高明之处。

（资料来源：莫林虎.商务交流.北京：中国人民大学出版社，2008.）

④撰写谈判计划。第一步是确定谈判主题或议题。主题是谈判目的的具体表现，应具体、简洁、明快。第二步是确定谈判的要点，包括谈判目的、程序等，其中谈判程序是最主要的环节。第三步是关于谈判策略的运用，特别是一些策略的运用，如是说服还是强迫，是协作还是争论，是速战速决还是故意拖延等。

⑤演习—检查计划。谈判计划制订出来以后，可以通过演习即模拟谈判来检查。利用不同特征的人扮演谈判对手，尽可能提出谈判时可能出现的种种问题，以检查谈判计划是否存在弊端和漏洞。德国商人常常事先演练重要的谈判，使他们对谈判中的每一个问题几乎都做到心中有数，其结果是增强了谈判的实力，取得了理想的效果。

（3）组织准备。即组织谈判小组，选择谈判人员，确定谈判领导人，准备后援人员；明确各自职责范围，加强相互配合，使之成为一个相互协调、步调一致的整体。在谈判的组织准备中，谈判人的挑选是最关键的环节。在挑选谈判人员时，主要考虑这样几个因素。①谈判人员的知识水平和知识结构。谈判人员应具备谈判可能涉及的各方面的知识，且要求结构合理。②谈判人员的个人素质，包括知识能力、道德、心理等素质。一般来说，谈判人员应具备的个人素质有：追求高目标，具有吸引人的风度、个性和幽默感，观察力敏锐，表达能力强，善于倾听，正直、冷静、自信、灵活机智等，谈判人员相互间最好能做到性格互补。③谈判人员的年龄。年龄在一定程度上代表着谈判人员的知识、精力和经验，这些对谈判的成功都有一定的影响。英国谈判专家斯科特认为，谈判人员的最佳年龄在33~35岁之间。因为，在就业早期，人热衷于竞争，具有理想主义色彩；在就业晚期，则具有容忍他人意见和社会责任感强烈的特点，使竞争性已显不足。而在就业的早期与晚期之间的人，则既有一定的经验，又精力充沛、富有进取心。对大多数人来说，这个年龄是在

33~35 岁之间。

（4）物质准备。谈判的物质准备包括谈判环境的布置和谈判人员的住宿安排等方面，由于其体现了作为东道主一方的诚意，对谈判气氛乃至整个谈判的发展方向都有着直接的影响，因此，它也是谈判准备工作中的一项重要内容。

4. 商务谈判的语言的特点

谈判，离不开一个"谈"字，不管是和风细雨地劝说，还是理直气壮地唇枪舌剑，时时刻刻都离不开语言，谈判中最重要的工具就是语言，谈判双方必须利用语言来传播信息、交流情感，表达自己的意向。没有语言，谈判根本无法进行。谈判是智慧的较量，而语言又是谈判者思想与智慧的表达方式。谈判语言关系到谈判的成败，其原因就在于谈判语言不同于一般生活中的语言，他需要在紧张、激烈的对抗中，始终把握己方的目标，同时运用各种语言技巧来突破对方的防线。谈判语言的主要特征如下。

（1）鲜明的功利性。谈判语言是一种目的非常明确的语言，不管是谈判中的陈述、说服，还是提问、回答，都是为了自己的利益需要而进行的。不带有任何功利目的，也无求于对方的谈判是不存在的。20 世纪 70 年代初，中美建交谈判时，美国前国务卿基辛格在与邓小平对话时曾说："我们的谈判是建立在健全基础之上的，因为我们都无求于对方。"第二天，毛泽东主席接见基辛格时，就其前一天的谈话进行了反驳。毛泽东说："如果双方都无求于对方，你到北京干什么？如果双方都无求于对方的话，那么，我们为什么要接待你和你们的总统？"毛泽东一针见血地指出，谈判是一种双向的需要，谈判带有明确的目的性。谈判的目的性决定了谈判语言必然具有鲜明的功利性。

 沟通小故事

在 2000 年秋季广交会上，我国的外贸人员在一个清雅的接待室里与外商谈判。中方人员讲："由于国际、国内铅价猛涨，这次出口的蓄电池，我们准备适当提高价格"。听到新的价格，外商连连摇头。再谈下去，对方却说，"还是以前的报价就谈，否则谈判就结束"。眼看谈判陷入僵局。外贸人员找到北京电池厂负责人，要求他们压一压出厂价。副厂长等人一算账，认为压价就肯定赔钱，无法接受这个建议。怎么办？经过充分的准备，王副厂长等人开始与外商直接谈判。在两天半的时间里，厂方详细谈到国际市场铅价及蓄电池价格上涨的幅度，原料价格上涨对产品成本的影响，本厂产品与外国同类产品价格的对比情况，如果双方成交的话各自可获取的盈利。厂方摆出的事实和数据清晰明确，具有无可辩驳的说服力，外商不得不叹服，"你们对市场行情真是一清二楚"。买卖最后终于谈成了。

（2）灵活的随机性。谈判是一个动态过程，瞬息之间，变化万千。尽管一般情况下，谈判双方事前都要做充分的准备，对谈判的内容、己方的条件、可能作出让步的幅度、对方的立场、对方可能采取的策略，都进行了研究，并对谈判过程进行了筹划。但是，谈判过程常常是风云变幻、复杂无常，任何一方都不可能事前设计好谈判中的每一句话。具体的言语应对仍然需要谈判者临场组织，随机应变。

谈判中，谈判者要密切注意信息的输出和反馈情况，根据不同内容和阶段，针对谈判对象、主客观情况变化，及时、灵活地调整谈判语言。尤其是在双方就关键性的问题短兵相接时，一问一答、一叙一辩，都要根据当时谈判场上的变化而变化，这就是灵活的随机性。如果谈判中发生意料之外的变化，而仍然拘泥于既定的对策，思想僵化，方式呆板，语言不能机智应变，则必然在谈判中失去优势，导致被动失利。

（3）巧妙的策略性。因为谈判是一种智慧的较量，所以在谈判中，一方为了获得尽可能多的利益，往往采取各种策略，诱使对方按照己方的条件达成协议。因而成功的谈判者常常在谈判双方的利益冲突和利益协调中，从合作的立场出发，以其特有的机警和敏锐，不放过有利于自己的任何一个机会。同时，运用各种计谋、多种恰到好处的言谈，使谈判朝着有利于己方的方向发展。谈判语言的策略性表现在：一样的话，可以有几种说法；同样的意见，用不同的说法表达，以产生不同的效果。

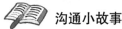 沟通小故事

有一次，日本一家公司与美国一家公司进行一场许可证贸易谈判。谈判伊始，美方代表便滔滔不绝地向日方介绍情况，而日方代表则一言不发，认真倾听，埋头记录，当美方代表讲完后，征求日方代表的意见，日方代表却迷惘地表示"听不明白"，只要求"回去研究一下"。几星期后，日方出现在第二轮谈判桌前的已是全新的阵容，由于他们声称"不了解情况"，美方代表只好重新说明了一次，日方代表仍然以"还不明白"为由使谈判不得不暂告休会。到了第三轮谈判，日方代表团再次易将换兵并故技重演，只告诉对方，回去后，一旦有结果便会立即通知美方。半年多过去了，正当美国代表团因得不到日方任何回音而烦躁不安、破口大骂日方没有诚意时，日本突然派了一个由董事长亲率的代表团飞抵美国，在美国人毫无准备的情况下要求立即谈判，并抛出最后方案，以迅雷不及掩耳之势催逼美国人讨论全部细节，措手不及的美方代表终于不得不同日本人达成了一次明显有利于日方的协议。事后，美方首席代表无限感慨地说："这次谈判，是日本在取得偷袭珍珠港之后的又一重大胜利。"

（4）迅捷的反馈性。谈判中的双方斗智斗勇，往往会出现许多稍纵即逝的机会。谈判者不仅要反应敏捷，而且要立即作出判断和回答。抓住了机会，也就抓住了成功。所以谈判一方面为己方的谈判条件争取到最大的满足，另一方面要迅速捕捉对方谈话中的矛盾之处或者漏洞，不失时机地加以利用，这就是谈判语言迅捷的反馈性。

📖 **沟通小故事**

一次某外商向我国一个外贸单位购买香料油，出价每千克40美元，我方要价48美元。外商一听我方要价就急了，说："不，不，你怎么能指望我出45美元以上来买呢？"我方代表立即抓住这一机会，巧妙地反问说："这么说，你方是愿意45美元成交了？"外商情急之下露了底，只好说，可以考虑。结果双方以每千克45美元成交，比我方原定的成交价高出3美元。

谈判中对时间的要求是严格的，这与平常的生活语言大不相同。谈判中双方的陈述、说明、提问、回答等都是紧张的智力较量，要求在极短的时间内立即对对方的发言作出反馈。或同意，或拒绝，或反驳，或提出新的建议，都要求谈判者迅速作出反应。迟迟不予回答，或在谈判桌上说错了又收回来，都会被认为是不礼貌的，或者是不负责任的表现。

14.2　商务谈判的技巧

美国著名律师尼伦伯格在其著作《谈判的策略》一书中举的例子："最近，我那两个儿子为分吃一块苹果馅饼而争了起来，两个人都坚持要切一块大的给自己，结果他们始终分不好。于是我建议他们，由一个人先切，由另一个人先拿自己想要的那块，两个人似乎觉得这样公平，他们接受了，并感到自己得到了公平的待遇。"谈判应该是一种"赢—赢"式谈判，而非"赢—输"式谈判，这是谈判的最高境界。在谈判时，一定不要忽视这一基本点。商务谈判的技巧主要有以下方面。

1. 积极倾听，用心理解

先来看一个例子：日本松下电器公司的创始人松下先生曾谈到自己初次交易谈判中的一个教训，他上东京找批发商谈判，意欲推销他的产品，批发商和蔼可亲地说，"我们是第一次打交道吧？以前我好像没见过您。"这是明显的探测语，批发商想要知道面前的对手是生意老手还是新手。松下先生恭敬地回答，我是第一次来东京，什么都不懂，请多多关照。"这极平常的寒暄语却使批发商获得了重要信息：对手原来是一个初出茅庐的新手。批发商问："你打算什么价格出卖你的产品？"而松下又如实亮底说："产品成本20元，我准备卖25元。"按当时市场价格25元钱价格适中，产品质量又好，但由于松下无意间暴露了自己的弱点，因此批发商说："你首次来东京做生意，刚开张应当卖得更便宜些，20元卖不卖？"批发商了解对手人生地不熟，又急于打开销路的愿望，因此趁机杀价。松下先生后来才悟到当初吃的亏，正是由于自己缺少经验，没有能感觉到对方的探测性语言。在许多人看来，谈判中要多发言，这样才能把自己的意图说清楚，由另一方完全明白自己的观点、看法。其实，真正高明的谈判家并不这样做。他们采用的办法大多是"多听少说"。尽量少发表自己的看法，多听对方的陈述，这种听是主动的，并非只是简单地用耳朵就行了，还需要用心去理解，探求对方的动机，积极作出各种反应。这不仅是出于礼貌，而且是在调节谈话内容和谈判气氛。

（1）要耐心倾听。谈判中一般的交谈内容，并非总是包含许多信息量。有时，一些普通的话题，对你来说知道得已经够多了，可对方却谈兴很浓。这时，出于对谈判对方的尊重，应该保持耐心，不能表现出厌恶的神色，也不能表现出心不在焉的神情。越是耐心倾听他人意见的人，谈判成功的可能性越大。因为聆听是褒奖对方谈话的一种方式，能提高对方自尊心，加深彼此感情，为谈判成功创造和谐融洽的环境和气氛。

（2）要虚心倾听。谈判的一个主要目的是沟通信息，联络感情，而不是智力测验或演讲比赛，所以在听人谈话时，应该有虚心聆听的态度，不要中途打断对方的谈话，这也是不尊重对方的表现。正确的做法是听话者在谈判中应随时留心对方的"弦外之音"，回味对方谈话的观点、要求，并把对方的要求与自己的愿望做互相比较，预想好自己要阐述的观点、依据的理由，使谈判走向成功。

（3）要注意主动反馈。在对方说话时，听话者不时发出表示倾听或赞同的声音，或以面部表情及动作向对方示意，或有意识地重复某句你认为很重要、很有意思的话。若一时没有理解对方的话，不妨提出一些富有启发性和针对性的问题，这样对方会觉得你听得很专心，重视他的话。

2. 善于提问，控制局面

有这样一个例子：一位教徒问神父："我可以在祈祷时抽烟吗？"他的请求遭到神父的严厉斥责。而另一位教徒又去问神父，"我可以吸烟时祈祷吗？"这个教徒的请求却得到了允许，悠闲地抽起了烟。这两个教徒发问的目的和内容完全相同，只是语言表达方式不同，但得到的结果却相反。由此看来，善于提问，语言技巧高明才能赢得期望的谈判效果。古语有云："知己知彼，百战不殆"。了解谈判对手，是保证谈判获得成功必不可少的。要深入了解双方，除了仔细倾听对方发言，注意观察对方的举止、神情、仪态以捕捉对方的思想脉络、追踪对方的动机之外，通过适当的语言手段，巧妙提问，随时控制谈话的方向，并鼓励对方说出自己的意见，这是获取必要信息的更为直接的有效方式。

（1）不要羞于提问。很多谈判者坐在谈判桌前时，羞于提问。虽然没听明白对方的意思，但是因为有众多的谈判人员在场，认为提问题暴露了自己的无知，会让别人瞧不起，有碍面子，因此不懂装懂，不提问题；或者有些时候怕自己提问题太多，会引起对方的反感，因而尽量少提问题，这些都是不正确的态度。谈判牵扯到双方的重要利益，而且谈判时双方都在使用各种策略以争取自己的利益。有时是故意说得复杂让对方听不懂，如果此时稀里糊涂地答应了条件，正合对方心意。因此，如果有疑问，就必须向对方提问，这不仅使得己方了解了事实真相，而且很大程度上控制了局势。我们可以想想在日常生活中，是提问题的人掌握了主动权呢，还是回答问题的人掌握了主动权？当然是提问题的人，因为他控制了对方的思维，回答问题的人更多是被牵着鼻子走，因此，如果在谈判时适时适度地提问不仅不会让己方陷于被动，而且很大程度上占了主动权。

（2）注意提问的恰当时机，应该等对方发言完毕再问。日常生活中，我们都知道打断别人的谈话是不礼貌的，在谈判中，更是如此。要注意听对方的谈话，不明白的地方可以先记下来，等对方陈述完后再问。这样有三个好处。①这是尊重他人的体现，不会因中途打断对方而引起不快；②听完了对方的谈话可以完整地了解对方的思路和意图，避免断章取义，错误地理解对方的意图；③听完对方的陈述再提问，也为自己争取了思考的时间，可以思考怎样提问比较合适，以免出现漏洞。如果对方的话冗长，也可以适时地打断对方。在打断对方前，要注意当时的气氛和对方的情绪。在日常生活中如果要向某人提要求，一般是选择该人比较高兴的时候，在谈判中也是如此。如果打断对方提问题，要选择对方说话的间歇，而且要气氛融洽，对方认为形势有利于他们的时候提，这时对方心理往往较少设防，回答得比较详细、充分，己方获取信息充足。如果气氛紧张，对方会很谨慎地回答，己方获得的信息有限。

（3）讲究提问方式。提问有不同的方式，在谈判中的提问更要注意提问方式的选择。为了保证谈判气氛的融洽，一般来说，较多地使用选择性问句。如"您认为我们应该先讨论交货方式的问题还是价钱的问题合适呢？"这种问句方式，给对方一个选择的空间，以免引起对方的逆反心理，再配以得体的措辞，柔和的语调，对方比较容易接受。而且这种问法看起来是让对方选择，实际上己方已经设定了选择的范围"交货方式还是价钱"，表面看起来是让对方选择，实际上己方已经设定了选择的范围"交货方式还是价钱"，表面看起来主动权给了对方，实际是己方在掌握了主动权的基础上给了对方少许的自主权，而就是这"少许自主权"往往使得对方心理比较满足，因此，在谈判中经常会使用选择性问句。在提问时应多使用比较委婉的词语，比如，"您觉得这样处理怎样？"、"我们是不是还需要讨论一下供货方式的问题？"、"麻烦您解释一下刚才的建议，我们还不是很清楚"等，再辅以诚恳的态度，一定会取得比较理想的效果。

另外，提问应该避免几个问题。一是不要使用盘问、审问式的问句，避免几个问题连着问，因为对方既不可能一一给以详细的回答，还会引起对方的反感，破坏了谈判的气氛。二是提问题的态度要诚恳，避免给对方讽刺、威胁的感觉，对方才乐于回答。三是要有疑而问，不要为了表现自己而问。有的人为了表现自己的口才或专业，故意卖弄，结果往往会弄巧成拙。四是对方不愿回答的问题，不要一而再、再而三地追问，可以委婉地换种方式获得信息，不一定非得逼问对方。

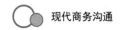 **沟通小故事**

在一场货物买卖谈判中,双方就价格问题难以达成一致时,买方经过精心策划,提出了下列问题:"尊敬的先生,当一件成品所需的原材料开始降价,那么随着成本的下降,其价格是否应降低呢?""是的,毫无疑问。""当一件产品的包装改用简易包装了,那么它的价格是否应降低呢?""是的。""那么你方在原材料价格大幅度下降,产品又改用简易包装的情况下,为什么还坚持原来的价格呢?"直到这时卖方才发现落入了陷阱,无言以对,只能应对方的要求降低产品的价格。

3. 巧妙回答,避实就虚

在谈判中,如何回答对方的问题更重要,如果回答得不好,往往会掉进对方设置的"陷阱",被对方牵着鼻子走。因此,在很多的政治谈判、军事谈判和商贸谈判中,"回答"比"提问"还重要。同提问一样,回答应为谈判效果服务,该说什么,不该说什么,应该怎么说都要由"有利于谈判效果"来决定。回答问题时的总原则是"经过慎重思考,再三斟酌,能不答的就不答,能少答就不要多答,尽量少说"。

实际上,擅长回答的谈判高手,其回答技巧往往在于给对方提供的是一些等于没有答复的答复。潘肖珏在其所著的《公关语言艺术》中列举了如下实例来说明之。

例一:在答复您的问题之前,我想先听听对方的观点。

例二:很抱歉,对您所提及的问题,我并无第一手资料可作答复,但我所了解的粗略的印象是……

例三:我不太清楚您所说的含义是什么,是否请您把这个问题再说一下。

例四:我们的价格是高了点,但是我们的产品在关键部位使用了优质进口零件,延长了产品的使用寿命。

例一的应答技巧,在于用对方再次叙述的时间来争取自己的思考时间;例二一般是属于模糊应答法,主要是为了避开实质性问题;例三是针对一些不值得回答的问题,让对方澄清他所提及的问题,或许当对方再说一次的时候,也就找到了答案;例四是用"是……,但是……"的逆转式语句,让对方先觉得是尊重他的意见,然后话锋一转,提出自己的看法,这叫"退一步而进两步"。应当很熟练地掌握和运用这些回答技巧。在谈判中,回答还要注意以下方面。

(1)尽量避免正面回答。对方提问的目的是想从你的回答中获取信息,因此在回答时就要尽量避免正面回答,防止泄露太多的信息。如果对方知道得太多,你就丧失了主动权。如果对方问:"你们的报价是多少?"就不应直接回答是多少,可以回答:"跟市场上其他同类产品的价格差不多,但是我们的产品比市场上的同类产品质量要好得多,相信价格方面你们会满意的。"多使用模糊性的词语，回答不要太确切。比如有的谈判人员，想知道对方打算在什么时候结束谈判，以便运用限期策略迫使对方作出让步，于是在见到对方一开始就非常热情地询问："贵方打算什么时候离开呀？最近机票不好买，如果需要的话，我们可以帮忙预订。"这时可千万不能被对方的热情打昏了头，说出类似"我们打算下周一走，那就麻烦你们帮忙订机票吧"之类的话，这样就掉进了对方的"陷阱"里了，对方可能会在谈判时"故意"地拖延时间，迫使你最后作出巨大让步，陷于被动。可以回答："我们不着急，难得来一趟，有时间我们还要四处玩玩。"这就委婉地向对方表明"时间不是问题，我们有足够的精力进行谈判"。对方也就不敢使用限期策略了。

 沟通小故事

　　明朝的刘伯温，是个堪与诸葛亮相比的智者。有一次，朱元璋问他："明朝的江山可坐多少年？"刘伯温寻思，无论怎么回答都可能招致杀身之祸，不由汗流浃背地伏地回答说："我皇万子万孙，何须问我。"他的回答用"万子万孙"的恭维话作为掩护，实际上却是以"何须问我"的托词做了回答，朱元璋抓不到刘伯温的任何把柄，自然也就无可奈何。

　　（2）不要一一作答。有时，对方的问题很多，如"我们想知道关于价格、数量、交款方式等问题贵方是怎样考虑的"。不要一一给予答复，被对方控制思维，可以就其中己方考虑成熟的问题予以答复，如"我们先讨论一下对我们双方都很重要的问题，就先说说价格吧"。后面的问题，如果对方不追问，就没有必要一一作答了，否则就有些像学生回答老师的提问，心理、气势都处于弱势，不利于谈判的平等进行。

　　最好能把问题"踢"给对方，让对方作答。前面已经说过，问者往往控制局势，所以要学会把问题"踢"给对方，把问题"踢"给对方的同时也把压力转移给了对方。如对方问"贵方对价格是怎样考虑的？"可以这样回答："一般来说，价格通常跟货物的数量相关。如果贵方要的数量多，价格就稍微低些；如果贵方要的数量少，价格就相对高些，贵方打算要多少呢？"这样把问题再踢给对方，先让对方思考如何应答"要多少"的问题。己方可以根据对方的回答灵活应答价格问题，可以变被动为主动。

　　（3）遇到难以回答的问题，使用缓兵之计。在谈判中，如果遇到难以回答的问题，不要急于回答，可以含糊其辞，拖延回答。

 沟通小故事

　　美国的一位著名的谈判专家有一次替他邻居与保险公司交涉赔偿事宜。理赔员先发表了意见："先生，我知道你是谈判专家，一向都是针对巨额款项谈判，恐怕我无法承受你的要价，我们公司若是只出100元的赔偿金，你觉得如何？"

　　专家表情严肃地沉默着。根据以往经验，不论对方提出的条件如何，都应表示出不满意，

因为当对方提出第一个条件后,总是暗示着可以提出第二个,甚至第三个。

理赔员果然沉不住气了:"抱歉,请勿介意我刚才的提议,我再加一点,200元如何?"

"加一点,抱歉,无法接受。"

理赔员继续说:"好吧,那么300元如何?"

专家等了一会儿道:"300?嗯……我不知道。"

理赔员显得有点惊慌,他说:"好吧,400元。"

"400?嗯……我不知道。"

"就赔500元吧!"

"500?嗯……我不知道。"

"这样吧,600元。"

专家无疑又用了"嗯……我不知道",最后这件理赔案终于在950元的条件下达成协议,而邻居原本只希望要300元!

这位专家事后认为,"嗯……我不知道"这样的回答真是效力无穷。

(资料来源:http://www.sheqjy.bjshy.gov.cn/SWTP/content/tpfx.htm。)

4. 婉言拒绝,不伤情面

谈判过程中,不仅要经常说服对方,还要避免被对方说服,即拒绝对方的某些要求。拒绝对方也意味着己方在某个问题上的承诺,因此,拒绝是谈判中一项难度较大的技巧,谈判者需要认真掌握,才能做到得心应手。

(1)委婉语言拒绝。谈判中在拒绝对方时尤其应该使用委婉的语言,如果觉得对方的要求太过分,己方难以承受,可以试想,下面两种方式哪种更有利于谈判的进行?一是不等对方把话说完,就怒火中烧,拍案而起,不惜用尖刻的语言回击对方,情绪失控;一是神情平静地听对方把话说完,然后微笑地看着对方,说:"我们完全理解您的要求,也希望双方尽量达成一致意见,但是我方的确承受不了这种让步,还希望你们能够理解。"哪一种解决方式更有利于问题的解决呢?当然还是第二种。委婉,真诚中透露着坚定的语气,不容对方置疑,效果远远高于前者。

委婉地拒绝对方还要注意一些词语和句式的选择,如"这件事情恐怕目前我们还难以做到"。要比"这件事,我们做不到"更容易让对方接受,"这个建议也还可以,但我们能否想一个更好的解决办法呢?"要比"这个建议不好"更有利于谈判的进行。这些说法,都是侧面否定对方的建议,不易激起对方的反感心理,也使己方的观点顺理成章。当然,委婉地拒绝对方并不等于不拒绝对方,虽然说法委婉,但一定要让对方清楚是拒绝了他,以免引起误会。例如,某公司谈判代表故作轻松地说:"如果贵方坚持这个进价,请为我们准备过冬的衣服和食物,总不忍心让员工饿着肚子瑟瑟发抖地为你们干活吧!"这样拒绝不仅转移了对方的视线，还阐述了拒绝的理由，即合理性。

（2）幽默语言拒绝。直接地拒绝对方有时会难以说出口，如果能恰当地使用幽默等手法会使拒绝不再尴尬，而且不失风度。美国一家电视台在中国采访知青出身的作家梁晓声，现场拍摄电视采访节目，采访进行一段时间后，记者让摄像停了起来，记者对梁晓声说："下一个问题，希望您做到毫不迟疑地用最简短地一两个字来回答，如'是'或'不是'等。"梁点头认可。记者问："没有'文化大革命'，可能就不会产生你们这一代青年作家，那'文化大革命'在你看来是好还是坏？"梁晓声略微沉思一下，反问道："没有第二次世界大战，就没有因反映第二次世界大战而出名的作家，那么您认为第二次世界大战是好是坏呢？"美国记者哑口无言。这一回答可谓"妙极了"！它使梁晓声变被动为主动，而且有力回击了记者的故意刁难。

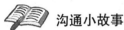 沟通小故事

1923年5月，苏联驻挪威的全权贸易代表柯伦泰与挪威商人进行购买鲜鱼的谈判。挪威商人利用苏联国内急需大量食品的机会而索价昂贵。由于双方在价格上的距离较大，谈判陷入了僵局。为了打破僵局，柯伦泰在第二天的谈判中似乎作了让步，但语言却是幽默、委婉的："好吧，我同意你们提出的价格，如果我的政府不批准这个价格，我愿意把自己的薪金拿来支付差额。不过，我的工资有限，这笔差额要分期支付，可能要支付一辈子。如果你们同意的话，就这么决定吧！"挪威商人被他的话惊呆了，最后无可奈何地降低了鲱鱼的价格。可见，柯伦泰表面上是作出了让步，实质并未让步。

（资料来源：http://www.touding.com/member/user_101010.html.）

（3）模糊语言拒绝。巧妙地使用模糊语言也可以避免矛盾激化，变被动为主动。模糊的回答可以避开一些敏感话题，避免泄密，还可以为自己以后的行为留有余地。如当对方提出要参观我方的工厂时，己方不想让对方窥探一些行业信息，于是给出一个模糊的回答："我们也希望贵方在合适的时候参观我们的工厂，只是现在我方还没有招待参观者的经验，等我们各方面准备一下，到时候我们一定邀请贵方来参观。"这样的回答就巧妙地拒绝了对方，将主动权握在了自己手里。

5. 摆脱窘境，反败为胜

谈判中，有时会出现一些意想不到的场面，此时缺乏经验者往往会一时语塞，无言应答，窘态百出。遇到紧急情况要冷静、沉着，充分运用语言这根"魔棒"调节谈判气氛，尽快摆脱窘境。

（1）引申转移法。谈判时遇到紧急情况，应尽力以新话题、新内容引申转移，把尴尬

的情况引开,千万别拘泥一端,执著不放,那会弄成僵持不下,甚至使谈判失败。

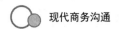 **沟通小故事**

我国一贸易代表团到美洲一个国家洽谈贸易,由于会谈十分成功,参加谈判的成员十分高兴。这时,对方一位年长的谈判者为表达兴奋之情,竟热烈地拥抱了我方的一位女士,并亲吻了一下。该女士十分尴尬,不知所措。这时,我方代表团团长走上前来,用一句话打破了窘境。他说:"尊敬的××先生,您刚才吻的不是她本人,而是我们代表团,对吧?"那位年长者马上说:"对!对!我吻的是她,也是你们代表团,也就是你们中国!"尴尬的气氛顿时在笑声中烟消云散了。

(2)模糊应答法。模糊应答可以应付一些尴尬的乃至困难的场面,使一些难以回答、难以说清的问题变得容易起来。例如,在谈判中,对方提出了一个你既不好当即肯定,也不好当即否定的问题,怎么办?不妨这么回答:"这个问题很重要,我们将注意研究。"这就是一种特定语境中的模糊应答。

(3)反思求解法。有时面对一些很难从正面回答的问题,可是换个角度,从话题的反面去思考,这样常可找到新颖的答案,使人脱离窘境。

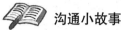 **沟通小故事**

我方与美方的一次商务谈判已进行到尾声阶段,双方只是就一些细节反复协商。这时,美方有人送来一封信,美方首席谈判者打开一看,信封内空空如也。原来送信人疏忽了,信没装入信封,美方送信人十分尴尬。这时我方代表为缓和气氛,使谈判顺利进行下去,微笑着说:"没有消息就是最好的消息。"一句话,使美国送信人解脱了尴尬,冲淡了紧张气氛。这句话是美国人常用的一句谚语,我方代表借此语"反思求解",使气氛恢复正常。

 课堂实训

1. 实训:模拟谈判

实训目标:培养学生了解谈判的过程和基本技能;培养语言表达能力和应变能力;通过活动,密切师生关系、增进相互了解,提高学习趣味。

实训学时:2学时。

实训地点:教室、礼堂或室外。

实训准备:

(1)分组,每组4~6人,设一人为组长。

(2)教师提供模拟谈判资料,学生根据资料要求进行准备。

（3）抽签决定谈判中的甲乙双方和谈判顺序。按谈判厅要求布置谈判室。准备谈判桌、台布、花饰、水杯和欢迎标语等。双方谈判人员穿戴整齐，以渲染谈判气氛。

实训方法：

（1）按谈判过程展开模拟谈判。

（2）在谈判过程中，各成员要认真严肃，尽力扮演好自己的角色，言谈举止符合谈判气氛要求。模拟谈判结束后双方各选一名代表，解密己方的谈判方案，并谈模拟谈判的体会。

（3）指导教师最后讲评。

2. 实训：模拟实地谈判

实训目标：掌握谈判的基本技巧。

实训学时：1学时。

实训地点：教室。

实训方法：学生自设场景，分若干小组进行。每组内由同学分别扮演甲方和乙方就某一分歧问题进行谈判。本案例的模拟演示必须强调进入情景之中，注意谈判礼节中的细节，讲究语言艺术，注意体态语，把握好表情，要充分发挥提问、应答、说服的语言技巧。

参考场景：

（1）宿舍的同学就睡觉时是开窗还是关窗进行谈判。

（2）员工向老板要求加薪的谈判。

（3）为了给学校的"礼仪大赛"筹备资金，学生与学校超市老板进行争取赞助费的谈判……

3. 测试：你的谈判能力如何？

你的谈判能力如何？请回答下列问题测试一下自己的谈判能力。

（1）在买议价商品的时候，你是否觉得很为难？

①一般不会。

②很难说。

③是。

（2）你觉得谈判就是让对方接受你的条件吗？

①不是。

②很难说。

③是。

（3）在一次谈判没有取得预期效果的时候，你会尝试换一种方式再次努力吗？

①会。

②有时会。

③还会。

（4）你觉得和别人谈判之前是否必须尽量全面了解对方的情况呢？

①是。

②很难说。

③不必说。

（5）在谈判的时候，你是否觉得充分考虑对方的利益自己就会吃亏？

①不是。

②难说。

③是。

（6）在谈判时，你是否觉得应该居高临下不给对方留足面子？

①不是的。

②要视情况而定。

③是的。

（7）你觉得对方坚持自己的立场是"冷漠无情"吗？

①不是。

②难说。

③是。

（8）在谈判的时候，你喜欢用反问句式代替直接陈述吗？

①非常喜欢。

②有时会用。

③几乎不用。

（9）你觉得为了赢得一场谈判而失去一个朋友值得吗？

①不值得。

②难说。

③值得。

（10）你是否认为只有达成"双赢"的谈判才是成功的谈判？

①是。

②难说。

③不是。

得分指导：

(1) 每个问题选择①，得2分；选择②，得1分；选择③，得0分。

(2) 总在0~12分，说明你的谈判能力较差，必须加强这方面的学习。

13~16分，说明你的谈判能力一般，仍需要继续学习和锻炼，不断提高自己。部分在

17分以上，说明你的谈判能力很强。

（3）这个评价并不是对你的谈判能力的一个准确衡量，而是一种定性的评估。你的得分表明你目前的水平，而不是表明你潜在的能力。只要不断学习，积极实践，你完全可以改善自己在这方面的能力。

课后练习

1. 案例分析

（1）印尼官员的谈判策略。

有一次，印度尼西亚在爪哇岛修建一座电站，要购买一台非常大的发电机。为此，政府举行了公开招标。世界上只有五六家公司能供应这样的电机。

印尼采购官员一开始就想从德国购买，可一直不把德国制造商列入名单，又一直不接见他，德国制造商觉得失去了这笔生意。在其他国家的制造商提出报价后，这位印尼采购官员却邀请了德国制造商，这位官员在要他发誓保密后，把竞争对手的报价单给他看，并补充说，如果他提出一个比最低价还少10%的报价，就可能得到订货。

这样，印尼官员就在德国制造商心中建立了一个打了折扣的期望。如果一开始也邀请德国制造商参加投标，德国人一定会报出最高的价格。这个报价一经提出，就很难改变它了。印尼官员不邀请他们使他报一个低价。德国制造商反复磋商，勉为其难地提出了一个符合印尼方面的报价表。

接着，印尼采购官员又什么也不做。既不见制造商本人，也不接他的电话。德国制造商又一次觉得要丢失这桩买卖。这时，印尼采购官员接见了他。这位采购官员首先对拖延了这么长的时间表示歉意，然后解释说，根据政府的政策，必须等到最后一个报价出来，这人报价刚刚到。很不巧，这个报价比德国的报价低2.5%。因此，如果你方若能把价格再降低3%，他们就能将合同交政府批准。当时国际市场上大型设备的销路不太好，德国人反复商量后，只好同意把价格继续降低3%。

那位采购官员非常高兴地向制造商表示祝贺，并提议第二天双方讨论支付条件。"什么支付条件？"德方惊讶地问道。这个官员解释说，在高通货膨胀和高利率的情况下，德国公司必须同意印尼采用通常的分期付款方式。经过许多争论，制造商在德国政府贷款的帮助下同意提供整整18个月的信贷，这是一个相当大的让步。

（资料来源：http://www.lantianyu.net/pdf51/ts076044_4.htm.）

思考讨论题：

①印尼官员在谈判中运用了什么谈判策略？请加以分析。

②本案例对你有何启示？

（2）服装店里的谈判。

一位女顾客在一个服装店里看衣服。店主指着一身套装说："小姐，你身材这么好，这套衣服你穿着准合适。先试一下吧。"

女顾客试了一下，很合身，便问："多少钱？"

店主回答："360元。"

"太贵了"，女顾客说着把衣服脱了下来，准备离开。

"这可是名牌，大商场要卖600多元呢，我这是最后一套了，昨天还卖480元呢。"店主说。

女顾客转回身，拿起衣服看了又看说："180元，我就买。"

店主道："实话跟你说，我是300元进的货，这样吧，就按进价给你，300元，我就不赚你的钱了。"

女顾客又仔细检查了一下衣服说："你看，这衣服就剩一套了，袖口还脏了一块，有的扣子还松了，最多值250元。"

店主道："250元？多难听呀，图个吉利，280元。"

女顾客："别啰唆了，260元要卖我就买，否则就算了。"

店主："您真会砍价，260元，成交了。"

（资料来源：http://wenku.baidu.com/view/69fb354ae45c3b3567ec8b90.html，2010-09-19.）

案例思考题：

①用你掌握的谈判技巧分析商家成功的原因。

②你的生活中有没有类似的情况发生，你是怎么砍价的？

（3）卡耐基的谈判术。

卡耐基每季要在纽约的某家大旅馆租用大礼堂20个晚上，用以讲授社交训练课程。有一季度，刚开始授课时，忽然接到通知，要他付比原来多3倍的租金。而这个消息到来以前，入场券已经印好，而且早已发出去了，其他准备开课的事宜都已办妥。怎样才能交涉及成功呢？两天以后，他去找经理。

"我接到你们的通知时，有点震惊。"他说，"不过这不怪你。假如我处在你的地位，或许也会这么做。你是这家旅馆的经理，你的责任是让旅馆尽可能地多盈利。你不这么做的话，你的经理职位很难保住。假如你坚持要增加租金，那么让我们来合计一下，这样对你有利还是不利。"

"先讲有利的一面。"卡耐基说："大礼堂不出租给讲课的而是出租给办舞会、晚会的，那你可以获大利了。因为举行这类活动的时间不长，他们能一次付出很高的租金，比我这租金当然要多得多。租给我，显然你吃大亏了。"

"现在，来考虑一下'不利'的一面。首先，你增加我的租金，却是降低了收入。因为实际上等于你把我撵跑了。由于我付不起你所要的租金,我势必再找别的地方举办训练班。"

"还有一件对你不利的事实。这个训练班将吸引万千的有文化、受过教育的中上层管理人员到你的旅馆来听课,对你来说,这难道不是起了不花钱的广告作用吗?事实上,假如你花5 000元钱在报纸上登广告,你也不可能邀请这么多人亲自到你的旅馆来参观,可我的训练班给你邀请来了。这难道不合算吗?"讲完后,他告辞:"请仔细考虑后再答复我。"

最后,经理让步了。

(资料来源:http://www.huangjie.cn/readglgs.asp?art_id=609.)

思考讨论题:
①试分析卡耐基的谈判策略。
②本案例对你有何启示?

2. 思考与训练

(1)假如你与一位采购商进行价格谈判,他处于绝对优势地位,采取了轻视与傲慢的态度,那么你如何与他谈判,你的策略如何?

(2)举例说明哪些地方可以用作正式或非正式谈判场所?

(3)注意观察市场上买卖双方讨价还价的技巧,并结合所学的谈判知识,写一篇观察报告。

参考文献

[1] 丁宁．管理沟通．北京：北京交通大学出版社，2011．

[2] 王浩白．商务沟通．杭州：杭州大学出版社，2011．

[3] 谢红霞．沟通技巧．北京：中国人民大学出版社，2011．

[4] 武洪明，许湘岳．职业沟通教程．北京：人民出版社，2011．

[5] 彭于寿．商务沟通．北京：北京大学出版社，2011．

[6] 程庆珊．高职院校开设《商务沟通》课程的必要性和可行性研究．广西职业技术学院学报，2008（2）．

[7] 郭文臣．管理沟通．北京：清华大学出版社．2010．

[8] 王淑红，王志超．如何高效筛选简历．人力资源管理，2008（12）．

[9] 李国昊，白光林．招聘面试十大技巧．商场现代化，2008（07）下旬刊．

[10] 李钢英．企业招聘过程中的面试技巧．沿海企业与科技，2006（11）．

[11] 位尊权．组织好一场有效的面试．中国人力资源开发，2004（03）．

[12] 张韬，施春华，尹凤芝．沟通与演讲．北京：清华大学出版社，2005．

[13] 莫林虎．商务交流．北京：中国人民大学出版社，2008．

[14] 黄漫宇．商务沟通．北京：机械工业出版社，2006．

[15] 王建民．管理沟通理论与实务．北京：中国人民大学出版社，2005．

[16] 惠亚爱．沟通技巧．北京：人民邮电出版社，2008．

[17] 张喜春，刘康声，盛暑寒．人际交流艺术．北京：清华大学出版社，2009．

[18] 徐丽君，明卫红．秘书沟通技能训练．北京：科学出版社，2008．

[19] 陈秀泉．实用情境口才：口才与沟通训练．北京：科学出版社，2007．

[20] 明卫红．沟通技能训练．北京：机械工业出版社，2008．

[21] 许玲．人际沟通与交流．北京：清华大学出版社，2007．

[22] 周彬琳．实用口才艺术．大连：东北财经大学出版社，2006．

[23] 刘维娅．口才与演讲教程．武汉：华中师范大学出版社，2007．

[24] 邵守义．演讲学．长春：东北师范大学出版社，2005．

[25] 潘肖珏．公关语言艺术．上海：同济大学出版社，1991．

[26] 季世昌，朱净之．演讲学．南京：江苏教育出版社，1986．

[27] 周璇璇．实用社交口才．北京：北京大学出版社，2008．

[28] 高捍东．有效演讲口才技能．长沙：中南工业大学出版社，1995．

[29] 李元授，白丁．口才训练．武汉：华中理工大学出版社，1999．

[30] 李晓．沟通技巧．北京：航空工业出版社，2006.
[31] 李元授．口才训练．武汉：华中科技大学出版社，2006.
[32] 柳青，蓝天．有效沟通技巧．北京：中国社会科学出版社，2003.
[33] 梁玉萍，丰存斌．沟通与协调的技巧和艺术．北京：中国人事出版社，2009.
[34] 黄琳．有效沟通．北京：中国华侨出版社，2008.
[35] 廖春红．中国式商务应酬细节全攻略．广州：广州出版社，2010.
[36] 未来之舟．营销礼仪手册．北京：海军出版社，2005.
[37] 未来之舟．销售礼仪．北京：中国经济出版社，2009.
[38] 杨海清．现代商务礼仪．北京：科学出版社，2006.
[39] 黄琳．商务礼仪．北京：机械工业出版社，2005.
[40] 郭文臣等．交际与公关礼仪．大连：大连理工大学出版社，1998.
[41] 冯玉珠．商务宴请攻略．北京：中国轻工业出版社，2006.
[42] 吴绿星．推销与口才．福州：福建科学技术出版社，1991.
[43] 樊丽丽．实用生活礼仪常识．北京：中国经济出版社，2008.
[44] 谢玉华．管理沟通．大连：东北财经大学出版社，2010.
[45] 吕书梅．管理沟通技能．大连：东北财经大学出版社，2008.
[46] 梁辉．有效沟通实务．北京：中国人民大学出版社，2010.
[47] 康青，蔡惠伟．管理沟通教程．上海：立信会计出版社，2009.
[48] 张秋筠．商务沟通技巧．北京：对外经济贸易大学出版社，2010.
[49] http://bbs.yingjiesheng.com/thread-936949-1-1.html，2011-08-03.
[50] 胡红霞．浅谈会议中的个人礼仪．秘书之友，2010（1）．
[51] 马志强．语言交际艺术．北京：中国社会科学出版社，2006.